北京市国际经济法研究会
中国政法大学全球化法律问题研究中心
资助出版

原子能法
论文集

赵 威／主编

陈 刚　王黎明　刘 久／副主编

THE ATOMIC ENERGY LAW
SYMPOSIUM

中国政法大学出版社

2017·北京

图书在版编目（ＣＩＰ）数据

原子能法论文集/赵威主编. —北京：中国政法大学出版社，2017. 9
ISBN 978-7-5620-7706-0

Ⅰ. ①原…　Ⅱ. ①赵…　Ⅲ. ①原子能法律－文集Ⅳ. ①D999. 2-53

中国版本图书馆CIP数据核字(2017)第208167号

出　版　者	中国政法大学出版社
地　　　址	北京市海淀区西土城路 25 号
邮寄地址	北京 100088 信箱 8034 分箱　邮编 100088
网　　　址	http://www.cuplpress.com (网络实名：中国政法大学出版社)
电　　　话	010-58908524(编辑部) 58908334(邮购部)
承　　　印	保定市中画美凯印刷有限公司
开　　　本	720mm×960mm　　1/16
印　　　张	23.5
字　　　数	380 千字
版　　　次	2017 年 9 月第 1 版
印　　　次	2017 年 9 月第 1 次印刷
定　　　价	66.00 元

序

当今世界，原子能广泛应用于医学、军事、工农业等方方面面，中国也已成为世界上在建核电站最多的国家。随之而来的核安全、核损害民事赔偿等一系列原子能法律问题，也得到了越来越多国人的关注。

经过近十年的酝酿和多次征稿，中国政法大学赵威教授主编的《原子能法论文集》终于结集出版。赵威教授是我早期带的博士生，他现在已成为国内外比较知名的教授。他带的博士有的已经成为国际原子能机构专家组的成员，代表中国进行相关工作。作为我国第一部原子能法论文集，本书无疑具有里程碑式的重要意义。它不仅展现了学者、专家、职业人士对于原子能法的研究成果，更为原子能法研究领域填补了一项空白。

本部《原子能法论文集》包括五大篇章，共计收录论文四十余篇，内容涵盖核安全、核损害、核应急、核信息披露、核能开发等相关领域法律问题。论文作者既有高等院校教学科研方面的学者，也有来自原子能行业一线单位的专家，同时也有从事管理工作的职业人士。这使得论文集的内容极为广泛，不仅有着学者对于法律法规的理论探讨，也有着专业人士从实务角度出发的经验之谈，可谓理论联系实际，学术性与实务性并存。

他山之石，可以攻玉。对于原子能法这个我国新兴的法学领域，要在百花争鸣、百花齐放的局面之中察纳雅言，互相学习（包括借鉴国外的立法和研究智慧），才能更好地建立健全并发展与完善我国原子能法律制度。《原子能法论文集》就恰恰为此提供了一个重要的平台与基础，这使得原子能法领域的研究不再无据可查、无从入手，为今后更多的原子能法研究工作提供了起点与方向，在原子能法研究领域开创了崭新的局面。当然，作为我国第一部原子能法论文集，难免存在一些不足与纰漏之处，也敬请读者批评指正。

中国政法大学终身教授
江平

目录

原子能立法研究篇

核损害责任篇

核安全篇

核能开发篇

陈刚博士谈核电与核能法篇

拿什么祭奠你——切尔诺贝利

陈刚 *

1986 年 4 月 26 日，苏联的乌克兰共和国切尔诺贝利（Чорнобиль）核电站 4 号机组发生严重泄漏及爆炸事故，一晃已经 28 年了。

那一年我上大二，虽然学着核反应工程专业，但还没开专业课，对核电还很懵懂。模糊记得出事后那几天在学校宿舍楼下的电视里看到新闻联播快结束时短短的国际消息，电视里的画面显示一座厂房冒出的滚滚黑烟直冲天空。那是直升机在空中拍的，解说是苏联的核电站爆炸了。那个时候中国和苏联关系还没正常化，出了事转播一下像是看个热闹。这还是我第一次看见核电站的全貌，结果就是这个惨样。

很长时间叫不顺切尔诺贝利五个字，太绕口，有关它的消息都是后来一点一点听说的。这场事故导致 31 人当场死亡，放射性烟尘飘散到空中一直往西飞，污染了乌克兰、白俄罗斯和北欧国家十几万平方公里的土地，舆论对苏联骂声一片。当时中国还没有一座核电站，秦山核电站和大

---

* 陈刚，中国政法大学国际法学博士，中广核工程有限公司总法律顾问，高级工程师，国际原子能机构核责任专家组专家。

亚湾核电站正在筹备之中，民用核电事业还有待起步，核电站的样子连多数给我上课的教授也没见过。那个时候也没有互联网，电视机尚未普及，报纸也对灾难事故很隐晦，这起事故表面上似乎没给中国社会生活带来什么波动。

后来我从专业课里学到，也就明白核事故就是源自运行核设施和开展核活动过程中发生的意外事件，一般核事故会造成工作人员放射损伤，也可能造成核设施或核装置周围环境的放射性污染。严重的核事故则有可能将放射性物质泄漏到设施之外，污染周围环境，对公众造成危害甚至造成跨国放射性损害。核物质的特性决定了核损害与其他损害相比具有危害更大、范围更广、后果更为严重的特点，切尔诺贝利核事故应了教科书写的一切。尽管那个地方离我很遥远，可到了毕业那年，全校毕业同学只有我到了核电站上班。过了很长一段时间，没有新的核电站开建，也很少有人说核电的好，认识的很多人说起核电站就只知道切尔诺贝利，直到25年后又记住一个福岛。

应当说，切尔诺贝利核事故改变了世界核工业的规则，对核事故国际通报、救援和责任机制的建立影响尤甚。

一、核事故信息通报刻不容缓

冷战时期核的神秘阻绝了核工业信息的传递，切尔诺贝利核事故造成了放射性物质的跨越国境污染损害，但事故发生的最初两天信息被刻意地隔绝，延误了救援和采取紧急防范措施的时机，苏联政府犯下了不可饶恕的错误。

早在1963年10月17日，国际原子能机构与北欧的丹麦、芬兰、挪威和瑞典等国就签订了《北欧辐射事故紧急情况援助协定》，开创了区域内核事故通报和核事故紧急援助制度，并对核事故处理的合作作了强制规范。切尔诺贝利核事故使大量放射性污染物飘移到邻国，产生公众恐慌并造成重大损失，这已不是一个区域公约约束得了的。事故发生后，国际社会强烈呼吁建立国际核事故应急响应制度，要求核设施所在国在事故发生前或发生时，不论事件和紧急情况是由疏忽产生的还是蓄意所为，都必须快速通报。要求建立有效且兼容的国家、地区和国际安排，以便对实际的、潜在的或可察觉的核事故做好准备，早期预警、及时响应，并促进成员国和相关国际组织共享正式的、技术的和公开的资料。

1986年9月24日，也就是在切尔诺贝利核电站事故后短短的5个月时间，在东西方冷战尚未结束之际，由国际原子能机构主持制定的《及早通报核事故公约》于维也纳召开的特别大会上得以通过，并于当年10月27日生效。该公约适用于涉及缔约国管辖或控制下的核设施或开展的核相关活动造成的任何事故，旨在通过加强核能的国际合作，在缔约国之间尽早提供核事故的情报，进而将跨界的放射性损害后果降至最低。

公约还明确了应提供核事故情报的内容要求，国际原子能机构还编写了成员国和机构内部的指导手册，开展应急响应的内外部演练。有前车之鉴，苏联在1988年人造卫星"宇宙1900"返回大气层以前，还有1991年俄罗斯圣彼得堡索斯诺维博尔核电站3号机组发生事故时，就援引这个公约向国际原子能机构进行预通告或通告，国际原子能机构通过应急响应中心收集资料，迅速作出评价并对国际社会发布。

二、核事故国际救援义不容辞

《核事故或辐射紧急情况援助公约》也是在切尔诺贝利核电站事故后，在国际原子能机构主持下，经过各国紧急磋商快速制定的一项核能合作的国际条约。公约旨在进一步加强安全发展和利用核能方面的国际合作，建立一个有利于在发生核事故或辐射紧急情况时迅速提供国际援助，以尽量减少事故后果的国际援助体制。公约于1986年9月24日在国际原子能机构特别大会上与《及早通报核事故公约》同时通过，并于1986年10月27日同时生效。

公约要求在核事故或辐射紧急情况下，国际原子能机构将向请求援助的缔约国或成员国提供进行初步评价的支持，在各缔约国和成员国之间起到中介作用，并与有关国际组织建立和保持联络，以便交换有关情报和资料。缔约国有义务进行合作，迅速提供援助，以尽量减少其后果和影响。

1987年9月13日，巴西大城市戈亚尼亚发生了一起恶性放射性事故，巴西政府援引公约请求国际原子能机构协调国际社会提供援助。1996年11月16日，当携带约270克钚–238的俄罗斯火星探测卫星"火星96"升空后失败重返大气层时，俄罗斯政府也曾通知国际原子能机构必要时提供援助。2011年3月14日，福岛核事故发生3天后，日本请求国际原子能机构派出专家小组以协助应对核泄漏危机。

三、核损害赔偿责无旁贷

美国原子能委员会1957年3月发表《大型核电站重大事故的理论可能性及后果》的报告估计，一次核事故所造成的财产损失可能达到70亿美元之巨。而切尔诺贝利核电站事故处理花费近千亿美元，却对跨境造成别国的核损害分文不赔。人类工业史上从未遇到过的侵权责任难题摆在公众面前，政府、核相关企业、公众之间的利益平衡，安全与发展的抉择，利益与风险的评估，直接影响到和平利用核能事业的发展。

1960 年，欧洲原子能共同体通过的《巴黎公约》是国际原子能法律文书中核损害责任制度的代表性文件。自公约制定以来，国际核损害责任制度的研究、制定和发展就一直没有停过，甚至可以称得上是国际核法律中立法数量最多、跨越时间最长、加入国家较少而争议又最多的，形成了《巴黎公约》和《维也纳公约》两个体系的核损害责任的国际法律制度。有效地落实核损害民事责任制度，对保障人身和环境所受侵害获得合理赔偿，减少核事故发生后造成的社会动荡是非常必要的，特别是对推动全世界核电发展尤为重要，但这个制度至今仍未得到完善设计。

中国在核电工业起步之初就碰到切尔诺贝利核事故，这一记警钟来得也很及时。1986 年 10 月 29 日，中国国务院发布《民用核设施安全监督管理条例》，明确在民用核设施的建造和营运过程中保证安全，保障工作人员和群众的健康，保护环境，以安全促进核能事业发展。在这个条例的框架下，开启了中国核安全法规体系——HAF 制度的建设。

当年，苏联政府为防止放射性物质进一步外泄，用混凝土等材料将 4 号反应堆密封，这个保护结构被称为"石棺"，设计寿命为 10 年，但迄今已使用 28 年，其外部表面早已出现裂缝。一座代表现代化的核电站却以一个坟墓为归宿，实在是个悲剧。至 1989 年，苏联解体了，戈尔巴乔夫在回忆录中把切尔诺贝利核事故的灾难后果视为造成这一结果的影响因素，它把苏联也带进坟墓做了陪葬。而今，乌克兰政府计划在"石棺"外再加装一个钢结构外壳。据估计，这个造价达 9.9 亿欧元的新棺材可保证放射性物质在一个世纪内不外泄。

每当清明过后不久，就会有个时间段看到各样的评论议一番切尔诺贝利，有警示的，有反思的，有重振的，林林总总。时至今日，我们依然呼唤着核工业发展的制度构建更加完善，国际和国内核安全法律体系更加健全，核事故应急、救援和责任机制更加有效，或许这是对切尔诺贝利核电站最好的祭奠。

卡特侬森林里的核电站

陈刚

前几天网上出现了俄罗斯国家原子能集团正在与中方合作研究在内陆的哈尔滨建设两台核电机组的消息，顿时传得沸沸扬扬，网络声音基本是一边倒的反对声，最后证实这是子虚乌有，测试了一把公众对内陆核电的心理接受度。内陆核电建设在福岛核事故后就是个非常敏感的话题，这让我联想起同一纬度上遥远的法国卡特侬核电站。

绵延 560 公里的摩泽尔河发源于法国东北部，沿着卢森堡边境进入德国，之后经过一番蜿蜒曲折在德国的科布伦茨与莱茵河相汇。在上游法国境内离摩泽尔河畔 3 公里处，也就是法国东北部洛林地区默尔特—摩泽尔省与卢森堡和德国三国交界的地方，有一个叫特龙维尔的美丽小市镇，离这个镇子 8 公里处，就是我曾经培训学习过 10 个月的卡特侬核电站。

卡特侬核电站得名是因它建在三国交界的法国卡特侬大森林里，由法国电力公司旗下 4 台 130 万千瓦 N4 型压水堆核电机组组成，是仅次于法国格拉芙林核电站和帕鲁埃尔核电站的第三大核电站，也是世界上第七大核电站，提供着法国全国 8% 的电力供应，是法国境内比较典型的内陆核电站。远远望去，在一望无际的黑森林密处，耸立着 4 座近百米高的冷却塔。蓝天白云下，看着团团蒸汽，你能数出有几台机组在发着电。电站始建于 1979 年，到 1992 年全部建成，大约有 1200 名雇员，大修时还会增加 1000 多人。我到这里学习核电维修时，电站已有两台核电机组在运行，还有两台在调试安装，我也是在这里开始了自己的核电生涯。

我曾经好奇地问过师傅电站建设期间是否遭到过当地居民的反对，师傅告诉我发生过一次绿色和平组织人士爬上冷却塔顶的抗议事件，闹得政府出动直升机来驱赶，但好像也没什么特别激烈的冲突。电站建厂铲去了一大片森林，对环境有些影响。为了保证电站冷却用水和解决温排放问题，电站附近建了一个叫密根巴斯的人工湖泊，上游还修建了一个容积为 7000 万立方米的水库，每年取摩泽尔河 9 亿立方米的河水，为这四个冷却塔蓄着充足的冷却循环水。听说有一次湖水泛滥把下游的德国淹了一回，还有一年大旱让电站机组降了些功率，可这些都没影响电站在森林的密处默默地发电。

那个时候尽管离切尔诺贝利核事故过去不久，但在特龙维尔小镇上还是看不出人们对核电有什么顾虑。法国人热爱核能并引以为豪，早在 19 世纪末，旅居巴黎的贝克勒、皮埃尔和玛丽·居里夫妇就发现了放射性原理。1945 年，法国成立"原子能委员会"，开始将核技术运用于科学、工业和国防领域。次年，随着法国电力公司的挂牌，电力供应被纳入国家管理的轨道。二战后的国家重建令法国的工业和民用电力需求剧增，1950 到 1970 年间对电力的需求增加了 4 倍，令法国传统的煤矿资源捉襟见肘，进口能源曾占其总能耗比例的 76%，使法国的能源供给强烈依赖外部进口。1973 年，第一次石油危机的爆发致命打击了法国的能源供给，饱受停电之苦的法国人将注意力转向核能。

1958 年，法国电力公司在法国中西部地区的席隆建造了 3 座核反应堆，为核电发展拉开了序幕，而且政府制订了长达 15 年的核电发展计划。经过数十年的发展，核电已经成为法国经济发展的助力器，法国人在相当于中国四川省面积大小的国土上建成了 59 座核反应堆，包括 58 座压水堆和 1 座快中子增殖试验堆，密布在全国 19 个场址，总装机容量超过 6300 万千瓦。核电在法国电力构成中的比例从 1974 年的 8% 飙升到现在的 75%，每年源源不断地为国内外输出 4000 亿千瓦时以上的电力。核电从根本上解决了法国的电力供应问题，除了摆脱数十年来依靠能源进口的局面外，还让其成为欧洲的电力出口大国，每年获得数十亿欧元的收入，电力成为法国第四大出口商品。法国不仅是世界上最大的电力净出口国，还是欧洲温室气体排放量最低的国家，以及世界上重要的核电技术输出国。另外，法国的核工业还解决了国内近五十万人的就业问题，并维系着法国作为核大国的战略地位。所以说，法国人民的核电情结与核电的安全记录和经济贡献是分不开的。

包括卡特侬核电站在内的法国44台核电机组建在内陆地区。距离浪漫之都巴黎塞纳河上游70公里处就有一座核电站，而在法国第二大城市里昂罗纳河上游30公里处也建有核电站。除了安全运营管理，保障信息透明，获得公众的支持与理解是法国核电立足内陆的根本，而这个透明的过程也是渐进的。美国三里岛核事故后，公众对核电安全的信任度打了大大的折扣。1981年，正在大力发展核电的法国政府发出行政通令，要求核电站与周边居民根据自愿原则开展交流，引入公众监督安全运营机制，促进核电信息公开。而到了切尔诺贝利核事故后，欧洲反核浪潮波澜起伏，公众了解核电信息的呼声日益高涨。2006年6月13日，法国又颁布《核电安全与信息透明法令》，赋予法国核安全局独立的行政机构法律地位，将地方信息委员会纳入法律范畴并保障其运作资金来源。法令对核信息透明的要求是"为保证公众获得可靠的核安全信息而采取的全部措施"，将核信息透明变为强制性义务，任何个人都有权向核电站运营商要求提供有关核安全、核辐射和核废物的信息，把公众对核电安全运营的担心变成信息透明与标准提升的动力，通过法制手段形成强化核电信息透明的机制，并认为只有这样才得以维系公众对核电安全的信任。

核电业内常以美国和法国建有大量内陆核电作为一个说服公众的理据，希望能够用西方发达国家内陆核电的比例及安全营运业绩消除公众的恐核心理。但我们也应该现实地看到，自美国三里岛核事故、切尔诺贝利核事故和福岛核事故发生后，已经难得看到哪个国家政府除了已规划或在建核电工程项目外审批通过新的内陆核电厂址，这也是顾虑到公众对核电安全的担忧以及对核电产业的接受度下滑等主观因素，公众对核电内陆厂址选址和建设的态度就是表示这种接受度的晴雨表。

未来内陆核电的建设不可能像建卡特侬核电站那样静静地在大森林里铺开，现代媒体的传播和公众的高度关注也不会再让新的特龙维尔小镇保持着它的平和。如何建立有效的公众沟通机制？是寄希望于企业科普或舆论引导，还是上升到国家立法高度形成信息透明的法律规则，这应该是《原子能法》或者《核安全法》的重要一章。

核损害 小概率的大麻烦

陈刚

日前，我和中电投核电公司的同行进行了一次核损害法律制度的研讨。同行们提到的问题都很现实，核电安全运营业绩使得核事故发生概率很低，人们对核损害赔偿的法律与实务感到很抽象，当前加快发展核电的声音远远盖过了建立国家核损害赔偿法律制度的诉求。交流中，大家都对日本福岛核事故后的核损害赔偿情况很感兴趣，毕竟这是一次真正意义上的核损害赔偿实践，也是人类工业史上罕见的一次大规模的侵权赔偿。事故过去的时间不长，地点离我们不远，赔偿尚未结束，收尾遥遥无期，值得拿出来说说。

众所周知，2011 年 3 月 11 日，受日本东北部 9.0 级大地震和海啸的影响，福岛第一核电站的 6 台机组遭到灾难性的破坏，核事故级别达到了最高的第七级。

民众知之不多的是，日本政府疏散了事故核电厂半径30 公里范围内的 34 万人，而自行拖家带口避难的民众更多达 150 万人以上。随之而来的核损害赔偿成为这三年来日本政府和责任企业穷于应付的维稳大事，赔偿范围涵盖了精神损失、收入损失、传闻损失、间接损失、自主避难损失等一般侵权行为难以企及的领域，投入的人力和财力远不亚于事故抢险本身和未来核污染清理活动所必需的。

核损害，简单来说就是核装置及材料辐射危害对生命、财产和环境所造成的一切损失。核损害责任法律制度则是国家处理责任主体因核损害而造成损失而建立的特殊民事法律制度。核事故发生概率虽低，然而一旦发生往往就是影响社会安定乃至国际关系的大麻烦，绝大多数发展核电的国家和一些没有核电的国家很早就建立起了各自的核损害赔偿法律制度，不少国家还加入了核损害相关的国际公约。福岛核事故发生后，日本特色的核损害赔偿法律制度受到一次重大考验，虽历经艰辛，但也避免了剧烈的社会动荡，可成为国际社会难得的实践参考。

一、国家支撑下的赔偿主体——东京电力公司

日本东京电力公司（东电公司）创立于1951年，规模占日本全国电力行业的1/3，事故发生前，该公司净资产规模达2.5万亿日元（1万亿日元约为1634亿元人民币或263亿美元），销售总额为5万亿日元，是日本收入最高的电力公司，也是全球最大的民营核电商。拥有3座核电站共17台核电机组，事故前核能发电约占公司总装机容量的27%。

福岛核事故对东电公司的打击是毁灭性的，虽然事故的起因是剧烈地震加海啸等不可抗力因素，但日本国会的调查报告把责任直指东电公司的人为因素，公司也就失去了推卸核损害责任的借口，依法对事故造成的损害赔偿承担"无上限"的责任。

东电公司的资产完全不能承受事故带来的损害赔偿、去除污染、维系电力供应和废堆等高达10万亿日元以上的沉重负担，这在理论上就已经破产了。为了维系这个唯一的赔偿主体，日本政府强势介入东电公司在事故后的损害赔偿和企业生存运作。作为政府救助的前置条件，作为民营的东电公司只能接受由政府主导制定的特别事业计划，交出经营的决定权。通过变卖非主营业务资产、削减成本支出、增加透明度、消除关联交易、创建更加开放的企业文化等手段试图再造一个"新东电"。根据日本政府2014年1月15日通过的东电公司新综合经营计划，公司要到20年后才能偿还政府在事故处理中的财政支持。

二、核损害法律制度对事故赔偿起到引导作用

地震海啸灾难发生时，日本举国震动，福岛核事故又不合时宜地雪上加霜，成为国内和国际关注的焦点，日本政府的核应急处置受到严重质疑。事发后，大范围的核事故赔偿若再处置失当或拖延时间，后果都不堪设想。

早在1963年日本第一台核电机组投入运行前，日本就已经建立起一套比较完整的核损害赔偿法律框架。50 年前，1961 年《原子能损害赔偿法》《原子能损害赔偿协议法》和 1962 年《原子能损害赔偿法实行令》《原子能损害赔偿协议法实行令》四个法令构筑了核损害赔偿的法律基础。1999 年茨城县东海村核临界事故发生后，也促使日本进一步完善核损害赔偿制度，提高赔偿限额，修订赔偿程序，不失为亡羊补牢之举。

依照《原子能损害赔偿法》，东电公司是核损害赔偿责任主体，政府是核损害补偿责任主体。东电公司通过购买日本核共体提供的商业保险可获得额度为 1200 亿日元的、由一般事故导致的核损害赔偿金支持，当赔偿金超出 1200 亿日元时，可向政府请求财政补偿，政府将通过原子能损害赔偿支援机构提供资金支持。虽然法律规定在发生因重大自然灾害而造成的核损害赔偿责任时，营运者可免责，政府将承担所有的损害补偿金，但这次事故东电公司无法以此推卸责任。

为解决资金筹措问题，日本于 2011 年 8 月 3 日紧急通过了《原子能损害赔偿支援机构法》，成立原子能损害赔偿机构这一特殊目的的公司，由政府发行特殊国债为东电公司筹措赔偿资金，以确保大额赔款的筹措。按照该法的规定，政府、东京电力、金融机构、其他核电营运人、电力消费者和东京电力的股东需要一同为福岛核事故赔偿筹资。

为解决赔偿及时问题，日本又于 2011 年 9 月 18 日通过《原子能灾害对策特别措施法》，由政府先对特定的核损害进行赔付。日本政府于 2011 年 11 月 4 日认可了东电公司和原子能损害赔偿支援机构提交的《紧急特别事业计划》，批准先向东电公司注入 9000 亿日元公共资金，解救事故当年赔付的燃眉之急。

依照《原子能损害赔偿法》，在事故发生一个月后成立的核损害审查委员会是界定核损害赔偿的核心机构。委员会先后发布了 8 版非强制性的《损害赔偿指南》作为赔偿依据，委员会还下设争议调解中心，用于调解不能达成赔偿协议的争议。

三、快速和宽松的理赔安抚受灾民众和团体

福岛核事故损害的理赔，动员了政府、核电企业、日本核保险共同体和社会各界的力量。核损害赔偿机构在事故发生一个月后启动，高峰时期有多达 13 200 名工作人员参与理赔相关工作，损害赔偿对象分为自然人和法人，两者赔偿总金额大致相同。至 2014 年 2 月 28 日，索赔案件多达 210 万份，累计支付的赔偿额达到 3.486 万亿日元，预计总赔偿金额将达到 5 万亿日元。可见，理赔范围之广、复杂程度之高、操作难度之大。

对自然人的赔偿主要涉及精神损害和收入损失两方面。收入损失包括避难过程生活费、停工收入损失、个人财产受污染造成的价值减值，还有疏散过程交通食宿费用，疏散及避难期间的人身伤亡和医药费等。对于非政府疏散区居民的自愿疏散，赔偿包括生活费用增加、临时回家和最终返回的费用。对于精神损害赔偿，《赔偿指南》对在人多、条件艰苦的场所集中避难的人群给予每人每月 12 万日元的标准赔偿，在其他场所避难的人群按每人每月 10 万日元的标准赔偿。

对法人的赔偿主要针对农业、渔业等营业中断带来的损失。农业是事故中受损害最严重的行业，此外还有观光业和服务业也是较大的索赔主体。而绝大部分的损失集中在福岛县，其他地区的损害索赔主要来自受核辐射的影响导致产品滞销、价格损失或追加查验费用的"流言损失"。

环境损失主要是处理事故对周围环境和核电厂本身的污染，东电还需要投入 5 万亿日元甚至更多的成本来开展去污工作，环境去污费用也算在核损害赔偿的账上。

四、福岛核损害赔偿的启示

世界上只有奥地利、德国、日本和芬兰少数几个国家立法适用核营运者核损害无限责任的原则。多数国家担心无限责任或过高的责任数额会使营运者在发生事故后承受立即破产的财政负担，从而对核能开发利用带来负面影响。几个核损害国际公约和多数国家法律都规定了核损害赔偿责任限额以对营运者进行保护，由于这个限额往往是任意的，因此很难获得公众的认可。当重大核损害事故发生时，法定赔偿限额对赔偿的贡献几乎可以忽略不计，国家将不可避免地赔偿或补偿限额以外的更高补偿，继而转由纳税人负担，这也是核损害法律制度难以说服公众的难题。

日本福岛核事故的损害赔偿是核能利用史上第一次面对大规模放射性泄漏进行全面赔偿的案例，展示了核损害赔偿的特点和难点，也给我们带来一些有益的启示。

第一，尽管核电安全技术在不断发展，但政府和企业都无法承诺其绝对安全。因此对核事故下的损害赔偿工作做出预先制度安排，做到未雨绸缪是十分必要的，也是维系核电可持续发展的制度保障。

第二，快速筹资、有组织地积极理赔、赔偿条件宽松、引入争议调解机制，可以最大程度地减少诉讼的发生和民众的心理对抗，有效缓和事故发生后短期内对社会、企业和政府的冲击。

第三，建立核损害责任制度，规定核电营运者提供最低财务保证的义务，鼓励采用购买商业保险、预存保证金、开立信用证等多种方式分散风险。同时也为建立核损害商业保险机制提供法律依据，通过核第三者责任保险的长期可获得性、稳定性、价格低廉、赔偿及时等特点，实现风险转移。

第四，营运者核损害无限赔偿制度在这次福岛核事故赔偿过程中得到了一次实战检验，法律上将东电公司作为唯一的赔偿主体去面对公众，成为一道防火墙，避免将核损害赔偿的矛头直接转移到国家，政府在幕后为营运者提供强有力的财政支持，也不失为一种理性的制度设计。世界上还未发生过一起营运者核损害有限责任制度下的大规模赔偿事件，因此我们应当从这个案例借鉴到不少经验。

回想起核电厂培训中心在全范围模拟机上模拟各种各样的极端事故工况，用以提升主控室操纵员操作经验的良好实践，对我们也不无启发。如果将核损害赔偿实践在国家制度体系中进行实践模拟，评估国家对于小概率重大工业事故的处置能力，建立有针对性和保障性的法律制度，这对国家安全之一的核安全保障可能是一个有益的尝试。

核立法的亡羊补牢与未雨绸缪

陈刚

  人类对核工业发展的风险认识和防范往往是滞后的，各国通过核法律、法规和标准构建起一套核工业发展和核安全保障制度体系，但谁也不敢担保这套制度体系能给国民带来多大的安全感。与我国一水之隔的日本核工业发展水平位居世界前列，该国 1955 年就颁布了《原子能基本法》，核法律体系数量上细致繁复不可谓少，质量上在历经数十年积淀和多次核事故后颇多修订和调整不可谓粗。在1999 年东海村核燃料处理公司铀转化设施发生临界事故后，日本通过了核应急准备特殊措施的法案，立法大幅提升核损害赔偿额，对核设施运营安全提供保障。然而即使这样，这个庞大的核法律体系也在 2011 年海啸的冲击下显得那么不堪一击。

  核事故发生后，国家关注核安全、强化核监督、协调应急防护机制、提高核事故赔偿等立法改进，不失为亡羊补牢之举，也是国家努力完善核立法的重要促进因素。当然，首要任务是找到核事故"亡羊"的根本原因，继而找到完善核立法的"补牢"措施。

  2011 年 3 月 11 日福岛核事故发生后，无论是日本国内还是国际社会对事故的调查和原因分析都非常关注。当年 6

月 20 日召开的国际原子能机构部长级核安全会议上，日本政府匆匆提交了《东京电力公司福岛核电站事故报告》。报告分析了事故之前日本核安全及其他监管格局、地震及诱发海啸的灾难性破坏、福岛核电站事故的发生与发展、核应急响应、放射性物质向环境的释放、辐射照射状况、稳定事故态势的进一步打算、从事故中获取的教训和结论。日本政府报告的角度偏向客观环境和技术原因，把事故定性为自然灾害引发的严重事故，主观上多少有开脱责任的嫌疑，毕竟政府也是核工业发展政策的制定者、核监管的责任人、核事故应急的组织者、核损害赔偿的责任主体。

同年 10 月 30 日，日本国会通过了《关于福岛核事故独立调查委员会的法案》，组建了该国历史上第一个独立调查委员会来调查福岛核事故。国会委任黑川清医学博士为委员会主席，其他 8 名成员分别是地震学专家、化学专家、前日本驻美国大使、科学记者、国立放射线综合研究所前主席、商会主席、社会学家、中央大学法学院教授、前首席检察官，这其中有科学背景的 4 人，有社会活动背景的 3 人，律师 2 人，有趣的是并没有核工业背景的人士。或许正因如此，委员会并没有一头扎进自然灾害的不可抗力、核电技术的事故概率、日本未来能源政策、乏燃料棒处置等核技术问题，也没有关注一旦东京电力公司无能力进行事故赔偿相关的责任问题，没有关注任何与事故引起的股票市场变化相关的事宜，更没有关注日本由于各种原因重启停止运行的核反应堆的问题。也就是说，那些被业界和政府用来强调经济环境、核能政策和核技术客观原因的领域并不是委员会所关心的。

这个委员会的调查包括超过 900 小时的听证和 1167 人的访谈，收集了10 633 份居民的调查回复。在对地震破坏、运行问题评估、应急响应问题、疏散问题、公众健康和福利的后续问题进行评估后，在此基础上花半年多时间归纳整理出了调查报告。黑川清博士在调查报告的主席致辞中提到，报告的目的是加强立法机关的管理权威和加强对核电站问题的监督活动，对事故的性质和根本原因作出结论。委员会更关注的是，怎样"补牢"才能避免再次"亡羊"。

调查报告率先提出的结论是事故定性的人为性。委员会认为尽管是由地震和海啸巨大的自然灾难引起了核电站事故，但后续的福岛第一核电站事故不能认为是一个自然灾害。深入地讲，这是一场可以且应该预见和避免的人为灾难。矛头清晰地指向了"人"，那么什么人需要对此负责？

报告提到自 2006 年以来，监管者和东京电力公司都知道当海啸达到厂址标高的水平时，福岛第一核电站可能会出现全厂断电的风险，会导致海水泵损坏进而导致堆芯损坏的风险。作为监管者的日本原子力保安院和核安全委员会本该代表公众处于一个强势的地位，但是并没有做到，他们固执地认为核电站是安全的，不愿意主动编制新的法规对上述风险进行防范。同时原子力安全保安院又隶属于经济产业省，经济产业省的职责是积极推动核电发展。作为营运者的东京电力公司也是出于自身经济利益强烈反对新的安全法规并且通过日本电气事业联合会与监管者讨价还价，因此，政府和营运人难辞其咎。

报告指出事故根本原因的国家性。委员会认为这是一个"日本制造"的灾难，其深层原因可追溯到日本传统文化根深蒂固的反射性服从，不愿质疑权威，热衷于"坚持程序"的集体主义和孤立性。在日本，发展核电变成一股不可阻挡的力量而疏于国民社会的监督，核电的监管被委托给负责其发展的政府机构，导致官僚主义者将组织利益置于保护公众安全的首要责任之前。

应该说，独立调查委员会以上的定性和根本原因分析是比较鲜明的，矛头毫不犹豫地指向日本政府主导下的整个核工业发展管理模式，改革监管者和营运者，除非监管者经历实质性的变革过程，否则日本和公众的核能安全得不到保证。要求整个核监管组织进行变革，不是形式上的，而是实质上的。如果没有这次委员会的调查，仅依赖政府调查，那么很多监管者和其他相关组织合谋的事实也许永远都不会被揭露。

独立调查委员会面向未来提出了由国会监督核监管机构、改革危机管理系统、政府对公众健康和财产的责任、监督运营者、新监管机构的行为准则、改革核能相关法律、与核有关的法律必须全面改革、建立一个独立调查委员会系统的 7 个建议。大家注意到福岛核事故发生一年半后，日本的"原子能规制委员会"及其执行机关"原子能规制厅"正式成立，统一负责核能安全监管工作，日本原子力保安院和核安全委员会被撤销。

报告就立法改革用了重笔墨，因为"补牢"的措施只有通过立法才能上升到有效防范的高度，故提出了立法改进的目标包括：首先是改变日本现存的核法律偏向促进核能发展而不是公众的安全、健康和财产的导向；其次是需要明确营运者承担核损害的责任；再次是制定在核应急状态下相关各方的责任的明确导则；最后是将核安全纵深防御的概念加入到法律法规中。而当务之急，是修订现有核法律中加强并补充满足全球安全标准、公众健康和财产需要的各项规定。

应该看到，福岛核事故后中国核立法工作也引起了有关部门一定的重视。2011 年 11 月 30 日通过的《放射性废物安全管理条例》是核事故发生后第一个颁布的核相关法规；2011 年国务院批示重启了停滞 26 年的《原子能法》立法工作，指令工信部牵头第四次启动该法的立法起草工作；由能源局牵头起草的《核电管理条例》也根据福岛核事故经验反馈做了调整；全国人大法工委也启动了《核安全法》的立法研究。尽管国内核立法出台的呼声很高，但如何引他山之石作为中国核工业发展的立法参照，透彻分析核立法解决问题的根本目的，减少政府主导立法的一些片面性，仍是一个非常复杂和漫长的过程。

福岛核事故同时给中国立法机构和政府主管部门提出了警示：我国的核法律法规体系能否经得起重大核事件的考验？借鉴别国的教训，如何做到事前防范？这是一个需要立法机构、政府部门和营运者认真对待、未雨绸缪的问题。

中国核立法不应寄托在亡羊补牢上，而更应该是努力做到未雨绸缪。

核电的业主与股东

陈刚

不久前，我应邀来到向往已久的华能山东石岛湾核电公司参观学习。深秋的胶东半岛风清气爽，苹果柿子挂满枝头，在山东荣成黄海之滨坐落着石岛湾高温气冷堆示范电站，平静的现场有序地进行着清华大学研制的第四代核电技术——20兆瓦高温气冷堆机组的建设安装工作。历经日本福岛核事故后的延滞，2012年12月获得国家核安全局工程建设许可的石岛湾核电站的两座核反应堆厂房已悄然成型。

我第一次接触这个项目是在2007年，在洽商入股高温气冷堆的技术拥有方中核能源公司时，了解到这座核电站的业主是华能山东石岛湾核电公司，而股东是华能集团、中核建和清华大学。它们分别以47.5%、32.5%、20%的投资比例，共同投资建设。在业内，人们往往不会去记这么复杂的股权结构或者股东和业主的全名，也往往不去关心堆型技术，习惯上只认谁是大股东和电站的位置。当看到迎风飘扬的电力央企华能集团的大旗，白字蓝底的司旗与蓝天和谐地融成一体，我们都会记得这里是华能的石岛湾核电站。

在高温气冷堆的不远处，国家核电技术公司和中国华能集团公司以 55% 和 45% 比例出资设立的国核示范电站有限责任公司，也整装待发预备着未来雄心勃勃的 CAP1400 和后续 CAP1700 压水堆的建设和运营，预示着国核的大旗也跃跃欲试地在胶东大地上升起。而同在山东半岛上的另一处热火朝天的核电现场内，山东海阳核电站也在中国电力投资集团公司的管理下建设进入了第五个年头。

我国幅员辽阔，经济迅速发展，伴随着能源需求量逐年加大，无论是国家还是电力行业，都敏锐地判断核电将在我国未来的能源结构中占据重要地位。要完成核电发展目标，投资规模巨大，从国情、资源以及国际核电发展的规律来看，鼓励各类资本投资核电建设，吸引更加广泛的社会财力、人力与物力投入，促进核电规模化发展是有必要的。国家在 2007 年颁布的《核电中长期发展规划》中就提出了要积极推进投资主体多元化，随之而来国家能源局在 2008 年末启动的《核电管理条例》立法起草中，投资主体多元化成为立法参与者热议的话题，也是一个议了 6 年还未议完的话题。这里面关键的概念，就是核电控股股东或实际控制人的准入。

20 世纪末是中国核电的起步期，核电项目少、核准慢且由国务院一事一议决定着谁是核电的管理者和营运者。不过，除了中核集团与中广核集团两大核电集团及其控股的各项目业主经营着大部分的运营和在建核电项目外，大型电力企业集团对核电领域的谋划酝酿也在同步进行着。从大型电力企业集团战略角度考虑，要想成为具有国际竞争力的大型发电集团，没有核电是不完整的，特别是依赖传统燃煤发电的企业需要新的电源以降低燃料市场波动风险。如何介入核电领域，在法无禁止即可为的前提下，以投资主体多元化名义控参股核电企业、早期控制核电厂址、前期参与核电新堆型项目筹建等便成为突破核技术资质壁垒和抢占核电项目先机的方略。

即使在相对封闭的核电投资领域上，投资主体多元化在广东大亚湾核电站建设时期也不是新鲜的概念，正是在改革开放之初通过中外合资企业的新型模式完成这一斥资巨大的核电项目筹资和建设，实现了中国核电的起步并获得先进的现代企业制度管理经验。目前，我国运行、在建以及拟建的核电站多数都是采取投资主体多元化模式。

真正意义上的进入核电领域，通常是以获得控股股东或实际控制人的法律地位为标志。而核电业主的控股股东或实际控制人资质的获取，以及相应的权利和义务的界定仍是个模糊的概念。无论在国家政策上还是法律法规上，都没有明确的规定，这主要是针对居于绝对控股地位的投资者，或是居于相对控股地位但拥有项目主导控制权以及承担主要责任的投资者。控股股东们通常会根据需要单独或联合成立核电项目业主公司，由业主公司作为法律责任主体，并实际履行项目工程建设与生产运营的相应职责。除了中核与中广核两大核电业主集团以外，国内各大电力集团、诸多地方能源电力企业、地方资产管理公司以及一些外资企业都已参与到核电投资中来，成为推动发展的重要力量。而在电力企业集团中，中电投、华能已经通过项目核准获得了核电控股股东的地位，更多的企业仍朝着这个目标努力。

我国相关法律法规规定，营运单位即业主必须对项目的策划、资金筹措、建设实施、生产经营、债务偿还和资产保值增值等全面负责，并承担投资风险。业主按照"项目法人、招标投标、工程监理"的建设管理体制组织设计、设备选厂和监造、施工、监理等招投标程序，自主确定投、中标单位。有一些业主还承担核电工程总包职能，可自行管理项目的建设和营运，直接负责所营运的核设施的安全，并对核电站安全、核材料安全、工作人员以及环境的安全承担安全责任。核电业主通常也是运营商，但也有部分核电业主只是代表投资方，把核电站的运营委托专业化运营公司管理。

然而，作为动辄数百亿的核电项目，不可能有任何项目业主有能力全面承担上述义务和责任。因此，股东，特别是核电业主的控股股东或者非控股的实际控制人的连带义务必将体现，其承担的责任远非一般的参股方所能比。

这些责任包括核电站安全管理责任、核燃料的保有责任、乏燃料与核废物处理处置及资金保障责任、核电站退役及资金保障责任、核损害赔偿处置责任。不仅如此，还要在工程设计、设备成套、建造管理等方面承担更多的责任和义务。此外，控股股东核电项目建设和营运经验的拥有、专门从事核电管理的人才储备、充分的资金保障和承担财务责任能力、满足国家核安全法规监管与资格审查要求等方面都需要充分具备。同时，当控股股东多元化时，核电这一特殊工业领域的厂址资源、人才资源、技术路线、设备制造、燃料保障、安全管理等方方面面也存在企业间如何开展有序竞争的问题。

总的来说，核电的安全发展需要国家在统一规划、安全监管、项目核准方面做好充分的协调管理并上升到法制规范。核电行业主管部门和监管部门，对核电业主的依法管理还相对清晰，但对控股股东或实际控制人的管理依然是依赖行政手段，滞后于电力企业发展需求和核电规模发展的步伐。不同于以往核电项目摸着石头过河的示范阶段，在目前核电规模化发展的时期已不能倚靠国务院一事一议的审批，需要国家在立法高度规划发展的目标和统筹责任主体的权责，核安全监管也需要在聚焦核设施和核活动的同时，尽快立法规范对控股股东或实际控制人的管理，这也是我们期待《核电管理条例》早日出台的原因。

核安全法的热启动

——读《请给中国一部核安全法》有感

陈刚

几天前，我读了南方都市报记者在 2014 年全国两会上采访全国人大代表、中国核物理学会副理事长、中科院上海分院副院长朱志远的一篇报道——《请给中国一部核安全法》，这个醒目的标题很吸引我。

文章以采访问答的方式表达了人大代表对核安全立法的关切与期待，在众多两会代表呼吁大力发展核电、核电"走出去"、启动内陆核电建设此起彼伏的声浪中，加快核立法的标题虽不见诸媒体头条，但不失为核工业相关领域的天籁之声。

朱志远代表谈到，中国核能安全监管的法律法规多是针对某方面亟需的管理内容而制定的，没有形成体系，中国亟需一部核安全保障"母法"。无独有偶，军队人大代表、海军装备部政委厉延明也提出，核安全问题显得愈发重要，建议《核安全法》早日出台，确保核安全管理的绝对可靠，绝对有效。全国政协委员、南开大学法学院副院长侯欣一在政协会议上也递交提案，指出现有法律体系在法律层面上对核安全的基本原则、制度及监督管理体制等重大问题未作出规定，远不能适应目前核安全工作的实际需要，呼吁加快制定《核安全法》。

上述的提案其实是日本福岛核事故后，来自国家最高立法机构对核安全关切的回声。在 2012 年全国两会上，朱志远、戴仲川等 60 位全国人大代表已提出优先制定《核安全法》的议案，明确包括审批管理、常规运行管理、风险监测和风险评估、核安全信息发布、核安全事故处置、核安全事故责任承担六个方面的法律制度建设。从那时起，全国人大环境与资源保护委员会就下了大决心和大力度调研和启动《核安全法》的立法准备工作。

环保部周生贤部长在 2011 年第四次全国核与辐射安全监管工作会议上指出，中国在相关领域仅剩《核安全法》和《电磁辐射管理条例》尚未出台。环保部副部长、国家核安全局局长李干杰在去年的全国两会期间表示，《核安全法》的制定力争"十二五"期间出台实施，《核安全法》已具社会认同度、立法协调相对容易并已有工作基础，优先推进核安全立法具有可行性。由国家核安全局牵头的《核安全法》起草工作于 2013 年启动，截至 2013 年 12 月已有两份草案上报人大相关部门，并列入十二届人大二类立法项目。这比此前 2012 年《原子能法》列入国务院法制办三类立法计划微妙地高了不止一个格，优先到起起停停的《原子能法》立法前头了。

与以往核立法由部委主导推动、讨论时日悠长的情景相比，《核安全法》的立法启动之快、牵头层级之高、草案提交之迅速，就像"请给中国一部核安全法"标题那样具有冲击力，里外透出一股热力。

"请给中国一部核安全法！"在发展核工业五十多年的中国至今还提出这样的呼声，这问题本身就是个安全问题。

核安全管理切入到核工业体系的技术环节、核事故应急响应环节和事故发生后责任分担的权利义务划分之中，渗透到军事、民用领域中。在这个庞大的体系中，《核安全法》该起到什么作用？侯欣一委员指出：与其他核电大国相比，我国相关政府部门设置较为复杂，职责交叉划分不清。这样的管理机制造成多头监管和管理混乱，监管资源和技术力量分散，不利于核安全。司法部司法研究所研究员刘武俊认为，在核安全立法中，要重点落实核安全监管机构的法律责任，解决核安全监管机构法律责任空白的问题。朱志远代表建议，或可设立一个统一、更高级别的核监管机构，直接对国务院负责，负责核安全活动的许可登记和统一监督管理。也就是说，《核安全法》应重在监督。

自美国三里岛核事故和日本福岛核事故后，公众对政府行政监管核安全的有效性和责任承担有了更高的要求，西方国家往往通过议会立法的方式迫使政府强化自身责任义务，开放公众监督，限制核能开发的冲动，加大核安全经费投入。从美国和日本的反思与立法整改来看，质疑集中在政府监管的独立性、利益冲突以及核安全监管的能力水平方面，公众往往是基于质疑政府的监管能力，从而要求加大对既有监管机构和监管立法的权责调整，以对公众安全负责。但另一面，这也是导致美国三十多年核电冰冻期、日本全部核电机组停运的重要原因，源于核安全立法变革对政府监管力度和发展动力的影响。所以，《核安全法》的规则力度也可能对现行核工业发展体制产生或多或少的影响，一定会引起各方的高度关注。

核工业发展和核战略地位的维护离不开政府的积极主导，政府往往既是监管者，同时也扮演着被监管者的角色。我国 2008 年国务院大部制改革后，中国核行业主管部门有国家能源局负责核电管理职能；国防科工局负责除核电外的核燃料循环、军工核设施管理和国家核事故应急；核安全监管和环境政策部门则是国家核安全局。此外，核行业管理和协调还涉及科技、公安、卫生、交通、国土资源、铁路、民航、军队等多个部门。被监管对象包括铀矿冶系统、核燃料生产、核电厂及各类核设施的运营与建造、放射性废物处理厂等整个核燃料循环相关工业活动及核技术应用领域。我国在核应急方面也作出了类似尝试，早在 1995 年就成立了国家核事故应急协调委员会，作为国务院非常设部际协调机构，负责核事故应急准备和救援工作的政策制定和组织协调，其成员单位包括信息产业部、国防科工局、环保部等 24 个部门。核工业体系庞大，由行政管理主导，核安全监管高层级法律缺失，这一直是个问题。

应荷兰王国首相邀请，国家主席习近平于 3 月 24 日至 25 日出席在荷兰海牙举行的第三届核安全峰会，首次公开提出"核安全观"，也是世界各国中第一个提出"核安全观"的国家，为国际社会提供了一种基本的价值观参照，以积极影响世界核安全秩序、体系与机制的塑造。作为核大国，中国领导人在展示中国核工业发展方针的同时，宣示中国在核安全管理方面的负责任态度和建设完善体系机制的决心，核安全会将再次成为世界的热点。

我们清楚，在中国，一部核法律出台的时间远长于一座核电站的建造时间，《核安全法》在"热启动"后还会经过相当长的立法调研、草拟讨论和审批程序才能成为法律。总的来说，好的开始是成功的一半，有人民代表的大力呼吁，有最高立法机构的积极推动，令人关注的核安全管理法制建设将会伴随着核工业事业发展的脚步渐入轨道，"请给中国一部核安全法"从呼声变成现实，或可期待早日成真。

风中的切尔纳沃德
——罗马尼亚核电观感

陈刚

　　去年 11 月，我有机会随团参加了与罗马尼亚核电站机组投资和建设意向的商洽，来到了向往已久的斯特凡大公征战的疆土、多瑙河流过的大地——东欧国家罗马尼亚。我们与宾主进行了颇有建设性的交流并达成了阶段性的成果，期间，我们应邀访问了离首都布加勒斯特 180 公里、一个以小镇切尔纳沃德命名的核电站。

　　离开布加勒斯特，汽车一路向着东南方向，沿着一马平川的南部瓦拉几亚平原的高速公路飞奔，多瑙河宽阔的下游河段从平原蜿蜒而过，辗转流向黑海。风过平原，天色阴沉，草浪起伏，微雨斜打着车窗，显得大地无比的苍凉。跨过多瑙河大铁桥，就是毗邻黑海康斯坦察省的地界，不远处的多瑙河与黑海运河交汇处就是有万余人口的幽静小镇切尔纳沃德，离小镇不远，便是罗马尼亚目前唯一的核电站了。

　　切尔纳沃德核电站始建于 20 世纪 80 年代。1980 年，尚在东西方冷战时期，地处东欧社会主义阵营中的罗马尼亚却和西方阵营走得近，积极开发核技术，决定启动建设 1 台加拿大坎杜型重水堆技术核电站。神奇的是仅仅两年之后，该国大跃进似的决策建造 2 号到 5 号机组，并且都选用加拿大重水堆技术，5 台机组同时开工建设，工程浩大，从此开启了切尔纳沃德核电站多乖的命运旅程。

1989 年，罗马尼亚政权巨变导致核电建造工程全部停工。那时 5 座反应堆的主体土建工程已见雏形，厂房一字排开，无奈地等待着命运的抉择。1991 年，缺电的罗马尼亚集中全力重启 1 号机组的建造，机组在 1996 年中期并网发电，于当年 12 月投入商业运营，离当初开建已近 20 载。进入 21 世纪，罗马尼亚又重启核电站的 2 号机组建造，机组在 2007 年 8 月并网，并于当年 10 月投入商业运行。目前，切尔纳沃德两台机组源源的电力提供着占罗马尼亚 18% 的电力需求，而罗马尼亚拥有的 3100 吨天然铀矿场满足了目前切尔纳沃德核电站机组的燃料需求，国家建成了自己的高放废物处理厂，形成了较完整的核燃料循环工业链，核电带来了稳定的能源供应和经济效益。但受到资金等因素的限制，后续的核电建设举步维艰，几经周折无法重启，厂址的维护也成为罗马尼亚政府的负担。

就在这么进退两难之间，又一个十年过去了，电力需求压力使得罗马尼亚政府将切尔纳沃德 3、4 号机组的建设提上日程。2010 年 12 月 5 日，作为欧盟成员国的罗马尼亚得到欧盟认同将两台机组的建设作为国家的首要工程，由于核岛主要结构已完成，常规岛土建 3 号机完成了一半，4 号机完成约 1/3，所以罗马尼亚依然采用的是加拿大坎杜型重水堆技术，只是单机容量增加到 72 万千瓦，项目正寻求国际合作投资和建设，但道路依然坎坷。

我们来到了核电站，远远可以看到成群的野鸟盘旋飞舞在未建成的 3、4 号机组的汽机大厅外，凄厉的鸣叫在空中回荡，秋风瑟瑟，壮观而又多少有些悲凉。电站主人引导我们参观了其紧邻的运营中的 1、2 号机组，参观核电站我们倒也习以为常，两座机组的规模并不大，各式厂房井然有序，机器发出闷闷的轰鸣，运行值长专业地介绍着运营工况，一切都是那么熟悉。特别让我感到紧张和别扭的是紧随身后两米的那个微胖的安保人员，腰里别着一只露着把子的手枪，亦步亦趋，幽幽地跟着我们，真是让人后脑勺发凉，一股寒气顺着脊梁骨往上飘。这倒让我挺佩服罗马尼亚式的核电安保，严谨得一丝不苟，绝不因人而异，令人肃然。就是这两台艰难建设起来的核电机组，不仅保障着罗马尼亚 1/5 的用电负荷，而且安全运营业绩持续排在世界核电运营机组的前茅，成为罗马尼亚人的骄傲，这也离不开罗马尼亚完善的核工业法律环境。

罗马尼亚是 1957 年成立的国际原子能机构的创始会员国之一，核工业发展一直没有停歇。2007 年 1 月 1 日正式加入欧盟，欧盟通过补助款以及加入共同市场、共享经济成长等诱因，促成罗马尼亚全面改造政治、司法与经济体制，融入欧盟大家庭，对罗马尼亚的核安全管理和核工业发展的法制化建设影响也非常深入。罗马尼亚核工业体系按照《第111/1996号安全发展、监管、授权和控制核活动法》这一基本法有序地开展，相应法规体系完整，并纳入欧盟核法律规范体系。罗马尼亚迄今还加入了《不扩散核武器条约》《全面禁止核试验条约》《核损害民事责任维也纳公约》《核材料实物保护公约》及修订案，以及《及早通报核事故公约》《核事故或辐射紧急情况援助公约》《核安全公约》《乏燃料管理安全和放射性废物管理安全联合公约》等几乎所有与核能相关的国际公约，国家有着良好的核电运营实践经验和完善的法制环境。

罗马尼亚与中国在核领域的合作有着特殊的"交情"，双方有着友好合作的渊源。就在1971年10月联合国恢复中华人民共和国在联合国的合法席位之后两个月的1971年12月9日，罗马尼亚等17个国家向国际原子能机构理事会提出议案并获得通过，要求"承认中华人民共和国是有权在国际原子能机构代表中国的唯一合法政府"。1982年4月16日，距中国正式加入国际原子能机构还有两年时间之前，罗马尼亚是第一个与中国签署和平利用核能合作协定的国家，尽管当时的协定没有实质性合作内容，但签约形式象征着中国打破国际封锁，揭开国际核技术交流的新篇章。

中国和罗马尼亚的民用核工业发展几乎是在一个起跑线上，三十多年过去了，成长起来的中国核工业企业已经有实力将当年远隔千山万水两国间那朦胧的核合作愿望变为一种可能。就在我们离开后不久，中国国家能源局和罗马尼亚经济部能源署签署了《关于核电项目合作的谅解备忘录》，为两国在和平利用核能、核电项目建设、核电技术交流等方面的合作奠定了基础，并就鼓励中广核集团和罗马尼亚国家核电公司围绕切尔纳沃德核电站新建机组的合作等达成了共识。两国企业间也签署了关于建设切尔纳沃德核电站3、4号机组企业间合作意向书，双方核能合作的步伐已经快步向前。这不仅是罗马尼亚核电重启的一线曙光，也是中国核工业发展中一个具有里程碑意义的象征。

至今切尔纳沃德的风声还在耳边回响，我期待着那盘旋的野鸟找到它们的归巢，也期待那雄伟的厂房早日响起汽机的轰鸣，让新建起的核电站带给罗马尼亚人民更多的光明，让世界感受中国风。

发展与安全：影响美国核电的两个历史时刻

陈刚

影响美国乃至世界民电发展有两个值得纪念的历史性时刻。

六十年前的 1953 年 12 月 8 日，时任美国总统的艾森豪威尔在联合国发表了著名的"原子能为和平服务"讲话，呼吁开展原子能的民用研发工作，让原子能技术能真正地造福于人类。这个讲话被视为开启核能开发从军用走向民用大门的里程碑。

回顾 1946 年美国第一部《原子能法》的诞生，美国政府以法律形式对核工业进行军事化管理并限制民用研究。然而，以舰艇核动力为首的军事核工业的发展推动了核反应堆的研发，西屋公司、通用电气公司等企业逐步掌握世界先进反应堆技术，单一军事领域的研究和应用已不能适应美国核工业发展的需要，客观上导致了美国政府为民用核工业解禁。

起初，核能的神秘、昂贵、军事背景并未引起工业界的青睐，1954 年美国《原子能法》为民用核工业发展提供了法律指引。1957 年世界第一个商业核电站——希平岗核电站建成后，扶持核电这一新兴产业成为国家战略。同年第一部关于核损害赔偿的《普莱斯—安德森法》，明确了营运人为核损害责任主体及有限责任的特殊规定，降低了核电承包商、投资人和研发机构的风险，极大地鼓励了私营企业参与民用核工业的积极性。1973 年《原子能法》的修订，继续以法律形式鼓励核电的发展。

尽管最初美国核电并不是以大发展的方式启动的，但政策及法律的引导和助推作用不可忽视，随着 1962 年 6 台小型反应堆商业投入运行，局势发生了重大变化，核燃料制造成本下降，核电站交钥匙式的批量化生产已成现实。那个年代统计全国支持核电民众有 64%，明确反对的仅有 6%。到 1979 年，美国的核电消费量占全世界核电消费总量的 31% 以上，核电占总发电装机容量约 8.3%，占总发电量的 22%。而且，核电使得美国部分抵消了对 20 世纪 70 年代中东石油危机带来的对进口的严重依赖，维持核工业领先的战略地位。

核电大发展也必然带来监管的问题。早期，美国原子能委员会代表政府负责核监管，包括对核电建造、运营过程审批、颁发执照和安全监管。进入 20 世纪 60 年代的核电大发展后，执照申请蜂拥而至，监管机构人手短缺、官僚作风盛行、各方利益混杂。来自核工业界的声音诟病原子能委员会审批效率低下、流程复杂、跟不上发展的步伐。1965 年，备受压力的原子能委员会干脆把执照审批外包给外部专家机构，将核电审批变成流水作业，缩短流程，简化程序，使得监督渐成形式，一时间也确实带来了审批效率的提升。1965 到 1978 年，美国国内核电订单竟达到 190 台机组，政府甚至规划至 2000 年建成上千座核电站，发电能力达到 1.2 百万兆瓦。尽管美国国会在 1974 年通过了《能源重组法》，成立核监管委员会替代原子能委员会职能，但在发展这个硬道理面前，新委员会还是注重与核工业界的关系而并未足够地意识到核安全监管的重要性。

1979 年 3 月 28 日，就在美国核电发展突飞猛进之际，位于宾夕法尼亚州萨斯奎哈纳河中心一座叫三里岛的核电站发生了核电史上第一起堆芯熔化事故。

那天凌晨 4 时半，核电站二号反应堆主泵停转，随后的一系列机械故障和人为误判，造成灾难性的反应堆一回路破口，冷却水喷出气化，堆芯温度上升，47% 的核燃料熔毁，约 20 吨融化的二氧化铀堆积在压力容器底部，高压的放射性蒸汽裹着氢气积聚在最后屏障安全壳内一触即发，危在旦夕。

当时的人们根本没有核事故的概念，甚至没有做好对于核事故的应急准备，主控室报警灯缤纷闪烁，操纵员乱成一团，运营核电站的巴布科克和威尔科克斯公司称局势可控，但在距离核电站 10 英里外的哈里斯堡，州长正为是否将 60 万民众转移急得团团转。核管会还是在征求专家的意见后决定对公众采取预防性撤离措施，下令疏散了核电站 5 英里范围内的学龄前儿童和孕妇，10 英里内的学校全部关闭。然而，恐慌中约有 20 万居民举家出逃，全美为之震惊。

这一天改变了美国核电业的一切。至 1990 年初，电站所属的电力公司因一号机组停运数年、事故机组清理、保险公司理赔、核电站服务商赔偿、联邦政府和州税收补偿，累计损失约 10 亿美元。而事故清理耗时十年，至 1990 年 4 月才卸完最后的核燃料。事故发生后，复杂的损害诉讼此起彼伏，厂区附近的 2000 名居民集体发起最大和耗时最长的针对电力公司的诉讼，直至 23 年后最后一起诉讼被美国上诉法院驳回才归于平静。更重要的是，由于三里岛事故，民众对核电的信心受到相当大的打击，对核电的支持一夜颠覆，普通美国人开始对核泄漏和核辐射产生强烈担忧，发展核电成了备受批评和攻击的议题。美国核管会匆忙宣布暂停颁发新的核电站营造和运行许可证，1979 年底，卡特宣布了"美国不会再建核电站"的决定。

事故发生两周后，美国总统卡特成立了总统事故调查委员会，发布了《变革的需要——三里岛核事故后遗症》调查报告。尽管当中痛陈从政府机构到核工业界必须在组织、程序、实践活动中做出改变，要关注安全、关注人的因素和关注小概率事件，然而报告并没有深刻检讨核管会的独立性，各方严重质疑这份报告。于是由三名律师牵头，由 21 名外部专家参与的调查组专门对核管会的运作展开调查并形成报告，报告提出核电站安全的核心问题不是设备问题，而是管理问题，核管会的独立性和核工业改革必须得到根本性改变。

美国在三里岛核电站事故后，核电政策和核相关法律发生重大变化，无论《原子能法》还是《普莱斯—安德森法》都进行了重大修订，核安全取代了核发展成为立法核心。从那以后，美国建立了极为严格的核电厂许可证更新审查标准，几乎是国际通用的标准。美国核管会的独立性大大加强，负责制定了更为苛刻的审核程序，一个新核电站从申请到运行要进行早期厂址审批、设计批准书以及核电运行的经济性要素三个阶段的审核批准，令申请者望而生畏。

人们开始理性地认识到，核能并不可怕，但使用不当或监管缺失会产生巨大的风险，核安全始终是核能利用的生命线。从某种意义上说，三里岛核电站成了反核运动的"集结号"，从 1979 年起，美国在随后的 34 年中未建起一座核电站。

然而，正是因为三里岛核事故后的核政策与核法律的调整，使得 34 年来美国核电行业安全运营取得了优良的业绩，安全运行使得核电站的功率负荷因子大幅度提高。1980 年，全美的平均负荷因子为 54%，到 1991 年达到 68%，至 2001 年更升至 90.7%。2011 年，安装在美国的 104 座核电机组共生产了 7900 亿度电，足以满足美国 19.2% 的电力需求。2012 年，美国核管会新批了沃格特勒和萨默尔核电站的 4 台 AP1000 核电机组。

如果说冰冻三尺非一日之寒，那么塞翁失马又焉知非福。

不太熟悉的核安保

陈刚

前些天在北京，国家核安保中心官员和专家坐下来商谈了核安保工作的法制建设议题，本人也在会上提出了一些意见和建议。但从立法建议的系统性和前瞻性来看，感觉还是没完全说到点子上。

说心里话，自己对核安保体制没底。

20世纪80年代末，我从西安毕业来到改革开放前沿的深圳，见到一个国内其他城市还没有的职业——保安，和此地的"宝安"同音。我最早接触这个字眼是在电影上看到的前地方武装"保安团"，时常香港电视里大亨们招呼保卫喊的是"security"，这也是英文里对应保安的一词。从字面上把保安理解为保卫治安简单明了，这就是我最早的印象。

我从事核工业工作二十多年，一直没分清保安和核安保除了严疏程度外的特殊区别，也不知道从什么时候起把"保安"两个字倒了过来。关于核安保最早的经历是不愉快的，记得1990年在法国佛拉莫维核电厂实习的时候，那次在电厂内滨海员工餐厅里和法国师傅尽兴拍照留念，结果被电厂保安人员截住警告要没收胶卷，引来一群法国师傅帮忙理论，场面好不尴尬，最后签字保证没有威胁到电厂安全才悻悻抽身。

后来我回到国内核电厂工作，最初从事的换料工作需要深入电站的心脏——核反应堆压力容器的上方，核安全的培训要求我们形成谨小慎微的安全工作习惯，以致形成了一种叫核安全文化的行为模式，渐渐也对厂里的安保管理习以为常了。在电厂大门外，不苟言笑的武警日复一日地查验我们挂在脖子上的出入证。到了厂区，就要经过电站的 KKK 保安系统，铁网、钢丝、红外线探头方正地切出电厂的安保区域，门禁的刷卡、输密码不再依赖岗哨观察。再往反应堆里去，那又是更严密的验证和授权。如果说，早些年参观者还能被带到非控制区厂房内考察，那么自 2001 年 9 月 11 日后，参观者就只能在铁丝网外的观景平台眺望核电站。想看厂房，只能在公关中心的厂房模型前过过眼瘾。无论是工作人员还是参观者，对这样的管理更多是服从而不太了解究竟为何。

即使是从事核工业工作，许多领域也是隔行如隔山的。国际社会与国际原子能机构倡导的广义"核安全"蕴含着核保障（safeguard）、核安全（safety）、核安保（security）等核能和平利用的三大机制。核保障机制是在国际范围内有效监督和阻止核武器扩散，核安全机制是为了保证民用核能应用的安全性，而核安保机制则重点是防范核恐怖主义。我们偏熟悉的是核电业内的"核安全"，通常对核保障远而不及，对核安保更多是近而不知。

恐怖行为自古以来中外皆有，善良的人对此避之不及。而"恐怖主义"一词，最早是在 18 世纪法国大革命时期作为一种极端革命手段出现的，特指期间的"雅各宾专政"，当然这与现代意义上的恐怖主义显然不尽相同。以恐怖方式为手段的现代恐怖主义兴起于 20 世纪 60 年代末，20 世纪 80 年代末冷战结束后，恐怖主义已成为世界各国普遍面临的公害。进入 21 世纪，恐怖主义跨国性彰显，追求与核物质相结合的恐怖核袭击风险趋增，所造成的危害后果非人们所能想象。核安保机制针对的核恐怖主义指的是以使用核材料为直接手段或以袭击核设施为直接目标的恐怖行为，主要包括针对核材料、核设施、放射性材料和放射性装置的四类恐怖主义行为。由于人类尚未实际受到核恐怖主义的严重损害，通常也没意识到这是最危险的恐怖主义犯罪。

国际合作打击恐怖主义自 1934 年国际联盟成立时就列入了日程并上升到合作和法制层面，1937 年国际联盟通过了《防止和惩治恐怖主义公约》未生效稿。20 世纪 80 年代后，核能国际合作的重心从最初防范国家间核扩散的合作，逐渐过渡到打击核恐怖主义的核安保合作。针对核安保，1980 年开放签署的《核材料实物保护公约》确立了防止、调查与惩罚核材料犯罪的措施与成员国合作原则。2005 年签署的《〈核材料实物保护公约〉修正案》，增加了对核设施的保护和更具体的合作措施。2005 年联合国大会通过的《制止核恐怖主义行为国际公约》将主要目标锁定在防止与制止核恐怖主义行为上，世界各国对核恐怖主义犯罪的惩治也已进入国际刑事司法合作领域。但国内目前对三个公约的宣贯与业内和公众还有一段的距离。

防范核恐怖主义是近年来国际社会以及国内核能管理面对的一个新的实务问题。2010 年在美国华盛顿召开了首次全球核安全峰会（Nuclear Security Summit），防范核恐怖主义成为全球重点关注的专门话题并将高层对话形成机制。在福岛核事故发生后一周年的 2012 年 3 月，第二次核安全峰会在韩国首尔召开。时任中国国家主席的胡锦涛参加了这两次峰会并做了重要发言。第三次核安全峰会于 2014 年 4 月在荷兰海牙举行，中国国家主席习近平出席并全面系统地阐述了发展和安全并重、权利和义务并重、自主和协作并重、治标和治本并重的"核安全观"（approach to nuclear security），呼吁国际社会携手合作，实现核能持久安全和发展。核安保问题的全球合作再次上升到一个新高度，在国内，核安保也成为国家安全中的重要关注领域。

中国政府自 20 世纪 50 年代以来对核材料一直实施严格的管控，逐步形成了一套管理体系。1987 年颁布了《核材料管制条例》并制订了实施细则，对核材料实行许可证管理，明确非法制造、买卖、运输放射性物质属于犯罪行为，建立了核材料衡算和控制制度、核材料安全保卫制度、核材料管制视察制度等。还发布了《核电厂安全保卫规定》，对核电厂及其他核设施安全保卫作出了明确规定。1989 年 1 月 10 日加入《核材料实物保护公约》，2009 年 9 月 14 日批准《〈核材料实物保护公约〉修正案》，2005 年 9 月 14 日签署《制止核恐怖主义行为国际公约》并于 2010 年 12 月 8 日批准生效。中国刑法典已将核材料犯罪和放射性材料犯罪包括在危险物质犯罪中，只是尚未明确核设施犯罪和放射性装置犯罪，对核恐怖主义犯罪的研究和司法防范体系建设还显薄弱。

核安全、核安保是不尽相同但又紧密联系的概念，正确认识它们的内涵及相互关系十分必要。因此政府需要对核设施的核安全与核安保特性进行对比分析，在此基础上充分发挥相互协同作用，使彼此都得到加强。在强调核安全文化的同时，应当将核安保文化根植到从业人员的行为规范中，以及灌输在公众核科普内容中。

如果说一个多年从事核工业的业者尚对核安保内涵感到模糊，那足以说明核安保机制的完善任重道远。

核安全责任的不同视角

陈刚

1986 年切尔诺贝利核电站事故后提倡的核安全文化所要求的"鼓励核安全事务方面的个人责任心和自我完善",已实实在在成为业者处事态度和业内体制建设的座右铭。业内通常提到的"责任"就是要对核设施、核活动、核材料和放射性物质采取必要和充分的安全措施,防止由于任何技术原因、人为原因或自然灾害造成事故发生,并最大限度减少事故情况下的放射性后果,从而保护工作人员、公众和环境免受不当辐射危害的核安全状态。这种责任感已经根深蒂固地扎在脑海里,是核工业内理解的核安全责任。

然而近几年当我参与一些核立法讨论和关注公众核接受度时,总能感到国家、核企业与公众理解认识上的核安全责任并不完全是同一个概念。文字造化"责任"的中文字义通常一种是指分内应做的事,如职责等,而另一种是指没有做好自己工作而应承担的不利后果。当两种因果密切相关的概念以同一个文字出现时,难免会有些乱。

一、从"分内的事"看核安全责任

早在 1928 年,对核能利用伴生的放射性健康影响就引起国际上的关注。那一年,辐射防护领域最早成立了放射性研究国际组织——国际放射防护委员会，开始研究建立辐射防护的国际标准，为萌芽中的核安全共性问题制定一些基本的安全规则。

由于核能利用的高度战略地位和安全敏感性，以 1945 年新西兰《原子能法》为发端，以 1946 年美国和英国《原子能法》为代表，核法律制度成为管理核能开发的重要手段，并随后在世界范围内核能和平利用过程中被绝大部分参与国家所重视。

国际上自 1956 年以来形成的与核相关的核法律国际公约大约有五十多份，指引着核能和平利用的国际法律准则。为深化对核法律的执行力度以保障核安全，自 1956 年国际原子能机构成立后，还组织了各国大量的核专家编制了 150 多项核安全标准丛书文件。

在中国，自 1986 年《民用核设施安全监督管理条例》发布以来，已形成由法律、法规、部门规章、地方法规、核安全导则、标准等构成的庞大核法律体系和技术规范体系。打开一份核法律或法规，就像一份技术规范书，除了总则和附则，所有内容都围绕着核燃料循环工业流程或辐射防护科学原理，体现出一套与国际接轨的监督和技术管理制度。在法律法规之下，比照国际原子能机构或世界先进经验建立起来的国家核安全导则之后，再对核工业 10 个系列制定了约二百多项指导文件。

即使不上升到国家强制约束力文件层面，在核企业内部从业者都会被内部核质量保证体系下的工作程序包围着，明确着各自工作的职责所在。

从国际公约到单位程序，从法律约束力到日常工作规范，所有这一切，构成了一个庞大的职责体系，形成了核工业每一领域的行为准则和管理义务。这个职责体系自上而下，由外到内不断积累、不断交流、不断更新，形成了一套监督严格、技术先进、体系庞大、与时俱进的核安全"分内的事"，看似只要做好了分内的事，就尽到了核安全责任。

二、从"法律后果"看核安全责任

而从法律后果理解的责任概念，则是指因违反了法定义务或契约义务，或不当行使法律权利所产生的、由行为人承担的不利后果。

1994 年 6 月 17 日通过的《核安全公约》在序言中阐述：缔约各方重申核安全的责任由对核设施有管辖权的国家承担。也就是说，国家是核安全责任的承担者。至于国家内部的责任分配，则由国家在本国法律的框架内采取立法、监管和行政措施及其他步骤加以落实。《公约》第 9 条还明确了"核设施安全的首要责任由有关许可证的持有者承担"，这里的责任是指法律责任。

于是，国家通过建立核法律制度，往往是在法律责任专章中对核安全责任加以明确，这里的核安全责任可以定义成行为人违反国家核安全相关法律文件强制性规定的义务时应承担的不利后果。首先，核安全责任是一种法律责任；其次，核安全责任是行为人违反法律义务应当承担的法律后果，可以是民事、刑事或行政责任；最后，当事人作为责任承担者依法律法规而定，可以是国家核安全监管部门、营运人、工作人员等各类核活动参与主体。

中国作为《核安全公约》的缔约国，对核安全的法律后果立法规范虽有所变化，但远不如对"分内的事"那样严谨细致。

1986 年《民用核设施安全监督管理条例》开创性地以法规形式管理民用核设施的建造和营运安全，第一次将法律责任——核安全责任体现在"奖励和处罚"一章中。2003 年《放射性污染防治法》第一次以专门法律形式规制核活动，规定了 12 条法律责任，重点在行政责任，简单提到了刑事和民事责任。而在现行的核安全相关法律法规中，沿革着大同小异的核安全法律责任规定。

核安全立法在刑事责任方面几乎都是以"造成严重后果，构成犯罪的，由司法机关依法追究"一语盖之。行政责任是核安全立法规定最为主要的法律责任，根据违法违规行为和情节进行分类，国家监管当局可给予警告、限期改进、停工或者停业整顿、吊销核安全许可证件等处罚，同时会辅以若干数额的经济处罚。如此归责于法有据，这些年执行下来没引起较大的公众异议。

作为法律责任中社会影响最大的核安全民事责任部分，体现的是一种救济责任，通过规定财产责任赔偿或补偿受害人的损失。纵观核安全相关法律对此都是原则化带过，《放射性污染防治法》第 59 条规定："因放射性污染造成他人损害的，应当依法承担民事责任。"2000 年修订的《产品质量法》第 73 条规定："因核设施、核产品造成损害的赔偿责任，法律、行政法规另有规定的，依照其规定。"2014 年修订的《环境保护法》第 64 条规定："因污染环境和破坏生态造成损害的，应当依照《中华人民共和国侵权责任法》的有关规定承担侵权责任"。而 2009 年《侵权责任法》第 70 条规定："民用核设施发生核事故造成他人损害的，民用核设施的经营者应当承担侵权责任。"无论是情理上还是法理上，以上法律规定都体现了谁损害谁赔偿、损害多少赔多少的民法侵权赔偿原则。

这里就要提到核损害责任这一特殊的民事责任制度，尽管极端核安全事故发生概率极低，而一旦发生后，国家和营运人承担的有限责任在 2007 年《国务院关于核事故损害赔偿责任问题的批复》中作了规定，营运人的最高赔偿限额和国家提供的最高补偿限额加起来最高为 11 亿元人民币，对非常核事故造成的赔偿由国务院评估后决定。批复的行政意图让通常置身核安全法律之外的公众发现，自己可能要对核安全民事责任承担剩余责任的时候，来自公众的质疑将不可避免，这样的核安全责任归责需要有明确的法律说法。

三、从不同角度看核安全责任

从国家和核企业角度看核安全责任较多是从"分内的事"出发，实际上各方已投入众多资源，同国际标准接轨，还把"分内的事"写在了法律法规和强制性文件中。与此同时不遗余力地以通俗科普和日趋亲民的形式向公众传递信息，希望公众相信这是一个负责任的国家监管与企业用心的工业体系，会给大家带来理所应当的核安全，以至于不会发生那些谁也不想看到的法律后果。

事实上，鲜有公众看得懂、听得清或感兴趣那些庞杂专业的"分内的事"。以往在核工业封闭发展、重大核事故未发生、信息传递落后时，公众对核安全的态度更多是不关心这个特殊行业或顺其自然乐享核能利用的红利。然而，当核工业规模化发展、出现恶性核事故以及公众日趋联合对自己的权利义务重视的新时期，公众更关心的是核安全法律责任是如何公平合理地体现，这需要在立法活动中予以重视，在公众对话中予以客观回应。

如何理性看待核安全责任，需要国家、核企业和公众在认识层面、法律层面有一个共同的语境，不要混淆职责义务和法律后果，也不要回避法律责任的博弈与平衡。

说，还是不说，这是个问题

陈刚

5 月 10 日是周末，我清早刷了下微博，一则网友 @ 侍话画"钴 60，南京江北遗失"的微文亮了我的眼，微文附上了江苏省卫生厅"紧急通知"和一幅阴冷幽绿的放射源图片。这条微文被疯转 17 000 多次。直觉感到，出大事了！

不久，南京市环境保护局通过其官方微博 @ 南京环保称丢失用于探伤的放射源铱 192 一枚，锁定放射源在两平方米范围内，并采取安全措施，专业人员正组织回收。凭常识判断，危险已基本过去了。

一惊一乍，先民后官两则短短的消息，让我对这起事件信息的公开多了几分兴趣。

放射源很早就进入人们日常生活，10 年前环保部门全国普查拥有放射源的单位超过 1 万家，放射源超过 14 万枚，且每年以 5% 到 10% 的速度在递增。涉核的机构包括大学、科研院所、医疗系统、农科系统、工业系统等，用于测量、杀虫、消毒、抗癌、育种、在役检查等，几乎遍布全国所有省区。

辐射事故通常是指放射源丢失、被盗、失控，或者放射性同位素和射线装置失控导致人员受到意外的异常照射。据《全国放射事故案例汇编 1988－1998》统计，中国大陆地区那 10 年共发生放射性事故 332 起，受照射总人数 966 人，丢失放射源 584 枚，256 枚未找回。而工程院院士潘自强于 2002 年估测，中国已产生废放射源约 2.5 万枚，完全失控的放射源约有 2000 枚。中国原子能研究院认为，从 1954 到 2007 年，中国核军工和核电站未发生一例死亡或放射病例，而在核和辐射技术应用领域却有 49 人罹患放射病以及 16 人皮肤烧伤，10 人因受放射源辐射而急性死亡，占全世界死亡总数的 17.2%。这组数据透露的信息从负面上理解是放射源管理远不够完善，但从表面上看放射源失控带来的直接损失并不如其他工业活动大，又有什么值得焦虑的呢？

危险放射源具有高致病性且难以识别，失控放射源危险性体现在若有人员无意识携带会造成辐射和污染广泛传播，若随意弃置会给附近人群带来辐照损害，最可怕的是被故意窃取则会带来恐怖袭击风险。所以，失控状态下的放射源无论是造成持续伤害，还是对公众的心理威慑上都会产生极为恶劣的影响，而后者更为显著，影响程度远远超过伤害程度本身。

放射源失控事件发生后，消息是否向社会发布？什么时候发布？由谁负责发布？这都成为烫手的山芋。

1986 年 11 月 25 日，卫生部、公安部、国家核安全局颁发了《放射性同位素及射线事故管理规定》。当时是把卫生部门作为负责放射事故的监管部门。在"事故报告制度"一章中，要求发生事故的单位应立即将事故情况报告主管部门和所在地区的卫生、公安部门，再迅速逐级上报。逐级上报成为事故单位和政府监管必须遵循的规则，对外发布却无章可循。

2005 年 8 月 31 修订通过的《放射性同位素与射线装置安全和防护条例》，指定环境保护部门对全国放射性同位素、射线装置的安全和防护工作实施统一监督管理，公安、卫生等部门按照分工进行协助。在"辐射事故应急处理"一章中尽管禁止缓报、瞒报、谎报或漏报辐射事故，但依然沿用的是逐级上报的模式，越严重的事故要求上报的层级越高，对公众的发布却只字未提。

2011 年 5 月 1 日起，根据环保部第 18 号令施行的《放射性同位素与射线装置安全和防护管理办法》，"应急报告与处理"一章还是坚守逐级上报的原则。这一原则问题重重：

首先，常规事故定级的方式阻碍了事件的定性。将辐射污染后果、人员受辐射急性死亡或重伤人数作为等级分类指标，从重到轻将辐射事故分为特别重大辐射事故、重大辐射事故、较大辐射事故和一般辐射事故四个等级。在放射源失控的情形下，往往谁都无法当场判断后果的严重程度，而应急处理单位主观上根据没发现人员伤亡现象来推测事件的严重性大不大，为不报和缓报找原因，民众对潜在的风险却茫然无知。

南京放射源是在 5 月 7 日丢失，5 月 8 日下午 19 时，肇事单位已发现放射源失踪，静悄悄自行搜寻 6 小时无果后才向南京市公安局报案，公安局于 5 月 9 日凌晨 1 时向南京市环保局报案，环保局又向江苏省环保厅和南京市政府报告。由江苏省核安全局和南京市环保局、市公安局、市卫生局等相关部门组成的工作组赶到事发单位进行调查，5 月 10 日 11 时，环境保护部接到报告后再派遣工作组赶赴南京现场。层层报告跟时间赛着跑，可谁也没有向公众发出预警。

无独有偶，2009 年 6 月 7 日，河南杞县利民辐照厂钴 60 卡源事件，因故障迟迟得不到解决。杞县政府对此事态度就是，不通报情况、不接受采访、不允许报道的"三不"政策。其理由是第一时间通报了上级部门，上级部门认定没有危险，也就不用公布信息了。信息封锁导致一个月后大量民众疯传将发生核爆炸而逃离杞县，中国新闻网作了"信息不公开比谣言可怕"的报道。

其次，逐级上报制度错失了披露的时机。从法规上看，事件单位、当地政府有义务向上报告而无权对公众披露，恶性的社会冲击恰恰是在失控阶段而不是在损害结果确定时，越严重的事件上报环节越多，下层机构越不敢发声，上级部门也不可能在第一时间确切判断事情的严重性或下决心公布。

切尔诺贝利核事故的通报就是个恶例，爆炸发生后并没有引起苏联官方的重视，苏共中央是通过瑞典的报告才知道事情的严重性。结果在事故发生 48 小时后，一些距离核电站很近的村庄居民才开始疏散，整整一周，苏联政府也未与外国政府有效沟通，使得邻国不能有效评估灾难后果。官方担心会引起人民恐慌，没有告诉居民全部真相。戈尔巴乔夫日后感慨说："切尔诺贝利核事故可能成为 5 年之后苏联解体的真正原因。"

再次，事件危险的可能性没有被重视。目前的制度重在处理事故的损伤后果，对于应急处理阶段事件的后果预判，及早通报以及对公众知情权的规定含糊不清。表面上是担心公众恐慌，实际上还是处置人员抱有侥幸心理。

切尔诺贝利核事故后，各国深知尽早提供有关核事故的情报将使可能的辐射后果减少到最低限度的重要性。1986 年 9 月 24 日在维也纳召开的国际原子能机构特别大会通过了《及早通报核事故公约》，要求缔约国有义务对引起或可能引起放射性物质释放并已经造成或可能造成对另一国具有辐射安全重要影响的超越国界的国际性释放的任何事故，向有关国家和机构通报，其中也包括要求放射性同位素相关事故的通报。公约对可能性危险的通报做出了要求，就是要避免在后果尚未确定前核事故国家寻找瞒报的借口，这已成为核事故通报的国际通行准则。

最后，监管部门角色冲突颇为尴尬。环境保护部门作为监管机构，同时也扮演抢险责任部门的角色。事件的提前曝光确实会给抢险人员带来极大的压力，在公布与不公布的时机选择上，监管部门与被监管部门的选择往往是一致的，就是以避免公众恐慌的理由避免消息发散带来的公众聚焦和事后责任追究。

环境保护部将此次南京放射源失控事件定性为重大辐射事故，事后指挥部回应道："对于是否立刻公开信息也一度犹豫。如果没有掌握具体情况，而草率发布信息，可能会引发社会恐慌，适得其反，为减少大范围公众恐核焦虑，对丢失情况有准确的了解后，在采取各项举措后，于5月10日中午12点16分通过媒体向社会公布。"然而此时，网络消息早已满天飞。公众质疑：到底什么才算是掌握具体情况？如果不是幸运地锁定了丢失源的位置，那什么时候才发布消息？

核安全观的提出不仅仅是一种理念，更应该是深入整个核安全管理制度体系的灵魂。在普及公众核知识的同时，也应尊重公众对核事件信息的知情权，完善核事件发布的法律法规制度，以消除人为隐藏或延误信息发布的借口，维护社会稳定和国家安全。

新一季的核立法

陈刚

　　三月，两会的召开吸引着众多目光，热议的话题不绝于耳。立法成果依然是两会关注的焦点，《立法法》修订案的通过更起到依法治国的风向标的作用。而与之大热相比，尽管全国人大代表、中国核物理学会副理事长朱志远在今年全国人大代表会上一如既往提到了"安全发展核电，法律保障仍是空白"的呼吁，且两会会期也正跨日本福岛核事故四周年的纪念日，但核立法话题在两会上却少了去年"请给中国一部核安全法"那种鼓与呼，媒体似乎也没有从会场里挖掘出相比往年更多更精彩的两会代表们激情洋溢的核立法疾呼。

　　3月6日，《中国核新闻》发表了《〈原子能法〉立法加速，核能发展有望不再"裸奔"》的文章。文中报导了中国法学会受国务院法制办委托于2月28日在北京组织召开了《原子能法》立法专家研讨会，透出了核立法在两会前后紧锣密鼓推进的风声。笔者有幸在会议这天到兵马司胡同深处的中国法学会会堂参加了研讨，聆听了众多院士、法学名家、部委领导和企业专家围绕着《原子能法》草案高屋建瓴的专业发言，气氛十分热烈。中国法学会党组书记、常务副会长陈冀平在会上指出了《原子能法》是我国核能研究、开发和利用的基本法律制度，属于我国涉核法律法规体系的顶层设计，是国家安全法律制度的重要组成。就在前一天，中国核学会在中核集团总部也召开了《原子能法》草案专家讨论会。中国核学会理事长李冠兴院士、北京大学前校长陈佳洱院士、中国原子能科学研究院王乃彦院士以及中核集团、中广核集团、中核建设集团、国家核电代表以及核学会专家进行了热烈的讨论。从年初开始，国务院法制办关于《原子能法》草案征求意见的活动已经广泛深入地开展了，相关咨询会议已是接连不断。

步入 2015 年，身边的核立法活动接连不断，有书面咨询的，有赴京研讨的，也有来核电企业调研的。1 月 8 日，国防科工局所属国家核安保中心赴中广核集团就《核安保条例》草案进行了现场调研。2 月 5 日，全国人大环资委法案室率全国人大常委会法工委、国家能源局、环保部、国家核安全局及国防科工局等领导和专家组成的《核安全法》立法调研团，继 2014 年初全国人大代表团就该法到中广核集团调研后，再次就立法中的重难点问题及核应用循环链中安全监管等具体事项现场展开深入讨论。3 月 12 日下午，国家能源局在北京中核集团组织召开《核电管理条例（送审稿）》行政许可论证会暨专家审查会。这也是该条例自 2008 年 10 月由国家能源局启动起草工作后，拟向国务院法制办报送的前奏。

回顾 2014 年，国家主席习近平在荷兰海牙核安全峰会上提出了核能产业的"四个并重"：发展和安全并重，以确保安全为前提发展核能事业；权利和义务并重，以尊重各国权益为基础推进国际核安全进程；自主和协作并重，以互利共赢为途径寻求普遍核安全；治标和治本并重，以消除根源为目标全面推进核安全努力。核安全相关立法已成为国家安全法律制度的重要组成，这为长期处于摸索中的核法律体系明确了方向，也增强了立法成果推出的紧迫感。

当前，国家核工业发展势头领先全球，核电规模建设和安全运营已成为国家能源战略的重要方针。公众对核安全发展的诉求越来越强烈，核法律制度也逐渐成为这个大发展过程中国家、企业和公众意志和利益的体现平台。首先，现有核法规层级较低，协调力度弱，长期依赖行政主导方式已不适合核工业规模发展的需要，期待高层级核法律制度尽早出台。其次，需要通过立法建立国家、企业和公众参与核工业监督与合作机制，特别是重视公众参与的重要性，理顺沟通渠道和建立互信平台。再次，既要高度重视核安全及其严格的监管要求，也要维护核工业可持续发展关键要素，实现稳步发展与独立监管的共同目标。最后，通过核立法，明确核企业作为主要法律主体的权利和义务以及应当承担的法律责任，特别是核损害责任机制的完善，防范核事件对能源行业和核企业的严重冲击。

实现上述立法诉求，就需要把握立法的脉搏，持续不断地推动核立法。中国社会科学院法学研究所李林所长发文指出：今年是全面推进依法治国的开局之年。这个局开得好不好，关乎我们党执政兴国、人民幸福安康、党和国家长治久安的百年大计，关乎全面建成小康社会、全面深化改革、全面从严治党的整体战略布局，关乎治国理政的法治基本方式和依法治国基本方略的全面贯彻落实。这也可以理解为当前形势下核立法的势在必行和重在开局。

2015 年之春，迎来了核立法之春，也迎来了新一季的核立法。人们已不再重复地听着殿堂之上激昂的呼吁，而是听到了核立法渐行渐近的脚步声。

致我的《国际原子能法》

陈刚

　　年前少有接到出版社编辑问候的电话，几句客套寒暄后也就婉转地听出个意思：我在出版社的《国际原子能法》和《国际原子能法汇编》两本书上架一年了，一直也销不动，总堆在书库影响周转，希望我能体谅出版社的难处，给那些书找个去处。

　　一时无语，半辈子书香陪伴，从事核法律学术研究也有时日，自以为是个无私奉献的企业学腐。著述也有几本了，不图以售书为生，但求在专业领域寻求知己，聊以互动。孰料心是热的，仓库里的书却是冷冷地堆在一角，不由心生酸楚，多了一丝愁感。

　　那是我用心写出的书，百万字的《国际原子能法》和《国际原子能法汇编》。历经博士学业的论文研究，再经业内资深专家理论和实践探讨，数年斟酌，十余次易稿，阅文献浩瀚，倾心血十足，总以为书到用时方恨少，怎想到卖不出去却嫌多。

　　不知道是不是选题有问题。初衷以为人们对核能人文领域要有个系统的了解，特别是自日本福岛核事故后，人们担心核辐射对环境和公众的影响，感到核能很神秘、很令人担忧，强大又很难控制，趋之若鹜而又视之畏途。其冲淡了对核能在社会经济发展中的意义和对于能源、农业、医学和人类健康贡献的认识，忽略了它对人类社会可持续发展的影响，这不符合科学发展的规律。核能离我们并不遥远，但如果不关心的话就不会知道它和法律竟然有这么密切的关系。事实上，国际规范核能应用的法律非常多，影响非常大，关系到重大的集体安全、国际关系、科技进步和经济发展，不应该被忽视。

也不知道是不是研究的对象太冷门。"核"应该是个热门话题。1946 年 1 月 24 日召开的联合国大会第一次会议表决通过成立联合国原子能委员会。始于 20 世纪 40 年代末的冷战，核能军事应用登峰造极，美苏在开发核武器的军备竞赛中，让世界各国对核能军事应用的威胁有了充分的认识，也引起世界和平力量对捍卫人类安全的呼声日益加强。在世界各国广泛参与的基础上，通过联合国积极地推动和核大国相互博弈与妥协，促进核能和平利用和谈判军备控制的国际组织相继成立，相关国际法律文书接连缔结，逐渐形成以削减核武器数量、防止核武器扩散、促进核能和平利用国际合作为主要调整目标的国际法律制度，也成为国际原子能法律体系的萌芽。

随着 20 世纪六七十年代核能商业发电工业的快速发展，核能和平利用迎来了春天。这一时期，以国际原子能机构等国际核能管理组织成立为代表，进一步促进国家间核不扩散、核损害责任制度、核环境保护领域的国际核能利用相关法律文书的缔结，作为核安全管理相关的技术标准和导则也相继问世。同时，一些区域组织或国家间和平利用核能协定的签订，也对形成的核能利用国际法律制度发挥作用。自 1979 年美国三里岛核电站和 1986 年切尔诺贝利核电站发生两次重大事故后，尽管世界核电发展势头因此转向低迷，但同时也成为国际原子能法律制度接受重新审视和完善的契机，国家间对加强核能合作沟通、提高核安全水平、处理跨境核损害责任等问题进一步过渡到利用国际法律制度进行调整。

20 世纪 90 年代初，冷战结束后形成新的国际关系格局以及国际能源结构的转变，使得控制核能军事应用和加强核能和平利用合作的呼声成为世界的主旋律，国际原子能法律制度也因大国对抗的缓和以及建立国际集体安全机制的需求而得到进一步调整。

进入 21 世纪，核电发展重新复苏，核能领域技术不断创新且安全性得到加强，在化石能源不能满足人类能源需求和带来众多环保问题的情况下，核能已成为重要的能源选项。然而，日本福岛核事故再次敲响了人类防范核能利用安全风险的警钟，也必将导致对核安全水平提升和核技术进步的要求，同时也将推动世界各国对完善国际原子能法律制度形成更广泛的共识。

迄今，国际原子能法律制度已形成了近五十多项影响深远的多边国际法律文书，辅之以众多的双边协定、核能利用国际标准和技术导则，也许称得上是国际法中规范专门科技领域最为庞大的法律体系。核能利用伴随着国际政治、经济形势和科学技术的发展，经历着起起落落的演变。核能利用引发的毁灭与生存、发展与控制、经济与安全等问题，一直是国际社会广泛关注的重大问题。国际原子能法律制度涵盖核能利用"军"和"民"两个领域，集中体现国际关系中的利益博弈，现实性和可执行性是其立法导向。尽管核能利用一直受到诸多法律的规制，然而对该领域法律系统性和综合性的学术研究还相对滞后，理论体系尚未建立，所以开展相关法律体系研究需要引起关注。

在我书架上有一本我崇拜的前辈——美国政府首席核裁军谈判律师汤姆斯·格拉罕亲笔签名的著作《核裁军简史——军备控制 30 年与国际法》，这本书是他历经三十多年美苏核裁军谈判精彩纷呈的写照。我是偶然从亚马逊网上旧书堆里淘到的，他曾经的崇拜者把这本作者签名的书送到了旧书网，或许这么一次周折让这本书找到了它应该的归宿，找到了它的知己和同行。

我最终把我的书全部送给了我的同行和院校，书的生命不应在仓库里，而应该在与我志同道合的书友手中。

原子能立法研究篇

我国核安保立法问题研究

赵威 *

　　能源问题已经成为全球性问题，而核能作为发展前景巨大的能源自然备受国家关注。国家能源局近期发布的《2017 年能源工作指导意见》提到要安全发展核电，将其作为"十三五"期间能源结构的重要组成部分。但是，我们在利用核能的同时，也不能忽略核能所带来的安全隐患。1986 年苏联切尔诺贝利核事故，以及 2011 年日本福岛核事故都敲响了核安全的警钟。国务院于 2012 年 10 月的批复提到，要构建核安全立法和核与辐射安全法规体系[1] 全国人大常委会于 2013 年 12 月发布的《立法规划》将核安全法列入"需抓紧工作、条件成熟时提请审议的法律草案"[2] 目前，《核安全法（草案）》已经提交全国人大常委

* 赵威，中国政法大学教授，博士生以及博士后导师。
〔1〕 参见国家核安全局、国家发展改革委、财政部、国家能源局、国防科技工业局制定的《核安全与放射性污染防治"十二五"规划及 2020 年远景目标》：《抓紧研究制订原子能法和核安全法，加快修订核安全行政法规、部门规章和标准，力争到"十二五"末建成比较完整的核与辐射安全法规标准体系》，载 http://haq. mep. gov. cn/gzdt/201210/t20121016_ 238421. htm，访问日期：2017 年 2 月 22 日。
〔2〕 参见全国人民代表大会官方网站 http://www. npc. gov. cn/npc/zgrdzz/2013 – 12/12/content_ 1816288. htm，访问日期：2017 年 2 月 22 日。

会会议并一审通过，且于 2016 年 11 月 14 日在全国人大官网公开征求意见。作为核安全重要保障的核安保问题，则由国家国防科技工业局率先起草了《中华人民共和国核安保条例（草案）》（以下简称《核安保条例（草案）》），并于2016 年 6 月向公众征求草案意见。核安保作为核安全法制中的一项重要制度，在我国法律法规层面上得以制定和实施是推动我国原子能法制建立和健全的重要举措，也是践行我国缔结相关核安全国际条约的责任体现，更为我国大力发展核电所倡导的"安全第一、质量第一"保驾护航。本文将围绕国际上以及我国核安保的相关法律问题进行讨论，期望对我国核安保法律制度的建立和完善有所裨益。

一、我国核安保的基本概念、调整对象及与国际条约的关系

（一）核安保的基本概念

根据国际原子能机构（International Atomic Energy Agency，IAEA）的定义，核安保是指防止、侦查和应对涉及核材料和其他放射性物质或相关设施的偷窃、蓄意破坏、未经授权的接触、非法转让或其他恶意行为。[1] 我国《核安保条例（草案）》第 53 条[2]基本上采取了 IAEA 对核安保的定义，并于第 1 条规定该法是为规范和加强我国核安保工作，为保障核材料、核设施、其他放射性物质及相关设施以及相关活动的安全，保护人身、财产、环境和公共安全而制定的。

核安保属于核安全法制中的一项重要制度。核安全是指对核设施、核材料采取必要和充分的监管、保护、预防和缓解等安全措施，保障核设施、核材料安全，防止由于任何技术原因、人为原因或者自然灾害造成的事故，并最大限度地减少事故情况下的放射性后果，从而保护从业人员、公众和环境免受核事故的危害。[3] 而核安保是核安全的重要保障，即通过在设计、建设、运行、调试、退役、运输以及日常管理中加入核安保系统和工作，以保障核材料、核设施以及其他放射性物质及相关设施和相关活动的安全，防止事故发生。

（二）核安保的调整对象

《核安保条例（草案）》第 53 条第 2 款对核材料的定义与《核材料管制条例》第 2 条规定的受管制的核材料相同，即核安保保障的核材料同时也是受管制的核材料，具体包括铀－235、铀－233 和钚－239 等原料及其有关制品。铀

---

〔1〕 杨志民、何年初：《正确认识核安全、核安保与核应急的关系》，载《国防科技工业》2012 年第 8 期。

〔2〕 参见《核安保条例（草案）》第 53 条第 1 款。

〔3〕 参见《核安全（草案）》第 2 条对核安全的定义。

矿石及其初级产品，不在管理范围内。核安保的调整对象还包括核设施，具体指核动力设施、核燃料处理设施、放射性废物处理设施等[1] 另外，其他放射性物质是指放射源、放射性废物等含放射性核素的物质，核材料除外[2] 相关设施是指存有其他放射性物质的固定装置或场所，核设施除外[3] 《核安保条例（草案）》的适用对象还包括与上述核物质相关的活动，具体包括设计、建设、运行、调试、退役和运输等。

（三）《核安保条例（草案）》与国际条约的关系

《核安保条例（草案）》第3条和第34条均规定了除声明保留条款外中国履行核安保国际条约的义务。上述条文表明了《核安保条例（草案）》将中国缔结的有关核安保的国际条约以"主动纳入"的方式并入该条例中加以适用。但是值得注意的是，如果国际条约与该条例的规定发生冲突时如何适用？该条例并没有规定。

二、我国缔结的有关核安保的国际条约

《核安保条例（草案）》提到了中国缔结的有关核安保的国际条约并将相关国际条约并入到该条例中加以适用，其中一个重要原因是中国早在1989年就加入了IAEA发布的《核材料实物保护公约》，并在1996年加入了《核安全公约》。作为和平崛起的新兴国家，中国越来越重视对危险物质的安全防控工作，践行国际条约的履行义务，努力营造世界和平和稳定的发展环境，树立"负责任国家"的国际形象。在此背景下，中国在《核安保条例（草案）》中并入缔结的国际条约，以国内法的规定将国际条约的义务本土化和适用化，提高了核安保的等级和要求，更加严格地控制安全风险。

（一）《核材料实物保护公约》

《核材料实物保护公约》是民用核材料实物保护领域中唯一的国际法文书，其在1980年开放签署，于1987年生效。中国于1988年12月向IAEA交存加入书，并表明不接受公约争端解决机制。该公约于1989年1月2日对我国生效。

《核材料实物保护公约》是为了防止、侦查和惩处对核材料偷窃、蓄意破坏、未经授权的接触、非法转让或其他恶意行为，为了加强国际合作，确实有效实质保护核材料而可以在各缔约国使用、储存和运输核材料中适用的法律。

---

[1] 《核安保条例》第53条第7款。
[2] 《核安保条例》第53条第3款。
[3] 《核安保条例》第53条第8款。

该《公约》第 2 条将适用范围扩张到国内核材料。[1] 但是公约明确指出，该规定并不能理解为会影响各缔约国对国内使用、储存和运输核材料的主权权利。[2] 公约的上述规定可以将《核材料实物保护公约》与我国《核安保条例（草案）》联系起来进行解读，尤其是关于跨界运输的《核材料实物保护公约》填补了《核安保条例（草案）》的空白。《核材料实物保护公约》第 3 条明确规定了各缔约国应按照国际标准对运输中的核材料进行保护的义务。[3]

IAEA 于 1999 年开始进行《核材料实物保护公约》的修订工作，修订后的公约与原来相比更加完善，不仅提升了实物的保护标准，还扩大了公约的适用范围，将核设施也涵盖其中。其修订案于 2005 年通过后开放给各国进行批准，中国于 2009 年 9 月 14 日向 IAEA 递交《核材料实物保护公约》修订案批准书。由于修正案需要 2/3 的缔约国通过才具有法律约束力，至 2016 年 5 月 8 日《核材料实物保护公约》修订案才开始生效。

（二）《制止核恐怖主义行为国际公约》

2005 年 4 月，《制止核恐怖主义行为国际公约》在联合国第 59 次会议上表决通过。该公约是国际社会反恐怖领域里打击恐怖主义罪行的法律制度，同时也是联合国框架内第 13 个国际反恐公约。中国在 2005 年 9 月成为该公约的第一批签署国，"2010 年 8 月 28 日，我国十一届全国人大常委会第十六次会议决定有条件批准通过了《制止核恐怖主义行为国际公约》"。[4] "该公约首次界定了核恐怖犯罪行为的定义，填补了现有反恐公约体系的空白。"[5]

《制止核恐怖主义行为国际公约》第 2 条从结果和目的的角度对核恐怖主义进行界定。从结果角度，该条规定任何人非法拥有放射性材料或装置即可认定为核恐怖主义；从目的角度，该条规定只要有使人身财产甚至环境受到严重损害的涉及核材料和核装置的行为便可被认定。该条文甚至将与上述行为相关的示威行为也纳入其涵盖范围。[6] 且条文中的罪犯，自然包括以上罪行的共犯、未遂犯、教唆犯。

---

〔1〕《核材料实物保护公约》第 2 条第 2 款。
〔2〕《核材料实物保护公约》第 2 条第 3 款。
〔3〕《核材料实物保护公约》第 3 条。
〔4〕 李国青：《核材料和核设施实物保护标准体系研究》，清华大学 2011 年硕士学位论文，第 20 页。
〔5〕 周晓玲：《国际核安全法律制度评析》，载《西安政治学院学报》2010 年第 4 期。
〔6〕《制止核恐怖主义行为国际公约》第 2 条。

（三）《核安全公约》

1994 年 6 月 17 日 IAEA 制定的《核安全公约》在维也纳通过。1996 年我国人大常委会批准加入该条约，1996 年 7 月，该公约对中国生效。该公约的目的是使各核能利用国家在采取加强核安全的措施的同时加强合作，处理好发展与环境的协调问题。公约规定，各缔约国有义务在法律上采取必要措施保证核安全。

《核安全公约》第 4 条规定，每一个缔约国应在本国法律框架内制定核安全所必需的立法、监管和行政措施。第 14 条规定了核安全的评估措施，要求形成对应的评估文档且接受监管机关的审查。第 16 条规定，每一缔约方应制定应急方案并且确保其在发生紧急情况时能够实施。该公约的上述内容在《核安保条例（草案）》第 18 条"安保系统评估"以及第七章"核安保事件响应和演练"中均有所体现。

三、我国核安保的立法模式

我国没有制定《原子能法》，《核安全法》也在即将出台的阶段中，而《核安保条例（草案）》捷足先登，率先出现在公众的视野中。该条例是国防科技工业局主导起草并对全国的原子能行业适用的法律规范，在法律法规层面属于部门规章，效力上低于基本法律和行政法规，低于《核安全法》，但是却具有很强的实操性。纵观各国的核安保立法模式，可以分为以下三类：

第一类，在核能基本法中规定了核安保内容，同时也在行政法令中规定核安保细则。有些国家具有核安全的基本法律，如俄罗斯、德国、芬兰等，同时也会以行政法令的形式细化核安保的相关内容，如俄罗斯。俄罗斯于 1995 年 10 月 20 日通过的联邦法律《原子能使用法》用专门一章来规定核安保，该法律针对核材料和核设施实物两方面进行法律原则和法律规则的制定。它是俄罗斯在核实物保护方面首个联邦级别的法规。1994 年 9 月 15 日，政府出台的第 1923 号总统令规定了"改进核材料保障和衡算系统的优先措施"；1997 年 1 月 21 日出台的第 26 号总统令规定了"负责核能管理的联邦机构"；1997 年 3 月 7 日出台的第 264 号总统令规定了"核材料和核设施实物保护即核材料贮存规定"[1]按照俄罗斯的法律制度，总统令法律位阶上低于联邦法律和联邦宪法，但是总统令以行政法令的形式需在全国范围内执行，因此在效力上属于法律层级。

---

〔1〕 李国青：《核材料和核设施实物保护标准体系研究》，清华大学 2011 年硕士学位论文，第 33 页。

　　第二类，在核能的基本法律上规定了核安保的基本制度，政府部门和行业标准委员会共同制定核安保的实施细则。这个类型最典型的就是美国，美国关于核能的法律制度非常完善，基本涵盖了核能的各个方面。早在1954年美国就出台了《原子能法》，制定了原子能管理的整体法律框架，该法规定了部分核安保的法律制度，后来成立了核管理委员会（NRC）。依据1974年的《能源重组法》将原子能军用与民用分离，其中与国防相关的核活动归属于能源部（DOE）。现在由NRC和DOE共同管理核材料和核设施。美国在核材料的具体管理中采取"3S"管理模式，即核安全、核安保和核保障。"核安全关注的是如何避免或缓解核临界等放射性事故，核安保关注的是如何减少威胁保护好各种资产……核保障则是如何管好核材料。"[1] 与其他国家不同的是，"NRC和DOE制定的关于核安保的行政法令不是单独做出的，而是依靠美国国家标准学会的支持和认可……NRC和DOE在其政府文件里引用了大量由美国国家标准学会（ANSI）认可和发布的美国国家标准以及由美国标准制定团体制定的协会标准"[2] 美国的此种立法模式将行业标准提升到法律法规层面，从而提高了行业标准适用的范围和法律效力，更加细化了核安保的具体措施，具有更强的指导性和操作性。

　　第三类，只是在单行法律和行政法令中单独规定核安保。例如法国和中国。法国对原子能利用活动的立法是分散于不同的法律法规中，与中国一样没有一部原子能基本法，法国对核安全用单行法律进行规制，对核安保用行政法令具体规范。法国于2006年出台了《核领域透明与安全法》，作为单行立法主要规定了核安全监管制度、核安全许可制度、核安全信息公开制度、许可证持有人安全责任制度等[3] 对核安保领域的规制则以行政法令的形式进行，"法国1980年第80-572号法令，该法令建立了法国国家核材料保护和控制系统，包括核设施和核材料的视察"。"法国1981年第512号法令……规定了核材料的运输、许可证的申请以及每年一次的申报和豁免的核材料数量等。"[4]

---

〔1〕 李国青：《核材料和核设施实物保护标准体系研究》，清华大学2011年硕士学位论文，第24页。

〔2〕 李国青：《核材料和核设施实物保护标准体系研究》，清华大学2011年硕士学位论文，第24页。

〔3〕 胡邦达、汪劲、吴岳雷：《中国核安全法律制度的构建与完善：初步分析》，载《中国科学：技术科学》2014年第44卷第3期，第325页。

〔4〕 李国青：《核材料和核设施实物保护标准体系研究》，清华大学2011年硕士学位论文，第36页。

我国《核安保条例（草案）》在立法模式上应属于第三种类型，因为我国没有出台原子能基本法，但是我国的《核安全法》即将出台，这将成为我国继《放射性污染防治法》之后第二部关于原子能的法律。就核安保领域来讲，我国以国防科技工业局起草部门规章的形式公布了《核安保条例（草案）》，该条例共分为十章，分别为总则、威胁评估、核材料与核设施安保、其他放射性物质及相关设施安保、核材料与其他放射性物质运输安保、信息与网络安全、核安保事件响应与演练、人员与设备、法律责任和附则。《核安保条例（草案）》也将核材料、核设施、其他放射性物质及相关设施分为Ⅰ、Ⅱ、Ⅲ三类分别进行管理，并涉及境内运输、核安保事件响应与演练，内容涵盖较全面，但并没有将具体标准法律化，仍由国防科技工业局制定核行业标准、国家核安全局制定并发布核安全导则，总装备部制定和发布国家军用标准。

四、我国核安保法制亟需完善

（一）我国现行核安保法制体系

在《核安保条例（草案）》起草之前，我国也存在与核安保有关的行政法规和部门规章，如《核材料管制条例》《核材料管制条例实施细则》《核材料国际运输实物保护规定》《放射性物品运输安全许可管理办法》以及不得不提的、即将出台的《核安全法（草案）》，这些法律规范与《核安保条例（草案）》相辅相成，共同构建我国核安保的法制体系。

《核材料管制条例》是国务院于1987年6月15日发布的行政法规，该条例规定由国家核安全局、核工业部和国防科学技术工业委员会负责相关事宜。但是核工业部随后进行多番改制，最后在1999年分为中国核工业集团公司和中国核工业建设集团公司。国防科学技术工业委员会也改制为国防科技工业局，隶属于国家工业和信息化部。《核材料管制条例》主要通过第12条至第15条对核安保进行规范。其中第12条规定核材料的安保工作由其持有人负责，由专业的公安机关进行指导；第13条规定托运单位要与有关部门配合，从这两条也可以看出核安保工作必须有国家相关部门的参与，显示出国家的重视。

《核材料管制条例实施细则》则是由核安全局、能源部、国防科工委于1990年9月共同发布的部门规章，能源部现在已经被撤销，国防科工委也改制为国防科技工业局，该《实施细则》规定由能源部委托核工业总公司负责全国核材料的管制，核工业总公司也已经改制为集团公司。该条例第7条规定了事故报告制度。第25条将核材料划分为三个保护等级并在附表2中规定了等级标准。该《实施细则》第七章"核材料实物保护"专门对核材料的核安保问题进行规范，具有包括固定场所核材料保护的基本要求、固定场所的警卫和守护、固定场所的实体屏障、固定场所的技术防范设施、核材料运输保卫、核材料运输押运人员职责。

《核材料国际运输实物保护规定》是由公安部以及国家原子能机构（隶属于国防科技工业局）共同制定，并于 1994 年 9 月生效的部门规章。该条例规定了核材料运输实行许可证制度，由公安部门负责监督国际运输和国内使用、储存、运输中的核材料实物保护工作。国家原子能机构负责管理核材料国际运输和国内使用、储存、运输中的安全保护管理工作。该条例涉及核材料的分类运输要求，以及《核材料实物保护公约》在我国的适用规定。

《放射性物品运输安全许可管理办法》是环保部于 2010 年 9 月颁布的部门规章。该办法规定放射性物品分为三类从而分类进行管理。分别就运输容器设计的批准与备案、运输容器制造的许可与备案以及放射性物品运输批准与备案进行规定，由国家核安全局批准和许可放射性物品运输的有关事项并接受备案。

《核安全法（草案）》是由国家环境保护部组织制定的基本法律，目前处于征求意见已经结束但尚未出台的阶段。该法规定核安全的监督管理由核安全局负责，国务院其他有关部门在各自职责范围内进行配合。第 13 条规定核设施营运单位、核材料持有单位应当制定安全保卫制度，建立和完善安全保卫措施，防范对核设施、核材料的损害和破坏。第 21 条规定国家建立核安全许可制度，由核安全局负责审批核安全许可证。第 42 条规定核材料持有单位应当向国务院核材料主管部门（核工业集团）申请领取核材料许可证，核安全局负责核准核材料许可证。第 41 条专门针对核安保进行规定，详细列举了核材料持有单位应当具备的安全条件，以及核材料持有单位为保障核材料的安全与合法利用而需承担的一些义务。

（二）现行核安保法制体系存在的不足

1. 缺失原子能基本法

尽管我国在民用核能发展的近三十年时间里颁布了许多相关的行政法规、部门规章，但是真正意义上的法律仅一部《放射性污染防治法》，第二部法律《核安全法（草案）》也有望在近期出台。遗憾的是，我国的原子能基本法仍处于空白，核动力堆数量有望于 2020 年跃居世界第二，原子能基本法的缺失与我国核能发展的规模和速度不相匹配。纵观世界各核能大国，美国、英国、俄罗斯、日本均有原子能基本法，这些国家的原子能基本法也在一定程度上促进了该国核能的发展，但是我国核能领域最基本的上位法缺失使得核能法律制度不健全，也使得核安保的法律体系不完整。

2. 部分核安保法规内容陈旧

《核材料管制条例》和《核材料管制条例实施细则》的制定时间在我国民用核能发展的初期，即20世纪八九十年代。当时的政府职责分工与现在有巨大的变化，能源部被撤销，国防科技委变成了国防科工局，中国核工业总公司也改制成立了集团公司。但是这两个条例仍保持着原有的规定，既没有随着部委的改革将职能做相应的调整，也没有将我国核能新的发展要求和技术水平体现其中，两个条例明显没有跟上时代的变化，内容陈旧，适用性和操作性不强。

3. 监管部门之间易出现分工不明

《核安保条例（草案）》规定由国防科技工业局来对核材料和核设施的安保工作进行监管，由公安机关和其他放射性物质及相关设施的持有或营运许可机构对其他放射性物质及相关设施的安保工作进行监管。但是《核安全法（草案）》则规定由国家核安全局（隶属于环保部）负责所有核安全的监管工作，而核安保在工作范围上与核安全存在交叉，甚至可以说核安保属于核安全工作的一部分，这就使得两个部门在具体工作分工中存在重叠或交叉。按照《立法法》的规定，法律的法律效力高于行政法规和部门规章，如果《核安保条例（草案）》和《核安全法（草案）》存在冲突，则以《核安全法（草案）》为准。无独有偶，民用核设施和军用核设施监管中也存在两个部门监管冲突的问题，有的民用核设施在为民用核能提供生产服务的同时由于接受军事采购而被视为"军用核设施"或"军工核设施"，进而被纳入国防科工局的监管范围。[1]《核安保条例（草案）》规定核材料和其他放射性物质的运输则由公安部门、环保部门、铁路、交通和民航部门负责监管。但是，《核材料国际运输实物保护规定》则规定了国家原子能机构（隶属国防科技工业局）负责管理核材料国际运输和国内使用、储存、运输中的安全保护管理工作，这就使得在管理核材料运输上存在职责冲突，国防科技工业局是否对核材料的运输也需监管两个法规有不同的规定，如何适用存在疑惑。

4. 部分核安保制度存在空白

我国没有加入《乏燃料管理安全和放射性废物管理安全联合公约》，其中最主要的原因是对核废物的国际运输问题有所保留。我国对核国际运输方面仅规

---

〔1〕 胡邦达、汪劲、吴岳雷：《中国核安全法律制度的构建与完善：初步分析》，载《中国科学：技术科学》2014年第44卷第3期，第328页。

定了核材料的国际运输事宜，并参考了《核材料实物保护公约》的规定，对核材料按类别管理运输，但是对于其他的放射性物质的国际运输如核废物的国际运输却没有任何规定，这与国际上所倡导的核安全有所距离。另外，我国既没有加入核损害赔偿的任何国际公约，也没有在国内法上就核损害进行专门规定，仅存在《侵权责任法》第70条规定，这些都使得我国核安保制度不完整且存在不足。

五、《核安保条例（草案）》应增加核损害赔偿条款

无救济则无权利，整个《核安保条例（草案）》更侧重于防范，没有体现出对核损害的救济，核安保失误所引起的核损害如何进行赔偿则没有规定。其实核损害与核安保不无关系，2014年5月南京放射源丢失事件所引起的误拾人员身体伤害就是实例，所以有必要在这里探讨一下核损害赔偿的法律问题。

（一）加入核损害赔偿条款的必要性

第一，及时弥补核损害赔偿立法空白。如果采取单独立法的模式，则需要多年的时间才可能实现。众所周知，对于危险事故，事前预防的效果要好于事后救济，所以核损害赔偿救济单独立法将是整个核领域立法的最后一环，这在我国诸如"原子能基本法"等核领域重要法律缺失的情况下更显得遥不可及。因此，若将核损害赔偿以条款的形式写入《核安保条例（草案）》等法律规范，将会带来出台一个核法律就补上对应赔偿漏洞的益处。

第二，实现《核安保条例（草案）》的体系完整。《核安保条例（草案）》仅规定持有或营运单位的行政或刑事责任，并没有提到民事责任。而现实又发生核安保事故造成损害的情形，若没有规定民事救济，则对受害人而言是不公平的。

第三，解决目前赔偿主体混乱的问题。关于核损害赔偿，根据国函〔2007〕64号的规定，赔偿主体是"营运人"。而根据2010年《侵权责任法》的规定，赔偿主体是"经营者"，无论从法律位阶或是从出台时间的先后，无疑是《侵权责任法》效力更高。然而，《侵权责任法》对于何为核设施的"经营者"并没有规定。如果在《核安保条例（草案）》中规定核损害赔偿条款，便可以借助该草案本身对相关赔偿主体进行界定，从而实现逻辑上的自洽。

第四，解决责任承担方式冲突问题。国函〔2007〕64号的批复规定有限责任，在有限责任范围之外，由国家进行补充赔偿。如上所述，批复效力不及侵权责任法，但《侵权责任法》规定的仍旧是无限责任，自然不包括国家补充赔偿。而在核损害责任承担方式上，国家介入是大势所趋，适用侵权法将不合时

宜。若在《核安保条例（草案）》中统一责任承担方式，将会有助于厘清相关赔偿问题。

（二）核责任承担及管辖法院

既然已经明确加入核损害赔偿条款的必要性问题，接下来就要讨论在《核安保条例》中规定何种核损害条款的问题。要规定核损害赔偿条款，有两点就必须要厘清：核责任承担与管辖法院。其中，核责任承担又涉及承担主体以及承担方式等问题。

第一，核责任承担主体。前已述及，在《核安保条例》中规定承担主体将会解决赔偿主体冲突的问题，然而究竟是规定为"经营者"还是规定为"营运人"却需要讨论。

按照《消法》《反垄断法》以及《反不正当竞争法》的规定，对于"经营者"的定义广泛，只要有营利目的的市场主体便可成为经营者，其中涵盖了生产者、销售者以及其他中间商。然而要注意的一点是，这三部对经营者进行广泛定义的法律都是社会法，旨在实现社会实质正义保护弱小的个体，因此对于承担责任的"经营者"需定义广泛。与此不同的是，核损害赔偿的"营运人"仅仅限制在供应、运输等主体，不包含后续的经销商，范围明显小于"经营者"。因此，对于核责任承担主体的确定涉及法价值衡量的问题。在核能源日渐兴起并且逐渐不可或缺的时代，中国核能事业却刚刚起步，国家立法不应对其课以繁重的义务。而在核材料以及核设施安全问题上，国家则可以制定严格的标准，防范于未然。况且从国际惯例来看，各国法律以及国际公约均将承担责任主体限制在"营运人"（operator）。因此，我国将核损害赔偿条款的主体限定在"营运人"是大势所趋。

第二，责任承担方式。在确定责任主体之后，就必须考量责任承担方式的问题。前已述及，在这方面国务院的批复与《侵权责任法》存在冲突。正如《侵权责任法》所规定的那样，风险社会下人人自负其责对外承担无限责任本是原则，而此处却存在例外。即核责任主体对外承担有限责任，在责任限额之外由国家进行补偿。之所以有此考量，原因在于核损害的特殊性。核损害具有潜伏性、不可预测性等，短时间内无法定损。如果让核责任承担主体承担无限责任，一旦发生核损害，营运人将永无宁日，随时面临索赔可能，如此则会极大打击核营运主体的积极性。在这样的考量下，规定有限责任的赔偿方式是其内在要求。

第三，管辖法院问题。对于核损害赔偿的管辖法院国内文献鲜有涉及，然而其本身却蕴含一定的特殊之处。对于核损害赔偿案件，其应实行法院专属管辖。如此有两方面的益处：一方面方便诉讼。核作业是高度危险作业，核安保需要当地各个部门进行配合与监管，如果实行专属管辖，将会便利于案件的审理。另一方面，专属管辖也是有限责任的要求，其可以"确保司法权的统一，以防止不同法院裁定的赔偿额超出运营者责任限额，并有利于对不同索赔请求权作出公正裁决"。[1]

六、结语

核安全是人类最重要的安全，国际上的核安全峰会一直倡导核安全和打击防范核恐怖主义。目前中国原子能事业已经进入到蓬勃发展的阶段，世界也在关注中国的核安全，而核安保又是核安全的重要保障，在这样的背景下催生了《核安保条例（草案）》的制定。这个条例与国际接轨，填补了我国原子能法制领域中的一项空白，具有里程碑的意义。《核安保条例（草案）》是否可以在实施过程中发挥其应有的作用，让我们拭目以待。

---

〔1〕 赵威：《原子能立法研究》，载《法学杂志》2011年第10期。

原子能立法现状

赵威

为推动我国原子能立法进程和繁荣原子能法学研究，2008 年 6 月，中国政法大学与中国广东核电集团公司联合启动了以"核电及其相关领域法律法规汇编研究"为主题的原子能法学科研项目。该项研究成果收集国内外原子能立法 223 篇，共计 200 万字，2009 年由法律出版社出版，李鹏同志亲自写了序，取得了良好的效果。这也是国内第一次大规模汇编原子能相关法律法规的法律研究活动，对推动我国原子能立法和法学研究起到了积极的促进作用。

根据我国 2007 年 10 月通过的《核电中长期发展规划 (2005 - 2020 年)》，国家的核电发展战略已经由"适度发展"变为"积极发展".[1] 而原国家能源局局长张国宝则对上述规划的目标进行了更积极的修正，他指出："当前我国推动核电大发展，恰逢其时。我们计划调整核电中长期发展规划，力争 2020 年核电占电力总装机比例达到 5% 以

---

[1] 参见中国国家原子能机构发布：《2006 年中国核电运行年报》。

上。"[1] 从国外的情况看，由于原子能发电所具有的清洁、安全、经济、高效的特点，在经历了一段发展的低谷后，核电又重新引起各国的重视。[2] 种种迹象表明，进入新世纪以来，世界核电的发展似乎进入了又一个黄金发展阶段。

然而，日本福岛的核泄漏事故发生后，关于原子能的使用安全问题再一次引起了世界的关注。全球核电大国提高了警惕，纷纷重新审视可再生能源的发展与利用，如德国政府于 2011 年 3 月 15 日宣布暂时关闭 7 座 1980 年之前建成使用的核电站，在野党、反核人士以及绿色和平组织表示要求德国完全放弃使用核能；[3] 又如总部位于美国新泽西州的独立核电公司 NRG 及其合作伙伴东芝公司日前宣布，因受日本核事故影响，决定放弃在美国得克萨斯州南部建造最大核电站的计划，并且撤回 3.31 亿美元（约合 21.5 亿元人民币）投资等。[4] 作为日本的邻国，我国政府也对此问题展开了严肃而深刻的探讨，并强调对原子能立法的重视且要积极推进。早在 2011 年 3 月 16 日，国务院常务会议决定立即组织对中国核设施进行全面安全检查，并调整完善核电发展中长期规划，在核安全规划批准前暂停审批核电项目，包括开展前期工作的项目。中国核电"积极发展"的方针被"安全第一"所取代。[5]

综观美国、法国、日本等原子能事业比较发达的国家，原子能法律制度在促进并保障原子能的开发利用中发挥着重要的作用。[6] 虽然我国核技术不比发达国家差，但在核法律体系建设方面却非常薄弱。我国目前还没有制定《原子能法》，许多制度也只是零散地分布在行政法规之中，部门规章也多数是就某一

〔1〕 张国宝：《发展核电是战略选择》，载国家重大技术装备网 http://chinaeast. xinhuanet. com/zhuan-ti/2008 - 03/24/content_12777587. htm，访问日期：2008 年 10 月 13 日。

〔2〕 由于核电安全技术的快速发展，高涨的石油和煤炭价格使得核电的经济性更加突出，面对传统能源的逐渐枯竭以及燃烧化石能源导致的严重环境污染和气候变暖的压力，许多国家都将核能列入本国能源政策之中。2001 年 5 月，美国政府颁布《美国国家能源政策报告》，把扩大核能作为国家政策的重要组成部分，并提出促进核能复苏和发展的一些具体政策。俄罗斯计划在 2020 年之前建造 40 台核电机组。亚洲地区的日本、韩国和印度都有宏伟的核电发展计划。英国能源政策也发生了重大改变，计划重新发展核电。德国等西欧某些国家停止发展核电后，出现了一些深层次难以解决的问题，正在重新考虑核能发展的政策。

〔3〕 http：//www. chinanews. com/gj/2011/03 - 16/2908433. shtml，访问日期：2011 年 4 月 25 日。

〔4〕 http：//news. sohu. com/20110425/n306414071. shtml，访问日期：2011 年 4 月 25 日。

〔5〕 http：//tech. southcn. com/t/2011 - 03/21/content_ 21581619. htm，访问日期：2011 年 4 月 25 日。

〔6〕 邱正文：《原子能法律制度若干问题研究》，载《资源节约型、环境友好型社会建设与环境资源法的热点问题研究——2006 年全国环境资源法学研讨会（年会）（2006. 8. 10 - 12·北京）论文集》。

方面亟需的管理内容而制定的，核法律法规体系远未健全完善。[1] 建立一系列完善的原子能法律制度，将是原子能立法领域的重要任务。

为了能从理论上廓清原子能法律制度的基本问题，为我国核电产业乃至整个原子能事业提供更充分的智力支持和制度保障，改变目前核电产业迅猛发展而原子能法律研究滞后的极不相称的尴尬现状，中国政法大学将在前期开展原子能立法研究的基础上，对我国现有原子能法律理论做一个总结和提炼，以期为引领和深化我国原子能法律的发展做出积极贡献。

一、原子能与中国的核电工业

（一）原子能与核工业

现代物理学发现各种射线以及爱因斯坦推导出质能公式 $E = MC^2$ 以后，人们认识到原子世界蕴藏着巨大的能量。有关原子能的研究与应用得到了极大发展，寻求能够释放原子能的物质材料以及利用原子能机制的活动形成了有关"核"的工业领域。

我国自 20 世纪 50 年代发展核工业起，相继研制成功原子弹、氢弹、核潜艇，核领域的军事力量在世界上有着相当的影响力。除了核科技在军事领域的应用以外，国家也特别重视核技术、核能的和平利用。第二次世界大战后形成的"冷战"格局被打破以后，世界范围的军事对抗大大缓和。许多国家，尤其是发展中国家，意识到发展经济实力的迫切性和重要性，发展综合实力的竞争不断加强。和平与发展是当今世界的两大主题，中国实行改革开放政策以来已数次公开宣布裁军。与此同时，中国的核工业也进行了战略性调整，20 世纪 70年代末，随着国家工作重心转向经济建设，核工业由主要为军用服务转向军民结合，以核为主，多种经营，主要从事核能、核技术的和平利用以及民用产品的开发。1983 年 6 月，在浙江海盐县秦山，开始了中国自行设计的电功率为 30万千瓦的秦山核电站的建设。1984 年 4 月，我国引进技术设备，在广东深圳开始建设大亚湾核电站。1988 年 4 月，核工业部被撤销，其政府职能划入新建的能源部；同时组建了中国核工业总公司，负责对核工业企事业单位的经营管理。20 世纪 90 年代以来，核工业继续贯彻"军民结合，以核为主，多种经营，搞活经济"的方针，得到了更快的发展。大量的核工业企业依靠技术和组织资金的优势，制定"转民"计划，兴建大型民用项目。

---

〔1〕 杨琳琳：《国际原子能机构简介》，载北京法院网 http://bjgy.chinacourt.org/public/detail.php?id=91597，访问日期：2011 年 4 月 18 日。

核科技的发展促进了我国核工业的发展，我国已形成包括放射性矿产资源勘探和开采、核仪器表制造、核工程建设、核能发电在内的工业群，核技术在医疗卫生、农业等方面都取得了长足的发展；其中核工业，包括核电科研、设施建设、核材料制造、核燃料运输、核燃料后处理等居于显著的位置。

（二）原子能与电力工业

电力工业（electric power industry）指将煤炭、石油、天然气、核燃料、水能、海洋能、风能、太阳能、生物质能等一次性能源经发电设施转换成电能，再通过输电、变电与配电系统供给用户作为能源的工业部门。1986 年，全世界水电发电量占 20.3%，火电占 63.7%，核电占 15.6%；美国水电占 11.4%，火电占 72.1%，核电占 16.0%；苏联水电占 13.5%，火电占 76.4%，核电占 10.1%；日本水电占 12.9%，火电占 61.8%，核电占 25.1%；中国水电占 21.0%，火电占 79.0%。世界上核电比重最大的是法国，1989 年占总发电量的 74.6%。

中国是世界上第二大能源消费国，目前在役核电机组 13 个，但仅占电力总装机容量的 1.3%。我国 2008 年春季南方发生的大面积冰灾造成的停电事故，使许多人开始反思远距离输电输煤以及能源结构单一带来的弊端。目前我国许多城市拉闸限电，缺的不是容量而是燃料。2007 年我国的装机容量是 7.13 亿千瓦，到 2020 年要达到 13 亿千瓦左右，而可利用的煤炭资源是有限的。在这些容量中，如果核电不占到一定比例，则可持续发展很难做到。如果把核电在总装机容量中的比重提高到 5% 以上，对调整能源结构以及国家的能源安全十分有利。

二、中国原子能领域法学研究的现状

美国、法国、日本、德国、英国、苏联以及欧洲若干国家的原子能事业发展较早，对核损害赔偿等法律问题的研究也获得同步发展，并纷纷建立健全了各自的国内核法律体系。我国台湾地区对原子能利用和核损害赔偿等法律问题的研究也起步较早，且早已通过和实施了"原子能法""核子损害赔偿法"及其施行细则。曾任教于台湾中兴大学的陈春生先生早在 1995 年就出版了其专著《核能利用与法之规制》。该书是我国台湾地区乃至我国大陆首次探讨有关核能利用法律问题的体系论著。[1]

我国大陆地区系统论述核损害民事责任问题的重要著作为 2005 年出版的《核损害民事责任研究》,[2] 该书指出,在核能的和平利用中,应当将保护公众的基本权利放在首位,考虑当代人与后代人的健康利益和环境利益,依法处理核损害的赔偿问题,使受害人能够无差别地在人身、财产和环境等方面对遭受的损害获得及时、充分的赔偿。以此为基础,该书主要研究了对核损害的基本界定、核损害民事责任立法的历史演进、核损害民事责任的一般理论、核损害责任制度的原则、核损害赔偿的基本问题、我国关于核损害责任制度的建构等内容。重点对核损害民事责任制度的法理基础予以阐述,并就如何建立与国际核责任公约接轨的、符合中国国情的核损害民事责任制度提出了自己的见解。核电技术专家傅济熙先生也就核损害赔偿问题撰写了《核损害的民事责任与赔偿》一书,对国际和各国的核损害民事责任的法律制度进行了介绍,并在书中提供了大量文献资料,具有重要研究价值。

《美国核法律与国家能源政策》一书,[3] 是我国对美国核法律法规进行系统研究的重要专著。该书以"高能核废料的处置"的研究为立足点,比较系统全面地阐述了美国核法律的发展历史、美国环境法律与核法律的关系、美国核法律的基本内容、美国核管理机制的历史以及美国现代的涉核管理体系,并就国际核法律的现状和发展予以介绍,在此基础上,对中国的民用核工业发展进行了评测。值得注意的是,由于作者是从环境法的视角来开展研究,所以其对核法律的定位异于通常的理解。[4] 作者认为:"核法律有着归属于一般环境法律体系的特征……围绕核污染环境构成的法律集合,明显形成一个属于环境法

---

〔1〕 陈春生,德国慕尼黑大学法学博士,台北大学法律学院法律系教授。他在自我介绍中写道:原子能法领域方面,敝人自博士学位论文《核能电厂设立许可程序中之司法角色》以来,逾十年持续专注于原子能法之研究,惜境内关于核能利用争议,均非从司法救济途径探讨着手,而是诉诸政治社会运动等社会成本巨大之方式解决。拙著《核能利用与法之规制》即一再点出此点,该书亦为境内首次探讨核能利用有关法律问题之体系论著。至于《核设施除役问题之比较法研究》一文,则更是境内法学者较少探讨之问题,相信对境内此方面之研究有参考价值。具体请浏览 http://www.ntpu.edu.tw/law/teacher/chen-cs/chen-cs.htm,访问日期:2009 年 2 月 28 日。

〔2〕 蔡先凤:《核损害民事责任研究》,原子能出版社 2005 年版。

〔3〕 阎政:《美国核法律与国家能源政策》,北京大学出版社 2006 年版。

〔4〕 通常,我们将核电视为能源的一种,而将与之对应的核电法律规范视为能源法的一部分。由国家发展和改革委员会能源局组织、中国法学会能源法研究会具体承担撰写的《中国能源法律体系研究——能源立法战略安全可持续发展》一书,将"原子能法篇"作为其组成之一,可视为对本文观点的有力佐证。

律体系的核环境法律子体系。"〔1〕

由陈刚主编的《世界原子能法律解析与编译》一书，则第一次将世界主要国家原子能基本法引入国内并系统分析了原子能基本法立法结构和基本规律，全面阐述了世界主要核电大国的核能法律体系结构。

除上述几本系统论述原子能法律相关问题的著作外，我国学者也就该领域的法律问题撰写了一些论文，〔2〕但大都失之零散和缺乏跟踪性研究，并且囿于该领域的技术性太强，多是由原子能技术专家撰文研究，而法学学者的研究相对较少。对于这种情况，笔者认为应继续加强技术专家与法学专家的合作，才能对原子能立法问题有深入而富有成效的研究，为我国高质量的原子能立法提供理论支持和指导。

三、中国原子能立法现状

我国从 20 世纪 50 年代起就开展核能军事利用研究，1964 年成功爆炸第一颗原子弹，1991 年建成由我国自主设计建造的秦山核电站，在军用和民用科技领域取得丰硕的成果。但国家在原子能立法方面，远落后于原子能利用的发展脚步。

我国原子能利用已经具备了标准化、规模化、系列化发展的实力。近年来，我国逐步重视原子能法律体系的建设，与以往着重单一管理领域分散立法的做法有所不同。全国人大常委会以及有关部委正在组织《能源法》《原子能法》《核电管理条例》等相关上位法律法规的起草工作，将整体推动原子能法制化建设。

由于原子能法律体系规格高、专业性强、标准国际化、影响面广，涵盖国际公约、双边条约、国际原子能机构准则、各国原子能立法、电力立法及相关行政法规、行业规范等规范性文件，涉及民法、商法、环境保护法、国际法、诉讼法、知识产权法等多个法学领域，业务管理跨越国家发改委、国家能源局、财政部、工业与信息化部（国防科工局、国家原子能机构）、环保部（核安全

---

〔1〕 阎政：《美国核法律与国家能源政策》，北京大学出版社 2006 年版，第 127 页。

〔2〕 主要论文包括陈俊：《我国核法律制度研究基本问题初探》，载《中国法学》1998 年第 6 期；李雅云：《核损害责任法律制度研究》，载《环球法律评论》2002 年秋季号；傅济熙、董保同：《浅谈第三方核责任法律制度》，载《中国核工业》1998 年第 3 期；耿志成：《关于建立原子能法体系的初步探讨》，载《中国能源》1991 年第 5 期；秦志军、郭伟：《建立核损害赔偿机制促进核电发展》，载《中国电力企业管理》2004 年第 11 期；赖江南等：《适应新形势建立健全原子能法律体系》，载《中国核工业》2006 年第 7 期；陈维春：《法国核电法律制度对中国的启示》，载《中国能源》2007 年第 8 期。

局)、商务部、国资委、电监会等多个部门，因而我国原子能法律体系的建立和完善将经历一个过程。

2004年3月，全国人大代表、全国人大环境与资源保护委员会委员、中核集团公司前总经理李定凡提出议案，建议启动《原子能法》的立法工作。李定凡等36位代表认为，中国作为一个有核国家，和平利用原子能已经有几十年，深感原子能法是我国法律体系中基本而又亟需的法律，应当成为中国特色社会主义法律体系中的重要组成部分。他们建议全国人大常委会抓紧制定《原子能法》。[1] 这表明，制定核能领域的基本法律规范已是我国当前立法规划中应当重点考虑的问题。

2011年3月11日，日本9级大地震引发的福岛核电站危机事故，进一步引起了国家对原子能立法的重视。国务院法制办启动《原子能法》立法工作，由工信部牵头，联合国家能源局和环保部成立立法工作组开展工作。2011年4月上旬，在中国核能行业协会年会上，协会理事长张华祝介绍，中国核能行业协会已经完成《原子能法》的立法研究课题，该法草案有望在年底征求各部门意见。[2] 环保部核安全局《放射性废物安全管理条例》也进入国务院法制办最后审核讨论阶段，立法进程明显加快。

我们将我国现行的原子能法律法规进行收集和整理，按效力层级总体归纳出以下四个大类：

（一）中国原子能相关法律

我国目前尚未制定统一规范的原子能基本法（不少国家的做法是制定国家原子能法作为原子能利用管理的上位法律，作为原子能和平利用的总体规范）。目前我国与原子能利用管理相对密切的法律有以下16个，但不排除其他法律存在对原子能利用管理方向的规范要求。

有关法律包括：《环境保护法》（1989年12月26日）、《电力法》（1995年12月28日）、《矿产资源法》（1996年8月29日）、《招标投标法》（1999年8月30日）、《海洋环境保护法》（1999年12月25日）、《大气污染防治法》（2000年4月29日）、《海域使用管理法》（2001年10月27日）、《安全生产法》（2002年6月29日）、《环境影响评价法》（2002年10月28日）、《放射性污

---

〔1〕《36位代表提议：启动〈原子能法立法〉工作》，载中国国家原子能机构网站 http：//www.caea. gov. cn/n602669/n602674/n602695/n602700/32669. html，访问日期：2008年10月13日。

〔2〕 http：//news. sohu. com/20110425/n306374098. shtml，访问日期：2011年4月25日。

防治法》（2003 年 6 月 28 日）、《土地管理法》（2004 年 8 月 28 日）、《固体废物污染环境防治法》（2004 年 12 月 29 日）、《可再生能源法》（2005 年 2 月 28 日）、《节约能源法》（2007 年 10 月 28 日）、《水污染防治法》（2008 年 2 月 28 日）、《消防法》（2008 年 10 月 28 日）。

上述法律主要可分类为环境保护类、能源类、安全管理类和其他相关类四大方面，凸显法律规范要求原子能利用管理对环境和社会的安全责任高于一切。

（二）中国原子能相关行政法规与法规性文件

国务院核能利用行业主管部门目前正在加紧《核电管理条例》的起草，作为行业管理的行政法规，全面规范核电规划、厂址、投资、建设、运营、退役、燃料、装备等管理环节，是未来中国原子能利用规范化、法制化管理的重要依据。目前，涉及上述原子能利用管理环节的行政法规较为分散，不少法规立法时间已久，法规之间关联性也不大，难成体系。与原子能利用管理直接相关，指导建设、运营、环保、铀资源开发的国务院行政法规及法律文件大约有 32份，是目前核能利用管理较为重要的法律依据，具体划分为原子能投资建设、核材料运营管理、环境保护、铀资源开发四大类。

第一，原子能投资建设法规。这一类法规主要是指国务院发布的指导原子能项目申报与建设安装的法律文件。这些条例并非专门适用于核电项目，而且还可以作为核电项目启动过程的执行参照。

主要包括：《建设工程质量管理条例》（国务院令第 279 号 2000 年 1 月 30日）、《建设工程勘察设计管理条例》（国务院令第 293 号 2000 年 9 月 25 日）、《建设工程安全生产管理条例》（国务院令第 393 号 2003 年 11 月 24 日）、《国务院关于投资体制改革的决定》（国发 ［2004］20 号 2004 年 7 月 26 日）。

第二，原子能利用管理法规。此类法规规范核材料及核设施运营管理过程中各重要环节的管控，针对性较强，专业性也比较强。这类法规主要包括：

《国务院关于处理第三方核责任问题的批复》（国函 ［1986］44 号，1986 年3 月 29 日）、《民用核设施安全监督管理条例》（国务院发布，1986 年 10 月 29日）、《核材料管制条例》（国务院发布，1987 年 6 月 15 日）、《核电厂核事故应急管理条例》（国务院令第 124 号，1993 年 8 月 4 日）、《国务院关于严格执行我国核出口政策有关问题的通知》（国发 ［1997］17 号，1997 年 5 月 27 日）、《危险化学品安全管理条例》（国务院令第 344 号，2002 年 1 月 9 日）、《放射性同位素与射线装置安全和防护条例》（国务院令第 449 号，2005 年 9 月 14 日）、《国家核应急预案》（国务院发布，2006 年 1 月 24 日）、《核出口管制条例》（国务院令第 480 号，2006 年 11 月 9 日）、《核两用品及相关技术出口管制条例》（国务院令第 484 号，2007 年 1 月 26 日）、《国务院关于核事故损害赔偿责任问题的批复》（国函〔2007〕64 号，2007 年 6 月 30 日）、《民用核安全设备监督管理条例》（国务院令第 500 号，2007 年 7 月 11 日）、《特种设备安全监察条例》（国务院令 549 号，2009 年 1 月 24 日）、《电网调度管理条例》（国务院令第 115 号，1993 年 6 月 29 日）、《电力供应与使用条例》（国务院令第 196 号，1996 年 4 月 17 日）、《电力设施保护条例》（国务院令 239 号，1998 年 1 月 7 日）、《电力监管条例》（国务院令第 432 号，2005 年 2 月 15 日）、《国务院办公厅关于转发发展改革委等部门节能发电调度办法（试行）的通知》（国办发〔2007〕53 号，2007 年 8 月 2 日）。

第三，环境保护法规。主要包括：《海洋倾废管理条例》（国务院发布，1985 年 3 月 6 日）、《防治陆源污染物污染损害海洋环境管理条例》（国务院令第 61 号，1990 年 6 月 22 日）、《建设项目环境保护管理条例》（国务院令 253 号，1998 年 11 月 29 日）、《水污染防治法实施细则》（国务院令第 284 号，2000 年 3 月 20 日）、《防治海岸工程建设项目污染损害海洋环境管理条例》（国务院令第 507 号，2007 年 9 月 25 日）。

第四，铀资源开发。主要包括：《矿产资源监督管理暂行办法》（国发〔2003〕17 号，1987 年 4 月 29 日）、《矿产资源补偿费征收管理规定》（国务院令第 222 号，1997 年 7 月 3 日）、《矿产资源勘查区块登记管理办法》（国务院令第 240 号，1998 年 2 月 12 日）、《矿产资源开采登记管理办法》（国务院令第 241 号，1998 年 2 月 12 日）、《探矿权采矿权转让管理办法》（国务院令第 242 号，1998 年 2 月 12 日）。

（三）中国原子能相关部门规章

第一，可行性研究与核准。主要包括：《关于核电建设项目前期工作审批程序的规定（试行）》（电计〔1995〕202 号，1995 年 4 月 7 日）、《核电厂工程建设项目初步可行性研究与可行性研究内容深度规定（试行）》（电计〔1996〕737 号，1996 年 11 月 13 日）、《国家发改委关于实行企业投资项目备案制指导意见的通知》（发改投资〔2004〕2656 号，2004 年 11 月 25 日）、《国家环保总局、国家发展改革委关于加强建设项目环境影响评价分级审批的通知》（环发〔2004〕164 号，2004 年 12 月 2 日）、《国家发展改革委员会办公厅关于我委审批或核准的投资项目向国务院备案有关事项的通知》（发改办投资〔2005〕1070 号，2005 年 5 月 30 日）、《关于规范水土保持方案技术评审工作的意见》（办水保〔2005〕121 号，2005 年 6 月 22 日）、《企业投资项目核准暂行办法》（国家发展改革委员会令第 19 号，2005 年 9 月 15 日）、《国家发展改革委员会关于发布项目申请报告通用文本的通知》（发改投资〔2007〕1169 号，2007 年 5 月 28 日）。

第二，建设。主要包括：《核电厂厂址选择安全规定》（国家核安全局令第 1 号，1991 年 7 月 27 日）、《工程总承包企业资质管理暂行规定（试行)》（建施字第 189 号，1992 年 4 月 3 日）、《工程建设监理规定》（建监〔1995〕737 号，1995 年 12 月 15 日）、《核电站常规岛工程施工企业资质管理的若干规定》（电建〔1997〕232 号，1997 年 4 月 21 日）、《工程建设项目招标范围和规模标准规定》（国家发展计划委员会令第 3 号，2000 年 5 月 1 日）、《房屋建筑工程质量保修办法》（建设部令第 80 号，2000 年 6 月 30 日）、《工程建设项目自行招标试行办法》（国家发展计划委员会令第 5 号，2000 年 7 月 1 日）、《实施工程建设强制性标准监督规定》（建设部令第 81 号，2000 年 8 月 25 日）、《建设工程监理范围和规模标准规定》（建设部令第 86 号，2001 年 1 月 17 日）、《建筑工程施工许可管理办法》（建设部令第 91 号，2001 年 7 月 4 日）、《工程勘察设计收费管理规定》（计价格〔2002〕10 号，2002 年 1 月 7 日）、《工程建设项目施工招标投标办法》（国家发展计划委员会、建设部、铁道部、交通部、信息产业部、水利部、中国民用航空总局令第 30 号，2003 年 3 月 8 日）、《报国务院批准的项目用海审批办法》（国函〔2003〕44 号，2003 年 4 月 19 日）、《核动力厂设计安全规定》（国核安发〔2004〕81 号，2004 年 4 月 18 日）、《国家发展改革委员会关于加强固定资产投资项目节能评估和审查工作的通知》（发改投资〔2006〕2787 号，2006 年 12 月 12 日）、《建设工程勘察质量管理办法》（建设部令第 163 号，2007 年 11 月 22 日）、《工程监理企业资质管理规定》（建设部令第 158 号，2007 年 6 月 26 日）、《建筑业企业资质管理规定》（建设部令第 159 号，2007 年 6 月 26 日）、《建设工程勘察设计企业资质管理规定》（建设部令第 93 号，2001 年 7 月 25 日）、《安全生产违法行为行政处罚办法》（国家安全生产监督管理总局令第 15 号，2007 年 11 月 30 日）。

第三，运营。主要包括：《核电厂质量保证安全规定》（国家核安全局 HAF003，1991 年 7 月 27 日）、《民用核燃料循环设施安全规定》（国家核安全局 HAF301，1993 年 6 月 17 日）、《核电厂安全许可证件的申请和颁发》（HAF/001/01，1987 年 4 月 1 日）、《核电厂运行安全规定附件一：核电厂换料、修改和事故停堆管理》（国家核安全局发布，1994 年 3 月 2 日）、《核设施的安全监督》（HAF001/02，1995年6月14日）、《核电厂营运单位报告制度》（HAF001/02/01，1995年6月14日）、《核燃料循环设施营运单位报告制度》（国家核安全局发布，1995年6月14日）、《核电厂运行评估管理办法（试行）》（国防科学技术工业委员会发布，2002年6月4日）、《核动力厂运行安全规定》（HAF103，2004年4月18日）、《核电厂运行经验交流实施规则（试行）》（科工二司〔2005〕1276号，2005年10月27日）、《民用核安全设备设计制造安装和无损检验监督管理规定》（HAF601，2007年12月28日）。

第四，核应急。主要包括：《国际核事件分级和事件报告系统管理办法（试行）》（科工二司〔2001〕38号，2001年1月19日）、《核电厂核事故应急报告制度》（科工二司〔2001〕1033号，2001年12月11日）、《核事故辐射影响越境应急管理规定》（国防科学技术工业委员会令第11号，2002年2月4日）、《核应急管理导则——放射源和辐射技术应用应急准备与响应》（科工二司〔2003〕147号，2003年2月21日）、《核电厂核事故应急演习管理规定》（科工二司〔2003〕169号，2003年2月18日）、《国防科工委关于加强核设施营运单位核应急管理工作的意见》（国防科学技术工业委员会，2007年4月3日）。

第五，放射性废物处理。主要包括：《铀、钍矿冶放射性废物安全管理技术规定》（GB 14585-93，1993年8月30日）、《低、中水平放射性废物近地表处置设施的选址》（HJ/T 23-1998，1998年1月8日）、关于发布《核技术利用放射性废物库选址、设计与建造技术要求（试行）》的通知（环发〔2004〕46号，2004年3月17日）、《高放废物地质处置研究开发规划指南》（科工二司〔2006〕45号，2006年2月14日）。

第六，核燃料。主要包括：《核反应堆乏燃料道路运输管理暂行规定》（科工法〔2003〕520号，2003年6月18日）、《核动力厂燃料装卸和贮存系统设计》（HAD102/15，2007年1月23日）。

第七，核材料进出口。主要包括：《核材料管制条例实施细则》（HAF501/01，1990年9月25日）、《核产品转运及过境运输审批管理办法（试行）》（科工法字〔2000〕48号，2000年1月27日）、《核出口管制清单》（国防科学技术工业委员会令第7号，2001年6月28日）、《核进出口及对外核合作保障监督管理规定》（国防科学技术工业委员会、外交部、对外贸易经济合作部令第10号，2002年1月17日）。

第八，电力。主要包括：《电网调度管理条例实施办法》（电力工业部令第3号，1994年10月11日）、《供用电监督管理办法》（电力工业部令第4号，

1996 年 5 月 19 日)、《电力工业环境保护管理办法》（电力工业部令第 9 号，1996 年 12 月 2 日)、《电力设施保护条例实施细则》（国家经济贸易委员会、公安部令第 8 号，1999 年 3 月 18 日)、《关于区域电力市场建设的指导意见》（电监市场〔2003〕21 号，2003 年 7 月 24 日)、《电力市场技术支持系统功能规范（试行)》（电监市场〔2003〕22 号，2003 年 7 月 24 日)、《电力安全生产监管办法》（国家电力监管委员会令第 2 号，2004 年 3 月 9 日)、《电力生产事故调查暂行规定》（国家电力监管委员会令第 4 号，2004 年 12 月 20 日)、《电力二次系统安全防护规定》（国家电力监管委员会令第 5 号，2004 年 12 月 20 日)、《电力市场运营基本规则》（国家电力监管委员会令第 10 号，2005 年 11 月 7 日)、《电力市场监管办法》（国家电力监管委员会令第 11 号，2005 年 11 月 7 日)、《电力监管机构举报处理规定》（国家电力监管委员会令第 17 号，2006 年 1 月 24 日)、《电力监管机构投诉处理规定》（国家电力监管委员会令第 18 号，2006 年 1 月 24 日)。

第九，环境。主要包括：《城市放射性废物管理办法》（〔87〕环放字第 239 号，1987 年 7 月 16 日)、《环境标准管理办法》（国家环保总局令第 3 号，1999 年 4 月 1 日)、《近岸海域环境功能区管理办法》（国家环保总局令第 8 号，1999 年 12 月 10 日)、《建设项目竣工环境保护验收管理办法》（国家环境保护总局令第 13 号，2001 年 12 月 27 日)、《建设项目环境影响评价资质管理办法》（国家环境保护总局令第 26 号，2005 年 8 月 15 日)、《环境影响评价公众参与暂行办法》（环发〔2006〕28 号，2006 年 2 月 14 日)。

第十，国土资源。主要包括：《城市国有土地使用权出让转让规划管理办法》（建设部令第 22 号，1992 年 12 月 4 日)、《土地登记规则》（〔1995〕国土〔法〕字第 184 号，1995 年 12 月 28 日)、《征用土地公告办法》（国土资源部令第 10 号，2001 年 10 月 22 日)、《招标拍卖挂牌出让国有土地使用权规定》（国土资源部令第 11 号，2002 年 5 月 9 日)、《国家投资土地开发整理项目竣工验收暂行办法》（国土资发〔2003〕21 号，2003 年 1 月 21 日)、《国家投资土地开发整理项目实施管理暂行办法》（国土资发〔2003〕122 号，2003 年 4 月 16 日)、《协议出让国有土地使用权规定》（国土资源部令第 21 号，2003 年 6 月 11 日)、《矿产资源登记统计管理办法》（国土资源部令第 23 号，2004 年 1 月 9 日)、《国防科学技术工业委员会、公安部、国土资源部、国家环保总局关于整治铀矿开采冶炼秩序的通知》（科工二司〔2005〕510 号，2005 年 5 月 11 日)、《国土资源部、国防科学技术工业委员会关于加强铀矿地质勘查工作的若干意见》（国土资发［2008］45 号，2008 年 3 月 4 日）、《建设项目用地预审管理办法》（国土资源部令第 42 号，2008 年 11 月 29 日）。

（四）中国原子能相关地方性法律文件

这些地方性法律文件主要有：《浙江省核电厂辐射环境保护条例》（浙江省第九届人民代表大会常务委员会公告第 80 号，2002 年 12 月 20 日）、《山东省辐射环境管理办法》（山东省人民政府令第 153 号，2003 年 2 月 11 日）、《江苏省辐射污染防治条例》（江苏省第十届人民代表大会常务委员会公告第 142 号，2007 年 11 月 30 日）、《广东省民用核设施核事故预防和应急管理条例》（广东省人民第八届代表大会常务委员会公布，1997 年 12 月 18 日）、《广东省核电厂环境保护管理规定》（粤府［1996］83，1996 年 9 月 28 日）、《关于修改〈广东省核电厂环境保护管理规定〉等 4 项政府规章的决定》（广东省人民政府令第 89 号，2004 年 7 月 26 日）、《江门市核应急预案》（江府办［2007］138 号，2007 年 12 月 14 日）、《大亚湾核电厂周围限制区安全保障与环境管理条例》（深圳市第一届人民代表大会常务委员会，1994 年 11 月 2 日）、《深圳市核应急交通保障行动预案》（深交［2004］255 号，2004 年 4 月 23 日）等。

原子能法的概念和主要内容

赵威

一、推进原子能立法的迫切性

（一）目前我国原子能立法的不足

我国的核电发展起步较晚，但发展速度较快，自 1991
年第一座核电站——秦山核电站实现并网发电 20 年以来，
目前已有 13 个运营核电机组，在建核电机组近三十个，是
世界上拥有在建核电机组最多的国家。但我国至今仍未建
立起完整的原子能法律体系，目前核能安全监管依靠的只
是一部《放射性污染防治法》，以及 8 部行政法规和一些部
门规章，甚至公众最关注的关于"核损害赔偿"问题，也
只有国务院《关于处理第三方核责任问题的批复》，这与我
国核能大国的地位显然是不相称的。从前文关于我国原子
能立法现状的介绍中可以看出，我国现阶段原子能立法存
在着诸多不足：如规定分散、不成体系；规定不全面，不
足以覆盖原子能利用领域各个方面；许多规定已显陈旧或
不合理，难以符合现实发展的需要，亟须根据实际情况进
行修改、调整；办法、通知、规定较多，规范层级不高，
权威性和稳定性不强等。

原子能技术属于高新技术，具有相当的专业性和复杂性，不进行专业性、针对性的立法，显然难以满足原子能利用事业的需要。此外，原子能的利用牵涉的范围也很广，如矿产的勘探、开采、加工，核燃料及核设备的运输和管理，核电站的运营和管理，核辐射的防护和核损害赔偿制度等。如有学者就曾提出，原子能法律体系如下：法律——《原子能法》；行政法规——《放射性矿产资源勘察开采条例》《放射性矿产资源勘察开采登记条例》《核电站投资管理条例》《促进核电设备技术国产化条例》《核设施管理条例》《核材料运输管理条例》《核材料管理条例》《放射性同位素及其制品和辐射装置管理条例》《民用核设施安全监督管理条例》《核事故应急条例》《核承压设备管理条例》《核电站保护条例》《核损害赔偿条例》等。[1] 仅就这两点而言，对原子能利用事业进行单独的、系统的立法的必要性已经是无须赘言。前述学者所提议的原子能立法体系，已可见原子能利用需要进行立法规范之范围广阔，即便如此，上述学者建议的体系也并未囊括原子能利用领域的方方面面。而我国对原子能专门立法的缺失的严重性前文已经提及，立法缺失或立法规定的陈旧、不合理，将直接导致现实中很多问题找不到解决的依据，或者是问题得不到合理的解决，而这都可能对原子能利用事业的健康发展造成阻碍。

（二）推进我国原子能立法的重要性

核能利用对于保障我国的国家安全以及促进国民经济的可持续发展均具有不言而喻的重要意义。一方面，仅就核能的民事利用而言，核能除了用于提供高效、清洁的电力，其在农业、医疗卫生、生物技术以及地质勘探等方面均应用广泛。另一方面，安全是核能和平利用的首要问题，此次日本福岛核电事故促使各国重新审视自己的核能发展战略，我国目前也已将"积极发展"核电的方针调整为"安全第一"。核能利用具有潜在的高风险，因此完善核能利用各领域的法律法规及管理条例，对于提高核能利用过程中的技术水平和风险管理水平，促进核能利用的健康发展，具有重要意义。

建立起完善的核能法律体系，调整原子能科学研究和开发利用及其规制，可以促进核能和平利用事业的发展，有利于提高核能利用的科学技术水平；可以维护社会公共利益，保护公民的合法权益；可以促进生产力和经济发展，优化能源结构，提高能源利用率，保证能源的可持续利用，更好地保护生态环境

---

[1] 耿志成：《关于建立原子能法体系的初步探讨》，载《中国能源》1991年第5期。

和履行国际环境公约。[1] 我国在原子能利用上已达相当水平，范围广、规模大、技术高，而立法方面却极为缺失、落后，因此加快推动我国原子能法理体系的逐步建立和完善成为当务之急。

原子能发展有其自身的特殊性，须有特殊的法律原则与规范，建立并发展与中国核工业相适应的基本法律规范体系是非常必要的。目前我国只有少数法律（狭义）的少数条款明确规定了有关"核"的问题，如《刑法》（第二章"危害公共安全的犯罪"和第六章"破坏环境资源保护的犯罪"）、《环境保护法》《矿产资源法》，没有调整原子能领域法律关系的基本法律，绝大多数的原子能领域活动由行政机关进行管理。

由于核领域活动在国家政治经济生活中的重要性，通过一定的程序、组织加以约束是非常必要的，绝不能放任自流，因而我国应加快推进《原子能法》的制定。

第一，一般情况下，公民、法人的行为，只要不是属于法律所禁止的范围，又不会导致对社会的危害，那么就应该认定为合法行为；而行政机关的行政行为就不能依此类推，因为行政行为将直接或间接导致社会权利义务配置的变化。

第二，对核领域进行特殊的社会控制，就必然涉及大量的行政许可、管制以及其他宏观调控措施。[2] "现代立法机关经常进行'空白支票式'立法授权，授权立法极易被滥用。行政主体一旦滥用行政立法权便会造成社会权利分配之极大不公，乃至社会利益之配置严重失调。"[3] 因此，必须通过法律而不是行政机关自己制定的规则来规范行政机关的职责、权限。唯其如此，才能使行政权力受到监督，在制度上促进依"法"行政，提高效率，防止权力滥用。

第三，法律具有严肃性、稳定性、保障性、体系性的特点。核能是高科技、高危险行业，只有在法律的轨道上才能规范其健康发展，一旦发生事故，也能得到法律的制度性应急保障和善后保障。而现在大多数情况是依据行政法规、部门规章，且采取边走边看、一事一议的行政立法策略，显然不利于我国原子能产业的健康发展和中国特色社会主义原子能法律体系的完善。因此，应立即将原子能法的立法工作提到议事日程上来。

在日本福岛核电站泄漏事故发生之前，世界发生过两次大的核电站事故：

---

〔1〕 蔡先凤：《中国核损害责任制度的建构》，载《中国软科学》2006 年第 9 期。

〔2〕 马怀德：《行政许可制度存在的问题及立法构想》，载《中国法学》1997 年第 3 期。

〔3〕 郭润生、宋功德：《控权—平衡论——兼论现代行政法历史使命》，载《中国法学》1997 年第 6 期。

1979 年美国三里岛核电站事故和 1986 年的切尔诺贝利核电站事故，这两次事故都与人的失误密切相关，所以必须依法把人的因素提到最重要的位置。国家核安全局副局长周士荣亦认为，核安全管理面临的最大挑战是人力资源不足。周士荣介绍，现在核电比较发达的国家通常一台机组配备监管人员 35 人左右，美国 104 台机组有监管人员近 4000 人，法国和日本各有 50 多台机组，监管人员分别有 2000 多人，而我国 13 台机组只有监管人员 300 人。有官员表示，虽然我国到 2012 年要把监管队伍从 300 人增加到 1000 人，但与现在的核电发展速度相比，还是有一定差距的。因此，应通过原子能立法增加监管人员的数量，提升监管人员的素质。[1]

由于没有原子能法，我国整个核安全立法体系缺少基本法律保障。国际上所有发达国家，绝大多数发展中国家都有《原子能法》《核安全法》和类似于《核安全法》的法律。中国作为国际原子能机构的成员国，在核安全和辐射安全方面存在着法律空白，虽然出台了很多行政法规和部门规章，但很多基本问题并没有得到根本解决。由于没有统一的法律规定，中国核能监管虽然主要由环保部国家安全局负责，但包括卫生行政主管部门和安全行政主管部门在内的其他部门也会参与，核能监管体制面临多头监管、职能交叉问题。这样潜在的危险就是有利益时争着管，一旦发生核污染，就会相互推诿，无法追究责任。[2]

二、原子能法的概念和调整范围

目前，我国理论界和实务界对原子能法的概念尚无统一的界定。国际原子能机构的《核法律手册》涉及的主要问题分别是：①监管机构；②许可检查和执行；③辐射防护；④辐射源和放射性材料；⑤核设施安全；⑥应急准备和反应；⑦采矿及冶炼；⑧放射性材料的运输；⑨放射性废料和乏燃料；⑩进出口管制；⑪核责任及范围；⑫保障条款；⑬实物保护等。

学者陈俊指出，综合各国原子能立法的大致情况，规范的领域主要有以下四个方面：①原子能利用：核设施设计、建造、运行、反应堆监督管理、辐射防护等；②核材料管理：开采、冶炼、运输、持有、贸易等；③核技术研究和人员培训；④有关上述各项的国际合作。[3]

从我国核行业协会《原子能立法草案》研究小组提供的资料来看，《原子能

---

[1] 《中国核电安全管理体制成待完善》，参见《老年文摘》2011 年 3 月 31 日。
[2] 《中国核电安全管理体制成待完善》，参见《老年文摘》2011 年 3 月 31 日。
[3] 陈俊：《我国核法律制度研究基本问题初探》，载《中国法学》1998 年第 6 期。

法》的调整范围将包括铀矿地质的勘察和采冶、核材料的管制、核设施的管理、核技术应用的管理、放射性废物的管理、核安全的管理、核应急的管理、核损害赔偿的管理以及核进出口管理等。

分析以上各种资料，似乎可以得到这样的结论：广义概念的原子能法或核法律规范指的是原子能相关法律体系所包含的各项法律、法规、法令、规章制度、国家发布的技术规范、国际公约等的总和；而狭义概念的原子能法是指各国用于指导原子能和平利用的基本法，涉及产业链的两端，包括铀矿的开采、冶炼、加工、核燃料生产、核设施的设计建造、核废料的处理以及核事故治理及损害赔偿等领域的法律规范。

从狭义概念的角度讲，原子能法是我国境内所进行的原子能研究、开发和利用活动的基本法律规范的总和，其主要调整范围可以分为以下七个方面：①核原料及核材料的管理；②核设施管理与核安全；③核技术的研究开发；④辐射防护和环境保护；⑤核废料处置；⑥应急措施；⑦核损害赔偿责任和保险。

在原子能法的调整范围方面，由于我国是一个有核国家，而且原子能领域的主要技术能力和产业基础实行的是军民结合的机制，原子能法的调整范围应包括军用和民用两个方面。也就是说，无论是军用还是民用，都应当贯彻执行国家发展原子能事业的方针和政策，遵守基本的法律制度。但由于军用原子能事业又有其特殊的性质，不能完全纳入民用管理体制，可以通过由有权机关颁布单行条例的办法解决。

三、各国原子能法立法体例

从原子能法律体系的主要组成部分来看，美国、德国、日本、加拿大、英国、法国等国的规定基本相同，就其共性可归纳为9个立法组成部分：立法目的、方针和原则；定义或调整对象；管理组织与职能；政府对核相关活动的许可与监管；核相关知识产权；核损害责任与赔偿；违法责任；国际公约与国际合作；其他。这与国际原子能机构的《核法律手册》中所给出的内容大抵相同，《核法律手册》中涉及的主要问题分别是监管机构、许可检查和执行、辐射防护、辐射源和放射性材料、核设施安全、应急准备和反应、采矿及冶炼、放射性材料的运输、放射性废料和乏燃料、进出口管制、核责任及范围、保障条款、实物保护等。

通过对核电大国在原子能法律体系结构（或立法方式）进行简单考察，可以发现在实践中存在两种不同的原子能法立法方式，一种情形是制定一部原子能基本法律，并以此为基础来构建其国内原子能法律体系，这以美国、德国、日本等为主要代表。从原子能法律体系的结构来看，美国存在着 1954 年《原子能法》，并对应原子能法律体系的主要组成部分制定了一系列的法律、法案等。1954 年《原子能法》涉及民用和军事原子能利用活动的各个方面，并逐一作出详细的规定，涉及面广、操作性强。该法既鼓励原子能的开发与研究，也注重规范原子能工业领域的各个活动，是目前世界上条文最多、篇幅最长的一部原子能基本法。与美国相仿，德国是以 1959 年《原子能法》（也称《和平利用原子能和防止其危害法》）为指导，由不同的法律、法令对原子能利用和管理的各个领域予以规范调整，共同组成了一个较为完善的原子能法律体系。值得注意的是，德国是目前核电大国中唯一在法律中确立"逐步淘汰核电政策"的国家，此次日本福岛核电站事故发生后，德国的这一做法或将引发更多关于原子能利用的思考。日本于 1955 年颁布了《原子能基本法》，规定了本国原子能政策的基本方针，这为原子能利用领域相关法律的制定奠定了基础。在《原子能基本法》的指导下，日本建立了原子能利用活动管理框架，每个特定的领域都制定了相应的子法，建立了较为完善的原子能法律体系。

另一种情形是不存在一部原子能基本法律，而是对应原子能法律体系的主要组成部分分别制定法律、条例、法案等，从而形成相应的原子能法律体系，这以加拿大、英国、法国等为代表。加拿大并没有以原子能基本法形式发布的法律，其核能领域最主要的立法是 2000 年通过的《核安全和控制法》（替代的是 1946 年《原子能控制法》），2003 年又对《核安全和控制法》进行了修订，以顺应和平利用原子能的国际化趋势。其他与原子能利用有关的法律还有 1992 年《加拿大环境影响评价法》《加拿大危险货物运输法》《核物质包装和运输条例》等。《核安全和控制法》与其他法律、条例等一起构成了加拿大的原子能法律体系。英国的原子能领域立法始于 1946 年《原子能法》，但该法的内容不能代表原子能基本法。英国有关原子能利用和管理的相关立法散见于不同的法律部门之中，一般可分为以保护人员为目的及与核设施有关的法律法规。前者有 1993 年《放射性物质法》、1974 年《劳动卫生与安全法》和 1985 年《电离辐射法》等，后者主要有 1965 年《核装置法》、2004 年《能源法》中的第一部分"民用核工业"等。核电在法国电力生产中占有绝大多数的份额（78% 左右），但法国并没有一部原子能基本法律，其原子能利用及管理活动的立法是一个涵盖众多领域的复杂、庞大的法律体系，所适用的众多法律法规分散规定于不同的法律文件中，没有系统化编撰。

四、原子能法的主要内容

（一）核原料及核材料的管理领域法律规范

核原料管理主要包括铀矿石的开采、冶炼、运输和储存、进出口等各个方面。核材料的管理主要是对核原料进行冶炼加工后产生的核物质的持有、运输、储存、使用和处置等各方面的管理。除遵守《矿产资源法》及其相关法规规章的规定外，由于核物质具有放射性，因此，其开采和使用应当进行更严厉的管制，包括对开采、生产、转让进行严格审批，要求持有、使用核原料的单位定期进行生产作业报告，特定条件下政府有关部门可要求核原料持有人进行强制转让，对核原料的运输、储存、进出口等定期进行严格检查和审批等。

（二）核设施管理领域法律规范

为了保证核设施的安全运营，由政府核安全主管部门对核设施的设置、运转、退役等进行管制，由营运人向主管部门提出申请，经许可同意才能进行相关活动。

从事核设施设计、制造和安装的单位必须取得资格许可证后方可从事相应的活动，申请许可证的单位必须向主管部门和国家核安全局同时提出申请。核设施要退役的，营运单位在退役前必须向国家核安全部门提交退役申请及退役报告，经批准后方可退役。

目前，我国对核电厂的建设和运营作出了管理规定，对于核电厂的建造、调试、运行和退役，国家颁发相应的安全许可证件，由国家核安全局负责审批，以保证安全。[1] 在今后的原子能立法中，对于核电厂以外的其他核设施的管制，应当准用核电厂的有关规定。

（三）辐射防护制度

辐射防护制度是指在原子能开发利用过程中，有关单位为防治放射性污染而采取的各种措施及应遵守的各项制度。辐射防护制度是原子能开发利用的安全保障。

辐射防护制度的具体内容应涵盖原子能开发利用的全过程，包括核原料开发利用的放射性污染防治、核技术开发研究的放射性污染防治、核设施的放射性污染防治及核废物的放射性污染防治。

---

〔1〕 邱正文：《原子能法律制度若干问题研究》，载《资源节约型、环境友好型社会建设与环境资源法的热点问题研究——2006 年全国环境资源法学研讨会（年会）（2006.8.10－12·北京）论文集》。

（四）核废料处置制度

核废料应以生产单位自主处置为主，同时政府主管部门负责监督管理。核废料的贮存、处置，应由核废料生产者自行或委托国内外具有放射性废弃物最终处置技术能力或设施的单位处置。核废料处置过程中发生意外造成损害的，应承担赔偿责任；危害后果严重，构成刑事犯罪的，要依法追究单位或个人的刑事责任。

目前我国有关核废料的管理制度，主要规定在《放射性污染防治法》中，但规定比较简略，且罚金数额畸轻。《放射性废物管理条例》征求意见稿已出台，希望该条例尽快正式颁布，使核废料处置有明确法律依据。

（五）核损害赔偿制度

核损害赔偿制度应包括赔偿主体、归责原则、举证责任、赔偿范围和责任限额制度等。核事故因其危害的严重性和特殊性，其引起的核损害赔偿责任，应与一般民事责任不同。具体表现为：

第一，责任承担主体。在核损害责任领域，实行的是确定一个单一责任人的方法，即确定核设施的运营者为唯一的责任人。但由于核损害可能造成的巨大损害，仅由运营人承担赔偿责任往往不足以补偿实际损害。国际上通行的做法是实行强制性的财务保证，要求运营者应通过保险或其他财务保证以确保能履行其所承担的赔偿责任，主要形式有核设施运营者投保的第三者责任保险和由政府财政、政府或国际社会公共基金提供的保障。我国的原子能立法中应设立核损害赔偿责任强制保险制度，要求核运营人在利用原子能之前必须参加损害责任保险，核损害发生后，受害人可以通过保险获赔。另外，当核损害后果超出运营人责任限额时，政府应为受害人提供一定的经济补偿。

第二，归责原则和免责事由。原子能利用属于高度危险作业，根据侵权法的规定，高度危险作业造成损害的，应适用无过错责任原则，即实行严格责任制度。当核事故发生造成核损害之后，只要证明核损害和核事故之间具有因果关系，核设施的运营者即需对此承担责任，而不要求证明运营者有过错。但是，武装冲突、敌对行动、暴乱，或者特大自然灾害所引起的核事故造成的核损害，运营人可免于承担责任。

第三，责任限额。由于原子能事业需要大量的资金投入，因此为了消除投资者对无限责任的忧虑，鼓励投资，促进原子能事业的发展，各国通常对运营人的责任规定了一定的限额，即实行有限责任原则。我国在1986年的《国务院关于处理第三方核责任问题给核工业部、国家核安全局、国务院核电领导小组的批复》（1986 年 3 月 29 日）中也规定，对于一次核事故所造成的核损害，运营人对全体受害人的最高赔偿额合计为人民币 1800 万元。随着经济的发展，该责任限额规定明显偏低，因此有必要在制定核损害赔偿方面的专项法律法规时对此限额进行修改。[1]

第四，诉讼时效。核损害对于人身造成的伤害有时并不是当时可以确认的，往往要经过一段时间，甚至几年、十几年，伤害才逐渐显现，而考察我国现有的相关诉讼时效的规定，则可明显发现其中的不足。《民法通则》第 136 条规定，"身体受到伤害要求赔偿的"，诉讼时效期间为 1 年。而最高人民法院《关于贯彻执行〈中华人民共和国民法通则〉若干问题的意见（试行）》第 168 条[2]与《民法通则》第 137 条[3]的存在，也显然不足以照顾到核损害的特殊情况。建议在今后制定核损害赔偿方面的专项法律法规时，考虑到核损害的这一特性，对诉讼时效进行相应修改或提供其他可行的措施。

第五，管辖法院。在核损害责任领域，一般实行单一法院管辖，指的是有关核损害赔偿的诉讼，由单一法院受理。这是有限责任原则引申出来的必然要求，因为只有这样，才能保证有限的赔偿金得到公平合理的分配，[4] 同时确保司法权的统一，以防止不同法院裁定的赔偿额超出运营者责任限额，并有利于对不同索赔请求权作出公正裁决。

（六）应急措施

现场内应急措施包括所有能可靠、及时发现可能导致紧急情况的必要措施，以便控制和终止这些事件，使其危害尽可能降到最低。在反应堆的情况下，主要目标是防止堆芯损伤，保持或恢复堆芯冷却，使工厂处于安全状态。为避免对工厂厂址和环境造成严重的辐射影响，采取缓解措施可能是必要的。这适用于所有的核设施与核活动（已考虑各自的差别）。[5]

---

[1] 邱正文：《原子能法律制度若干问题研究》，载《资源节约型、环境友好型社会建设与环境资源法的热点问题研究——2006 年全国环境资源法学研讨会（年会）（2006.8.10－12·北京）论文集》。

[2] 条文内容为："人身损害赔偿的诉讼时效期间，伤害明显的，从受伤害之日起算；伤害当时未曾发现，后经检查确诊并能证明是由侵害引起的，从伤势确诊之日起算。"

[3] 条文内容为："诉讼时效期间从知道或者应当知道权利被侵害时起计算。但是，从权利被侵害之日起超过 20 年的，人民法院不予保护。有特殊情况的，人民法院可以延长诉讼时效期间。"

[4] 郭志锋：《世界核损害责任制度的发展现状》，载《国外核新闻》2007 年 1 月刊，来源于世界核协会 2006 年 12 月报道及国际原子能机构网站。

[5] 参见卡尔顿·施托伊贝尔：《核法律手册》，徐原、陈刚等译，法律出版社 2010 年版，第 72 页。

现场外应急措施旨在最大限度降低对公众和环境的辐射照射。基本要求是信息交流和对得到的资料进行评价。场内外信息的交换特别重要。在放射性物质释放的事件中，释放的时间及释放的放射性活度特征对于决策是必不可少的。当发生向环境释放大量放射性物质事件时，必须采取保护公众的特殊措施，比如交通控制与限制、呼吁居民停留在屋内、分发碘片，以及组织包括去污在内的即时卫生工作等。[1]

根据不同情况，加强与相关国际组织、国家的应急沟通与合作。

五、结语

面对传统能源的逐渐枯竭以及由于使用传统能源而导致的全球环境的不断恶化，从目前来看，核能的和平利用无疑为解决这两大严峻的问题提供了一条合适的道路。但是核能的和平利用也存在潜在的、巨大的风险，此次日本福岛核电事故，就给人们再一次敲响了警钟。核能的和平利用事关国计民生，因而目前的关键是怎样更安全地发展，我国目前也已将"积极发展"核电的方针调整为"安全第一"。

我国现阶段核能立法现状、体系、发展方向及推进原子能立法的迫切性，在本文均已有所阐述。就目前来看，随着《原子能法》纳入立法规划，制定核能领域的基本法——《原子能法》，已是国家有关部门当前重点考虑的问题。但在欢欣于原子能立法进程加快，特别是核能领域基本法制定有所展望时，我们仍应从乐观中看到继续前进可能遇到的困难。[2] 希望今后的立法在最大程度上弥补和完善我国现今原子能立法的不足，对于我国原子能利用的拓展以及对社会公众的保护能起到更大的作用。同时，我们也深知原子能领域的立法完善难以一蹴而就，这也是客观情况使然，不管是政府工作者、企业人还是法律人，前面的道路依然任重而道远。

---

〔1〕 参见卡尔顿·施托伊贝尔：《核法律手册》，徐原、陈刚等译，法律出版社2010年版，第72页。

〔2〕 http：//news. enorth. com. cn/system/2011/04/25/006428954. shtml，访问日期：2011 年 4 月 27日。

国际核法律相关文书与国家核立法

王黎明* 傅秉一**

在国际法律家族中，国际核法律相关文书属于门户众多的一类。有专家统计，仅按传统概念计算的国际多边核法律就有五十多部。如果包括各国之间交叉签订的百余件核能合作协定和各国同国际原子能机构之间的更多件保障协定及其附加议定书，总数应在三百件以上。此外，还有大量的非强制性但对规范各国核活动具有重要指导意义的、与核法律相关的专业性文书，例如核安全标准、国际核事件分级表等。我们姑且把这些文书也概括在广义的核法律相关文书之列。

研究这些文书的分类、特点以及它们与国家法律的关系，对国家相关立法具有重要意义。

一、国际核相关法律文书的归类

对于国际核相关法律文书，从不同角度可以作出不同归类。例如：从外在形式分类，可有宣言、决议、条约、协定等；从对于参加国的约束程度分类，可有约束性的、指

---

* 王黎明，国家核安保技术中心、核进出口管理处（政策法规处）处长，副研究员。

** 傅秉一，国家核安保技术中心外聘专家，研究员。

导性的、建议性的（由此可导出所谓"硬法"与"软法"之说）等；从专业领域角度则可分为核组织、核合作、核保障、核安保、核安全、核军控等几类。按专业领域归类是一种重在考虑核法律文书适用性的分类。这里仅就这种分类作简要说明。

（一）核组织类

这个类别文书的典型代表有《国际原子能机构规约》《欧洲原子能联营条约》等。此类文书是相关国际组织的章程，是藉以建立这种组织的"基本法"。它通常要规定相关组织的目标、职能、成员、权力机关、决策机关、秘书处、主要活动领域和内容及相关程序等。在有些国家立法中，原子能组织法不仅是一种核领域的基本法，而且是一部涵括核能各专业具体规定的全面法。

（二）核合作类

这个类别文书的典型代表有《核科学技术研究、发展和培训区域合作协定》《拉丁美洲和加勒比促进核科学和技术合作协定》等。此类文书通常要规定国际核相关合作的具体领域、目标、方式、主要活动或项目内容、各方权利和义务及参加程序等。

（三）核保障类

这个类别文书的典型代表有《不扩散核武器条约》《各国政府和国际原子能机构之间的保障协定》《核供应国集团核出口准则》等。此类文书通常以防止核扩散为目的规定当事国接受国际原子能机构保障核查的相关义务。在这一类别中，核保障协定及其附加议定书占有显著地位。此种协定和议定书是实施全球核不扩散机制的主要措施和手段，其数量大、内容复杂、专业性强，除文书主件外，还包含有"辅助安排"及"设施附件"等执行性文件。

（四）核安保类

这类别文书的典型代表有《核材料和核设施实物保护公约》《制止核恐怖主义公约》等。此类文书通常以制止核恐怖主义行为为目的，规定当事国的相关义务，包括核材料和其他放射性物质贮存、使用、运输的安全；防止转用、丢失、被盗、非法贩卖，防止核设施遭受破坏；一旦发生上述情况，立即立案侦查，采取措施追回被盗或丢失的核材料，缉拿犯罪嫌疑人；如果发生核材料或核设施遭到破坏造成放射性物质释放，要求采取有效措施控制、减轻放射性后果，避免对公众和环境造成辐射危害，造成事故的，要启动事故应急预案，实施应急响应；开展与上述活动相关的国际合作。

（五）核安全类

这一类别文书的典型代表有《核安全公约》《乏燃料管理安全和放射性废物管理安全联合公约》等。核安全相关文书占有显著地位，数量多、层次多、专业性强。它不仅有诸如《核安全公约》《核事故或辐射紧急情况援助公约》《核损害补充赔偿公约》等涵盖核安全领域各方面的有约束力的法律文书，还有核安全相关标准、导则、良好实践等一系列实用性很强的指导性国际文书。

（六）核军控类

这类别文书的典型代表有《全面禁止核武器试验条约》《美苏防止核战争协定》等。此类文书是为限制核武器的发展，即以防止核扩散，尤其是以防止所谓"纵向核扩散"为目的，规定当事国承诺不进行地面、地下、空中、水下核试验；限制对另一方、另一方的盟友及其他国家使用武力或以武力相威胁，并在发生核冲突的危险或核战争危机时，当事国将立即进入紧急状态并尽力避免危机发生。

二、国际核相关法律文书的特点和启发

国际核相关法律文书与其他领域的法律文书相比，有一些明显的特点。这些特点使得核法律大家族的各类部门法的管辖范围明晰、规范内容集中和便于实施操作。

（一）强调按主题独立立法

在国际核法律文书中，除了核组织和核合作法律文书具有一定的综合性之外，绝大多数文书则是按所属专业类别建立的。这样做可避免内容笼统和专业交叉，使法律的主题集中，管辖界限分明，也便于缔约和履约。条款可指定细致深入、专注于法律要管辖的特定领域和更能针对需要解决的问题。例如在核不扩散领域有独立的《核不扩散条约》，在核安保领域有《核材料和核设施实物保护公约》，在核事故民事责任方面有《核损害补充赔偿公约》，在核军控方面有《全面禁止核试验条约》，而且在同一领域还立有多部多层次法律文书，林林总总不胜枚举。

从这一特点可以得到的启发是：在核活动有相当规模的国家中应当有一部关于核能的综合性立法，以规定国家开发利用核能的宗旨、目标、指导思想、管理体制和适用于具体领域的方针政策，缺此国家的核能活动便失去统一全面的规制与指导；更要强调能够满足需要的相当数量的区分专业领域的分门别类的独立的专业立法，缺此便无法对核能领域中性质、目的不尽相同的活动依法规范和管理。这其中，综合法宜粗不宜细，强调全面、原则和有一定的前瞻性；

专业法则不应太粗或过于原则，强调主题界限分明、有具体政策、有执行措施和可操作性。有的国家可能是基于历史原因曾打造过全面而详尽的原子能综合法，从铀矿到武器、从原则到具体程序和做法，用一部大法律文书包打天下。这种做法对于许多国家不一定可取。

（二）注重对特定问题的应用

在国际核立法史上，有因为跨领域立法费时费力曾迟迟难于取得共识的例子，如"核禁产公约"谈判。核禁产谈判，由于它既与核武器有关又与无核武器国家有关，既涉军用又涉民用，既与各国核燃料循环工业相联系又与核裁军、防止外空军备竞赛等重大国际问题相关，这种多领域的交织和各国安全利益的种种瓜葛，以致自1993年联大决定核禁产谈判以来，于今历时19年尚未正式启动。与此同时，在立法中，重在仅就某一领域的特定问题作出独立立法则是国际核立法的一种特点、做法与经验。这方面典型的例子是《及早通报核事故公约》和《核事故和辐射紧急援助公约》。这两部文书是同一专业内同一背景下针对不同主题建立的两个独立文书。每个文书牵涉面小、专属性强、条款简要明了，既解决了国际社会亟需，又使法律早日成立和迅速生效执行。

从这一特点可以得到的启发是：国家立法中似应更加注重对特定问题的现实应用方面。

（三）强制性与灵活性并存

一般而论，法律当然应当是约束性的，但这并不等于一部法律中的所有条款，或所有法律性文书都是约束性的。约束性很强的法律常常会有非强制性内容；一专业领域的法律文书中也多有强制性、指导性、建议性条款并存的情形。这样做既可反映、照顾多方的不同情况和利益，也为法律文书的执行提供了一定的灵活性。这在专业性很强的国际核法律体系中表现得尤为明显。例如，在《核材料和核设施实物保护公约》中除了强制性条款外，也载入了指导性的"核材料和核设施实物保护基本原则"，并明确规定"在切实可行的范围内适用"这些原则。就核材料和核设施实物保护国家法律体系而言，更是涵括着约束性的"公约"、指导性的"原则"、参考性的"建议"等不同层级的国际文书在内。

从这一特点可以得到的启发是：法律条文似不应做得千篇一律，就是说一部法律中当然要有约束性的义务，但也可有适当的指导性的甚或建议性的而非强制性条款，供约制和规范不同条件下的同类活动使用。有些情况下，灵活规范可能比无法执行的硬性制约更有实际效果。疏导与自律有时强于堵截。法制文化建设应与立法工作同行。法律文书中如何体现法制文化，是一个需要深入探讨的课题。

（四）专业性定义多而细

核能是一门综合性很强高新成分居多的科学技术，其相关法律文书常常需要较多、较细和专业性较强的定义来准确界定各自的管辖范围、明确当事方的义务和权利、规范履约程序和方法；有时定义上的一字之差可能为法律条款的解释和适用带来很大的麻烦与困惑。例如在核法律文书中会见到"核燃料""核材料""核源料""可裂变材料""易裂变材料""特种可裂变材料"和"核武器可用材料"等。这些定义的文字表面看起来相似，其实质含义和限定的内容却大有区别。不使用或错用这些定义会产生法律上的纠结。恰当准确使用定义和专业术语是法律文书区别其他文书的一个特点。对于核法律来说，尤其如此。

这里应提到的一个问题是，要注意法律定义与理论概念的区别。例如核燃料是否包括热核材料，就是设立法律定义时需要区别的一个问题。由于核相关法律是一种应用文书，法律定义重在规定和区分相关或相近法律的适用范围和其约束内容，在作法律定义时应当以相关专业概念和一般形式逻辑为基础，但又不机械地被这些概念的科学内涵和传统外延所局限。定义应受科学概念的指导，但定义本质上是一种人为规定。这种场合，不必为所谓"学术性"所束缚。例如在《国际原子能机构规约》等国际核法律文书中所使用的"核源料"的定义中，都特别说明把"铀矿石"排除在外；而在传统的概念中，说到核源料首先考虑的恰恰应该是"铀矿石"。又如"核材料"，在物理学概念中，理所当然地应包括核裂变材料和核聚变材料两大类，但在国际核法律文书中却被定义为仅仅包括核裂变材料的"源材料"和"特种可裂变材料"两项，而不包括氘、氚、锂－6这类传统的核聚变材料。与概念有联系又可能有区别的专业性定义，在核能法律中尤为重要。还要注意的是，核法律中可能有的一些特殊需要。例如一般法律中"不可抗力"的传统定义通常包括诸如地震、海啸之类的天灾和战争、暴乱等人祸，但在核损害赔偿的国际法律文书中，地震、海啸所导致的核损害却在赔偿之列。

从这一特点可以得到的启发是：国家核立法应注意采用国际核法律文书中常用的定义和专业术语。这一方面是核法律的特殊专业性的需要，另一方面也是使国家法律与当事国在国际法律所具有的权利和义务保持一致的需要。同时还应注意，有些国际常用的定义和专业概念也有发展变化，在国家立法或修订法律时当注意作相应调整和链接。

三、国家核立法与国际核法律的链接

国家核法立法与国际核法律的链接主要是指在国家核立法中反映当事国在国际核法律相关文书中的权利和义务或承诺，以及对于无义务或承诺的文书中某些有用的内容的吸纳与借鉴。

国际核相关法律体系的建立发展较早。据不完全统计，自1957年建立国际原子能机构以来的半个多世纪时间内，核领域国际多边法律文书已达50种以上，还有更多的双边协定、议定书及其他法律文件。观察这些国际文书与各国家立法之间的关系，不难发现以下情形：一些核活动开始较早、发展较快的国家，其法律文书中提出的一些原则与重要内容及随后的执行经验，明显地影响着后来的国际立法，有些内容甚至为国际相关法律直接采用；一些核活动开始较晚或发展较慢的国家，它们在作国家立法时，国际上已经有了现成的核相关法律文书，甚或该国已经是某些国际法律文书的缔约国或参加国，它们便可利用或借鉴那些符合其国情的原则和内容完成其国家立法；对于该国已经参加的国际法律文书，则应该在其国家立法中反映出该国已经作出的主要义务或承诺。

这里，有一个提法似应值得商榷，即在一些文件中常见的"我们与某某国际机制完全接轨"。依笔者之见，"接轨"的提法可能不够准确，"完全接轨"也似更没有必要，事实上也难以做到。现实的做法可能还是靠"求大同存小异"；大同求不了的可在签约时声明保留。有以上想法的理由是：许多国际文书中规定的原则和内容原本就没有标准一致的约束性（程度）；文字上看似明确的表述，当事国在执行中常常会有不同的解释或灵活的实践；约束程度本身就是有弹性的，国际文书的一大特征是反映各国利益的平衡与各方立场的折中。

例如，核供应国集团的《核出口准则》明确规定向无核武器国家核出口要求其接受国际原子能机构的全面保障核查，但实践中有的参加国却按自己的"战略利益"放弃对《不扩散核武器条约》界定的无核武器国家的全面保障要求，不按《核供应国集团核出口准则》中的不扩散原则批准出口。再如，《核损害补充赔偿公约》规定，参加该公约的条件是要参加了《巴黎公约》或《维也纳公约》，但如果一国没有参加任何公约，其国内有相应的立法也可以。这里并非"一刀切"而是一种"基本符合"的变通之意。事实上，也没人要求各国的相关立法一定要与国际法律中的规定"完全接轨"。

（一）国家立法与国际法律链接时要克服的困难

对于核科技发达、对外合作频繁、国际承诺较多的国家，国家核立法时考虑与国际相关文书的链接实属必然；对本国核活动较少、不太熟悉国际核法律

和核技术的立法起草者，研究、吸取国际和他国的相关法律和立法经验对于开展本国的立法工作也大有裨益。然而，在看到这些可用条件的同时，实际立法过程中仍有一些困难，需要认真考虑克服。

第一，国际要求或外国要求是否适应本国法律结构和如何适应。一些国家宪法规定禁止将外部要求纳入本国法律（甚至不允许参考）。还有，如果本国的宪法允许直接采纳或间接参考，仍有可能存在如何适用问题。例如，其他地方制定的标准或准则可能包含与本国法律规定不一致甚至矛盾的地方，而这些不一致或矛盾可能会对本国的核活动带来某种限制或影响。

第二，国家监管当局或许可证审批者和许可证持有者可能无暇顾及或研究相关国际文书以及国家在这些文书中所作出的承诺。为此，如果决定链接外部要求，就应当以执法者易读易懂的便捷形式处理。

第三，国际文书的要求有时会有修改。如果这些文书发生修改，已将原文书内容纳入本国法规的国家就面临将如何处理该修改的问题，而该修改也许是在没有其参与的情况下作出的。对于许多国家，修订国家法律可能是一个漫长而繁杂的过程。此外，监管当局和许可证持有者在对修改不了解或未及时准确了解的情况下，无法期望他们能够很好地遵守这些修改。

（二）国家立法与国际法律链接的方法

国家立法与国际核法律链接实质上是处理由国际或外国来源导出的要求或吸纳没有义务但于己有用的内容。链接可有许多种形式。

第一种是"援引"。援引是指一些国家根据宪法或法律规定，其所参加的国际文书自动成为国家法律框架的一部分；或者对于更多国家，是根据或通过国内的特定法律去执行它所参加的每个国际文书。援引的特征是把外部要求直接用作对国内（尤其是对许可证持有者）具有约束力的要求，立法时宜慎重处理。援引在实践中常有以下五种方法：

直接援引，即直接在立法文书中复载外来文书中的全部或部分内容作为国家法律文书的一部分。例如，一些国家把核供应国集团的《核转让控制清单》全文写入本国核出口管制条例作为自己国家的核出口管制清单，把国际文书中的某些定义引入国家法律中作为相关定义直接使用等。

间接援引，即国家相关法律文书中不复载相关内容，而在文书的相应条款处交代或指明适用或参照使用某国际文书的某部分的规定或内容。

国际法律文书中明确规定，当国内法律与国际法律的规定不一致时适用国际法律的规定。这相当于确认了国家和国际法律的共同部分和同时援引了外来的相关部分，是一种双行制。

"自动生效"可谓援引的最高形式。在一些国家中，根据宪法或其他高层法律规定，它所参加的国际文书可自动成为国家法律框架的一部分，即它们可以在不通过国家法律的情况下直接在法院实施，这被认为是自动生效。自动生效概念的适用在国家之间差异很大，少有普遍性。

国际文书中有些不能在国家立法中援引的规定，可吸纳来作立法解释和指导之用。这可算为别种意义上的援引。

第二种是"结合"。结合多见于国家法律的正文中。它是在国家立法时，在反映国家自主政策的条款中纳入该国在相关国际法律中的义务和其他有益内容。例如，一个国家的政策是"核出口仅用于和平利用目的"，但它加入《不扩散核武器条约》后，就应该把"不用于核爆炸"的义务也纳入国家法律。如此，结合后的法律条款就可能是"核出口仅用于和平和非爆炸目的"。结合不是粘贴国际文本条款，而是将国际文书中的相关条款规定在国家法律框架内，把本国政策与国际义务进行一种自然融合。结合可使国家法律固有的体系、结构和风格保持不变。

第三种是"转化"。转化多见于专业技术性较强的法律文书中。目前，在国际核法律家族中已经发布了诸如"核安全标准""核材料安保原则"等一系列法律性文书。这些文书虽然不是强制性的，但由于它们是在国际原子能机构的主持下编制发布以及它们自身所固有的权威性，对于各国的核立法具有很强的指导意义。许多国家进行核相关立法时也乐于把这些文书"引进"或"拿来"，作些适合国情的处理后，转化为国家某种层级的法律文书。例如，一些国际文书中包含有政治影响力或有专业指导意义但未有直接约束力的条文，各国可以通过立法程序把这些条文内容转化为对国内有约束力的规定。这种方法的吸引力是，它可以利用国际组织或其他国家的专业知识和立法经验而获得后发优势。当然这样做可能需要谨慎，因为这可能涉及行政许可，有的国家立法制度中政府部门规章可能不具创设性立法权，对于此类国家须注意在上属层级的法律法规中转化。一些国家很乐于把一些尤其是专业性强的指导性国际文书，例如国际原子能机构的"核安全标准"及其他文书"引进"或"拿来"，在国内立法框架内转化为国家标准或行业标准等国家的正式法律文书。这里"转化"应有两种含义：一是从国际共同经验向国家立法内容的转化；二是从指导性或建议性的文书向约束性或强制性的法律法规的转化。转化会给国家立法带来极大便利。

第四种是"制订新规"。制订新规是一种立法特例。国家立法的直接动因通常来自国内，对于履行国际义务的要求，一般可通过上述三种办法解决。上述办法不得解决者是一种特例情况，即一些国际文书包含有要求当事国制订国家法律的规定。例如《核安全公约》第 4 条规定："每一缔约方应在其本国法律的框架内采取为履行本公约规定义务所必需的立法、监管和行政措施及其他步骤。"如果参加此等文书的国家没有相应立法，即需要按照这些文书的要求进行所需要的新的立法安排。当然，进行新立法有些问题应当注意：一是新立法不应局限于相关国际法律的义务和要求，还要考虑国家在该领域的全面需要，亦即针对外需求同和针对内需存异；二是要复查国家相关法律文书的规定，以避免重复、混淆和不一致。

总的说来，国际上已经制定了大量法律文书涵盖着具体的核相关专业或主题。遵守已参加的国际文书的规定既是对外问题，也是国内问题。就国际法而言，各国如果根据国家法律采取必要步骤核准或批准这类文书，那么在与其他缔约国的关系方面就要承担这些文书所规定的义务。与此同时，多数国家可能需为国内履行这些义务作出法律方面安排。在这方面，可有两个基本方案：

第一方案（大多数国家坚持此种方案）是把国际文书的规定对应地体现在单独的国家立法中。当然，在这种方案中首先考虑的是以符合本国法律框架的方式构建主要条款，以便更易于义务的国内履行。

第二方案不要求采取单独步骤。一些国家通过宪法安排，使按照本国法律缔结的国际文书成为这些国家法律框架的一部分，无需进一步的立法行动；这些国际文书被认为是"自动有效的"。然而，即使在这些情况下，把国际文书译成本国语言并正式归档或发布最终文本也是很重要的，这样可以向所有相关缔约方通告自动有效的国际文书的内容。该方案也可视为前面所述的"援引"的最高形式。

（三）核法律与其他法律的衔接

在核法规起草过程中，立法者必须考虑非核领域的国家法律要求可能对实现核立法目标的影响。这些法律要求可能源于广泛的法律，例如土地使用、环境保护、职业健康、进出口控制等诸多法律。为避免在国家法律框架内重复立法和法律适用中的冲突和混乱，有必要了解和处理好核法律同其他法律的关系，尤其有必要全面细心研究非核专业法律中常有的一些涉核问题的规定（如污染防治法中可能涉及放射性废物排放、安全运输法中可能涉及核材料运输等）并使它们协调衔接。这中间有一些特别值得关注的重点：现有法规如能有效处理核相关活动引起的问题，就不需要单独立法；注意相关非核专业法律的层级，即新的核立法规定不能有悖于高一层级的已有非核法律条文的规定；与同一层级非核法律规定相悖时，要尽量与之协调一致或者使用能够涵盖非核法律规定的较大含义的措辞表述，以便给核法律的灵活解释和适用留有余地；采用不同定义限定核法律规定的特殊适用范围和/或排除对非核法律规定主要使用对象的涉及；如有必要，在核法律文书中列出专门条文，说明执法者应服从或遵守相关法律中的哪部法律。

（四）立法的细节方法

尽量全面反映国家政策和国际义务，留做"减法"不留做"加法"。例如："核进口政府保证文件"立法，可规定"和平和非爆炸应用""国际保障""实物保护""再转让同意权""核损害赔偿绝对责任"等所有可能内容，当供应方基于政府间协定不要求某项保证时可免于写入政府保证文件（即"减法"）；否则，立法时未写入某项保证内容，在政府保证文书中如果写入该项内容（即"加法"），则属无法所依行为。

有适度前瞻性。在核领域文件中"敏感物项和技术"的传统定义是指铀浓缩设备和技术、后处理设备和技术、重水生产设备和技术三项。现在有国家提出和有文件把"核武器可用材料"作成为敏感性出口，且正在取得国际共识。如果现在作核立法，似可前瞻性地把"核武器可用材料"增列入"敏感物项和技术"的定义之中。

法律的目标或宗旨在于说明创立该法律的基本理由，其条款反映该法律的主题，用作全法的指导，但一般并不具有特定的法律约束力，通常写入前言段中；法律的权利、义务、程序性条款具有特定约束力，通常写入执行段中。法律成文时要避免两种性质条款掺和写入。

适用范围是法律必不可少的要件。在任何法律中，最重要的一项规定是确定其将要涵盖的主题，即通常称"范围"。简明扼要的范围规定在对于确保核领域中所有物项、技术或活动被涵盖（或必要时被排除）十分重要。对于综合性的法律而言，范围条款不宜列出所要涵盖的所有主题的详细清单。这样能够避免对于清单中无意省略掉的主题是否受该法律约束作解释的问题。另外，范围条款须清晰地规定已排除的主题（例如，不少核法律将涉及不受监管控制的射线照射的活动或实践排除在外）。对独立主题的法律而言，范围规定需要尽可能明确，以避免同其他法律可适用范围的规定相混淆。一些国家在立法上的做法是列入单独的"禁止"条款或"排除性"条款。这种条款不仅可说明未涵盖的活动，而且说明具体禁止的活动。

基本内容与具体问题采用不同立法程序。一部法律通常包含有目的、原则、权利、义务、执行程序等基本内容。但有些法律文书，尤其是专业性法规，常常附有一些技术性较强的具体内容（如有关物项清单、放射性物质数量或放射性水平）。从法理上讲，这些技术内容当然应同法规正文具有同等效力。但一个不容回避的事实是法律通常有相对的稳定性不容经常修订，而附件中的具体内容确需要随着科学的发展不时作出修改和补充。解决这矛盾的一种办法可以是在法律中设立条款，指定（授权）负责该法规执行（监管）部门通过行政管理程序修订附件，而不需要经过整体修正法律的复杂程序。

适用中的优先顺序。由于法律所固有的滞后性和不同法律立法时的时间差，国内法、双边法、多边法的相关规定之间出现差别或矛盾在所难免。如何解释和适用这些差别或矛盾的条款可采用以下一些做法：在法律正文中载明遇有差别或矛盾时适用某法或以某法律为准；按立法时间顺序，后立的法律应优先适用；从国际惯例，国内法容让国际法的规定；以国内法为准，但须在加入国际法时有相关声明在先；政策或行政令是法律规定相悖间的调节器，较之法律执行起来及时、便捷、灵活，只是在适用时须向相关方作出合适的解释与沟通。

四、关于国家核立法结构的思考

一般来说，多数国家法律总体上有四个基本层次：最高层为宪法文书；然后是立法机关制订的法律（含批准由政府代表国家签署的条约、协定类文书）；再次是政府制定的法规（如各种条例）；最后是政府部门依法行政颁布的便于实际执行的行政规章（行政规章有时或可称之为所谓的附属立法）。核相关国家立法中的一个基本问题是需要决定将哪些东西纳入国家法律法规的问题。回答这个问题会比较复杂，涉及诸如当事国的国家传统与实践、核发展水平以及执法机构的安排等许多考虑。在一些国家中，通常从宽泛的意义上构建法律，把详细的技术事项和行政事项留在规章中处理，而另一些国家更倾向于在法律本身中包含更多的细节。一些国家利用政府法令或部长法令作为其法律框架的一部分，这类法令中有无新创约束和细节程度可能决定其是作为法律还是作为规章。一种似乎合理的做法是，从一般有约束性的意义上构建法律，把条件性和技术性的要求留在附属立法或行政规章中解决。法律需要指明总的政策目标和分配相关参与者的基本结构、职责和义务。这些参与者包括监管机构、其他政府实体，以及核材料和放射性物质及相关技术的使用者。为了能够更高效和及时地调整法律以适应环境条件的变化，包括国家和平利用核能和电离辐射计划的技术发展或新方向，有时甚至还要在规章之下制订专门的实施细则。实施细则是依附于某一特定法律法规之下的文书，细则还可附有详细的技术性或行政性规则。实施细则具有法律相关性，要相关者遵照执行，但在国家法律中并不构成一个独立层次。

核行业还同工业化社会中的许多行业一样，订立许多技术性很强的"国家标准"或"行业标准"。国家标准和行业标准并不列为一个单独的法律层级，但确有一定的法律属性，可归类于行政法规和行政规章。国家标准和行业标准依照对其适用对象的约束程度也可分为强制性的和指导性（推荐性）两种。强制性的标准，一经颁布必须执行；推荐性标准则具有相当的指导意义。国家标准和行业标准是经济社会发展和科技进步的一种自然需要，也承担着维护社会安全、人体健康、环境可持续发展的重要责任。

除此之外，还有在政府支持下的社会研究咨询团体的专家集体编写的导则、建议等专业性文书。这些文书虽然并不被称作法律，许多时候属于"自选""自律"的性质，但它们对于核相关企业的技术行为无疑也具有相当的规范和指导作用和学术上的影响力，尤其对于组织或个人履行法律要求会有很大帮助，因此有时也被视为核法律总体框架内的一个辅助层次，而为核法律相关文书这一广义概念所涵盖。

国家核法律体系似可按照以上思路加以组织和构建。

国家核立法实施中的一个初始问题是要确定采取的基本结构和细节程度。国家核立法首先要考虑的问题是决定把国家核法律体系做成侧重于统一的、综合的核法律，或是宏观的综合法但侧重于发展针对不同领域的成系列的专业核法律，或是综合法律和重点领域主题法律相结合的第三种结构方式。在这一点上，历史因素和法律实用性是决定一国核法律总体结构的关键和基础，这其中要充分顾及已有法律体系和传统实践。例如，对于开始利用核材料或放射性物质和相关技术但规模有限的国家而言，抓住核安全、核安保和核保障等几项重点主题作出综合立法方案（也许是第四种模式）也不无可取之处。总之一句话，国家的核立法应从当事国的具体立法现状与实际需求出发，参考而不是套用某种模式。例如，某个国家随着其核计划扩展到新的领域，利用增补单独的专业主题法律比修订原有的综合法律可能更有针对性也更容易；如果一个国家的立法程序漫长而复杂，在现有的综合法律或主题法律中引入小的修正比对整个法律进行大的立法修订可能更方便。

观察国际上和一些重点国家的核立法状况，得出的基本印象是：对核工业先进的国家来说，值得考虑的立法模式可能应该是着力建立或完善一套包括国家综合法＋重点专业法＋行业指导文书在内的比较完整的核相关法律体系。这其中，又应把重点放在独立的专业主题法律法规的建设上。

核电领域国际法体系概述

一、核能利用概述

（一）核能的原理、用途和优势

核能，又称原子能，是原子核内蕴藏的能量通过转化其质量将能量从原子核中释放出来，形成具有应用意义的核能。核能可分为三类：①裂变能，重元素（如铀、钍等）的原子核发生分裂时释放出来的能量；②聚变能，由轻元素（氘和氚）原子核发生聚合反应时释放出来的能量；③原子核衰变时发出的放射能。

核能与化学能的区别在于，化学能是靠化学反应中原子间的电子交换而获得能量。例如煤或石油燃烧时，每个碳或氢原子在氧化过程中只能释放出几个电子伏能量，而核能则靠原子核里的核子（中子或质子）重新分配获得能量，这种能量大得出奇。例如，每个铀原子核裂变时，就能放出2亿电子伏能量，所以1公斤铀裂变时释放出来的能量相当于2500吨标准煤。等量的聚变燃料在聚变时释放出来的能量又比裂变能大4－5倍。目前，人类主要通过核裂变的方式获得核能，核聚变将是今后研究和利用的重点。

* 陈思佳，中国政法大学国际法学院硕士研究生。

1939 年，德国科学家奥托·哈恩首次发现了核裂变。1945 年，美国在新墨西哥州的阿拉莫戈多（Alamagordo）进行了全世界第一次核武器试验。1945 年 8 月，美国在日本广岛和长崎连续投下两枚原子弹，使这两个城市转眼之间变成了废墟，死伤数十万人，数万人死于核子尘埃放射引起的癌症。[1]

1951 年 12 月，美国在爱达荷国家反应堆试验中心使用实验增殖反应堆（EBR I）第一次产生了电流，EBR I 的电功率为 100kw，足够满足这座小反应堆中的设备用电需要。[2] 1953 年 12 月 6 日，美国总统艾森豪威尔在"原子与和平"的报告中提出支持发展核电的政治倡议，打开了国际合作和平利用核能的大门。1954 年 6 月 26 日，在俄罗斯首都莫斯科附近的奥布宁斯克镇（Obninsk），世界第一台核电机组首次连接到电网为当地居民和工业供电。[3]

从上述核能被人类应用的发展轨迹可以看出，核能最开始是应用于军事领域——制造具有大规模杀伤性的核武器，世界大战平息后，核能的应用开始向和平领域扩张——核能发电。

随着核能技术的不断提高，核能已经在医学、食品加工、资源探测、航空航天等多个领域得到了更广泛的应用。核放射和核药物对确诊和治疗癌症有很大的功效。利用核技术可以消灭食物和植物中的病毒和细菌，从而延长食物的有效期。[4] 核技术对食品的另一益处是改变植物基因、培育农业良种、提高农作物质量和产量。[5]

核能之所以获得了如此广泛的研究和应用，是因为其自身具备相当多的优势。主要有：

第一，核能是清洁能源。截至 2004 年 12 月，世界上共有 30 个国家和地区共 441 座反应堆投入商业运营，装机容量 36 742.2 万千瓦。核电在全球供电量

---

〔1〕 载新浪网 http://news. sina. com. cn/c/2005－05－09/11305838190s. shtml，访问日期：2011 年 5 月 3 日。

〔2〕 载中国国家原子能机构网站 http：//www. caea. gov. cn/n16/n1223/75589. html，访问日期：2011 年 5 月 3 日。

〔3〕 载中国国家原子能机构网站 http：//www. caea. gov. cn/n16/n1223/75589. html，访问日期：2011 年 5 月 3 日。

〔4〕 马栩泉：《21 世纪可持续发展能源丛书——核能开发与应用》，化学工业出版社 2005 年版，第五章。

〔5〕 国际原子能机构发布：《2006 年核技术评议报告》，载《国外核新闻》2006 年第 11 期，第 2－7 页。

中所占比重约为 16%。[1] 与燃烧矿物质的火力电站相比，核电站不释放二氧化碳、硫和一氧化碳。目前，一座百万千瓦级的燃煤电厂，每年产生二氧化碳 650 万吨，二氧化硫 1700 吨，氮氧化物 400 吨，还有大量的灰尘、固体颗粒等，电力工业发展正经历着环保这一瓶颈。就 2004 年 16% 的核电发电量来说，一年就相应减少了 62 万吨以上二氧化硫的排放。产业化发展核电，对于保护全球生态环境，抑制温室效应，促进能源与经济社会的可持续发展，将起到十分重要的作用。

第二，核能是经济高效能源。1 公斤铀裂变产生的热量相当于 1 公斤标准煤燃烧后产生热量的 270 万倍，故核能电厂所使用的燃料体积小，运输与储存都很方便，一座百万千瓦级的核能电厂一年只需 30 吨的铀燃料，一航次的飞机就可以完成运送。另外，根据已运行核电站的经验表明，虽然核物质具有放射性危险的特点决定了核设施、核电站的安全级别高，防护设施多，导致核电站自身的造价比火电站昂贵，但由于燃料费和运输费较低，核电成本仍比火电成本低。随着核电技术的日渐提高，成本还将继续降低。

第三，核能是可持续发展的保障性能源。世界上已探明的铀储量约 490 万吨，钍储量约 275 万吨。这些裂变燃料足够使用到聚变能时代。聚变燃料主要是氘和锂，海水中氘的含量为 0.034 克/升，据估计地球上总的水量约为 138 亿亿立方米，其中氘的储量约 40 万亿吨，地球上的锂储量有 2000 多亿吨，锂可用来制造氚，足够人类在聚变能时代使用。按目前世界能源消费的水平，地球上可供原子核聚变的氘和氚，能供人类使用上千亿年。因此，有些能源专家认为，只要解决了核聚变技术，人类就将从根本上解决能源问题。[2]

（二）国际核电发展情况

如前所述，人类对核能的利用是从军事领域开始的，直到今天，核能依然是军备研究的重点，核武器被视为一国军事实力强有力的象征。不能否认核武器在国防安全方面所具有的积极意义，但是如果核武器被滥用于侵略、报复、恐怖主义，那么将会给人类带来前所未有的伤害，因此国际社会对核武器的关注一直有增无减，伊朗核问题、朝鲜核问题、美俄核裁军问题等都表明军事领域的核问题还远没有解决。但是由于军事领域的核问题更多地涉及国家间政治、

---

〔1〕 载国家原子能机构网站 http://www.caea.gov.cn/n16/n1223/46598.html，访问日期：2011 年 5 月 3 日。

〔2〕 载国家原子能机构网站 http://www.caea.gov.cn/n16/n1253/n1448/73374.html，访问日期：2011 年 5 月 3 日。

外交的博弈，风云变幻，不确定性较大，所以本文倾向于就核能在和平领域的
应用——核能发电进行论述。

1. 国际核电发展历史沿革

自 1954 年苏联建成世界上第一座核电站至今，核电发展经历了 20 世纪 60
年代的试验性发展阶段，20 世纪七八十年代的快速发展阶段，20 世纪 80 年代到
21 世纪初的缓慢发展阶段以及 21 世纪以来的复苏阶段。

20 世纪五六十年代是核能用于发电的试验阶段。继 1954 年苏联建成奥布宁
斯克核电站之后，美国于 1956 年投入运行了第一台核电机组，即电功率为
4500kw 的沸水堆机组，1957 年 12 月建成了希平港（Shipping Port）压水堆核电
站，1960 年 7 月建成了德累斯顿沸水堆核电站。法国和英国在 1956 年也各建成
一台石墨气冷堆机组。到 20 世纪 60 年代，德国、日本、加拿大等国的核电工业
相继发展起来，总装机 1223 万千万，最大单机容量 60.8 万千瓦。这些早期的实
验性活动，为后来核电技术的进一步发展积累了宝贵的经验。[1]

20 世纪七八十年代是核电的迅速发展阶段。在这段时期内，国际核电技术稳
步提高，核电机型更新换代，70 年代欧美国家爆发的石油危机，更是成为核电发
展的助推器，核电技术被越来越多的国家所掌握，除苏联、美、英、法等国家外，
印度、巴西、阿根廷等发展中国家也建成了一批核电站。[2]

20 世纪 80 年代至 21 世纪初是核电发展停滞阶段。受 1979 年美国三里岛核
电厂事故和 1986 年苏联切尔诺贝利核电站事故的影响，国际核电发展形势急转
直下。公众对核安全疑虑重重，在恐惧心理的驱使下，对是否继续发展核电产
生了争论，形成了反对发展核电的势力。在这种情况下，即使是采取继续发展
核电政策的国家，公众和政府对核电安全的要求也不断提高，致使核电设计更
复杂、政府审批时间加长、建造周期加长、建设成本上升，核电的竞争力下降。
德国政府于 2002 年 4 月 26 日宣布 2001 年通过的《全面禁止核能法案》，于 4 月
27 日起正式生效。据德国政府发布的新闻公告介绍，新法案的正式名称为《有
序结束利用核能进行行业性生产电能法》。另一些国家如奥地利、荷兰、意大利
等国，也放慢节奏甚至停止发展核电。核电的发展迈入了停滞期。

21 世纪以来是核电发展的恢复时期。进入 21 世纪，核电安全技术经过数十

---

〔1〕 刘芳：《核电领域国际法和国内法问题研究》，华北电力大学 2009 年硕士学位论文，第 5 页。

〔2〕 载中国国家原子能机构网站 http://www.caea.gov.cn/n16/n1223/46598.html，访问日期：2011
年 5 月 3 日。

年的发展，已日渐成熟。[1] 同时，世界原油、天然气、矿物质原材料的价格持续攀升，环境污染和气候变暖进一步加剧，使得核电又重新被重视，甚至被视为维护国家能源安全的保障性能源。欧共体重申依靠核能减少温室气体排放，美国表示将考虑建造新核电厂。瑞典曾于 1980 年决定逐步放弃核能，但现已决定推迟关闭核反应堆，民意测验表明大部分瑞典人赞成继续实施核电计划。核电的发展逐步复苏。

虽然日本福岛核电站泄漏事故让人们核安全的神经又紧张了起来，世界各核电大国也纷纷作出回应，我国核电项目的审批也一度受挫。[2] 但是笔者认为，在现在的国际能源局势和环境局势下，发展核电是弥补能源缺口、减少温室气体排放行之有效的途径，今后继续发展核电的大方向不会改变。

2. 国际核电发展面临的主要问题

第一，核电设备更新换代缓慢。如前所述，核电技术从最初的石墨沸水堆到压水堆再到轻水堆，已经历了至少三次飞跃，目前世界各国正在积极开发第四代核电技术。[3] 可以说，在这半个世纪的发展过程中，核电技术本身的发展还是长足的，无论在核能有效采集、核废料的处理方面，还是在安全性方面，都已经做出妥善安排。

问题在于，核电设施的更新换代并没有跟上核电技术发展的脚步。由于核电设置造价高昂、核电技术引进成本高等原因，许多利用旧技术设计、建造的核设施，即使旧技术已被发现是存在安全隐患或缺陷的，却仍在使用。2011 年 3 月 11 日，由日本 9.0 级大地震所引发的核泄漏事故的福岛核电站 6 个机组全部采用第一代核电技术，即沸水堆技术，最先发生爆炸的 1 号机组早于 1970 年就开始并网发电，1971 年投入商业运作，至今已经运作 40 年。虽然我们承认导致事故发生的原因是多方面的，但不能忽视过于陈旧的技术和设施所带来的巨大的潜在风险。

---

〔1〕 20 世纪 70 年代至 80 年代，世界核电的发展形成系列化建设的机型有：压水堆、沸水堆、重水堆、石墨水冷堆、石墨气冷堆等。自从三里岛及切尔诺贝利核电站事故之后，为了开发更安全、更经济的先进轻水堆核电技术，制定了用户要求文件（URD）及欧洲用户要求文件（EUR），世界核电供应商按这些文件的要求，在各自形成批量生产机型的基础上作了改进，开发了如下一些核电机型：AP600、AP-WR－1000、APWR－1300、system50＋、ABWR、Es－91、AEs－92、EPR 等。

〔2〕 中国科学院图书馆兰州分馆 http：//www. llas. cas. cn/xwzx/kxxw/201103/t20110317＿3086801. html，访问日期：2011 年 3 月 5 日。

〔3〕 中国国家原子能机构网站 http：//www. caea. gov. cn/n16/n1223/49478. html，访问日期：2011 年 5 月 3 日。

第二，核电领域立法有待完善。下文将就此进行专门论述，在此不赘述。

3. 中国核电发展现状及前景

中国早在 1964 年就已经掌握了核能技术。1964 年 10 月 16 日 15 时，中国第一颗原子弹爆炸成功，标志着中国成为当时世界上为数不多的有核国家之一。在当时世界格局两极分化、美苏冷战、军备竞赛白炽化的国际背景下，核技术的掌握在维护国家完整与独立、威慑国际敌对势力等方面起到了不可磨灭的作用。但是由于"文革"十年动乱及核电政策摇摆不定等因素的影响，我国核电发展起步较晚。直到 1984 年，我国第一座自主研究、设计和建造的核电站——秦山核电站的破土动工，才标志着中国核电事业的起步。

随着改革开放初见成效，中国的经济实力得到了跨越式提高，政治环境得到改善，核电技术在自主研发和国外引进的共同作用下突飞猛进，核电产业得到了较大的发展。1987 年大亚湾核电站开工，使用压水型反应堆技术。1991 年 12 月 15 日秦山核电站并网发电，设计寿命 30 年，年发电量为 17 亿千瓦时。1994 年大亚湾核电站全部并网发电。1996 年，秦山二期工程开工，将在原址上扩建 2 台 60 万千瓦发电机组。2002 年 2 月，秦山二期 1 号机组并网发电，装机容量 60 万千瓦。2002 年 3 月，大亚湾岭澳核电站并网发电；2002 年 11 月，秦山三期核电站并网发电。2004 年 3 月，秦山二期 2 号机组并网发电，装机容量 60 万千瓦。2006 年 5 月，田湾核电站并网发电。2007 年 8 月 18 日，我国最大的核电项目——红沿河核电站正式开工建设，4 台机组将全面采用中国自主品牌 CPRIOOO 核电技术。2008 年 2 月，福建宁德核电站开工建设。2008 年 12 月，我国第一次核准 6 台百万千瓦级核电机组、迄今总装机容量最大的核电项目——阳江核电站正式开工建设；2009 年 7 月 20 日，浙江三门核电站开工建设。

国务院批准发布的《核电中长期发展规划（2005 - 2020）》，明确到 2020 年，我国核电运行装机容量达到 4000 万千瓦、在建 1800 万千瓦的发展目标。核电占全部电力装机容量的比重从现在不到 2% 提高到 4%。我国核电进入批量化规模发展的新阶段。[1]

二、核电领域的国际法体系

国际法体系的形成多是经历了先就各国共同关注的某一国际问题建立目的性国际组织，然后在该国际组织的主持下签订相关规范国家行为的国际公约或

---

〔1〕 国家能源局网站 http://nyj.ndrc.gov.cn/deyyj/t20080630_ 221303.htm，访问日期：2011 年 5 月 3 日。

条约，然后再由该国际组织就公约施行过程中所涉及的专业性技术问题给出权威技术标准、操作守则等，这些技术标准虽然不像国际条约一样，天然地具有法律属性，具备国际法上的约束力，但是由于标准本身的科学性和权威性，往往被很多缔约国甚至是非缔约国转化为国内法，国家争端解决机构在处理类似争议时也多倾向于采用这种标准，所以从实务层面上来说，它们具有相当程度的约束力，应给予足够的重视。核电领域的国际法体系也遵循上述发展规律。

（一）核电领域的国际组织——国际原子能机构

世界上与核电相关的国际组织有很多，包括国际原子能机构、联合国原子辐射效应科学委员会、世界核电营运者协会，另外还有一些区域组织，如欧洲原子能联营、经济合作与发展组织核能机构、美国核学会等。其中，最具影响力的是国际原子能机构。

国际原子能机构（International Atomic Energy Agency，IAEA）是核电领域的专门性、全球性国际组织，成立于1957年，其宗旨是"加速扩大原子能对全世界和平、健康和繁荣的贡献"；其职能是"就其所能，确保由其本身或经其请求或在其监督或管制下提供之协助，不致用以推进任何军事目的"。[1] 由此可见，和平利用核能和保障监督是其两大职能，核电是核能和平利用的典型代表，国际原子能机构在核电立法领域作出的贡献主要有：

在国际条约方面，它先后主持签订了一系列与核安全、辐射安全、核废料管理安全有关的国际公约，如《及早通报核事故公约》《核事故或辐射紧急情况援助公约》《核安全公约》等。1997年缔结的《乏燃料管理安全和放射性废物管理安全联合公约》《修订〈关于核损害民事责任的维也纳公约〉议定书》及《补充基金来源公约》弥补了长期以来在核废物管理和核损害赔偿领域的立法空白。

在技术标准方面，国际原子能机构制定了辐射防护基本标准，并就特定的业务类型颁布了有关条例和业务守则，其中包括安全运输放射性材料方面的条例和业务守则。[2]

---

〔1〕《国际原子能机构规约》第2条。
〔2〕 薛洪涛：《国际原子能机构与核能利用法律制度研究》，外交学院2007年硕士学位论文，第10–11页。

（二）核电领域国际条约

1. 《国际原子能机构规约》

《国际原子能机构规约》（以下简称《规约》）是国际原子组织的纲领性、宪法性文件，于 1956 年 10 月 23 日通过，1957 年 10 月 23 日满足条件生效，也标志着国际原子能机构的成立。《规约》主要规定国际原子能机构的设立、组织结构、运行机制、机构的宗旨与原则等根本性问题，从宏观上对国际原子能机构进行规范，处于国际原子能组织法律体系的最高层次。国际原子能机构制定的技术标准、操作指南以及其他内部文件都不得违背《规约》的宗旨和原则。

《规约》的性质决定了其内容几乎不涉及核电领域的具体法律规范，但《规约》是国际原子能机构法律体系下所有法律规范的准则，对研究核电领域的具体法律规范具有指导意义。

2. 《核安全公约》

《核安全公约》（Convention of Nuclear Safty，以下简称《公约》）是一项旨在提高核设施安全，使免受核事故危害的鼓励性公约。该公约于 1994 年 6 月 17 日通过，1996 年 10 月 24 日生效。《公约》可以看作是国际社会在经历美国三里岛核电厂事故和苏联切尔诺贝利核电厂事故之后，针对核设施安全的应对措施。其目的在于通过加强缔约国自身核设施的安全和国际合作，在适当情况下包括与核安全有关的技术合作，实现和保持世界范围的高水平的核安全；保护个人、社会和环境免受电离辐射的伤害；防止发生具有辐射后果的事故，一旦发生此类事故，则减轻其后果。《公约》声明，核安全的责任在于拥有核设施的国家。《公约》适用于缔约国管辖下的任何陆基核电厂，包括设在同一场址且与核电厂的运行直接有关的储存和处理放射性材料的设施，直至所有的燃料元件永久移出堆芯并按批准的程序安全地存放。缔约国的主要义务是：在本国的法律框架内，采取立法、监督和行政等措施以及一切必要的步骤，确保其向会议提交报告；对已有核设施的安全状况进行审查，采取必要的措施提高其安全性，如果难以提高，则必要时关闭之。[1]

《核安全公约》是国际核安全条约框架中最重要和最基本的条约，要求缔约国实施保证核设施安全的基本原则，而没有规定详细的安全标准，由各国在其国内法中予以规定并施行，以履行公约义务。这种没有具体安全标准的原则性规定，使公约的履行充满了不确定性，必然会折损公约的实际效果，加上该公

---

〔1〕 刘学文：《世界最大起重能力起重机驰援中国核电建设》，载《机械广场》2008 年第 9 期。

约是鼓励性质的，而非强制形式的，因而削弱了国际监督和执行。总的来说，可以认为公约确立了核能利用领域保证核安全的基本原则，却并没有为确保世界核安全建立一个国际制度。

3.《及早通报核事故公约》与《核事故或辐射紧急情况援助公约》

这两个公约是规定核事故时应遵循的行为规范的公约。1986 年 9 月 26 日，维也纳国际原子能机构大会通过了《及早通报核事故公约》，向各国开放签字。该公约于 1986 年 10 月 27 日生效。该公约由序言和 17 个条文组成，宗旨是进一步加强安全发展和利用核能方面的国际合作，尽早提供有关核事故的信息，使超越国界的辐射降低到最低限度。[1]

《核事故或辐射紧急情况援助公约》也是在 1986 年 9 月 26 日维也纳国际原子能机构大会特别会议上通过的，并于 1987 年 2 月 26 日生效。其目的是建立一个有利于在发生核事故或辐射紧急情况时迅速提供援助、以尽力减少其后果的国际体制。[2]《公约》的主要规定是：发生核事故或辐射紧急情况时，若一缔约国需要援助，不论此事故是否发生于其领土，均可直接向其他缔约国、国际原子能机构或酌情向其他政府间国际组织请求援助。请求国应详细说明所需援助的范围、种类和必需的有关情况。收到此请求的缔约国，应立即决定并通知请求方其能否提供以及可能提供的援助范围和条件。任何缔约国均可请求对受事故影响的人员进行医疗救助，或要求在另一缔约国领土内暂时安置。国际原子能机构在接到这种援助请求时，应迅速了解有此资源的国家或国际组织，并向其传递此请求。各缔约国均应建立提出和接受此援助请求的应急联络点并通知原子能机构，此类联络点和原子能机构的联络中心应随时处于工作状态。[3]

4.《核损害补充赔偿公约》与《1997 年维也纳议定书》

20 世纪 60 年代初期，国际社会在核损害民事责任领域制定和通过了三个重要的国际法律文件，分别是：《1960 年核能领域第三方民事责任公约》（简称《1960 年巴黎公约》）、《1963 年核能领域第三方责任布鲁塞尔补充公约》（简称《布鲁塞尔公约》）和《1963 年核损害民事责任维也纳公约》（简称《1963 年维也纳公约》）。这些公约的目的都在于最大限度地给予受民用核电站运行损害者充分的救济和赔偿，基本内容都主要集中在营运人的核损害责任问题上。

---

〔1〕《及早通报核事故公约》第 1 条。

〔2〕《核事故或辐射紧急情况援助公约》第 2 条。

〔3〕 刘芳：《核电领域国际法和国内法问题研究》，华北电力大学 2009 年硕士学位论文，第 5 页。

《1960 年巴黎公约》是规范核能利用风险责任的第一个国际公约，由欧洲经济合作组织主持制定。该公约明确了发生核事件后的民事责任归属并建立了赔偿制度，一般仅适用于在缔约国领土内发生的核事件所造成的个人及其财产遭受的损害。该公约只处理个人根据民法提起的索赔，通过个人在本国法院起诉核电站营运人而提供救济。该公约采用的是严格责任，并将责任主体限定于缔约国领土内发生事故的核设施的营运人。该公约还对责任限额、诉讼时效和免责范围加以限制。《布鲁塞尔公约》是对《巴黎公约》的修订和补充。该公约在运营者的责任限额之外，提供了附加的国际公共基金。通过建立由所有缔约国分摊的基金统筹机制，提高了《巴黎公约》原定的赔偿限额。《1963 年维也纳公约》是在国际原子能机构主持下制定的一个全球性的公约。该公约突破性地在核损害民事责任领域建立了一个全球性的法律制度体系。《1963 年维也纳公约》沿袭了《1960 年巴黎公约》的基本内容和原则，以及其所采用的术语和定义。公约的目的是要建立最低标准，为防止核损害提供财政保护，同时也保护核工业的发展，以免使其不堪责任重负。在责任限额方面，与《1960 年巴黎公约》不同的是，《1963 年维也纳公约》允许装置国自行决定一个适当的责任限额，即"营运人的赔偿责任可以由装置国限制为每一核事件不得少于 500 万美元"。为了确保受害人获得充分的赔偿，公约进一步规定了最低财政保证，要求营运人提供保险和其他财政保证。[1]

《1997 年维也纳议定书》是对《1963 年维也纳公约》的修订。相对于《1963 年维也纳公约》，新公约放宽了核损害的定义，提高了责任限额，缩小了免责范围并延长了诉讼时效，这些修订旨在让受害者可以利用更好的救济途径，获得更全面的赔偿。

1997 年《核损害补充赔偿公约》旨在建立一个独立的、全球性的核损害补充赔偿机制，也即建立一个额外的资金来源，补充依据缔约国国内法规定可获得的赔偿。该条约所规定的补充赔偿机制对于核损害的充分赔偿具有重要意义。

民事责任条款主要包括五个方面的内容，即民事责任主体、责任范围、归责原则、抗辩事由以及责任承担的方式。民事责任是民事主体违反义务或侵害他人的合法权益而承担的民事方面的法律后果。在核损害造成的民事责任中，民事责任是指特定的责任主体，核装置的运营者因污染或破坏环境造成他人人

---

〔1〕 薛洪涛：《国际原子能机构与核能利用法律制度研究》，外交学院 2007 年硕士学位论文，第 23－24 页。

身、财产损害或其他权益的损害而应承担的民事方面的法律后果。[1] 以《1997年维也纳议定书》的规定为例，责任的承担者是唯一的、确定的，即核装置的运营者；核损害责任范围包括了生命或人身伤害，财产的损失或损害以及环境权益损害。[2]《1963年维也纳公约》采用的是绝对无过错责任原则，核装置的运营者对核损害的责任是绝对的，但无过错责任不意味着没有免责事由，公约规定的免责事由主要有军事冲突行为、敌对行为、内战或暴乱。[3] 在责任承担方式上，《1963年维也纳公约》规定："1. 运营者对于任一核事件的责任可由装置国限定为：①不少于3亿提款权；或②不少于1亿5千万提款权，条件是在超过此数额到高达至少3亿提款权之间的数额，应由该装置国提供公共资金赔偿核损害；或③对于从本议定书生效之日起最多为15年这一期间内发生的核事件，不少于1亿提款权的过渡数额。可规定少于1亿提款权，条件是装置国提供公共资金来赔偿该较少数额与1亿提款权之间的核损害。2. 尽管有本条第1款之规定，考虑到所涉核装置或核物质的性质以及由此发生的事件的可能后果，装置国可规定一个较低的运营者责任数额，但在任何情况下，所规定的数额均不得少于500万提款权，同时装置国要确保提供最高至根据第1款确定之数额的公共资金。"[4]

5.《乏燃料管理安全和放射性废物管理安全联合公约》

《乏燃料管理安全和放射性废物管理安全联合公约》（以下简称《联合公约》）于1997年9月5日在国际原子能机构第四十一届会议上通过，是迄今有关放射性废物管理方面最重要的全球性公约。

（1）《联合公约》的基本原则。其一，可持续发展原则。《联合公约》中规定："在满足当代人的需要和愿望而又无损于后代满足其需要和愿望的能力的前提下，确保在乏燃料和放射性废物管理的一切阶段都有防止潜在危害的有效防御措施，以便在目前和将来保护个人、社会和环境免受电离辐射的有害影响。"[5] 该公约第4条和第11条也分别就乏燃料和放射性废物管理规定："每一缔约方应采取适当步骤，以确保在放射性废物管理的所有阶段充分保护个人、社会和环境免受放射危害和其他危害。这样做时，每一缔约方应采取适当步骤，

---

〔1〕 圣国龙：《关于核损害的民事责任条款的探究》，载《中国核科技信息》2006年第13期。
〔2〕 《1963年维也纳公约》第1条。
〔3〕 《1963年维也纳公约》第4条。
〔4〕 《1963年维也纳公约》第5条。
〔5〕 《乏燃料管理安全和放射性废物管理安全联合公约》第1条。

以便努力避免那些对后代产生的能合理预计到的影响大于对当代人允许的影响的行动，避免使后代承受过度的负担。"其二，国际合作的原则。《联合公约》序言指出："确认通过双边和多边机制以及本鼓励性公约在加强乏燃料和放射性废物管理安全方面进行国际合作的重要性；念及发展中国家尤其是最不发达国家和经济正在转型国家的需要以及改善现有机制以帮助这些国家行使和履行本鼓励性公约中规定的权利和义务的需要。"第 1 条规定："通过加强本国措施和国际合作，包括情况合适时与安全有关的技术合作，以在世界范围内达到和维持乏燃料和放射性废物管理方面的高安全水平。"可见，国际合作的理念已成为《联合公约》的指导思想。[1]

（2）《联合公约》的基本制度。其一，许可证制度。核能利用的高科技性、专业性和放射性废物的高度危险性决定了，从事放射性物质管理经营活动的主体必须具备专业技术和知识，配置专业的防护设施设备，以保证经营人员和社会其他成员的安全性。《联合公约》也确立了许可证制度，它规定："每一缔约方应建立并维持一套关于乏燃料和放射性废物管理安全的立法和监管框架；乏燃料和放射性废物管理活动的许可证审批制度；禁止无许可证运行乏燃料或放射性废物管理设施的制度；强制执行可适用的条例和许可证条款。"[2] 其二，国家报告制度。同《核安全公约》一样，《联合公约》也规定了国家报告书制度，目的在于对各缔约国的履行情况进行监督，提交报告行为本身也作为各缔约方履行公约义务的主要方式。《联合公约》规定："按照第 30 条中的规定，每一缔约方应向每次缔约方审议会议提交一份国家报告。该报告应叙述履行本公约的每项义务所采取的措施。就每一缔约方而言，该报告还应叙述其：乏燃料管理政策；乏燃料管理实践；放射性废物管理政策；放射性废物管理实践；放射性废物的定义和分类所用的准则。这种报告还应包括：受本公约制约的乏燃料管理设施、设施所在地、主要用途和基本特点的清单；受本公约制约且目前贮存的和已处置的乏燃料的存量清单，此种清单应载有这种物质的说明，如有条件，还应提供有关其质量和总放射性活度的资料；受本公约制约的放射性废物管理设施、设施所在地、主要用途和基本特点的清单；受本公约制约的下述放射性废物的存量清单：目前贮存在放射性废物管理与核燃料循环设施中的；已经处置的；或由以往的实践所产生的。此种存量清单应载有这种物质的说明

---

〔1〕 李奇伟：《放射性废物管理的国际法制度》，载《环境与科学管理》2006 年第 5 期。
〔2〕 《乏燃料管理安全和放射性废物管理安全联合公约》第 19 条。

以及现有的其他相应资料，例如体积或质量、放射性活度和具体的放射性核素等；处于退役过程中的核设施的清单和这些设施中退役活动的现状。"[1]

（三）核电领域的国际技术标准

核电领域的国际技术标准主要体现为：国际原子能组织制定的和核电站有关的安全操作守则和安全标准。1975年以来，国际原子能机构完成了制定核电站安全操作守则和安全标准的计划，提出了指导各国核能利用立法的规则，逐步形成了一套非常全面的核安全法规体系。这些规则还规定了一系列关于核设施的安全技术规则，涉及核电站的选址、设计、建设和利用。近几年，国际原子能机构全面修订安全标准，正在修订的和补充制定的新的安全标准（包括基本安全法规、安全要求和安全导则）共198个。[2]

如前所述，1994年通过的《核安全公约》确立了核能利用领域保证核安全的基本原则，却并没有为确保世界核安全建立一个国际制度。

《国际原子能机构规约》第2条授权国际原子能机构制定有关电离辐射防护的安全标准，并使这些标准适用于和平核活动。迄今为止，以国际原子能机构"安全丛书"出版物的名义已出版两百多种安全标准。1996年1月1日，为应对新的国际核形势和加强核安全管理，国际原子能机构调整了其管理部门的结构，成立了核安全司。由核安全司具体负责组织国际原子能机构安全标准的制订和审查，引入一种新的统一进行编写和审查的程序。之后，国际原子能机构的"安全丛书"被"安全标准丛书""安全报告丛书"以及与安全有关的出版物丛书所替代。安全标准主要内容包括：安全标准领域、安全标准层次。

1. 安全标准领域

安全标准领域可分成四大类：核安全标准；辐射安全标准，如《国际电离辐射防护和辐射源安全基本安全标准》及其支持性文件；放射性废物安全标准；运输安全标准，如《运输条例》及其支持性文件，以及涉及上述4个领域中的2个或2个以上领域的安全标准。

2. 安全标准层次

安全标准分为"安全基本法则""安全要求"和"安全导则"三个层次。

安全标准为各国制定一国的核安全国内立法提供了法律、技术的依据与参考。各国在制定本国国内核安全标准时，需要充分考虑国际原子能机构制定的

---

〔1〕《乏燃料管理安全和放射性废物管理安全联合公约》第32条。

〔2〕 马立毅：《国际原子能机构安全标准》，载《辐射防护通讯》2006年第1期。

标准，不能低于这些标准，部分需要高于这些标准。由一国经过承诺的国际标准，在该国具有约束力。因而在国内立法时，要考虑已经接受或将要接受的国际标准的约束。例如美国1954年《原子能法》条文中考虑了执行1978年《防止核扩散法》的有关问题，解决和《不扩散核武器的条约》的协调问题。多数国家则参照国际原子能机构的安全标准制定本国的核能安全标准，作为本国的核能管理规定，有些上升为本国的行政法规、规章或地方法规。

（1）安全基本法则：提出防护和安全的目标、概念和原则，并为安全要求提供依据。

（2）安全要求：制订为确保不仅现在而且在将来对人类和环境的保护而必须满足的要求。这些要求用"必须"（should）来表述，并受"安全基本法则"中提出的目标、概念和原则约束，即如果不能满足这些要求，则必须采取措施以达到或恢复所要求的安全水平。

（3）安全导则：提供有关如何遵守安全要求的建议和指导。安全导则中的建议用"应当"（will）来表述，意指需要采取所建议的措施或等效的替代措施。"安全导则"提出了国际上的良好实践，并且日益反映最佳实践，以帮助用户努力实现高水平安全，每一"安全要求"出版物均辅以若干"安全导则"，在制订国家监管性导则时可以使用这些安全导则。

3. 安全标准类别

安全标准分为"专题性"标准和"具体设施"标准两类。"专题性"标准提供适用于贯穿所有活动的主要内容，并将规定具体设施的标准。它包括法律和政府基础结构、应急准备和响应、管理系统、安全评价和检查、场址评价、辐射防护和辐射源安全、放射性废物管理、退役、受污染地区的恢复以及放射性物质的运输。"具体设施"标准是无需查阅"专题性"标准即可适用的独立的综合标准。所涵盖的设施类型包括核电厂、研究堆、燃料循环设施、与辐射有关的设施、废物处理和处置设施。

三、核电领域国际法体系的评价与完善

（一）评价

在核电技术被应用的半个世纪时间里，核电领域的国际法体系现在已经包括了核安全法律制度、放射性废物管理法律制度、核损害民事责任法律制度、核事故应急法律制度、核电技术标准等诸多方面，初步形成了科学合理的框架结构，是今天人类对待核问题的制度保障和法律依据，对主权国家国内立法具有积极的指导意义。以国际原子能组织为代表的核电领域的国际组织为此所做的努力应受到肯定和赞扬。同时我们应该看到，现有核电领域国际法体系的不足。

1. 条约多为鼓励性质，强制性不足，预期目的难以实现

如前所述，《核安全公约》《乏燃料管理安全和放射性废物管理安全联合公约》在其序言部分就明确地对公约性质作了规定，规定公约为"鼓励性公约"，这削弱了核安全方面的国际监督和执行。国际原子能机构所制定的安全标准虽然被国际社会广泛认可和采用，但若是考究其法律效力渊源，则会发现其缺乏国际公约或条约的约束力。所以，尽管核电领域的国际法律规范已日臻完善，但是"其脆弱性仍表现在缺乏有效的监督与控制机制，这与国际法的其他法律领域面临的问题是一样的"[1]。

2. 法律的可执行性有待提高

法律，尤其是规范技术应用的法律，内容越具体就越具有可执行性，则法律的实施情况便会越好。《核安全公约》和《联合公约》都是原则性的，如何选址、如何设计、建造与评价等都没有一系列的具体规范程序，公约的履行职能还需依赖各缔约国国内法的细化。让人感觉公约塑造的核电利用宏伟蓝图美则美矣，却不知道如何去实现。提高法律的可执行性，才是赋予其实质意义的重要一步。

3. 法律体系内部内容交错，存在冲突

现有的国际原子能机构有关核能利用的法律文件有些是零星和分散的，它们不仅相互之间存在许多不协调之处，而且在有些情况下与国际环境法领域的规范有着矛盾。例如在《联合公约》与安全标准的关系上，一些国家认为安全标准是《联合公约》的基础，因此用安全标准来解释《联合公约》的条款，制定相应的措施。另一些国家则认为该公约和标准之间是相互独立、自成体系的。由于理解差异的存在，各缔约国在实施《联合公约》的过程中往往采用不同的方式，在审议其他缔约国报告时也会出现标准之争[2]。

（二）完善

1. 鼓励性法律强制化、原则性法律具体化

结合前述当下核电领域国际法体系存在的不足，笔者认为最重要的，也是

---

〔1〕［德］沃尔夫冈·格拉夫：《国际法》，吴越、毛晓飞译，法律出版社 2002 年版，第 562 页。

〔2〕 薛洪涛：《国际原子能机构与核能利用法律制度研究》，外交学院 2007 年硕士学位论文，第 35 页。

最立竿见影的完善方法就是：缔结具有普遍约束力的国际条约或制定具有强制执行力的安全标准。同时各缔约方应本着全球责任而不仅仅是国家利益的观念不断充实各项公约的内容，制定一系列国际性的核废料处置安全标准、陆基贮藏标准或操作守则，以及发展核能安全利用的相关规定，从而增强其可操作性。

2. 加快国际法向国内法的转化

国际法调整的对象是主权国家，但是在微观层面，具体利用核电技术者的确是民事主体。国际法对民事主体的行为，鞭长莫及。最有效的办法，是让主权国家承担起规范本国民事主体行为的责任。国家调整人民行为的工具就是法律，所以主权国家要加快国际法向国内法的转化，在国内法中贯彻国际条约所确定的原则，提高技术标准。如此，即使核电领域的国际法规范存在强制性不足、可执行性差的缺陷，也可通过国内法的良好实施得到一定的弥补。

3. 加强国际合作，加大对违法行为的制裁力度

核能的利用要具有全球意识，因为从世界角度看，核能的利用一旦出现事故就具有时间上的持久性和空间上的扩散性。核污染使全球共同受害；核恐怖和核军备竞赛使全世界人民共遭威胁。所以，核安全的立法必须体现国际合作原则。各国应摒弃政治制度的差异和意识形态的分歧，加强信息交流、技术交流，共同促进核能的和平利用。不应以"防止核武器扩散"为借口，阻碍发展中国家和平利用核能的活动。

同时，外部的制衡力量是监督实施的最有效方式，各国应一致寻求加强国际原子能机构的监督管理职能，并密切与联合国安理会的联系，将核电领域的严重违法行为纳入联合国安理会的制裁机制下。

对我国原子能法立法与该法律体系完善之浅见

刘久 *

1964 年 10 月 16 日下午 3 时，我国第一次成功完成了自行研制的原子弹爆破试验，原子核裂变的巨大火球和蘑菇云升上到新疆罗布泊戈壁荒漠的上空，中国继美国、苏联、英国和法国之后终于迈进了原子核时代。1984 年，坐落于海盐县秦山双龙岗的秦山核电站破土动工，并于 1991 年 12 月 15 日并网发电，至此我国有了第一座自己研究、设计和建造的核电站。时至今日，我国已有秦山核电站、大亚湾核电站、岭澳核电站、田湾核电站四大核电站投入运营，并有红沿河核电站、宁德核电站等 21 个在建核电站。[1] 可以说，作为国际原子能机构的成员国，我国已是世界上核电在建规模最大的国家。

2011 年 3 月 11 日，日本发生里氏 9 级大地震，地震和海啸引起福岛第一核电站发生严重核泄漏事故，被定为 7 级。与此同时，日本已进入"原子能紧急状态"。此次日本

---

* 刘久，中国政法大学法学博士，哈尔滨工程大学讲师。

〔1〕 薛洪涛：《国际原子能机构与核能利用法律制度研究》，外交学院 2007 年硕士学位论文。

核能事故的灾后紧急应对，可以被看作是对这一法律全面执行的评估与对现有此类法律的考量。与此同时，与日本隔海相望的我国却面临在核安全和辐射安全方面的法律空白，核能领域基本法——原子能法的立法一拖再拖，始终没有出台。可想而知，一旦此类灾难降临，以我国现在的立法状况将很难应对。

故作为依法治国的重要一环，原子能基本法及相关法律法规借此契机必须被尽快制定实施，从而健全我国的原子能法律体系，使此类事件有法可依。

一、我国原子能法立法现状

目前，我国在规制原子能领域方面只有一部法律，即由第十届全国人民代表大会常务委员会第三次会议通过，并自 2003 年 10 月 1 日起施行的《放射性污染防治法》。[1] 此外，《矿产资源法》第 16 条和第 26 条分别对放射性矿物的开采、普查和勘探作出了规定；《产品质量法》对因核设施、核产品造成损害的赔偿责任进行了特殊规定；《侵权行为法》第 70 条也规定了民用核设施致人损害责任等。核能源行政法规和规章是核能源立法体系的重要组成部分，其中有关原子能发电的包括《民用核设施安全监督管理条例》《核两用品及相关技术出口管制条例》《核出口管制条例》《核电厂核事故应急管理条例》《核材料管制条例》以及《民用核安全设备监督管理条例》等。[2] 其他就是由相关政府工作部门制定的核电行业规章，其内容可谓涉及方方面面，但却缺乏统一指引，条文过于繁杂，其内容涉及核事故应急、核进出口、运输、实物保护、废物管理及核设施监管等。例如，涉及核事故应急的部门规章有《核电厂核事故应急演习管理规定》；涉及核设施、核材料监管的部门规章有《国防科技工业军用核设施安全监督管理规定》《核材料管制条例实施细则》等。[3] 同时，还有一些地方性法规与规章，如大亚湾核电站附近的广东、深圳特区及浙江地方政府专门就核电厂辐射环境保护出台了管理规定；广东、天津及河南就放射性废物管理出台了具体的管理办法。

与此同时，我国作为国际原子能机构（IAEA）的成员国，还签署了一系列由 IAEA 主持制定的原子能领域国际公约，包括：《国际原子能机构规约》《及早通报核事故公约》《核事故或辐射紧急情况援助公约》《核安全公约》和《乏

---

〔1〕 黄振中等：《中国能源法学》，法律出版社 2009 年版，第 304 页。

〔2〕 《注册核安全工程师岗位培训丛书》编委会主编：《核安全相关法律法规》，中国环境科学出版社 2004 年版。

〔3〕 赖江南等：《适应新形势，建立健全原子能法律体系》，载《中国核工业》2006 年第 7 期。

燃料管理安全和放射性废物管理安全联合公约》等[1]另外，我国还与一些国家签订了涉核的双边或多边条约。截至 2009 年，我国累计签署核能领域的国际条约及部门间协定 70 项。[2]

最近针对日本地震而引起的核灾难的警示，环境保护部发布了《核动力厂环境辐射防护规定》，要求我国核动力厂包括核电厂在选址时必须综合考虑厂址所在区域的地质、地震等厂址周围的环境特征，必须考虑厂址所在区域内可能发生的自然或人为的外部事件对核动力厂安全的影响。同时要求，核动力厂应尽量建在人口密度相对较低、离大城市相对较远的地点。[3]

至于一直缺位《原子能法》，1984 年国家核安全局成立后，国家就开始启动我国原子能法的编制工作，具体由国家核安全局会同原核工业部、卫生部等政府部门起草。但由于原子能法牵涉部门较多，部门之间意见分歧较大，协调难度大，难以形成共识，立法陷入停滞。[4]1999 年，新的国防科工委成立不久即组织开展了原子能立法比较研究工作，并再次成立起草小组，将原子能法的立法工作列入科工委"十五规划"中。起草小组比较研究了美、英、法、德、俄、日、韩及我国台湾地区等近三十个国家和地区的原子能法律制度，调研了我国核能研究、开发和利用的实际情况，听取了有关部门和单位领导专家和管理人员的意见。在此基础上经多次修改，2006 年初其实已形成《原子能法（草案）》第一稿，四年过去了，目前仍在修改完善，准备适时上报国务院。[5]

二、我国原子能法律体系所存在的问题

正如第一部分所述，我国的原子能立法涉及方方面面，其实已经初具规模，但随着我国核电技术的发展、核电站数量和覆盖范围的提高、最近世界各地地质灾害频发，现有的法律法规还是无法适应当前的发展。

总体来说，主要存在如下四方面问题：

首先，核安全涉及铀矿资源的勘探和开采、整个核燃料循环、放射性废物处置、放射性物质运输、核技术应用、市场准入、事故应急、核损害赔偿、法

---

〔1〕 薛洪涛：《国际原子能机构与核能利用法律制度研究》，外交学院 2007 年硕士学位论文。

〔2〕 《核电标准政策解读》，载 http://www.caea.gov.cn/n602669/n602673/n602686/n607350/433400.html。

〔3〕 刘俊武：《日本核泄漏灾难警示：中国还缺一部核安全法》，载《法制日报》2011 年 3 月 16 日。

〔4〕 刘俊武：《日本核泄漏灾难警示：中国还缺一部核安全法》，载《法制日报》2011 年 3 月 16 日。

〔5〕 赖江南等：《适应新形势，建立健全原子能法律体系》，载《中国核工业》2006 年第 7 期。

律责任等诸多方面。[1] 但是，目前有关核安全的法规规章无法涵盖上述方面，亟待制定一部专门的核安全法，凌驾于这些法律法规规章之上，以原子能基本法的形式明确核安全监管的主体、程序及责任，核安全事故的信息公开等，将核安全纳入法治的轨道。[2] 而且，国际上成熟的核能源领域的立法经验也表明，核能源领域基本法对核能的和平利用发挥着重要的保障作用，由于国家核能源法的缺位，单行法律法规的制定和修改缺乏统筹协调和统一的指导原则，是当今我国核能法律建设的首要问题。[3]

其次，核电相关立法亟待修改和完善。例如，关于放射性物质的运输，有关的综合性行政法规缺乏，没有统一的行政法规对各部门的职责加以明确的划分。[4] 再如，对于核安全监管机构法律责任空白问题：核安全立法既要规定核设施营运单位及其工作人员的法律责任，更要落实核安全监管机构的法律责任。[5]

再次，立法文件普遍级别不高，多为行政法规、规章，只有整部《放射性污染防治法》和《矿产资源法》《产品质量法》《侵权行为法》等其中的相关法条是全国人大所制定的法律。比如环境保护部近日发布的《核动力厂环境辐射防护规定》即属于政府部门规章范畴，只是涉及核电厂的选址和环境标准问题，法律层级和效力都明显偏低。

最后，责任分工不够明确。就核安全监管现状而言，存在多头管理的扯皮问题。仅以有关放射性的许可登记举例，目前对核设施安全的许可由隶属于环保部的国家核安全局审管，对放射工作的许可则仍按照《放射性同位素与射线装置放射防护条例》的规定由卫生、公安部门审管，对贮存、处置放射性固体废物的许可则由国务院环境保护行政主管部门审管。[6] 一旦发生核污染事件，这种多头管理的体制就容易出现相互推诿、难以问责的情况。

其他，例如透明度不强、做不到及时告知等，也亟待解决。

---

〔1〕 濮继龙等：《对我国原子能领域立法的一些思考》，载《核安全》2006 年第 3 期。

〔2〕 薛洪涛：《国际原子能机构与核能利用法律制度研究》，外交学院 2007 年硕士学位论文。

〔3〕 黄振中等：《中国能源法学》，法律出版社 2009 年版，第 308 页。

〔4〕 赖江南等：《适应新形势，建立健全原子能法律体系》，载《中国核工业》2006 年第 7 期。

〔5〕 刘俊武：《日本核泄漏灾难警示：中国还缺一部核安全法》，载《法制日报》2011 年 3 月 16 日。

〔6〕 刘俊武：《日本核泄漏灾难警示：中国还缺一部核安全法》，载《法制日报》2011 年 3 月 16 日。

三、对我国《原子能法》的制定与该法律体系完善的浅见

（一）尽快制定颁布《原子能法》

大多数有核国家和地区都有原子能基本法，用以规范原子能领域的相关活动，如英国于 1946 年颁布的《原子能法》、美国于 1954 年颁布的《原子能法》、日本于 1955 年颁布的《原子能基本法》、德国于 1985 年颁布的《和平利用原子能和防止其危害法》。[1] 1986 年 4 月 6 日，苏联（现位于乌克兰境内）的切尔诺贝利核电站核泄漏事件，也促进了之后全世界尤其是东欧地区的原子能立法，俄罗斯于 1995 年颁布了《联邦原子能利用法》。[2]

这些国家中，有些国家的原子能基本法的规定详细具体，具有很强的可操作性，如美国现行的原子能法（即《1954 年核能源法》）基本涉及了原子能事业的所有环节与领域，共有 291 条，内容详尽。作为美国的核能源基本法，该法不仅严格界定国家对开发和发展民用核能源的政策，明确了联邦和地方的权限，规制涉核犯罪行为并且规定了核损害赔偿的限额责任等，还深入很多细节之中，比如其中对于核设施运营许可证颁发的规定，具体到许可证的颁发机关、工作程序以及颁发时限甚至工作日期的计算。[3] 而后，又从中派生出《1980 年核安全研究、发展以及演示法》《1982 年核废料政策法》《核立法局授权法》等。[4]

有的国家和地区则只将原则性的规定写入原子能基本法，而将实践中所需的具体条例写入部门规章及相关实施细则中，如日本的《原子能基本法》和我国台湾地区的"原子能法"。我国台湾地区的"原子能法"只有区区 34 条，却也囊括了包括行政法规定、环境法规定、刑法规定等范围极广的原则性、概括性规定，而把如何具体实施的问题都留给了足有 63 条之长的"台湾原子能法施行细则"。

笔者认为，我国可以结合在和平利用原子能领域的实践和现有的立法具体情况，参考国际上原子能利用领域的法律实践，较偏向于向日本和我国台湾地区学习，只将原则性的、概括的规定全面地写入《原子能法》，作为总领，同时在整合与保留以往原子能相关立法的同时制定相应的实施细则以保证《原子能法》的实施。因为我国已经有很多相关立法正在此方面起着积极的作用，对其全盘否定或全盘重整都是不现实的，故只有这样做才能在保持稳定的同时，使

---

〔1〕 参见国家能源局政策法规司：《中外核电相关法律法规选编》，法律出版社 2009 年版。
〔2〕 参见国家能源局政策法规司：《中外核电相关法律法规选编》，法律出版社 2009 年版。
〔3〕 阎政：《美国核法律与国家能源政策》，北京大学出版社 2006 年版，第 215 页。
〔4〕 黄振中等：《中国能源法学》，法律出版社 2009 年版，第 316 – 317 页。

我国对于此方面的规制上升到一个新的台阶。该基本法在内容上应当确定原子能发展的方针、指导思想、基本原则等，同时确定规范原子能领域各类业务活动的基本法律制度，以担负起作为统领原子能领域法律法规的基本法的作用。在调整对象上，我国的原子能基本法应该包括：①主体与职责；②适用的相关产业活动；③监督管理体制；④监督管理程序；⑤独立的核安全监督管理；⑥科技进步、国际交流与合作；⑦核事故应急；⑧财务保障机制；⑨法律责任（包括刑事责任）；⑩补偿与赔偿，至少十项内容，[1] 用以突出《原子能法》的核心地位，并注意此法与原有此方面法律法规的对接，以及与我国已签署公约和国际惯例的对接。与此同时，我国《原子能法》当然也要起到弥补我国此类法律法规既往不足、与国际原子能机构的各种条约强制性不足等问题的作用。

（二）在立法同时，修改、补充、完善现行相关法律法规

我国在原子能方面的立法是从各个方向的法规规章入手的，但作为基本法的《原子能法》却非常滞后。这种现象是与其他国家和地区，比如美国的做法正好相反。美国是围绕 1954 年的《原子能法》构建了一个管理核能的总的法律框架，其中，在核能事业的管理体制上，1974 年制定了《能源重组法》；1977年又颁布了《能源组织部门法》；在对放射性废物的管理上，1985 年制定了《低放废物政策修改法》及其修正案；对于高放射性废物管理则由《核废物政策法》和 1992 年的《能源政策法》进行规范；对放射性物质运输的管理规定参见《危险物质运输法》；在核不扩散和出口许可制度上 1978 年制定了《核不扩散法》等。[2] 可以说，之后的立法几乎都是从《1946 年核能源法》与《1954 年核能源法》之中派生出来的。故我国既然反其道而行之，已经有了一些此方面的法律规定，尤其是还有内容庞杂的众多法规，就一定不要忽视这些立法的存在，应该让本国的原子能基本法从中建立起来并作为其统领。

笔者认为，在制定原子能基本法的同时，要立足实际需要，对于已有内容，该修改的尽快修改，该完善的尽快完善。比如有关管理部门的权力职责的条款，即《核材料管制条例实施细则》第 3 条中关于能源部委托中国核工业总公司的规定等，都已与现实不符，必须尽快修改。[3] 再如，在原子能领域行政法规中，较多地规定了行政许可的管理方式，但在设定行政许可时，基本没有主管机关

---

〔1〕 濮继龙等：《对我国原子能领域立法的一些思考》，载《核安全》2006 年第 3 期。

〔2〕 阎政：《美国核法律与国家能源政策》，北京大学出版社 2006 年版，第 215 页。

〔3〕 赖江南等：《适应新形势，建立健全原子能法律体系》，载《中国核工业》2006 年第 7 期。

审批期限的规定。就如《民用核设施安全监督管理条例》设置了核设施建造许可证、核设施运行许可证、核设施操纵员执照等许可制度，但是都没有对核安全局关于审批及答复期限的具体规定。[1] 对于原有某些法规操作性不强的问题，在修改时，先要注意对立法目的、主体、程序、期限、违反了怎么处置此类基本问题的详细规定。与此同时，应该注意监督与促进并重，明确监督主体和程序。

（三）立法同时，应该提高某些相关既有法规的层级效力

国际上其他主要核能发达国家有关原子能的法律法规层级很高，在法律层面上的立法较多：其中，美国法律层面上的涉核立法最多，有《原子能法》《核废物政策法》《废物隔离试验厂土地征收法》等；日本有《原子能基本法》《核资源、核燃料与反应堆管理法》《核损害赔偿法》等；英国有《原子能法》《放射性材料法》《核设施法》等。[2]

而我国经过多年的实际运行实施，目前涉核的行政法规及行政法规性文件，有的已具备提升为法律的基础和必要，而且笔者认为我国立法机关现在也确实在这样做。例如，为适应引进大亚湾核电站的需要，1986 年国务院通过《关于处理第三方核责任问题的批复》，对核领域民事责任问题进行了规定，该文件是国务院发布的行政法规性文件，发布后对促进核领域对外合作发挥了积极作用。因此，此方面的原则性规定被我国刚刚颁布实施的《侵权责任法》所吸收，作为其第 70 条：民用核设施发生核事故造成他人损害的，民用核设施的经营者应当承担侵权责任，但能够证明损害是因战争等情形或者受害人故意造成的，不承担责任。因此，随着我国核电产业的加速发展，对外合作的增多，并且原子能基本法难产的情况下有必要用此种方式，有步骤地提升此类文件的层级效力，完善其内容，以适应核能发展的需要，与其他核能大国在核能法律发展上接轨。

（四）明确责任分工，实现权责分明

2011 年 3 月 11 日，日本发生里氏 9 级的大地震，根据《原子能灾害特别措施法》（以下简称《特别措施法》）总章第 1 条规定，核能灾害发生后，首相必须根据情况向社会公布紧急事态，并立即成立中央政府灾害对策本部。日本各级政府在对策本部的领导下，设立各级灾害应对机构，尤其在灾区应设有临时

---

〔1〕 叶荣泗等：《中国能源法律体系研究——能源立法战略安全可持续发展》，中国电力出版社 2006 年版，第 195 页。

〔2〕 叶荣泗等：《中国能源法律体系研究——能源立法战略安全可持续发展》，中国电力出版社 2006 年版，第 195 页。

对策总部，负责处理灾民安置、进一步撤离以及善后工作等。故按照法律规定，3月11日，日本政府宣布灾害对策部成立。随后，日本央行等所有内阁部门成立了自己的灾害对策部，一些重灾区的地方政府，如仙台等也紧跟其后成立了相应的灾害对策部。15日，随着福岛核电站险情恶化，日本政府还宣布设立以首相菅直人为本部长的"福岛核电站事故对策统合本部"。

同时，根据《特别措施法》规定，中央政府灾害对策本部负责人将统一下达指令，对各级行政机关和当地政府、核电站运营方和其他相关机构进行资源调配，而中央政府对策本部将紧密和当地政府的现场临时对策总部进行联动。且在《日本原子能基本法》总则第4条中还规定，日本核安全委员会（NSC）负责统筹全日本的核能源管理。故按照规定，日本核安全委员会（NSC）于是紧急部署相关救援行动，成立核问题专家组，对核辐射情况进行研判。《特别措施法》第5章第27条还规定，灾后相关企业应结合核应急措施和其他规定，如《核灾害估算法令》，以及核电站运营商的紧急救灾计划等，立即开展救助。

因此，由于日本在《特别措施法》中详细规定了主管机构、应急机构、临时机构及其负责人员，还规定了从首相到核电公司各司其职的上述责任分工，故到目前为止，对于此次严重的核危机的处理，仍能有条不紊地进行。

从日本对这次核泄漏事件的应急处理中，笔者得出这样的结论：在原子能立法中，应该参照国际通行法则，明确一个利益相对超脱、地位相对独立的权威机构（如在我国建立一个"国家核安全局"）专门进行核安全监管，彻底解决我国多头管理、职能交叉的老问题。[1] 同时，在立法中，要重点落实核安全监管机构的法律责任，解决核安全监管机构法律责任空白的问题。[2] 原子能基本法不仅要规定核设施营运单位及其工作人员的法律责任，更要落实核安全监管机构的法律责任。[3] 只有依法明确核安全监管机构的法律责任，才有可能将核安全监管的责任落到实处。

（五）增强透明度

在此次事故中，日本官方对核电事故信息披露的态度也是核电安全的一大隐患，这一点是由相关立法和监管不力造成的。[4] 据此，在我国正在订立的原

---

〔1〕 濮继龙等：《对我国原子能领域立法的一些思考》，载《核安全》2006年第3期。

〔2〕 刘俊武：《日本核泄漏灾难警示：中国还缺一部核安全法》，载《法制日报》2011年3月16日。

〔3〕 李景等：《日本核灾害应急机制面临大考》，载《21世纪经济报道》2011年3月16日。

〔4〕 李景等：《日本核灾害应急机制面临大考》，载《21世纪经济报道》2011年3月16日。

子能法中，应明确要求核安全事件事故不论大小一律第一时间通过媒体向公众公布，充分满足公众对核安全的知情权，如有隐瞒将依法追究有关职能部门负责人的法律责任。只有这样做，才能减少民众恐慌，杜绝 2010 年发生的"误报大亚湾核电站发生泄漏事故"的重演。

目前世界核电领先国家法国，其在政府监管和立法方面的经验可以借鉴。法国在核电工业起步之初，就着手建立一套值得称道的以信息透明度为基础的管理体制和庞大的向公众宣传、沟通的体系。[1] 早在 20 世纪 60 年代初，法国政府就成立了核管理局，主要职责除制定核安全原则，还有就是监督核设施运行安全，充当核电"警察"。[2] 这样，一开始就把核电站运营单位和核安全监督机构的职能完全分开了，从而克服了切尔诺贝利事件的体制原因：运营单位自己监督自己的安全。日本于 2006 年颁布了《信息透明与核电安全法》，这一法律旨在对公众披露可靠而又通俗的所有核电的信息。[3] 另外，相关企业透明化运作，令公众对安全的忧虑也能减轻。

---

〔1〕 濮继龙等：《对我国原子能领域立法的一些思考》，载《核安全》2006 年第 3 期。

〔2〕 李景等：《日本核灾害应急机制面临大考》，载《21 世纪经济报道》2011 年 3 月 16 日。

〔3〕 李景等：《日本核灾害应急机制面临大考》，载《21 世纪经济报道》2011 年 3 月 16 日。

核能法战略研究

张皓翔*

一、前言

2011 年 2 月 28 日，中国工程院发布《中国能源中长期 (2030、2050)[1] 发展战略研究》，就我国核能中长期发展战略明确提出了不同阶段的发展目标、技术路线和产业布局，分析论证了我国铀资源、核燃料加工生产、快堆及后处理、环境保护和核安全等核能可持续发展面临的主要挑战和应对策略。该研究结论指出，我国加速发展核电是必要的、迫切的。

《研究》指出，目前要提高核电设备的自主供应能力，特别是要抓紧难以进口的特殊设备的国产化。要提高核电设备的设计和制造技术水平，掌握核心技术和关键技术。要利用二代机组的装备制造基础，通过全面引进技术和实施国家重大专项对三代装备制造的关键技术，加快实现三代机组装备制造的国产化能力，包括部分用量较大的关键材料的国产化也将指日可待。必须尽快建立我国核电的标准规范体系。在起步阶段针对不同建设项目，分别利用和制定相应的规范标准，满足当时核电建设要求；核电进入批量化规模建设阶段，必须尽快建立我国统一的标准规范体系，实现标准体系的系统化、完善化、法规化。

二、国际核能合作框架的改革与发展

当前全球正处于核能和平利用的新时期，包括核电在内的国际新兴市场备受关注。根据国际原子能机构数据，截至 2010 年 9 月，世界现有 29 个国家拥有正在运行的核电站，另外有 65 个国家对核电感兴趣，其中 21 个国家位于亚洲及太平洋地区。2010 年 6 月，为适应核能发展新形势，鼓励处于不同技术与经济发展阶段国家的参与，"全球核能伙伴计划"（GNEP）[1] 进行了改革，之后诞生了一个新兴民用核能合作框架——国际核能合作框架（简称 IFNEC）。[2]

中国是 IFNEC 创始国之一，在推动 IFNEC 组织机构成立、完善制度建设方面发挥了重要作用。在当前核电加快发展的形势下，积极参与国际核能多边合作，对于提升我国影响力、占领国际核电市场具有重要意义。核电发达国家希望借助 IFNEC 这个平台，展示本国核能技术水平，提升国际影响力，进而实现与别国核能的合作，争夺国际核电市场，最大化地获取商业利益。

因此，我国在参与 IAEA 相关活动、认真履行国际义务的同时，应更加重视 IFNEC 的相关活动，特别是国内相关企业和科研院所应密切关注 IFNEC 进展，更多地争取发言权，提高自己的影响力，并获得相关权益。同时应审时度势，加快"走出去"步伐，在与核电发达国家合作的同时，逐步提升在周边发展核电国家与地区以及有意开发利用核能国家中的影响力，借助这一论坛促成双边及多边民用核能合作的实现。

此外，我国应加大对 IFNEC 方面的投入力度，进一步充实 IFNEC 相关工作支持单位的力量，同时需要更多的部门和单位参与到 IFNEC 的活动中来。国内重要核工业企事业单位、教育机构等要将参与 IFNEC 相关活动作为其核能国际合作时应考虑的重要平台，在进行新技术交流的同时，加大开发利用其在经济贸易方面的潜在价值。

---

〔1〕 Global Nuclear Energy Partnership，2006 年 2 月美国政府宣布"全球核能伙伴计划"，将与具备先进核能技术之国家合作，开发新核燃料循环技术，以产生更多能源、减少废弃物与降低核武器扩散之顾虑。该计划于 2007 年 5 月 21 日与法、日、俄及中国等国达成共同合作之共识，并签署联合声明。故，预计再循环利用将成为未来国际上用过核子燃料营运策略之主流。

〔2〕 International Framework of Nuclear Energy Cooperation.

三、中国核能产业发展现状

在我国加速发展核电的状态下，近期，东方电气、中国一重等大型电力设备商先后披露接到核电设备大单。[1] 面对我国未来 10 年核电装机容量的巨幅扩容，核电设备的千亿市场蛋糕初现雏形。相比国有大型核电设备商，试图进入分羹该市场的民企需要应对门槛高企的挑战，在争取核电设备资质上下功夫。

需要注意的是，由于核电产业以"安全"为第一原则的特殊性，核电设备市场向民营企业开放的力度很是谨慎。在业内人士看来，东方电气、上海电气、中国一重、中国二重等几家大型核电设备商是中核、中广核等核电运营商最青睐的设备商，原因是这些设备品牌在外、产品质量比较可靠、安全性有保障。

这也直接使得近年来上述几家核电设备商承接了绝大多数核电设备的订单。我国核电设备市场也因此从一开始就带有一定的垄断色彩，大量民营设备商因不具备核电设备生产资质而被挡在门外。

然而，我国核电发展目标一再扩容，使得核电设备的订单也开始放量，已有的几家核电设备商远远不能满足国内核电建设进度的要求。据了解，目前几大核电设备商手中的设备订单非常饱满，甚至满负荷运转都无法满足订单需求。例如，东方电气目前手中的核电订单累计就有 400 亿元。[2] 然而，有大批设备企业因资质问题无法供应核电设备。据浙江省能源局介绍，浙江目前有 150 多家规模以上的能源装备生产企业，年产值近 360 亿元，[3] 但具备核资质的企业不到 30 家。

一方面是国内已有核电设备商的产能受到挑战，另一方面是大量民营企业梦寐以求进入核电设备市场却难以如愿。同时，我国目前的核电设备国产化率仅有 50% 左右，大量国外核电设备商开始觊觎我国巨大的核电市场。因此，要避免被国外核电同行捷足先登，就必须加速推进我国核电设备国产化。

为保证我国核电产业在国际竞争中免于落后，我国核电设备市场应该在建立较高资质门槛的基础上，支持公平竞争。一方面，建立较高的资质门槛，对

---

〔1〕 国务院国资委电："由东方电气、一重、二重等建设的岭澳二期 1 号机组于 9 月 20 日正式投产，澳核电站二期建设两台 108 万千瓦压水堆核电机组，是国家核电自主化依托项目之一。该项目由中广核工程设计有限公司与中国核工业第二研究设计院、中国核动力研究设计院联合设计；由东方电气、上海电气、中国一重、二重等企业制造设备，国产化比例超过 64%。"

〔2〕 参见东方电气（01072 - HK）：《核电工程进度未受影响，料今年核电订单下降》，载 http://finance. qq. com/a/20110406/005151. htm。

〔3〕《中广核抛来转型升级橄榄枝 浙江核电业欲国产化》，载中国新闻网 http://news. sohu. com/20090610/n264451369. shtml，访问日期：2011 年 6 月 10 日。

于保证核电生产的安全性是必要的，这也是目前我国核电设备开放趋于谨慎的主要原因。未来需要从多个层面将资质具体化，不仅能让民营企业熟悉资质要求，更能激励其提升产品质量以满足资质要求；另一方面，鼓励并推进核电设备国产化，同样需要调动民营资本参与的积极性，以充分利用各界资金、资源，推进我国核电的大发展。有鉴于此，随着近年来中国核能开发利用的迅速发展，中国目前最为欠缺、最为紧迫需要制定的是这方面的基本法——《核能法》。应将其作为有力的经济政策杠杆，综合运用体制机制改革、管理调控措施、经济政策、法律、行政措施、科技创新和文化创新推进等手段，形成科学的政绩考核体系和节能减排的长效机制，为绿色、低碳发展提供有力保障。

四、中国核能法律制度的完善

（一）中国核能法律制度的缺陷

目前，中国核能法律制度主要存在以下问题：

第一，缺乏核能开发利用的基本法——《核能法》。虽然中国核工业已有五十多年的历史，至今已建立起一套具备一定规模的、较为完整的、军民结合的核工业体系，但遗憾的是还没有一部与之相适应的能从全局、整体和宏观上对核能的开发和利用进行全面调整的基本法。这与核能的特殊性、中国的核大国地位以及所承担的相关国际责任是不相称的。况且，世界上大多数核发达国家都有核能基本法。

第二，立法体系以行政法规和部门规章为主，规范效力低。虽然 2003 年颁布的《放射性污染防治法》[1] 是作为核能方面的基本法支撑着整个核能开发利用的法律体系，但该法本身也主要是从管理层面规范核能开发利用关系的。同时，从法律形式上看，现行的核能开发利用的法律体系主要是由大量的行政法规和部门规章构成的，规范效力低，况且有的已经过时，因而无法适应新的核能开发利用的要求。

第三，具体制度不健全。例如，针对核能开发利用过程中可能出现的对人身、财产和环境造成损害的赔偿问题，我国法律还没有明确规范，尤其是缺乏对民用核设施的商业保险行为的明确法律规范。又如，随着我国核事业的发展以及核技术应用的日益广泛，放射性物质运输的需求也在不断扩大；而对于放射性物质的运输活动，我国也缺乏相关的法律规制。

---

[1]《放射性污染防治法》已由中华人民共和国第十届全国人民代表大会常务委员会第三次会议于 2003 年 6 月 28 日通过，现予公布，自 2003 年 10 月 1 日起施行。

（二）中国核能法律制度的完善措施

鉴于中国核能法律制度的上述缺陷，我们可以在如下方面加强工作：

第一，制定《核能法》。早在 20 世纪 80 年代，中国就开始了《核能法》的立法工作。然而，由于管理体制改革等原因，《核能法》立法进程十分缓慢。在缺乏核能基本法的情况下，我国形成了以行政法规和部门规章为主体的核能开发与利用法律体系。随着核电的大规模发展，核能开发与利用活动牵涉面越来越广，利益关系越来越复杂，这种法律体系的弊端愈发显现。一方面，立法层次的偏低与核能工业的重要地位、核电的规模化发展趋势等不相适应；另一方面，由于缺乏统筹协调的基本指导原则，这些本来层次偏低的法规在实施中效果大打折扣，从而给核电的健康发展带来难以预见的负面影响。

因此，结合中国核能开发利用的现实情况，并借鉴其他核发达国家的立法实践，中国的《核能法》应当涵盖以下内容：立法宗旨、适用范围、发展与国际合作原则、铀矿资源的保障与勘查、采冶管理、核材料管制、核设施管理、核技术应用管理、核安全、核事故应急准备与响应、放射性物质的运输、放射性废物管理、核进出口、法律责任等。

第二，制定和修改中国核能开发利用法律体系中的行政法规。具体而言，中国在下一阶段应着重制定或修改以下行政法规和部门规章：制定《放射性物品运输安全管理条例》《核损害赔偿条例》《放射性废物安全管理条例》《核反应堆乏燃料道路运输管理暂行规定》和《放射性矿产资源勘查与采冶管理条例》，修改《核电厂核事故应急管理条例》《民用核设施安全监督管理条例》《核材料管制条例》《核出口管制条例》《核两用品及相关技术出口管制条例》和《核进出口及对外核合作保障监督管理规定》等。

因此，政府应当积极开展核能开发利用过程中的放射性污染防治工作，将放射性污染防治工作纳入环境保护规划，组织开展有针对性的放射性污染防治宣传教育，使公众了解放射性污染防治的有关情况和科学知识，同时加强放射性污染防治的国内外交流与合作；核设施营运单位、核技术利用单位、铀（钍）矿和伴生放射性矿开发利用单位，应主动接受环境保护行政主管部门和其他有关部门的监督管理，并依法对其造成的放射性污染承担责任，从而最终实现"和谐社会"的目标。此外，关于核损害的赔偿问题，应当坚持"无过失责任"原则。今后相关部门还应根据有关实践，为中国核能开发利用法律制度的进一步完善建言献策。

笔者建议，尽快制定我国核能领域的基本法，对包括核电开发与利用中的所有重要问题做出全面规范，包括管理部门及职责划分、许可证的颁发、核材料的使用、核设施的开发与研究、核电站的安全管理与风险控制、核损害的赔偿等。在具体立法思路上，可以制定涵盖军民两用的核能法，也可以专门就核电开发制定基本法。核能领域的基本法出台后，应在其统领之下对现行行政法规和部门规章进行系统梳理和全面修订，最终构建起以基本法为统领、以行政法规和部门规章为主体、以技术标准和规程为重要组成部分的核电领域法律规范体系。

试论国际原子能机构与联合国的合作互动机制

史艳*

一、历史渊源

虽然在《联合国宪章》中并未提及原子能领域的相关问题，但是在联合国成立后，联合国就开始着手原子能领域的筹备工作。1946 年，第一届联合国大会就提出了建立联合国原子能委员会的设想，该委员会致力于在原子能领域提出安全管制与和平利用建议指引。该委员会成立后，提出了一系列有建设性的建议。在委员会成立后的几年中，围绕原子能委员会是"先管制核利用后消除核武器"，还是"先消除后管制"的问题，美苏分歧甚大，致使原子能委员会工作陷入僵局。1952 年，联合国大会通过第 502（Ⅵ）号决议，原子能委员会被解散。虽然原子能委员会因美苏在原子能问题上的分歧而解散，但我们看到国际社会关于建立统一的规范原子能和平利用的国际组织的趋势已不可逆转，而原子能委员会所形成的报告等其他成果对后来的国际原子能机构产生了一定的影响。

* 史艳，中国政法大学国际法学院硕士研究生。

20 世纪 50 年代，国际核领域发生重大变化，从美国一国核垄断到美苏两国对峙到多国核平衡，国际社会意识到无秩序的核扩散会造成世界危机，而主要有核国家也希望控制无核国家掌握核技术，保持自身的核垄断地位。于是，在 1953 年 12 月 8 日的联合国大会上，美国总统艾森豪威尔发表演说，倡导"和平利用原子能"，并呼吁建立国际原子能机构来控制核技术应用于军事，倡导和平利用核技术。1954 年，联合国大会通过 810A（IX）号决议，开始着手建立国际原子能机构；会上，联大还决议召开国际原子能和平利用大会，并建立联合国秘书长的和平利用原子能的咨询委员会。随后，在美英等国的积极推动下，国际社会召开八国会议，争取就《国际原子能机构规约》达成一致。1955 年，苏联改变态度加入八国集团中，并参与了日内瓦会议。在 1955 年召开的联合国大会上，联合国接受苏联的建议，将苏联、捷克斯洛伐克、巴西、印度四国加入八国集团，因而扩大为十二国集团，并将《国际原子能机构规约》草案散发给联合国成员国和联合国专门机构，并决定于 1956 年底在联合国总部召开会议，复审并最后批准该规约。1957 年 7 月 29 日，26 个国家批准了《国际原子能机构规约》，该规约正式生效。[1] 同年，联合国和平利用原子能咨询委员会与国际原子能机构协商订立两者之间关系的协定。[2]

从联合国原子能委员会到国际原子能机构的成立，我们可以看到联合国与国际原子能和平利用的关系源远流长。从建立国际原子能机构之构想的提出，到《国际原子能机构规约》的讨论通过，再到各国加入国际原子能机构，《国际原子能机构规约》的生效，联合国都发挥了无可替代的推动作用。国际原子能机构成立后，联合国和国际原子能机构根据《关于联合国与国际原子能机构关系的协议》（以下简称《关系协议》）（Agreement Governing the Relationship between the United Nations and the International Atomic Energy Agency），在各自的职权范围内，在国际社会和平利用核技术、控制核扩散、推进核裁军等方面开展广阔的合作，并取得显著成效。

---

〔1〕 岳汉景：《国际原子能机构产生的背景及其基本功能与局限》，载《解放军外国语学院学报》2008 年第 3 期。

〔2〕 Sheel Kant Sharma：《国际原子能机构和联合国大家庭：核合作网》，载《国际原子能机构通报》1995 年第 3 期。

二、国际原子能机构与联合国的特殊工作关系

根据《联合国宪章》第 57 条[1]和第 63 条[2]的规定，联合国可以与对某一特定领域负有广泛国际责任的政府间专门性国际组织订立关系协定，使之成为联合国的专门机构。[3] 联合国专门机构是根据政府间缔结的协定或根据联合国的决定设立的，在经济、社会、教育、文化、卫生及其他有关领域负有广泛国际责任，并根据与联合国经社理事会缔结的协定与联合国发生关系的专门性国际组织。[4] 联合国经社理事会有两个委员会：第一个为同政府间机构协商委员会，负责与专门机构进行谈判，订立关系协定；第二个为协调行政委员会，负责实施上述协定并加强各机构之间的工作配合。[5]

由于国际原子能机构负责领域的特殊性，使得《关系协议》显得异常复杂，这一相互关系的协定需要考虑到国际原子能机构职能的特殊性和《国际原子能机构规约》的有关规定，所以在国际原子能机构与联合国的关系上，联合国给予它区别于联合国一般专门机构的待遇。[6] 联合国将国际原子能机构界定为区别于专门机构的相关组织。[7] 它未与经社理事会缔结关系协定，而是直接与联合国大会缔结关系协定，与联合国大会与安理会开展合作。[8] 但是，国际原子能机构有类似于专门机构的地位，作为联合国体系的一部分参与联合国的活动，基本被作为专门机构来对待。

《国际原子能机构规约》并未对机构本身在联合国体系内的地位作出规定，只涉及机构与联合国及其专门机构之间的合作等内容。而《关系协议》中也未明确两者之间的关系，但是《协议》第 1 条指出，在本协议确定的范围内，在

---

[1] 第 57 条："一、由各国政府间协定所成立之各种专门机关，依其组织约章之规定，于经济、社会、文化、教育、卫生及其他有关部门负有广大国际责任者，应依第 63 条之规定使与联合国发生关系。二、上述与联合国发生关系之各专门机关，以下简称专门机关。"

[2] 第 63 条："一、经济及社会理事会得与第 57 条所指之任何专门机关订立协定，订明专门机关与联合国发生关系之条件。该项协定须经大会之核准。二、本理事会，为调整各种专门机关之工作，得与此种机关会商并得向其提出建议，并得向大会及联合国会员国建议。"

[3] 王铁崖主编：《国际法》，法律出版社 1995 年版，第 559 页。

[4] 周忠海主编：《国际法》，中国政法大学出版社 2007 年版，第 460 页。

[5] 王铁崖主编：《国际法》，法律出版社 1995 年版，第 600 页。

[6] Sheel Kant Sharma：《国际原子能机构和联合国大家庭：核合作网》，载《国际原子能机构通报》1995 年第 3 期。

[7] 参见 http：//www.un.org/zh/aboutun/structure/#Others，联合国有 16 个专门机构，4 个相关组织，包括国际原子能机构、全面禁止核试验条约组织筹备委员会、禁止化学武器组织、世界贸易组织。

[8] [德] 马克思·普朗克学会：《国际公法百科全书》第 5 卷，第 55 页，转引自周忠海主编：《国际法》，中国政法大学出版社 2007 年版，第 460 页。

不损害联合国根据宪章所享有的权力和承担的义务的范围内，联合国承认国际原子能机构作为一个负责国际原子能和平利用的机构的地位。联合国也承认机构根据其规约作为一个独立自主的政府间国际组织与联合国开展工作的关系（in the working relationship with the United Nations）。

综上，笔者认为，在联合国体系中，国际原子能机构有别于联合国专门机构的地位，联合国更强调国际原子能机构的特殊性与独立性。作为一个独立的国际组织，国际原子能机构不是联合国的附属机构，它具有自己的成员国，有建立机构的基本规约文件，有独立的组织机构、议事章程、经费来源，其活动也不需经过联合国的批准。但是，由于国际原子能机构职能的特殊性，根据《关系协议》的规定，笔者认为，这种工作关系体现了紧密的合作关系，甚至在机构执行失效时，机构表现出的对联合国明显的依赖大大限制了机构作用的发挥，也影响了机构独立执行其职能的权力。

三、国际原子能机构与联合国的合作互动机制

根据《关系协议》和《国际原子能机构规约》的有关规定，国际原子能机构与联合国大会、联合国安理会、联合国其他机构、联合国专门机构之间开展互动合作关系。这种关系不仅体现在国际原子能机构的活动需要受到《联合国宪章》有关国际法原则的限制，也表现在机构与联合国的具体工作的安排上。联合国是全球最大、最重要的普遍性国际组织，联合国安理会是国际上唯一有权采取行动维持国际和平与安全的组织，因而联合国对国际原子能机构职能的开展有强大的辅助作用，也正是这种强大的干预力量使国际原子能机构在执行职能的过程中受到一定的限制。

（一）联合国宪章的原则性指引

《关系协议》第1条第4款指出，国际原子能机构在符合《联合国宪章》关于促进国际和平与国际合作的目标与原则的范围内开展活动，并且其活动要与联合国关于推进国际裁军的政策以及根据这一政策生效的其他国际协定相一致。《国际原子能机构规约》第3条B项第1款也作了相同的规定。国际原子能机构是《不扩散核武器条约》的执行机构，而"和平利用原子能；进行核核查，控制核扩散；推进核裁军"是《不扩散核武器条约》的三大支柱。[1] 而促进原子能的和平利用，推进核裁军也是国际原子能机构建立的初衷，正如《国际原子

---

〔1〕 Ana Marfa Cetto：《国际原子能机构技术合作与不扩散核武器条约》，载《国际原子能机构通报》2005 年 6 月。

能机构规约》第2条所言："机构应谋求加速和扩大原子能对全世界和平、健康及繁荣的贡献。机构应尽其所能，确保由其本身，或经其请求，或在其监督或管制下提供的援助不致用于推进任何军事目的。"所以，这种原则性的限制理所当然成为国际原子能机构活动的基本原则。另外，将《联合国宪章》所确立的国际法基本原则作为国际社会交往的普遍的原则，为国际社会所普遍承认，是处理国际关系的基础，也是判断国家和国际组织行为合法性的根本性国际法原则。所以，《关系协议》做出如此界定也是顺理成章的。

（二）国际原子能机构与联合国及其主要机关之间的合作

国际原子能机构与联合国的合作领域极其广泛，主要体现在报告制度、决议的执行与报告制度、信息交换制度、互惠的代表参与权、会议议程建议权、安理会的执行合作、技术和财务领域的合作等方面。

与一般的联合国专门机构类似，国际原子能机构需要定期向联合国报告工作。根据《关系协议》的有关规定，[1] 这种报告分为定期报告和临时报告，所谓定期报告是指机构需要定期向联合国大会提交关于其活动的报告；临时报告的对象主要包括两类，即安理会与联合国经社理事会或其他联合国机关。提交给安理会的报告指，在必要的时候，机构可以将报告提交安理会，当安理会职能范围的有关问题出现时，通知安理会；而当有关问题属于联合国其他机关的职能范围时，机构需要报告其他机关。另外一类特殊的事项的报告，涉及的是《不扩散核武器条约》成员国违约行为的报告。我们可以看到定期报告一般涉及的是机构的常规活动，因而报告的对象也是联合国大会；而临时报告则往往涉及的是突发性事件，并且事件所涉问题落入联合国机关的职能范围，因此对于这类特殊事项，机构需要通知这些机关，并在特殊问题领域寻求与联合国机关开展合作。通知制度是合作的基础。

通知制度是为了谋求国际原子能机构与联合国机关之间在有关国际问题上的最大程度的行动，与此目的类似，信息交换制度致力于在最大程度上共享信息，提高行政效率，节约资源。国际原子能机构作为一个独立的国际组织，财力物力人力资源有限，而联合国作为最大的国际组织可以为机构提供更广阔范围内的信息资源，使国际原子能机构及时洞察国际原子能领域的威胁，执行其和平利用原子能和控制核扩散的职能；而国际原子能机构作为在原子能领域负有特殊职责的组织可以为联合国提供深入及时的国际和平安全的信息，使联合

---

〔1〕 参见《关系协议》第Ⅲ条。

国机构更有效地开展维护国际和平与安全的活动。《关系协议》[1] 对这种信息交换的要求是最大程度的最及时的交换，并且规定经一方请求，另一方在合法可行的情况下，为一方提供其请求提供的该领域的特殊研究和信息。可见，信息交换也分为主动信息交换与被动信息交换，这种交换体系的设置试图在信息交换领域实现最大程度的合作，实现信息的共享。

与其他联合国专门机构相似，国际原子能机构与联合国之间可以互派代表参与对方的会议，但没有表决权。比如联合国秘书长有权参与国际原子能机构的大会、理事会的例行会议，在合适的情况下，秘书长可以参与与联合国事务有关的其他会议。与此相对应，机构的秘书长也有权参与联合国大会、大会的委员会会议、经社理事会和托管理事会的会议以及其他分支机构的会议。但是只有在秘书长被邀请的情况下，他才可能参加安理会的会议，并且秘书长参与会议的目的是为安理会提供机构职能范围内的信息和帮助。[2] 这一点可以说是比较特殊的，其实与国际原子能机构联系最密切的就是安理会，而对于参与安理会的会议，秘书长的权力极其有限。如果安理会在做出与原子能机构职能有关的决议，甚至对有关国家采取行动时，安理会有意识地希望排除国际原子能机构的意见，那么此时机构的职能就会被架空。

虽然国际原子能机构具有相当的独立性，但是从《关系协议》中我们可以看到联合国的有关决议对于机构具有一定的强制性。根据《关系协议》，[3] 联合国可以为机构确定议事项目，在这种情况下，联合国只需要将有关议程通知原子能机构的秘书长，而秘书长则必须将有关事项加入原子能机构大会或理事会大会的议程中。与此相对应，在类似情况下，如果原子能机构向联合国提出类似的请求，联合国秘书长只需提请联合国大会、安理会、经社理事会或托管理事会注意原子能机构提出的事项。笔者认为，联合国对原子能机构有关会议的议程的决议有一定强制性，而原子能机构对联合国提出的请求的效力却大打折扣。虽然这在一定程度上可能拖延原子能机构的有关议题，但是笔者认为联合国作为一个综合性的国际组织，很多问题更亟待解决。并且如上所述，联合国与原子能机构的合作关系中存在报告制度，报告制度可以使联合国有关机构关注原子能机构的相关问题。当然，报告制度不能强制联合国将有关问题提到

---

[1] 参见《关系协议》第Ⅵ条。
[2] 参见《关系协议》第Ⅶ条。
[3] 参见《关系协议》第Ⅷ条。

联合国层面予以讨论解决，不能从根本上解决原子能机构对联合国机构议程事项的建议性效力。联合国决议对原子能机构有强制性效力还体现在另一个方面，对于联合国大会或联合国理事会做出的与原子能机构有关的任何决议，联合国需要将该决议附带适当的记录送交原子能机构。在联合国要求的情况下，原子能机构有义务提交报告，说明机构或成员国考虑联合国有关决议后采取措施。[1]这说明对于联合国做出的任何决议，原子能机构必须执行，并且为了保障执行的效果，联合国可以要求原子能机构提交执行报告以评估执行的效果。从以上两个方面，我们可以看到联合国的决议对于原子能机构有一定的强制性，而联合国机制在很大程度上受到大国强权政治的影响，联合国的决议往往也带着浓厚的政治色彩，那么这种机制虽然可以保证联合国有关决议得到切实的执行，但又使得原子能机构在该领域失去一定的独立性，尤其是原子能领域关系国家安全，而国际原子能机构的发展历史就是核能强国之间制衡与妥协的产物，所以大国往往希望加强对于原子能领域的控制，而政治化色彩浓厚的联合国机制很可能使得国际原子能机构也沦为大国实现政治目的的手段。

国际原子能机构还有权与联合国专门机构一样向国际法院寻求咨询意见，联合国与国际原子能机构在行政上开展合作，在数据服务领域实现最大化的便利与效率，在原子能技术领域双方致力于有效的技术支持与合作，还包括在财政预算、人事安排方面保持充分的联系，以使机构以最高效率的方式运行。

（三）国际原子能机构与联合国专门机构之间的合作

联合国专门机构与国际原子能机构在性质上具有相似性，它们都不是联合国的附属机构，都具有相对的独立性，但又都与联合国建立了密不可分的联系，因而成为联合国体系的一部分。作为特殊的机构，它们都在某一特定领域负有国际责任，而原子能机构与这些机构在某些领域的活动具有交叉性，因而与这些组织开展深入广泛的合作不仅可以减少重复工作，提高效率，降低成本，而且可以互通有无，取长补短，更全面和综合地实现机构的职能。根据《国际原子能机构规约》[2]和《关系协议》，[3]联合国理事会经大会核准，有权签订一个或几个协定，使机构与联合国及与机构工作有关的其他任何组织建立适当的关系，并根据这种协议，在原子能机构秘书长和联合国专门机构秘书长之间应

---

〔1〕 参见《关系协议》第Ⅴ条。
〔2〕 参见《国际原子能机构规约》第16条。
〔3〕 参见《关系协议》第Ⅺ、ⅩⅩ条。

当确立和保持密切联系。原子能机构与专门机构之间的合作主要通过具体的协议展开，这些合作协议反映的是各种核应用领域与专门机构之间的交界面。原子能机构有权与专门机构协商，在适当领域与之合作，以制定或采取旨在保护健康及尽量减少对生命与财产的危险的安全标准。

国际原子能机构与某些专门机构已做出长期安排，例如原子能机构与粮农组织合办了设在维也纳的核技术用于粮食和农业联合处。该联合处的所有计划和活动都需经过这两个组织的理事会核准，该联合处通过突变育种利用辐射技术培育了近两千个新的优良作物品种。原子能机构与联合国教科文组织在意大利合办了国际理论物理中心；与世界卫生组织合办了一个国际副标准剂量实验室网，一个有关医学治疗中广泛使用的钴 - 60 的剂量比对计划。原子能机构还与专门机构之间联合执行项目，例如由原子能机构与世界粮农组织、世界卫生组织、国际劳工局联合主持制定和发布核安全与核辐射方面的手册、标准、条例和意见。[1] 原子能机构还通过论坛的形式与其他专门机构开展合作。

四、国际原子能机构与联合国安理会的关系

国际原子能机构与联合国安理会的关系比较特殊，《关系协议》中多次对安理会与原子能机构的关系作出特殊规定，这与安理会的特殊职能有关。根据《联合国宪章》的规定，安理会是负有维持国际和平与安全的主要责任者并唯一有权采取行动的机关。在和平解决国际争端方面，安理会有权调查任何争端或情势以判断其继续存在是否会威胁国际和平与安全，对上述的争端或情势，安理会有权在任何阶段建议适当的调整程序与方法等；在维持和平与制止侵略方面，安理会有权建议或决定采取不涉及武力的强制措施，并促请会员国协同执行；若上述措施不足以解决问题，可采取必要的军事行动，所有会员国应承诺依安理会倡议商定的特别协定向安理会提供维持国际和平与安全所必需的军队和便利。由此可见，安理会维持国际和平与安全的特殊职能以及安理会的行动权使安理会与原子能机构产生了特殊的联系。这种联系使得安理会更好地控制原子能领域可能出现的威胁国际和平与安全的情势，也能在很大程度上弥补原子能机构执行能力的不足；但是由于安理会对原子能机构影响的深入，国际原子能机构的独立性受到侵蚀，机构职能弱化，给原子能问题带来了浓厚的政治色彩，加入了更多的强权意志。

---

〔1〕 Sheel Kant Sharma：《国际原子能机构和联合国大家庭：核合作网》，载《国际原子能机构通报》1995 年第 3 期。

（一）国际原子能机构与安理会的基本关系

根据《关系协议》与《国际原子能机构规约》的规定，在适当的时候，国际原子能机构需要将报告提交安理会，并将安理会职能范围内的事项通知安理会。在安理会要求的情况下，在维持与恢复国际和平与安全的范围内，原子能机构有义务提供信息与帮助。当《核不扩散条约》缔约国违反与原子能机构缔结的保障协定时，原子能机构向缔约国派出的视察员应向总干事报告，总干事应随即将此报告转交理事会。理事会应将此种违约行为报告全体成员国、联合国安全理事会及联合国大会。[1] 如前所述，安理会在维持国际和平与安全的范围内负有特殊责任并有权采取行动，那么一旦缔约国违反保障协定，这种情形很可能被安理会断定为威胁国际和平与安全的情势，又由于安理会在维持和平方面有行动权，所以安理会在认为有必要的情况下，很可能采取非武力甚至武力行动，对有关国家进行经济制裁、外交封锁和军事制裁。

（二）国际原子能机构执行困境

任何国际组织都通过成员国缔结的协议设立，建立该国际组织的基本文件，对国际组织的宗旨、结构、职能与运行方式做出界定，该文件是国际组织成立与运作的法律基础。

为了控制核扩散、促进核和平利用、实现核裁军，国际原子能机构对有关国家的核保障是基础。作为核保障最重要的方式的核核查，是指对当事国领土范围内的、受其管辖或在其控制下的任何地方进行的一切和平核活动中的一切原材料或特种可裂变材料实施的、专为此类材料不被转用于核武器或其他核爆炸装置的核查。[2] 虽然规约对原子能机构的核保障措施有相关规定，[3] 但规约的核保障条款并不具备自动执行的功能，为激活国际原子能机构的保障功能，承担保障义务的国家必须和国际原子能机构签订保障协定，此种协定才是保障制度的直接依据。所谓核保障制度，其实是一项以《国际原子能机构规约》的核保障条款为依据，以核保障协定范本为基础，以国际原子能机构与其成员国

---

〔1〕《国际原子能机构规约》第12条C款。

〔2〕根据《不扩散核武器条约》的要求，国际原子能机构与各国之间协定的结构与内容参见 http://www.iaea.org 的相关内容。

〔3〕《国际原子能机构规约》第3条A款第5项：制定并执行安全保障措施，以确保由机构本身或经其请求，或在其监督和管制下提供的特种裂变材料及其他材料、服务、设备、设施和情报，不至用以推进任何军事目的；并经当事国的请求，对任何双边或多边协议，或经一国的请求对该国在原子能方面的任何活动实施安全保障措施。

或其他当事方之间的保障协定为主要内容，用以控制核能用于军事目的的法律制度。[1] 所以在成员国没有与原子能机构订立保障协定的情况下，原子能机构的有关核保障活动就难以展开。正如国际原子能机构总干事巴拉迪再三声明的，如果没有保障协定和附加议定书的生效，国际原子能机构就无法提供关于申报的核材料未从和平核活动中转用和不存在未申报的核材料或核活动的必要保障。[2] 即使成员国与原子能机构订立了保障协定，原子能机构也不能凌驾于主权国家之上，不能违反国家主权原则去干涉成员国。因此核查员在实际核查的过程中，由于获取信息有限，进入场地权受限，实际的核保障效果大打折扣。[3]

另外，在成员国违反保障协定的情况下，原子能机构可以要求有关国家纠正该行为，如果该国家未及时采取充分的纠正行动，理事会可采取以下三种措施，即直接削减或停止机构或其成员国所提供的援助，并索回向一个接受国或一些接受国提供的材料与设备，机构也可以停止任何不履约成员国行使成员国的特权与权利。[4] 从这三种措施的执行的效果来看，都不会对违约国家产生有效的威慑力。所以这种执行力上的不足使得国际原子能机构在控制核扩散、推进核和平利用方面的作用受到很大的限制。国际原子能机构总干事巴迪拉在发表2005年诺贝尔和平奖的获奖感言时，再一次声明："我们（国际原子能机构）的授权有限，我们的预算不大，而且我们没有军队。"[5]

但如前所述，根据《联合国宪章》的规定，安理会在维持国际和平与安全领域负责并有权采取行动，甚至可以动用会员国的军队对威胁国际和平安全的局势进行控制，对有关国家进行经济、政治和军事制裁。通过安理会与国际原子能机构的紧密合作，安理会的这一执行权弥补了国际原子能机构执行力的不足，更有效地发挥了国际原子能机构在核控制方面的职能。但与此同时，国际原子能机构自身执行力缺位，可能导致安理会侵蚀国际原子能机构的职权，当国际原子能机构理事会将有关违约事项或其他事项通知安理会后，在后续事件

---

〔1〕 古雪祖、丁祥高：《国际原子能机构与核保障制度》，载《厦门大学学报》2008年第4期。

〔2〕 Vilmos Cserveny：《实现裁军之路 国际原子能机构保障：〈不扩散核武器条约〉制度的一个基本支柱》，载《国际原子能机构通报》2009年9月。

〔3〕 在传统的保障协定中，机构只对成员国申报的核材料进行核查，但是海湾战争后，机构发现有必要对未申报核材料进行核查，而机构处于被动地位，有限的信息获取权限制了其对成员国未申报核材料的核查；根据国际原子能机构"93+2"计划制定的保障协议定书扩大了核查员的场地进入权，包括在临时通知与不通知的情况下随时随地的立即进入权，以及敏感场所的控制进入权。

〔4〕 《国际原子能机构规约》第12条。

〔5〕 李英、王棣：《制约核扩散的国际法机制》，载《国际关系学院学报》2007年第6期。

的处理中，安理会很可能会取代国际原子能机构对事件的控制，有关问题被纳入联合国的框架内解决，并主要由安理会对有关事件做出决议，而国际原子能机构就很难在联合国框架下发挥作用。例如，"在2003年美伊战争爆发之前，国际原子能机构总干事巴拉迪曾向安理会保证在3个月内做出伊拉克是否具有大规模杀伤性武器的检查报告，在这3个月内请安理会不要制裁伊拉克，但是他并没有争取到这个时间。然而从战争爆发到今天战争都没有结束，我们却没有看到一点点大规模杀伤性武器的影子"。[1]

安理会决议在很大程度上受到大国的影响，甚至控制。安理会的五个常任理事国的否决权建立在"五大国一致"原则的基础上，并且这一制度成为安理会表决制度的核心。而安理会五个常任理事国又正是国际原子能机构成立时的有核国家，所以这五个国家对于国际原子能机构有重大影响。作为有核国家，它们希望以国际条约的义务限制无核国家进行核扩散，从而维持其核垄断地位。那么在出现无核国家违反保障协定或者保障协定议定书的情况下，这些传统的有核国家最有动力去控制违约的国家的核扩散行动，而作为安理会的常任理事国，有些国家恰好可以利用其在安理会决议中的地位和影响，形成对核控制最有力和最及时的措施的决议，在很多情况下，由于这种控制的意愿过于急迫，决议形成的措施往往很激进，不乏直接对有关国家采取军事行动。

另外一点，安理会无论在人事构成、决议机制还是执行方面，都带有很强的大国强权的影子，安理会决议在很多情况下具有浓厚的政治色彩。而且，有时安理会的决议成为大国对小国实现制裁"合法化"的手段，原本为维持国际和平与安全的安理会成为有些国家实现政治目的的工具。在其政治目的难以实现时，大国甚至绕过安理会直接采取行动，架空安理会的有关决议。

故不到万不得已的情况下，国际原子能机构一般不会将有关问题提交安理会处理，因为一旦将有关问题提交安理会，很可能使该问题升级成为威胁国际和平与安全的问题，而安理会的政治化使很多国家对其决议产生反抗与抵触情绪，这非但不能解决核问题，反而会加剧国际矛盾，甚至引发武装冲突。在伊朗核危机中，从2003年理事会决议督促伊朗采取行动，到2003年10月英、法、德三国介入协商谈判，再到2003年11月26日理事会决议对伊朗的行为深表遗憾，但仍决定不将该问题提交安理会，再到2003年12月，伊朗签订加强全面型的保障协议的附加议定书，直到2004年11月，伊朗与欧洲三国达成协议在更大

---

〔1〕 李英、王棣：《制约核扩散的国际法机制》，载《国际关系学院学报》2007年第6期。

范围内解决伊朗核问题。整个过程中，在国际原子能机构的框架下，伊朗核问题都朝着进步方向发展。但是由于美国的极力推动，理事会最终通过决议将伊朗核问题提交安理会，至此，伊朗重新开始核活动，并暂停遵守附加议定书，并以立法的形式声明一旦伊朗核问题提交安理会，伊朗将不再允许国际原子能机构对伊朗核设施进行核查。伊朗核问题进入安理会后，伊朗方面以各种不合作的形式扩大核活动，升级核计划，坚决抵制安理会有关决议。伊朗核问题原本很可能在国际原子能机构的框架下得到和平解决，但是由于美国的极力推动使得该问题进入安理会，而之后伊朗方面的回应证实安理会的介入非但不能解决伊朗核问题，反而会加剧矛盾。

（三）国际原子能机构与安理会关系的协调与改革

由此可见，虽然安理会与国际原子能机构的合作可以使国际原子能机构有效实现核控制的职能，但是国际原子能机构本身执行权的不足与安理会的过分介入，使得原本敏感的原子能问题更加复杂化。所以，在现有的框架下，增强国际原子能机构在控制核扩散方面的权威性，理顺机构与安理会的合作关系，加大联合国对机构的支持是必要的。

首先，安理会需要尊重《关系协议》关于国际原子能机构与安理会的合作关系的规定，在协议的框架内进行最有效的互动合作，在最大程度上尊重国际原子能机构在核控制方面的权力，尽量减少对国际原子能机构职能范围内采取有关措施的干预，尊重该机构对有关国家采取的行动和做出的决议。其次，作为国际原子能机构核保障制度重要组成部分的核核查的主要依据是有关国家申报的材料，核核查的方式也主要以事先通知有关国家的形式进行。为了加大核保障的力度，有必要扩大国际原子能机构核保障措施，当机构有合理理由怀疑有关国家违反核不扩散义务时，可以根据从各种信息源获得的材料，在任何时候进入任何区域，甚至对未宣布核活动的地区进行突击检查。

五、结论

国际原子能机构从成立到发展的整个过程中，与联合国都有着密不可分的联系。根据《国际原子能机构规约》和《关系协议》，国际原子能机构作为与联合国有特殊工作关系的相关组织，与联合国开展了紧密的互动与合作。与联合国、联合国各机关和联合国各专门机构之间的合作，使得国际原子能机构以更有效的方式执行其控制核扩散，促进核和平利用的职能；但是，在这种互动合作机制中，国际原子能机构在某些方面的权力明显不足，并制约了其职能的发挥。尤其是在国际原子能机构与安理会的合作关系中，这种矛盾更加明显，所以有必要理顺与协调国际原子能机构与安理会之间的关系，安理会在尊重国际原子能机构独立性的基础上，以安理会的执行职能有效补充机构在核控制方面的执行。同时，有必要扩大机构的特别授权，增强机构的执行能力。

　　总之，通过国际原子能机构与联合国之间的互动合作关系，切实保障国际原子能机构控制核扩散、促进核和平利用、推进核裁军三大职能的实现。

核损害责任篇

营运者——民用核设施事故损害责任的严格责任主体

赵威

十一届全国人大常委会第十二次会议于 2009 年 12 月 26 日下午表决通过了《中华人民共和国侵权责任法》（下称《侵权责任法》），并于 2010 年 7 月 1 日实施。中国民法学学会会长、中国人民大学法学院院长王利明教授强调："《侵权责任法》作为保护民事主体的合法权利、维护社会经济和生活秩序的法律形式，在民法中居于十分重要的地位。"[1] 侵权责任法可以被认为是继物权法之后民法典中又一部重要的支撑性法律。诚然，《侵权责任法》自 2002 年由全国人大常委会启动草案初审以来，历经多年调研咨询，工作可谓细致，该法获表决通过，意味着中国向形成民法典又迈进一步。

作为核工业专业领域从业者和法律工作人员，我们对《侵权责任法》第九章"高度危险责任"中第 70 条规定的"民用核设施发生核事故造成他人损害的，民用核设施的经

---

〔1〕 《侵权责任法再审 医疗损害责任明确》，载南方报业传媒集团·21 世纪经济报道 www.21cbh. com/HTML/2008 – 12 –23/HTML_ H3XU8-KGIWUOP. html。

营者应承担侵权责任，但能够证明损害是因战争等情形或者受害人故意造成的，不承担责任"〔1〕（以下称"第70条"）有责任给予特别关切，并希望明确解读该条的立法意图、法律定义和现实影响。

一、民用核设施核事故损害的责任主体

《侵权责任法》第70条对特定的工业设施事故发生的责任主体进行了明确，明确了侵权责任主体为"经营者"，从法理上分析，这也是任何工业设施发生事故后对侵权者处理的通用原则，理所当然经营者要为侵权责任担责。何为"经营者"？参照《消费者权益保护法》第3条规定，学界对"经营者"一般理解为：向消费者提供其生产、销售的商品或者提供服务的公民、法人或者其他经济组织，是以营利为目的从事生产经营活动并与消费者相对应的另一方当事人。另外《反垄断法》第12条也明确规定：经营者，是指从事商品生产、经营或者提供服务的自然人、法人和其他组织。常识性理解和国内立法定义的"经营者"是广义的和宽泛的，所以，虽然《侵权责任法》没有对民用核设施"经营者"作出定义，但我们是否可以将定义"民用核设施经营者"延伸为从事民用核设施经营或者营利性服务的法人、其他经济组织和个人？一旦民用核设施发生事故，主要针对核损害责任，承担责任的主体可能归责到一切和该设施经营相关的股东、业主单位、运营公司、工作人员、承建方、制造商、技术服务方等，作为一个界限不清的责任群体，他们将共同面对受侵权损害的受害方的追诉。特别是在重大核损害事故发生时，侵权责任主体的边界将会被扩大解释。

核损害事故责任是一种核行业特有的特殊侵权责任，目前国际公约体系可归为"巴黎公约"体系和"维也纳公约"体系。主要包括：《关于核能领域中第三方责任的公约》（巴黎公约）、《关于核能领域中第三方责任的1960年〈巴黎公约〉的补充公约》《关于核损害民事责任的维也纳公约》《关于强制解决〈关于核损害民事责任的维也纳公约〉争端的任择议定书》《修正〈关于核损害民事责任的维也纳公约〉的议定书》《关于核损害民事责任的1997年维也纳公约》《关于适用〈维也纳公约〉和〈巴黎公约〉的联合议定书》以及《核损害补充赔偿公约》。上述公约就核损害侵权责任都遵守着相同的归责原则，即损害责任的主体和限度由法律确定的"法律归责"原则。傅济熙先生在他编著的《核损害的民事责任与赔偿》一书中，将对营运者归责原则归纳为严格责任原则

---

〔1〕 《侵权责任法》第九章第70条。

和唯一责任原则。[1]

"严格责任原则"是指核设施的营运者不论其有无过错，只要发生了核事件并造成核损害，便要承担全部责任，只有在核事件是由如战争、恐怖袭击等不可抗力所致的情况下才可免责。作为排他责任的"唯一责任原则"，将核损害的责任全部归于营运者，其他任何人包括建造商、供应商、服务商等都不承担责任。[2]

与上述原则有别的是美国的立法原则。《1954 年原子能法》与 1957 年《普莱斯—安德森法》采用的是"经济归责"原则，即由营运者承担全部经济责任，而其他责任人的经济责任都被免去，所有的赔偿都从保险单中支付。与"法律归责"相区别的是，其他责任人仍可被追究其他法律责任。[3] 德国最初立法时也采用这种原则，在 1975 年加入《巴黎公约》时才予以放弃。由于这种原则比较复杂，以后其他国家以及所有国际公约都实行"法律归责"的办法，即将全部法律责任都归于营运者，而免去其他人的所有责任。目前，除美国外，这种"法律归责"已成为普遍接受的原则。而美国法律规定其在境外的核设施也接受"法律归责"原则。[4]

关于核损害民事责任的维也纳公约（Vienna Convention on Civil Liability for Nuclear Damage）将侵权责任主体严格定义在一个名词解释上："Operator", in relation to a nuclear installation, means the person designated or recognized by the Installation State as the operator of that installation.[5]中文意思为："营运者"，就一核装置而言，系指由装置国指派或认可的营运该装置的人。

2007 年 6 月 30 日，国务院作出了《国务院关于核事故损害赔偿责任问题的批复》（国函［2007］64 号），这是在中美 AP1000 核电三代技术引进合同签字前夕，同时也是中国广东核电集团与法国 AREVA、EDF 公司就 EPR 核电技术引进和合资建设台山核电项目谈判的关键时刻，中国政府继大亚湾核电站项目之后，在引进外资和核技术谈判关键点上，部分应资本和技术输出方的强烈要求，

---

[1] 傅济熙编著：《核损害的民事责任与赔偿》，原子能出版社 2003 年版，第 9 - 16 页。

[2] 傅济熙编著：《核损害的民事责任与赔偿》，原子能出版社 2003 年版，第 26 - 27 页。

[3] 傅济熙编著：《核损害的民事责任与赔偿》，原子能出版社 2003 年版，第 55 页。

[4] 美国 1957 年《普莱斯—安德森法》第 2210 条"责任的赔偿与限制（d）-（5）"，谭建生、徐原、赵威主编：《核电相关法律法规汇编》上卷，法律出版社 2009 年版，第 404 页。

[5] Article I. 1. c. , "Vienna Convention on Civil Liability for Nuclear Damage", http：//www. ia-ea. org/Publications/Documents/Infcircs/1996/inf500. shtml.

对核事故损害责任问题再次做出行政答复。该批复全文共 10 条，其中有 8 条是对营运者定义和责任的限定。也就是说，批复重点首要就是明确责任的主体，也是 1986 年 3 月 29 日国务院作出的《国务院关于处理第三方核责任问题的批复》（国函〔1986〕44 号）中明确的"营运人对核损害承担绝对责任，其他人不承担任何责任"[1] 的营运者有限责任原则的延伸。可以看出，我国采取的是"法律归责"原则。

国函〔2007〕64 号批复第 1 条就是专门对营运者下的定义："中华人民共和国境内，依法取得法人资格的营运核电站、民用研究堆、民用工程实验反应堆的单位或者从事民用核燃料生产、运输和乏燃料储存、运输、后处理且拥有核设施的单位，为该核电站或者核设施的营运者。"[2] 这个定义比国际公约定义略宽，国际公约对营运者的外延限制在取得了国家核设施许可或授权。

无论是国际法通行原则还是国内法规性文件，针对民用核设施的事故损害侵权责任主体都是一致的，尽管一些公约中文译本对这个主体的翻译为"运营者""管理者"或"经营者"，但都来源于"Operator"一词，而在国内专业立法上已选定"营运者"这一特定概念，其目的也是为了避免"经营者"这个用词的宽泛定义。

综上，目前《侵权责任法》第 70 条对民用核设施核事故侵权的责任主体范围是宽泛的。

二、关于民用核设施核事故损害责任的立法意图

如果明确了民用核设施侵权的责任主体为"营运者"，就必然在侵权责任负担能力与核工业发展保护中寻求平衡。

切尔诺贝利核电站事故给人类造成了永远难以弥补的损失，甚至堪称工业史上最大的事故。灾难发生后，人民生命财产遭受巨大损失，环境受到长期的污染，国家投入巨资施以拯救，放射性物质飘布欧洲乃至全球，经济损失难以估量，世界核电行业风声鹤唳。在这个极端民用核设施事故中，除了政府的救济，法律上的救济几乎没有。即使换到某个立法完善国家以法律处理类似核损害赔偿，也注定只是杯水车薪，只会是核电站业主投保的保险公司在法定额度内理赔，国家在不足部分支付法定额度的补偿，真正受侵害者欲诉无门。人们

---

〔1〕《国务院关于处理第三方核责任问题的批复》（国函〔1986〕44 号），谭建生、徐原、赵威主编：《核电相关法律法规汇编》上卷，法律出版社 2009 年版，第 139 页。

〔2〕《国务院关于核事故损害赔偿问题的批复》（国函〔2007〕64 号），谭建生、徐原、赵威主编：《核电相关法律法规汇编》上卷，法律出版社 2009 年版，第 181 页。

肯定要追问：谁要为核设施事故侵权损失予以赔偿？谁有能力为核设施事故侵权损失予以赔偿？

时间回到 2007 年 6 月，核事故损害赔偿条例草案被退回重新讨论时，重点就是要回答三个问题：一是为什么不追究事故责任单位的连带责任？比如存在缺陷的设备的提供方，错误系统的设计方，却将责任限定在营运者一方；二是为什么国家要财政补偿，股东们在事故后却没有赔偿或补偿义务？三是法律规定多少国家补偿才能救济被侵害人的损失？

我们统计研究过国家现行法律、法规、部门规章、地方性法律文件，有 142 份与核电相关，内容重点是针对如何保证国家对核电行业的管控，监督营运者和核行业参与者行为，确保民用核设施建设和运营的安全，但不管采取什么措施，核损害后果的不确定性依然是个难以量化的客观情况。如果追究事故责任单位的连带责任，就涉及有限追究还是无限追究？相关的运营商、制造商、服务商事前必然通过购买商业保险保护自己利益并最终将成本转嫁到业主，转嫁到消费者，并导致核电成本过高，核电电价完全没有市场竞争力。如果股东在事故后需要承担赔偿义务，现代企业制度的有限责任将难保投资者的财产安全，核电投资将成为禁忌。一旦不确定性的核设施大事故发生，高效且快速的救济是必需的，若陷于层层归责，主体不清，损害的还会是受害者，而无限的追究和不确定金额的赔偿，都会给整个能源、制造产业链带来灾难性的打击。如果国家承诺无限补偿，一来不符合有限补偿的国际惯例，此外跨国界的核损害也会带来天文的索偿而超出国家财力的支撑。

应该理性地看到，一旦发生重大的核事故，责任方是难以做到完全、合理地赔偿给被侵害方，即使国家的补偿也是有限度的，这就是民用核设施事故损害法律责任承担不同于其他损害责任承担之处。因此，侵权责任法将核设施事故损害责任列入专条是非常必要的。既然列进去了，希望法律能清晰地传递出立法的意图，核设施事故损害赔偿责任的大小与国家扶持核工业发展的战略需要一个平衡点，法律规定应当告诉公众，一旦受到核损害，他们将向谁求偿和可能获得多少赔偿或补偿。

三、立法应明确对核能利用发展的推动和保护

随着"中国和平发展"战略的提出和国际形势的变化，出现了包括能源安

全在内的许多新问题。[1] 我国核电事业从 20 世纪 70 年代末期起步，经过三十多年的发展，已经具备了标准化、规模化、系列化发展的实力。为满足我国能源需求的快速增长，减轻日趋严峻的环境保护压力，保持经济的可持续发展，国务院提出了"积极推进核电建设"的方针，[2] 提出到 2020 年我国核电建设的目标，拉开了我国核电事业大发展的序幕。目前，全国已有二十多个核电机组正在建设中，更多的核电项目也会把民用核设施与广大公众的距离拉近。

因此，我国核能法律体系的建设应得到高度重视。立法者、核行业专家以及公众应共同揭开核能的神秘面纱，寻找各方利益的结合点，促进核行业的健康稳定发展与公众利益保障的和谐。我们建议立法机关在《侵权责任法》未来的法律解释中对第 70 条责任主体清晰化，使之和现有法律文件相吻合，与国际法规则相对应，突出第 70 条的立法意图并为公众所接受。

希望原子能法起草和讨论工作能够加快进行，在特别法中更好更专业地体现民用核设施事故损害的赔偿原则，使侵权责任法的立法意图得以承接和具备可操作性。同时也期望国家对核损害责任赔偿的相关法规性文件能够在充分研究权衡的基础上，尽快上升到高层级法律层面。

---

〔1〕　高宁：《国际原子能机构与核能利用的国际法律控制》，中国政法大学出版社 2009 年版，第 2 页。

〔2〕　国务院办公厅：《温家宝主持召开国务院常务会议 审议并原则通过〈核电中长期发展规划 (2005 – 2020 年)〉》，载中央政府门户网站 http://www.gov.cn/ztzl/2006 – 07/01/content_ 324543.htm，访问日期：2006 年 7 月 1 日。

浅论核损害责任中的损失分担制度

核电、煤电和水电一同构成世界能源的三大支柱，其中核能被视为一种高效清洁的可替代性能源并受到了世界的瞩目。自 1954 年苏联建立了世界上第一座核电站，世界就进入了和平利用核能时期。截至 2016 年 1 月 1 日，全球共有 439 个运行中的动力堆，其中美国动力堆数量达到 99 座，为最高；法国总共 58 座，位居第二；我国共有 30 座动力堆，位居第五。截至 2016 年 1 月 1 日，全球共有 66 座核动力堆正在建设中，其中中国共有 24 座在建动力堆，数量与装机容量均位居世界第一。[1] 在人类享受核能所带来的减少碳排量，节约煤、石油等不可再生能源的同时，也应重视核能所带来的损害，毕竟没有任何一种能源是绝对安全的。纵观历史上的核损害，无论是 1986 年苏联切尔诺贝利核电站 4 号反应堆发生爆炸，还是 2011 年日本福岛的第一核电站发生核泄漏，都给当地居民、周边环境以及后代子

---

　　* 赵雪，中国政法大学博士研究生，中铁资源集团建设投资有限公司法律合规部副部长，高级经济师。
　　〔1〕《2016 年全球及中国核电发展预测分析》，载 http://www. askci. com/news/chanye/2016/03/17/161513fc5b. shtml，访问日期：2016 年 11 月 7 日。

孙造成了非常严重的灾难和影响。

"无救济则无权利"是一个古老的法律谚语，也是侵权法律制度的重要渊源，法律对核损害的救济主要体现在国际公约和各国国内立法上。目前，国际上主要有《核能方面第三当事者责任公约》（1960年，简称《巴黎公约》）、《核动力船舶经营人责任公约》（1962年）、《关于核能方面第三当事者责任巴黎公约的补充公约》（1963年，简称《布鲁塞尔补充公约》）、《核能损害民事责任维也纳公约》（1963年，简称《维也纳公约》）、《关于适用〈维也纳公约〉和〈巴黎公约〉的联合议定书》（1988年）、《核损害补充赔偿公约》（1997年）。一些核能发展较为活跃的国家如美国、德国、日本等，均在各国国内制定了与核损害责任相关的立法，这些国际公约和国内立法都根据核损害责任的特点引入了损失分担制度。但是尽管我国的核能利用进入到快速发展和大力推广的阶段，但既没有缔结核损害责任方面的公约，也没有核损害责任的国内立法，这就导致如果一旦发生核损害，受害者无法依据法律获得及时和适足的救济。立法的滞后与现实需求之间的矛盾，促使我们进一步研究核损害责任的相关问题，以推动中国的核损害责任立法的尽快出台。

一、核损害责任的概念和特征

（一）核损害责任的概念

核损害责任，又称核损害民事责任、核损害赔偿责任，是指当营运者管理的核设施发生核事故造成核损害时，核设施营运者所应承担的赔偿责任。由于这种责任主要是针对核设施营运者之外第三人的，故这种责任又称为第三方核责任。[1]

（二）核损害责任的特征

第一，核损害责任为民事责任范畴，是以赔偿为主要的救济方式。目前国际上并没有禁止各国和平利用核能，因此即使出现核事故，[2]也不涉及国家责任，而将核损害责任限定在民事责任范畴，但并不排除国家的跨界损害赔偿责任。[3]另外，民事责任的承担方式以经济补偿为主，体现了核损害责任的赔偿

---

〔1〕 蔡先凤：《核损害民事责任研究》，原子能出版社2005年版，第116页。

〔2〕 蔡先凤教授认为，核事故是指在人类和平开发利用核能的活动中所发生并给人体健康、财产和环境等造成损害的灾祸或非比寻常的重大事项。

〔3〕 1963年国际法委员会在讨论国家责任条款草案时，Eustathiades委员认为：国家责任问题虽然正面规定了违法行为责任的后果，但对国家的国际责任而言，正如在核能损害、外空损害领域所表现出来的那样，国家的合法行为也会产生责任，这是对合法行为所造成的损害的赔偿义务。

性质，同时也为损失分担机制提供了前提和基础。

第二，核损害责任的起因是一国领土内或其管辖、控制的其他地方的核设施造成的损害，即损害与核设施具有因果关系。首先，核设施需要有认定的标准，《巴黎公约》《维也纳公约》《核事故及早通报公约》《核安全公约》以及一些国家的国内立法都规定了核设施的认定标准，我国《放射性污染防治法》第62条第2款规定，核设施，是指核动力厂（核电厂、核热电厂、核供汽供热厂等）和其他反应堆（研究堆、实验堆、临界装置等）；核燃料生产、加工、贮存和后处理设施；放射性废物处理和处理设施等。其次，在事实认定上，损害是由核设施发生的核事故引起的，通常是由核燃料或放射性产物或废料的放射性产生的，或者与有毒、易爆或其他有害性相结合而产生的损害，即事故与损失之间在事实上具有因果关系。最后，该因果联系具有法律上的可归责性，即不考虑责任主体的主观过错，只认定因果关系，即可构成法律上的责任承担，因此通常适用严格责任或者绝对责任。

第三，责任的承担主体为核设施的营运者，赔偿损失的分担主体还包括国家。目前的国际公约，如《核动力船舶经营人责任公约》《巴黎公约》《维也纳公约》和一些国家的国内立法如日本、法国、德国均规定核设施的营运者为核损害责任的唯一承担主体，在营运者通过保险和其他财务支持仍不足以赔偿的情况下，国家可以作为赔偿义务人补偿损失。

二、分析核损害责任中的损失分担制度——以国际公约为研究对象

核损害责任中的损失分担制度涉及由谁承担赔偿责任，即责任主体问题；赔偿的范围包括哪些，即损害范围问题；归责依据，即责任性质问题；以及，核损害责任中的损失分担机制的具体规定。下面，我将重点围绕这四方面问题展开论述。

（一）责任主体

1. 国际公约对责任主体的规定

《核动力船舶经营人责任公约》（1962年）、《巴黎公约》（1960年）和《维也纳公约》（1963年）均规定了核设施的营运者对核事故造成的损失承担赔偿责任，且核设施的营运者作为唯一责任或者集中责任主体。《核动力船舶经营人责任公约》（1962年）规定，营运者是指经签发许可证的国家授权经营核动力船舶的人员，或者在由某国经营核动力船舶的情况下，是指该国。[1]《巴黎公

---

〔1〕《核动力船舶经营人责任公约》（1962年）第1条第4款。

约》（1960 年）[1] 和《维也纳公约》（1963 年）[2] 规定营运者是指由政府主管当局指派或认可的管理核设施的人。国际法委员会二读通过的《关于危险活动造成的跨界损害案件中损失分担的原则草案》（2006 年于日内瓦，简称《损失分担原则草案》）中规定了承担跨界损害损失首位赔偿义务的营运者是指，在发生跨界损害事件时指挥或控制有关活动的人。[3]

2. 具体分析

核设施的营运者作为核损害的责任承担主体不仅体现在国际公约上，也被各国的国内立法所采用，并逐渐演变成一种国际惯例。这个约定俗成的条文反映出国际社会对"污染者付费原则"的认同和应用。营运者是指在实际上、法律上和经济上控制污染活动的人，"污染者付费原则"是指为了谋求经济利益而造成高度危险者必须承担控制此项活动的任何不利后果的责任。[4]《1990 年国际油污防备、反应和合作公约》以及《关于工业事故跨界影响的公约》均在序言中将"污染者付费"作为一项国际环境法原则加以阐述。核事故所造成的核损害主要是核辐射借助环境介质从而对人身和财产甚至对环境造成损害，因此对核损害的责任研究不应忽略其对环境损害的责任追究。

（二）损害范围

1. 国际条约对损害范围的规定

《损失分担原则草案》（2006 年）第 2 条（a）款规定，对人员、财产或环境所造成的重大损害，包括：①人员死亡或者人身伤害；②财产的损失或损害，包括构成文化遗产部分的财产；③环境受损而引起的损失或损害；④恢复财产或环境，包括自然资源的合理措施的费用；⑤合理反应措施的费用。

1997 年的《修正〈关于核能损害民事责任的维也纳公约〉的议定书》以及《核损害补充赔偿公约》都对核损害的范围进行了较为详细的规定。[5] 具体类型为：①人身权益损害，包括生命的丧失或人身伤害；②财产权益损害，包括受损财产的灭失或损害；③环境权益损害，包括受损害环境的恢复措施费用，

---

〔1〕《巴黎公约》（1960 年）第 1 条第 1 款第 6 项。

〔2〕《维也纳公约》（1963 年）第 1 条第 1 款第 3 项。

〔3〕《关于危险活动造成的跨界损害案件中损失分担的原则草案》第 2 条。

〔4〕 A/CN. 4/566，《国际法不加禁止的行为所产生的损害性后果的国际责任》关于《危险活动所致跨界损害的损失分配法律制度第三次报告》，第 17 页。

〔5〕《修正〈关于核损害民事责任的维也纳公约〉的议定书》（1997 年）第 2 条第 2 款，以及《核损害补充赔偿公约》（1997 年）第 1 条（f）项。

由于环境的明显损害所引起的收入损失，预防措施费用和环境损坏所造成的其他经济损失。但这两个公约仅对人身权益和财产权益损害进行强制性保护，而将对环境权益的保护留给了缔约国的国内立法来解决。

2. 具体分析

尽管公约没有对核事故造成的环境权益的损害进行强制性保护，但是我们必须承认，国际社会已经认识到环境的价值。1972 年《联合国人类环境宣言》和 1992 年《里约环境与发展宣言》都重申了一国不得损害国外环境的义务，并将其作为国际环境法的一项基本原则加以确立。笔者认为，对环境损害的赔偿在最低限度上应包括对环境的"使用价值"的赔偿，包括预防措施费用和恢复措施费用以及对环境利用中所得收入的直接损失。

（三）责任性质

1. 国际公约对责任性质的规定

国际法上对于具有一定社会公益性的高度危险活动，例如涉及核方面的经营活动，一般适用严格责任或绝对责任。严格责任和绝对责任是英美法系的称谓，大陆法系称之为无过错责任，该制度的特征是不需要证明责任人的主观过错，即只要损害结果和经营活动之间具有法律上和事实上的因果关系，即由责任主体承担赔偿责任。严格责任原则下尚存在抗辩的可能性，如不可抗力、受害人自己的故意致害、第三人过错等均构成抗辩事由。严格责任实际上要考虑过失因素，特别是要考虑受害人的过失。[1] 而绝对责任则更是强调损害后果，认为只要存在损害后果，则责任主体就要承担责任，但绝对责任也不是不考虑特定极端情况下的免责，例如发生武装冲突、敌对行为、内乱或暴乱等行为时责任主体可以免责。

《维也纳公约》（1963 年）第 4 条第 3 款规定，营运者对武装冲突、敌对行为、内乱或暴乱等行为所引起的核事故所造成的核损害一律不负任何责任。另外，除非核设施国的法律有相反的规定，否则，营运者对特大自然灾害直接引起的核事故所造成的核损害不负任何责任。1997 年《修正〈关于核能损害民事责任的维也纳公约〉的议定书》第 6 条删除了 1963 年《维也纳公约》第 4 条第 3 款关于"营运者对特大自然灾害直接引起的核事故所造成的核损害不负任何责任"的规定。另外，《布鲁塞尔补充公约议定书》（2004 年）第 9 条规定，营运者对由武装冲突、敌对行为、内战或暴乱等行为直接引起的核事故所造成的损

---

〔1〕 王利明：《侵权行为法归责原则研究》，中国政法大学出版社 2003 年版，第 131、154 页。

害不承担责任。同样，2004 年的该条删除了《巴黎公约》（1960 年）第 9 条中关于"异常性质的严重自然灾害引起的核事故所造成的损害不负赔偿责任"的规定。《核动力船舶经营人责任公约》（1962 年）第 2 条第 1 款规定，……该船的经营人应对损害负绝对责任。

2. 具体分析

不管是严格责任还是绝对责任，都可以为受害人提供及时和适足的保护，因为该制度不需要受害人去证明责任主体的主观过错。对于具有高科技性和高危险性的核经营活动所造成的损害来讲，受害人在不具备专业知识技能以及对事故发生的原因不甚了解的情况下，严格责任和绝对责任能够更加公平和适当地为受害者提供保护。从责任主体的角度来讲，国际法上的严格责任和绝对责任通常具有赔偿最高额的限制，从而更加有效地促进责任主体积极承担责任，也使损失分担主体更主动地参与到赔偿当中。

（四）损失分担

1. 国际公约对损失分担的具体规定

《核动力船舶经营人责任公约》（1962 年）第 3 条规定，核动力船舶的任何一次核事故所应承担的赔偿责任最高额为 15 亿法郎，营运者可通过保险或者财务保证进行偿付，但如果上述保险或财务保证仍无法满足核损害赔偿要求，可由签发许可证的国家设立的公共基金承担损失，但总额不超过 15 亿法郎。

《布鲁塞尔补充公约》（1963 年）对每一核事故造成损害的赔偿最高可达 3 亿特别提款权。在这些赔偿中，至少有 500 万特别提款权由核设施的营运者通过该保险或其他财务保证提供的，这是第一层民事责任人的赔偿；从 500 万到 1.75 亿特别提款权由该设施所在缔约国的公共资金支付，这是第二层赔偿；从 1.75 亿至 3 亿特别提款权由该条约的各缔约方按比例分摊建立的额外基金赔偿，这是第三层[1] 2004 年《布鲁塞尔补充公约议定书》依次提高了三层赔偿制度的数额，三个层次的损失分担主体未发生变化，而是将赔偿总额提高到 15 亿欧元。其中，第一层，至少有 7 亿欧元由核设施的营运者通过保险或其他财务保证提供；第二层，7 亿欧元到 12 亿欧元由该设施所在国的公共基金提供；第三层，12 亿到 15 亿欧元由各缔约国提供的额外补充基金承担。

1997 年《修正〈关于核损害民事责任的维也纳公约〉的议定书》第 5 条规定了每个核损害事故最高赔偿额不得少于 3 亿特别提款权，各缔约国可规定营

---

〔1〕 郭红岩：《跨界损害损失分担基本理论问题研究》，中国政法大学出版社 2013 年版，第 233 页。

运者的赔偿最高限额不得少于 1.5 亿特别提款权，甚至公约还允许各国依据自身情况，将营运者的赔偿最高限额降至不少于 500 万特别提款权，但无论采取哪种，均由该设施所在国提供公共基金就超出营运者赔偿限额到各缔约国规定的最高赔偿金额之间的损失承担补充赔偿义务。

《核损害补充赔偿公约》（1997 年）第 3 条规定，（a）每个核事故至少 3 亿特别提款权的赔偿总额；或者在该公约开放供签署之日起 10 年内，至少提供1.5 亿特别提款权的过渡数额；（b）在核损失超出（a）规定的数额时，按照第4 条规定的由各缔约国分摊的公共资金进行补足。另外，该公约还要求核设施营运者必须通过保险或者财务支持来保证核损害赔偿责任的实现，当保险或者财务保证人无法满足索赔要求时，则由核设施所在国提供必要的资金确保在赔偿总额的限度内进行赔偿。

2. 具体分析

国际公约规定核损害赔偿责任的唯一承担主体为核设施的营运者，因此在赔偿责任认定上具有单一性和法定性。但损害赔偿责任与损失分担是两个不同的概念。首先核设施的营运者具有对核设施的控制、管理的权利，并享有核设施所产生的利益，因该项权利所产生的赔偿义务和赔偿责任均与其经营核设施有关，所以核设施的营运者应承担经营该核设施将产生的任何不良后果。而损失分担原属于保险法上的概念，它产生的基础来自于保险合同，是一种契约性的义务，具体表现为保险人具有保费的请求权，相应的义务是对投保人造成的第三方损害承担赔偿义务，而保险人并不是造成损害的责任人，因此不包括在责任范畴内，而仅表现为分担损失，属于一种赔偿义务。

国际公约在核损害所产生的赔偿义务中引入了保险，甚至将购买保险作为核营运者的强制性义务加以限制。其实保险人和其他财务保证人本身不是核损害的赔偿责任主体，而仅具有分担损失的义务，属于损失分担机制中的组成部分。鉴于国家有义务确保在其领土和专属管辖和控制区内开展的任何危险活动均事先得到批准，且这种事先批准的条件是营运者必须对损害的风险管理采取最佳方法并尽最大努力，因此，应该进一步规定营运者须具备必要的财政能力，以满足损害事件中的索赔要求。有些国家表示，这种能力可以通过营运者购买适当保险或通过适当的银行担保或其他财政担保获得。[1] 也正因为核经营活动

---

〔1〕 A/CN. 4/566，《国际法不加禁止的行为所产生的损害性后果的国际责任》关于《危险活动所致跨界损害的损失分配法律制度第三次报告》第三段（d）。

需要国家进行监管，所以国家对核损害的赔偿也应承担分担损失的义务。

由于核损害的特殊性，其往往具有灾难和损失的巨大性以及不可控性，只有对核设施国课以补充赔偿义务，才能加强核设施国对其管辖或控制的核设施采取一切可能的措施、方式避免核损害的发生；而在核损害事故发生后，也只有核设施国有较为充分的能力提供补充赔偿，保证受害者的权利。[1] 若核设施的营运者通过保险或其他财务保证无法满足索赔需求，则需要国家在损失尚未补偿的部分进行补充补偿，但不得低于公约规定的最高赔偿总额。

为了体现出损失分担的顺序和层次，《布鲁塞尔补充公约》（1963 年）以及《布鲁塞尔补充公约议定书》（2004 年）更是规定了分担的顺序以及各个层次的限额。但需要说明的是，《核动力船舶经营人责任公约》（1962 年）、《核损害补充赔偿公约》（1997 年）以及 1997 年的《修正〈关于核能损害民事责任的维也纳公约〉的议定书》并没有将分担的顺序和每个层次的限额规定得那么详细和具体，仅规定了缔约国需要提供公共基金就核设施营运者自身和通过保险和其他财务保证仍未补偿的部分承担补充赔偿义务；对赔偿的最高金额有限制，但对于是否规定营运者的赔偿限额以及限额多少则均由各国通过国内立法进行选择。

除此之外，《布鲁塞尔补充公约》（1963 年）、《布鲁塞尔补充公约议定书》（2004 年）以及《核损害补充赔偿公约》（1997 年）都规定了分担损失的第三个层次，即当核设施人通过保险或其他财务保证以及缔约国的补充赔偿后仍有损失尚未补足的情况下，则由各个缔约国之间组成的额外补充基金来继续补偿损害。额外的补充基金是由各缔约国按照一定的标准将基金份额公平、合理地在缔约国之间进行分摊，是由各个缔约国共同出资组建的。其中，《布鲁塞尔补充公约》（1963 年）、《布鲁塞尔补充公约议定书》）（2004 年）规定了额外补充基金的赔偿限额，而《核损害补充赔偿公约》（1997 年）没有规定。

三、我国核损害责任中损失分担制度

（一）国内立法

我国既没有参与也没有缔结核损害赔偿的国际公约，国内也尚未制定《原子能法》，涉及核能领域的制度也只是零散地分布于行政法规之中，部门规章也

---

[1] 郭红岩：《跨界损害损失分担基本理论问题研究》，中国政法大学出版社 2013 年版，第 237 页。

多数是就某一方面急需的管理内容而制定的，核法律法规体系远未建立完善[1]。涉及核损害赔偿的制度更不具备专门的立法加以规定，而更多是适用《侵权责任法》的规定。我国核损害责任中的损失分担制度仅体现在 1986 年《国务院关于处理第三方核责任问题给核工业部、国家核安全局、国务院领导小组的批复》以及 2007 年《国务院关于核事故损害赔偿责任问题的批复》（国函 [2007] 64 号）中，但这两个规定并不是真正为实现核损害赔偿而制定的，而是我国在和平利用和发展核能的过程中，为满足国际原子能机构的要求在仓促中临时制定的，因此采取了批复的形式，并不属于真实的法律，具有更强的政治性。

随着环境权益日益受到国际社会的普遍关注，自 1986 年切尔诺贝利核电站事故以来，核事故对环境权益的损害赔偿受到了越来越多国家的支持和认可，我国《环境保护法》第 6 条对造成环境污染危害的赔偿进行了原则性的规定。另外，自 1999 年 9 月 3 日中国核保险共同体成立后，我国的核第三者责任保险在核损害的损失分担制度中得到了长足的发展。我国的《保险法》以及《国务院关于加快发展现代保险服务业的若干意见》（2014 年 7 月 11 日国务院第 54 次常务会议审议通过）等保险法律制度对核第三者责任保险进行了规范和指导。

（二）责任主体

《国务院关于核事故损害赔偿责任问题的批复》（2007 年）第 2 条规定，营运者应当对核事故造成的人身伤亡、财产损失或环境受到的损害承担赔偿责任。营运者以外的其他人不承担赔偿责任。《侵权责任法》第 70 条规定，民用核设施发生核事故造成他人损害的，民用核设施的经营者应承担侵权责任。从上述规定可以看出，《侵权责任法》第 70 条将责任承担主体规定为"经营者"，而《国务院关于核事故损害赔偿责任问题的批复》（2007 年）第 2 条则规定为"营运者"，两者在表述上并不一致，这就会产生理解上的歧义。

《侵权责任法》是经全国人民代表大会常务委员会审议通过并自 2010 年 7 月 1 日开始实施的，按照我国《立法法》第 8 条的规定，《侵权责任法》属于法律。而《国务院关于核事故损害赔偿责任问题的批复》（2007 年）是国务院对国家原子能机构关于核事故损害赔偿责任问题的批复，属于国函，不属于《立法法》所规定的法律法规范畴之内，并不具有法律效力，而仅仅表现为一种指导意见。因此，在对核损害责任主体的理解上应以《侵权责任法》第 70 条规定的

---

[1] 参见赵威主编：《原子能立法现状》，载《国际经济法论文集》，中国政法大学出版社 2013 年版，第 3 页。

为准。但是如何界定核设施的"经营者",法律并没有明确的规定。按照《布莱克法律词典》的解释,经营者是指一切从事商事活动的主体,包括法人和自然人。《反不正当竞争法》第2条规定,经营者是指从事商品经营或营利性服务的法人、其他经济组织和个人。因此,法律上的经营者包括商品的生产者、销售者和服务提供者。但是,按照《反不正当竞争法》所规定的经营者来理解核设施的经营者又显得不妥。根据国际公约对核设施营运者的规定,核设施的营运者是核损害责任的唯一承担主体,因此对经营者的认定具有唯一性和法定性,不适合类推解释。《国务院关于核事故损害赔偿责任问题的批复》(2007年)第1条规定:中华人民共和国境内,依法取得法人资格,营运核电站、民用研究堆、民用工程实验反应堆的单位或者从事民用核燃料生产、运输和乏燃料贮存、运输、后处理且拥有核设施的单位,为该核电站或者核设施的营运者。因此,笔者认为,《侵权行为法》应参考国际公约和《国务院关于核事故损害赔偿责任问题的批复》(2007年)第70条的表述,将核损害责任的承担主体规定为核设施的"营运者",并对"营运者"进行限定,以避免在理解时运用其他法律上"经营者"的概念进行类推解释和适用。

另外,《国务院关于核事故损害赔偿责任问题的批复》(2007年)第9条第1款[1]又规定了营运者对与之有追索权书面约定的他人享有追索权,即在营运者与他人签订有追索权约定合同的情况下,如因签约方主观过错或其提供的设备原因而造成的核事故,则营运者在承担核损害赔偿责任后可依据合同向签约方进行追偿。如果营运者没有签署含有追索权约定的合同,则无法向其他方进行追偿,但有一种情形除外,即核事故是由自然人的故意作为或不作为造成的。在这种情形下,营运者向受害人赔偿后,可以对该自然人行使追索权,这也是《国务院关于核事故损害赔偿责任问题的批复》(2007年)第9条第2款的规定。

但是笔者认为,《国务院关于核事故损害赔偿责任问题的批复》(2007年)第9条第2款的规定却有待商榷。该规定既没有对核设施的工作人员进行排除,又对自然人的追索显得有失公平。首先,自然人对其故意或不作为的举证能力不足。由于核事故发生的原因往往复杂,甚至掺杂了很多因素,自然人的知识水平和对核设施的了解程度无法抗衡作为法人主体的营运者。其次,我国没有自然人破产制度,巨大的核损害赔偿无法由自然人来承受,甚至有可能一辈子

---

[1] 《国务院关于核事故损害赔偿责任问题的批复》第9条规定,营运者与他人签订的书面合同对追索权有约定的,营运者向受害人赔偿后,按照合同的约定对他人行使追索权。

都无法偿还，加重了其赔偿义务。

（三）损害范围

我国《侵权责任法》第 2 条[1]规定了侵权的民事权益范围包括人身权和财产权，第 20 条[2]还规定了精神损害赔偿。《环境保护法》第 6 条[3]规定，生产经营者应当对其所造成的环境污染和生态破坏所引起的损害依法承担责任。《环境保护法》第 58 条[4]和《民事诉讼法》第 55 条以及《最高人民法院关于审理环境民事公益诉讼案件适用法律若干问题的解释》，规定了环境损害的公益诉讼。《国务院关于核事故损害赔偿责任问题的批复》（2007 年）第 2 条规定，营运者应当对核事故造成的人身伤亡、财产损失或者环境受到的损害承担赔偿责任。

按照我国法律以及司法解释的相关规定，核损害范围主要包括如下四个方面：①人身损害，包括对生命权和健康权的损害；②财产损失，包括所有权、用益物权、担保物权、股权等财产权益损害；③人身伤害所引起的严重的精神损害；④环境损害，包括停止侵害、排除妨碍、消除危险采取合理预防、处置措施而发生的费用、生态环境修复费用、生态环境受到损害至恢复原状期间服务功能损失的费用、检验、鉴定费用等。其中，环境损害的诉讼主体为符合条件的民政部门或从事环境保护公益活动的社会组织，赔偿金额用于环境治理和恢复。

由于原子能的特性，核损害主要是指核的放射性所造成的环境损害，从而引起人身伤害和财产损失。核事故对生态领域如对海洋、河流的破坏，对动植物的影响等，属于对公共领域的环境损害，同样应包括在赔偿范围内，但是我国对环境损害的保护仅限定在已经损害社会公共利益或具有损害社会公共利益重大风险的环境损害，即保护的环境必须是具有人类社会属性的环境，而将纯

---

〔1〕《侵权责任法》所称民事权益，包括生命权、健康权、姓名权、名誉权、荣誉权、肖像权、隐私权、婚姻自主权、监护权、所有权、用益物权、担保物权、著作权、专利权、商标专用权、发现权、股权、继承权等人身、财产权益。

〔2〕《侵权责任法》第 20 条规定，侵害他人人身权益，造成他人严重精神损害的，被侵权人可以请求精神损害赔偿。

〔3〕《环境保护法》第 6 条规定，企业事业单位和其他生产经营者应当防止、减少环境污染和生态破坏，对所造成的损害依法承担责任。

〔4〕《环境保护法》第 58 条规定，对污染环境、破坏生态、损害社会公共利益的行为，符合下列条件的社会组织可以向人民法院提起诉讼：（一）依法在设区的市级以上人民政府民政部门登记；（二）专门从事环境保护公益活动连续五年以上且无违法记录。符合前款规定的社会组织向人民法院提起诉讼，人民法院应当依法受理。

自然环境的损害排除在外。另外，根据这几年环境损害的公益诉讼的实践来看，由于诉讼主体的稀缺性和行政性等严格条件限制，导致环境损害赔偿在保护程度和实施效果方面略显不足和薄弱。

（四）责任性质

我国《侵权责任法》第 70 条规定，如果能够证明损害是因战争等情形或者由受害人故意造成的，则民用核设施的经营者不承担责任。《国务院关于核事故损害赔偿责任问题的批复》（2007 年）第 6 条规定，对直接由于武装冲突、敌对行动、战争或者暴乱所引起的核事故造成的核损害，营运者不承担赔偿责任。《国务院关于处理第三方核责任问题给核工业部、国家核安全局、国务院领导小组的批复》（1986 年）第 2 条规定，在中华人民共和国境内发生核事故所造成的核损害，该营运者对核损害承担绝对责任。

《侵权责任法》第 70 条规定的核损害责任的免责事由并未采取列举式，而用"等"字来进行概括，有些免责事由可以由法官进行自由裁量和适用。那么因特大自然灾害所引起的核损害是否可以免责，《侵权责任法》并没有规定。日本的《核损害责任法》第 3 条[1]将特大自然灾害所引起的损害作为核损害责任的免责事由进行规定，[2] 且日本的核保险制度也将地震等特大自然灾害引起的核损害赔偿排除在保险范围之外，[3] 这就使因地震引起的福岛核泄漏事件而受损的日本民众无法通过国内立法得到赔偿。笔者在前文国际公约对责任性质的阐述中提到，《布鲁塞尔补充公约议定书》（2004 年）以及 1997 年的《修正〈关于核能损害民事责任的维也纳公约〉的议定书》都删除了特大自然灾害作为免责事由的规定，《国务院关于核事故损害赔偿责任问题的批复》（2007 年）和《国务院关于处理第三方核责任问题给核工业部、国家核安全局、国务院领导小组的批复》（1986 年）也没有规定特大自然灾害可以作为免责的事由。因此，我国的《侵权责任法》第 70 条应参照国际公约和国务院两个批复的立法精神将核损害责任的免责事由进行列举式规定，不留灰色地带，且免责事由不包括特大自然灾害，以加强政府对核设施选址和可行性研究的重视程度。

---

〔1〕 日本《核损害赔偿法》第 3 条规定，在反应堆运行过程中导致核损害，从事反应堆运行的核营运者应对损害负责，但是由于特大自然灾害或暴动引起的损害除外。

〔2〕 See Section 3 (1) – (2) of The Law on Compensation for Nuclear Damage, in: Supplement to NLB 45, p. 5.

〔3〕 日本核保险共同体与东京核电公司签订的福岛核电厂的核第三者责任保险合同，就将地震等自然灾害列在了除外条款之列。

（五）损失分担

我国对损失分担的规定主要体现在：《国务院关于处理第三方核责任问题给核工业部、国家核安全局、国务院领导小组的批复》（1986 年）第 3 条〔1〕和《国务院关于核事故损害赔偿责任问题的批复》（2007 年）第 7 条〔2〕的规定，后者将前者赔偿的限额进行了调高。根据新法优于旧法原则，我们主要分析一下《国务院关于核事故损害赔偿责任问题的批复》（2007 年）第 7 条的规定，但是该规定过于简单，没有规定具体的权利义务以及保障。

根据该规定，我国将核损害损失分担分为两个层次。第一个层次由核设施的营运者承担首位的赔偿责任。核电站的营运者和乏燃料贮存、运输、后处理的营运者，对一次核事故所造成的核事故损害的最高赔偿额为 3 亿元人民币；其他营运者对一次核事故所造成的核事故损害的最高赔偿额为 1 亿元人民币。第二个层次发生的前提是第一层次规定的最高额仍无法弥补核事故造成的损失，则由国家提供最高限额为 8 亿人民币的财政补偿，但第二层次的最高额会根据事故的情况进行调整，如果是非常核事故造成的损害，需要国家增加财政补偿金额则由国务院评估后决定。

从上述规定可以看出，我国的损失分担机制分为两层，对于因核电站和乏燃料贮存、运输、后处理中发生的核事故所造成的损失，提供最多 11 亿元人民币的赔偿额；对于其他的核事故造成的损失，提供最多 9 亿元人民币的赔偿额。

《国务院关于核事故损害赔偿责任问题的批复》（2007 年）第 8 条的规定，营运者应做出适当的财务保证安排，以确保发生核事故损害时能够及时、有效地履行核事故损害赔偿责任。在核电站运行之前或者乏燃料贮存、运输、后处理之前，营运者必须购买足以履行其责任限额的保险。也就是说，我国要求核电站的营运者以及乏燃料贮存、运输、后处理的营运者必须购买核第三者责任保险，并作为经营核设施的审批条件之一，而其他的核营运者需做出适当的财

---

〔1〕《国务院关于处理第三方核责任问题给核工业部、国家核安全局、国务院领导小组的批复》第 3 条规定，对于一次核事故所造成的核损害，营运人对全体受害人的最高赔偿额合计为人民币 1800 万元。对核损害的应赔总额如果超过前款规定的最高赔偿额，中华人民共和国政府将提供必要的、有限的财政补偿，其最高限额为人民币 3 亿元。

〔2〕《国务院关于核事故损害赔偿责任问题的批复》（2007 年）第 7 条规定，核电站的营运者和乏燃料贮存、运输、后处理的营运者，对一次核事故所造成的核事故损害的最高赔偿额为 3 亿元人民币；其他营运者对一次核事故所造成的核事故损害的最高赔偿额为 1 亿元人民币。核事故损害的应赔总额超过规定的最高赔偿额的，国家提供最高限额为 8 亿元人民币的财政补偿。对非常核事故造成的核事故损害赔偿，需要国家增加财政补偿金额的由国务院评估后决定。

务安排。

我国的《侵权责任法》并没有规定核损害责任的损失分担制度，既没有规定赔偿的最高限额，也未规定损失分担的层次和金额，而是按照一般性的赔偿原则对核损害进行足额的赔偿。这与国际公约和大多数核工业大国的普遍做法不符，也与 2007 年和 1986 年的国务院批复不符。尽管如此，我们还是不能否认损失分担制度在中国核损害责任中存在的事实，其中最主要的原因是我国核第三者责任保险制度在损失分担制度中的重要作用。

（六）损失分担制度中的核第三者责任保险

世界上的核工业大国大多要求核营运者购买核第三者责任保险以提供财务保证，将核损害造成的损失通过保险制度分散到整个市场中，从而减轻营运者的压力，同时也能更好地实现对受害者的赔偿。尽管国家基于其对核设施的许可和监管职责，对核损害承担补充补偿义务，但适用往往具有严格的条件和程序，真正实现补偿的则时间较长，且程序繁琐，不利于对受害人进行及时、适足的救济，这就突显出核第三者责任保险在损失分担制度中的重要性和不可或缺性。

1. 我国的核第三者责任保险

为适应中国核电发展对核保险的需求，加强国内保险公司在核保险方面的合作，经中国保监会批准，1999 年 9 月 2 日，由中国再保险公司、中国人民保险公司、中国太平洋保险公司、中国平安保险公司共同发起设立中国核保险共同体（简称中国核共体）。目前，中国核共体的成员公司包括了国内 25 家财产保险公司和再保险公司，汇集了国内财产保险市场 90% 以上的承保能力，为国内所有运营的核电提供了核财产保险和核第三者责任保险。中国核共体同时还是国际核共体体系的重要成员，在国际上的地位和话语权日渐提高。[1]

根据中国核共体章程的规定，核共体的业务范围包括中国境内核设施的直保和再保险分出业务以及境外核设施的再保险分出业务。我国《保险法》第 65 条规定，保险人对责任保险的被保险人给第三者造成的损害，可以依照法律的规定或合同的约定，直接向该第三者赔偿保险金。中国核共体的核第三方责任保险主要承保各种核设施（包括核电站、核燃料循环中各种核设施等）运营商为满足国家核损害相关规定而必须持有的保障金额。[2] 中国的核共体是成员制

─────────

〔1〕《中国核共体举办核巨灾保险与核损害赔偿制度系列会议》，载 http：//www. chinare. com. cn/ zhzjt/458549/458951/459631/index. html，访问日期：2016 年 10 月 27 日。

〔2〕《核共体保险业务范围》，载 http：//www. chinare. com. cn/zhzjt/458549/458955/459152/index. html，访问日期：2016 年 10 月 28 日。

的共同体，各成员公司之间承担连带责任，由核设施的营运者与核共体的成员公司签署保险合同，但由核共体的所有成员公司共同承保，然后中国核共体根据自身承保能力再向国际核共体分保，同时还接受境外核设施的分保业务，将各国的核风险分散于世界核保险市场。中国核共体提供的保单限额根据《国务院关于核事故损害赔偿责任问题的批复》（2007 年）中规定，核电站第三者责任的限额为 4500 万美元，另外附加 100 万美元的费用，附加费用主要用于支付诉讼费用、人工成本、事故处理费用等。该保险承保的是一切险，但是因战争、内乱、重大自然灾害和恐怖主义袭击所导致的核损害不包括在保险范围之内。[1]

2. 美国的核第三者责任保险

美国的核保险市场分为核共体和核自保，核自保全称为核电保险自保组织，是指由核电企业发起设立的保险公司对核电企业的核营运风险进行承保的一种形式，核自保对一般保险公司无法承保的特殊风险进行融资，同时也为母公司即核电企业提供更加适合的保险服务。美国的核共体和核自保共同参与到美国的核责任保险中，形成良性合作和竞争，从而提高了保费的透明度和灵活性，也使美国的核责任承保份额位居世界前列。

美国的核保险体系由三级构成：一级保险要求营运者必须从核共体或核自保为每个反应堆购买 3 亿美元的责任保险。二级保险为，若赔偿金额超过一级保险的承保范围，则由美国所有的核电营运商共同提供保险金，成立保险资金池，根据"追溯性评估计划"赔偿超过第一级保险数额的核损害，并由美国的能源部保证支付。第一级和第二级共计赔偿的责任金额不超过 100 亿美元。若第一级和第二级保险仍无法覆盖核损害的赔偿金额，则启动第三级的保障，由美国的国会决定如何提供赔偿，包括增加赔偿金额。

3. 比较分析中美两国的核第三者责任保险制度

尽管美国的核第三者责任保险制度跟核损害的国际公约相比，尚有需要完善的地方，但是不能否认美国的核共体在对 1979 年发生的三里岛核事故所承担的赔偿义务以及核共体在稳定社会秩序、抚慰受害者心理、快速处理事故方面起到的关键作用。中国的核第三者责任保险起步较晚，与美国的核第三者责任保险制度相比有以下三个方面的不足：

第一，我国仅由核共体提供核第三者责任保险，自身承保能力有限，且不

---

〔1〕《核共体保险业务范围》，载 http：//www.chinare.com.cn/zhzjt/458549/458955/459152/index.html，访问日期：2016 年 10 月 28 日。

存在竞争机制。我国的核共体过度依赖国际市场，国际分保的保费比例高达60%－80%，自留部分不足，导致保费率较高。我国可以考虑建立核自保的保险体系，由中广核、中核和中电投发起设立保险公司对核第三者责任保险进行承保。一方面可以加大自留部分，降低保费；另一方面可以更加有效和专业地进行风险防控，避免损害的发生。

第二，承保的赔偿金额过低，这也与《国务院关于核事故损害赔偿责任问题的批复》（2007 年）的规定有关。根据 2007 年国务院批复的规定，核损害赔偿的最高金额为 3 亿元人民币（不包括国家补偿），相对应的核第三者责任保险的承保赔偿金额为 4500 万美元，这显然跟核损害责任的国际公约和美国的核第三者责任保险规定的金额相去甚远，也与现实的需求不符，因此应将赔偿金额提高。

第三，未建立核风险准备金制度，导致在核损害发生时无法进行应急性救援和处理，可能会引起损失的进一步扩大。《国务院关于加快发展现代保险服务业的若干意见》第 4 条第 10 款规定了建立巨灾保险制度，特别强调要建立核保险巨灾责任准备金制度，从而逐步形成财政支持下的多层次巨灾风险分散机制，以适应核损害赔偿的需求。

四、结语

随着中国民用核电的快速和大力发展，国际社会和中国民众对核电的关注越来越高，人们在享受核电所带来的便利和清洁的同时，也在担忧核电的安全隐患。如何保护人民的生命和财产安全，如何兑现对国际社会环境保护的承诺，成为中国政府不得不面对和解决的问题。尽管 1986 年和 2007 年国务院的两个批复以及中国核共体的核第三者责任保险制度搭建了核损害责任中损失分担制度的初步框架，但是我们也应看到其中存在的问题和不足。因此，中国政府应在考虑国际公约对核损害责任规定的基础上，结合中国的核发展历史，修改和完善现行立法，同时积极推动中国的《原子能法》和《核损害责任法》的尽早出台，充分发挥核损害责任中损失分担制度的优势，以努力建立有法可依、有责必究、有损必偿的核工业法治体系。

论核损害民事责任制度中的国家介入原则

文媛怡*

　　二战以来，低消耗、低排放、高产能的核能源迅速成为世界各国清洁能源领域的宠儿。然而，核能在创造大规模收益的同时，也暗藏着巨大风险。苏联切尔诺贝利核电站泄漏事故、美国三里岛核电站泄漏事故、日本福岛核电站泄漏事故等均造成灾难性后果。由此产生的核损害赔偿事项呈现出受害群体广泛、赔偿数额巨大、影响周期漫长等特点，难以通过传统民法责任体系合理分摊损失、解决矛盾。因此，在核损害赔偿领域，一种旨在依靠国家力量参与核损害责任分担的特殊原则——国家介入原则被逐步确立为该领域的基本原则之一。纵观国际、国内立法实践，不同时期、不同规范对于国家介入原则的采纳程度、采纳方式存在差异。在我国加紧核领域立法的进程中，有必要对这一原则进行梳理研究，以期合理采纳这一原则，构建符合中国现实需要的核损害民事责任制度。本文将从国家介入原则入手，对相关问题展开论述。

---

*　文媛怡，中国政法大学国际法学院 2016 级博士研究生。

一、国家介入原则

国家介入原则，又称国家干预原则，即由国家介入和参与核损害赔偿工作，并负担调停或支付赔偿金的责任。[1] 发展至今，国家介入原则对国家处理核事故提出了三个层次的要求：参与工作、调停矛盾及支付赔偿。支付赔偿是国家介入原则的关键要求。鉴于核事故损害责任的特点和各国保护公共安全、保护核工业的需要，这一原则几乎与核损害赔偿责任同时产生。世界上第一部建立核损害民事责任的国内法——1957 年美国《普莱斯—安德森法案》（Price—Anderson Act）中，就有相关政府责任的表述。[2]

在核损害赔偿领域中，国家介入原则的引入具有一定的必要性和必然性。首先，国家介入原则顺应了现代民法社会化的发展趋势。现代民法正在经历"私法公法化""权利社会化"和"责任社会化"的变革，要求以社会利益为出发点，对民法领域的私法自治、自己责任原则等进行修正。[3] 国家参与核损害赔偿，对于保障社会安全、维护社会利益意义重大。其次，国家介入原则是国家干预主义在侵权法律制度中延伸的结果。垄断资本主义时代暴露出自由主义的缺陷，西方国家不断调整，积极通过政府"看得见的手"对社会活动进行干预，纠正市场调节的自身缺陷。核事故带来的巨大风险严重威胁着公共安全，自然也需要国家的干预和调整。再次，国家介入原则适应了现代社会处理诸如核泄漏等大规模损害事故的需要。核事故等"大规模受害的救济"被认为是现代民法的难题之一，[4] 而传统侵权法建立在加害人和受害人的二极格局基础之上，本身就是一种"追求个人责任的机制"，[5] 未能提供有效的解决方案。采纳国家介入原则，在赔偿制度设计中引入公权力，打破传统侵权领域的私主体之间内部损失填补格局，可以满足事故处理的现实需要。

二、国家介入原则的立法现状

（一）国际公约

截至目前，国际社会涉及核损害赔偿的主要公约均采纳了国家介入原则，

---

〔1〕 参见蔡先凤：《核损害民事责任研究》，原子能出版社 2005 年版，第 198 页。

〔2〕 参见陈刚：《国际原子能法》，原子能出版社 2012 年版，第 258 页。

〔3〕 参见黄中显：《分担与转移：环境侵害救济社会化法律制度研究》，法律出版社 2016 年版，第 45 页。

〔4〕 参见梁慧星：《从近代民法到现代民法——20 世纪民法回顾》，载《民商法论丛》（第 7 卷），法律出版社 1997 年版，第 254 页。

〔5〕 王艳华：《从损害赔偿到综合救济制度——论侵权行为法的发展方向》，载《郑州大学学报（哲学社会科学版）》1999 年第 5 期，第 89 页。

对缔约国在核损害赔偿中的相关义务作出规定。但不同公约在纳入的具体方式和程度上有所不同，主要强调以下三种国家干预：

第一，国家的监管义务。1960 年《关于核能领域第三方责任的巴黎公约》是最早关于核损害责任的区域性国际条约，规定政府主管当局可以指定要求经营者缴纳的保险费或其他财政保证金的形式和条件。[1] 据此，国家可以在事故预防阶段通过行使行政监管职能保障相关责任人的赔偿能力。

第二，有限的国家补充赔偿义务。1963 年《关于核损害民事责任的维也纳公约》确立了经营者绝对责任原则，[2] 装置国（installation state）可以设置不低于 500 万美元的责任上限，并且可以要求运营者按照其要求的数目、类别和条件保存保险费或财政保证金以抵偿他对核损害所负的责任。运营者无力赔付且在限额范围内的部分，由装置国赔偿。[3] 在核损害具体领域，1962 年 5 月 25 日于布鲁塞尔召开的第十一届海洋法外交会议上通过的《核动力船舶经营人责任公约》，同样采纳了国家介入原则。该公约将经签发许可证的国家授权经营核动力船舶的人员视为"经营人"（operator）并列为核损害的第一责任主体，对单次单艘核动力船舶引发的单次核动力事故规定了 15 亿法郎的最高赔偿限额。与此同时，该公约对签发许可证的国家施加设立相同最高限度的必要基金的义务，作为赔付的保证。[4]

第三，缔约国之间的损失分担义务。1997 年在维也纳签订的《核损害补充赔偿公约》就核损害赔偿制度作出进一步安排，试图建立全世界范围内的责任体制。公约建立了由应负责任的运营者（liable operator）、"装置国"及各缔约国共同参与的责任体系，[5] 将相关责任限额提高至 3 亿特别提款权（SDR）。在强调"装置国"补充责任的基础上，通过缔约国按照一定分摊方案形成的公共资金（public funds），用于核损害赔偿。同时考虑到跨境核损害赔偿问题，安排其中 50% 的资金专门用于支付未收到赔偿的装置国领土外所受核损害的索赔。[6]

---

〔1〕 参见 1960 年《关于核能领域第三方责任的巴黎公约》第 10 条。

〔2〕 参见 1963 年《关于核损害民事责任的维也纳公约》第 4 条第 1 款。

〔3〕 参见 1963 年《关于核损害民事责任的维也纳公约》第 5 条第 1 款。同时，该条第 3 款强调："本公约中提到的美元是一种计算单位，其价值指 1963 年 4 月 29 日美元与黄金的比价，即每 1 盎司纯金合 35 美元。"

〔4〕 参见 1962 年《核动力船舶经营人责任公约》第 3 条第 1 款、第 2 款。

〔5〕 参见 1997 年《核损害补充赔偿公约》第二章第 3 条。

〔6〕 参见 1997 年《核损害补充赔偿公约》第三章第 11 条第 1 款。

（二）外国立法

伴随着二战后民用核工业的快速发展，美、德、日、法等国纷纷出台专门的核损害赔偿法律规范，完善国内核损害赔偿体系，并将国家介入原则写入有关核损害民事责任法律。

美国建立了核损害赔偿三级保险机制。目的在于确保提供足够的赔偿资金，消除潜在事故引发的庞大诉求给核电行业带来的威胁。[1] 相关内容集中规定在前文提及的 1957 年美国《普莱斯—安德森法案》中。该法是美国 1965 年《原子能法案》的一部分，依照其规定，除第一级别要求业主向私营保险公司购买定额责任险外，其余两个级别在满足条件的情况下，均要求政府提供支持：当核电运营商共同缴纳保险金超过 100 亿美元时，能源部为其提供等同数额的保险金；或遇特别重大事故时，可启动第三级保障，由国会决定如何提供赔偿。[2]

德国的《核能法》第 7 条第 2 款第 4 项和第 13 项设定了补偿准备金义务。该法要求从事核能设备的企业在开业之初必须将一定金额（5 亿马克）存入银行，作为损害发生时的"赔偿准备金"，当损害发生时由该基金支付赔偿。当出现赔偿准备金仍不足以支付赔偿额的情况时，则适用《德国核能法》第 33 条之后的条款，由联邦和州承担赔偿责任。但该法第 34 条第 1 款第 2 句同时也规定，国家承担赔偿的限额以不超过赔偿准备金的 2 倍（10 亿马克）为限。[3]

日本核损害赔偿法体系由《原子能损害赔偿法》《原子能损害赔偿补偿协议法》《伴随核能损害补充赔偿条约实施的原子能损害赔偿资金补助法》等构成，并颁布相关实行令及施行规则，共计二十余部，形成了较为完整、具体的赔偿体系。其中，与国家签订的政府补偿协议专门针对民间保险合同未能涵盖的部分，最多可获得 1200 亿日元的赔偿。还可在事故发生后设立专门的"原子能损害赔偿纠纷审查会"扮演和解中介的角色，制定指导原则，帮助当事人自行解决纠纷。[4]

法国于 1969 年 2 月 11 日制定了《关于核能领域第三方责任法》，就法国境

〔1〕 See Chapter one of the *Report to the Congress from the Presidential Commission on Catastrophic Nuclear Accidents*, Available at http：//www. state. nv. us/nucwaste/news/rpccna/pcrcna07. htm, last viewed on 2 Jan. , 2017.

〔2〕 参见陈刚：《国际原子能法》，原子能出版社 2012 年版，第 258 页。

〔3〕 ［德］克里斯蒂安·冯·巴尔：《大规模侵权损害责任法的改革》，贺栩栩译，中国法制出版社 2010 年版，第 58 页。

〔4〕 参见庄玉友：《日本原子能损害赔偿制度研究》，载《国外能源》2015 年第 10 期，第 36 页。

内的核事故赔偿作出规制。其同样要求国家介入，并在一定范围内承担赔偿责任，即当财务担保人、保险公司或运营者无力赔偿事故损失时，由国家进行赔偿，赔偿最高额度为 25 亿法郎。此外，与之类似，俄罗斯、乌克兰、韩国、英国等也在核损害赔偿相关法律中写入国家介入原则，在一定情形下由国家提供损害赔偿金。[1]

（三）小结

国家介入原则在诸多核损害赔偿国际立法和国家立法中得到运用。在国际条约层面，由于受到国际条约自身性质的制约，相关条文的制定是各国利益妥协的结果，必然难以给出满意的方案。在国际条约中，"国家在核损害赔偿领域扮演的角色具有额外性、补充性、基本性的特点"。[2] 上述国际条约中对于国家介入原则的采纳，也相应具有原则性、建议性的特点。具体的国家介入制度的细化，需依赖各国国内立法。在国内立法层面，上述各国立足本国核工业的发展需要，将国家介入原则的相关要求写入核损害赔偿责任制度中，就国家介入核损害赔偿的条件、程序、方式、范围等事项作了较为详细的规定，以保护国内核工业的正常发展。无论国际法还是国内法，对于国家介入原则的采纳通常通过强调国家监管义务或有限的国家补充赔偿义务实现，并根据各国实际制定了一定的责任上限。

三、中国相关立法现状及展望

（一）中国核损害赔偿立法现状

根据规划，到 2020 年，我国核电运行装机容量争取达到 4000 万千瓦，核电年发电量将达到 2600 亿－2800 亿千瓦时。[3] 然而，与快速发展的核工业相比，我国核领域法律体系建设却步履蹒跚，至今没有颁布《核损害赔偿法》，也没有出台《原子能法》。目前，我国核损害民事责任制度的法律依据零星散见于不同的法律文件中。

在法律层面，我国既未形成专门的核损害赔偿责任制度，也就无所谓国家介入原则的引入。有关核损害赔偿的处理依据散见于相关法律，如 2003 年《放射性污染防治法》第 59 条要求："因放射性污染造成他人损害的，应当依法承担民事责任。"2009 年《产品质量法》第 73 条规定："因核设施、核产品造成损

---

〔1〕 关于上述国家的立法论述，详见蔡先凤：《核损害民事责任研究》，原子能出版社 2005 年版。

〔2〕 Vanda, L. (2011). Paris Regime as legal instrument based upon the Convention on Third Party Liability in the field of nuclear energy, *Law Review of Kyiv University of Law*, 1, p. 326.

〔3〕 国家发展和改革委员会发布：《核电中长期发展规划（2005－2020）》，第 8 页。

害的赔偿责任，法律、行政法规另有规定的，依照其规定。"2009 年《侵权责任法》第 70 条规定："民用核设施发生核事故造成他人损害的，民用核设施的经营者应当承担侵权责任，但能够证明损害是因战争等情形或者受害人故意造成的，不承担责任。"上述法律尽管均涉及核损害赔偿问题，但条文简短、内容宽泛、用语模糊、责任主体不明，仅仅就相关责任问题作出原则性安排，有似于无。

另一类有关核损害赔偿的规定散见在国务院的批复中，其仿照国际条约通行做法，部分引入了国家介入原则。[1] 1986 年 3 月 29 日，中国国务院下发了《国务院关于处理第三方核责任问题的批复》（国函［198］44 号），规定营运人对于一次核事件所造成的核损害的最高赔偿责任限额为 1800 万元人民币，对核损害的应赔总额如果超过上述的最高限额，由政府提供财政补偿，但政府补偿的最高限额为 3 亿元人民币。2007 年国务院又颁布《国务院关于核事故损害赔偿责任问题的批复》（国函［2007］64 号），将相关责任限额予以提高，并要求核事故损害的应赔总额若超过规定最高赔偿额的，国家提供最高限额为 8 亿元人民币的财政补偿。同时规定："对非常核事故造成的核事故损害赔偿，需要国家增加财政补偿金额的由国务院评估后决定。"赔偿水平相比较 1986 年的批复，有大幅度提升。但就我国目前核电发展现状而言，该批复中设置的 8 亿人民币的国家补充赔偿义务限额显然过低，与众多国家差距显著（详见表 1）。尽管该规定在对待"非常核事故"时留下了弹性缺口，但这对于打消公众疑虑而言，如此"节俭"的补偿安排显然杯水车薪。除了责任限额偏低外，国务院的两个批复还存在法律效力不明、与《产品质量法》相冲突、规定缺乏操作性、诉讼时效太短等缺陷，受到诟病。[2]

---

［1］　蔡先凤：《中国核损害责任制度的构建》，载《中国软科学》2006 年第 9 期，第 39 页。
［2］　参见蔡先凤：《核损害民事责任研究》，原子能出版社 2005 年版，第 253－254 页。

表 1　部分国家核电发展水平与国家补充赔偿义务责任限额对比表

序号	国家	2015 年核电总装机量（K. KW）[1]	核损害赔偿国内立法	国家补充赔偿义务责任限额
1	美国	98 990	《普莱斯—安德森法案》	100 亿美元 非常事故：由国会决定
2	法国	63 130	《关于核能领域第三方责任法》	25 亿法郎
3	日本	40 480	《原子能损害赔偿法》等二十余部	1200 亿日元
4	中国	26 849	国务院 1986 批复、2007 批复	8 亿人民币 非常事故：国务院评估
5	德国	9180	《核能法》	10 亿马克

（二）展望：国家介入原则的合理采纳

健康有序的核事业发展离不开合理的核损害赔偿制度保障。在中国核损害赔偿立法进程中，需要认真研究对待国家介入原则的采纳问题。从一定程度上而言，鉴于核事故的发生概率极低，核损害赔偿责任制度的对外宣示意义以及对相关行业的督促意义要大于其实际解决问题的意义，更需要在制度安排上体现中国立场和立法智慧。探索行之有效的国家补充赔偿义务安排，从发展核事业的角度而言，既能减轻相关人员的疑虑促使其接纳核事业，改善核事业发展环境，又有助于"在国际上树立负责任的核大国形象"。[2]笔者认为，中国的核损害赔偿立法必然要采纳国家介入原则，在国际法层面，需要加强相关国际公约研究，坚定立场，重视核损害赔偿领域的国际合作；在国内法层面，可以从以下三个方面努力：

第一，同时提高责任人赔偿限额和国家补充赔偿限额。如前所述，中国现行法律规范中设置的 8 亿人民币的国家补充赔偿义务限额过低，无法满足核事

---

〔1〕　数据来源：《当今世界各国核电发展及 1990 到 2015 年各国核电统计汇总》，载 http：//wenku. baidu. com/link？ url = 7KTeiQVVQVsk4AHqyO2v − wMAo − qLG9qlT0 − yRh2jXNVMK9alTa5j042RvSW5IUil 8xysR_ EXFebOM_ uVjVyQCbW72TFvJb9l2eTiWXGgMhInfkM1Lz6GKG5VLtkoFSA1，访问日期：2017 年 1 月 1 日。

〔2〕　马忠法、彭亚媛：《中国核能利用立法问题及其完善》，载《复旦学报（社会科学版）》2016 年第 1 期，第 156 页。

故处理的需要。核事故的赔偿支出规模庞大，以福岛核泄漏事故为例，日本经济产业省估计，这起核事故全部处理费用预计将超过 20 万亿日元，其中赔偿费将高达 8 万亿日元。过低的赔偿限额既会增加公众疑虑，助长"谈核色变"的风气，也无法满足核事故处理的需要，不利于核事故的妥善处理。

第二，注重事前监管，强化资金储备，同时兼顾分散风险，整合社会资源。在强调相关责任方提供财产担保的同时，增设专门的赔偿基金是预先分散风险、提高赔偿能力的可行途径之一。根据基金来源不同，赔偿基金可以分为民间赔偿基金与公共补偿基金。[1] 但由于核损害造成的损害后果严重，规模小、数量少的民间赔偿基金在核损害赔偿领域作用不大。因此，在核损害赔偿领域通过行政权力介入建立的、以弥补损害为目的的赔偿基金更为可取。

第三，细化具体程序规定，厘清责任主体，确保规范的可操作性。中国目前的核损害赔偿制度规范简短、零散，仅停留于原则性的设计，在实践操作层面缺乏指导意义。因此，在纳入国家介入原则的过程中，需要厘清不同部门之间的工作职责和合作要求，制定一定的程序规范，可以效仿日本立法，强化实施细则规定，更好地指导实践。

四、结语

通过立法途径建立健全核损害赔偿制度，是依法治国的内在要求。国家介入原则已被国际立法和国内立法广泛采纳，中国在制定核损害赔偿法时同样需要重视这一原则的运用。就中国现行立法状况而言，核损害赔偿立法存在诸多弊病。在运用国家介入原则过程中需要增加赔偿金额，提高保障水平；在赔偿金来源设计方面注意分散风险；在具体实施层面要加强规范的可操作性。如此，以期建立与我国发展现状相匹配的原子能法体系，助力我国核工业的健康发展。

---

［1］ 贾爱玲：《环境侵权损害赔偿的社会化制度研究》，知识产权出版社 2011 年版，第 31 页。

原子能损害赔偿责任展望

安拓[*]

20 世纪五六十年代起，原子能开始投入民用。1954 年，苏联建立了第一座核电站。20 世纪 60 年代到 80 年代初期，由于两次石油危机的影响，核电得到了高速的发展。20 世纪 80 年代末到 21 世纪初期，由于美国三里岛核电站事故以及苏联切尔诺贝利核电站事故，导致人们对核电的成本与利益进行重新分析，核电站建设进入一个缓慢的时期。21 世纪至今，由于核能作为一种清洁能源，对环境的保护具有重大的意义，因此又逐渐被人们所青睐。

目前我国正在积极推行核电发展战略，[1] 同时也在积极推行核电"走出去"。[2] 在核能迅速发展的今天，包括历史上多次发生的核电事故导致的严重损害后果的惨痛教训，我们不得不采取一些措施来对这种高度危险的行为及其法律责任从法律上进行规范。我国目前有关核能造成损害的

---

* 安拓，中国政法大学硕士研究生。

〔1〕 发展与改革委员会发布：《核电中长期发展规划（2005－2020 年）》。

〔2〕《11 名政协委员联名提案：加快推动核电走出去》，载《南方周末》2014 年 3 月 11 日。

赔偿责任仅在《侵权责任法》中进行了简单的规范，这并不足以对所有与损害赔偿有关的问题进行囊括；《国务院关于处理第三方核责任问题给核工业部、国家核安全局、国务院核电领导小组的批复》中对核能造成的损失进行了较为详细的规范，但由于这个文件只是一个国务院的批复，效力层级很低，因此我国有必要在之后的有关原子能的立法中对此类问题进行较为全面的规范。本文将从核能损害的责任主体、归责原则、责任限制、免责事由、诉讼时效五方面进行论述。

一、责任主体

责任主体即对于侵权行为应当负责并承担责任的自然人、法人或其他有能力以自己名义承担责任的主体。从我国之前的规范性文件以及相关的国际公约来看，原子能损害赔偿的责任主体通常包括民用核设施的运营商或管理人和国家。

（一）核设施经营人

核设施经营人是以自己的名义建设、运营、管理核设施的自然人、法人或其他组织。当核电站事故发生时，核电站管理人作为核设施的管理者和防范风险发生的主体理所应当地承担责任。在我国 2010 年的《中华人民共和国侵权责任法》中就包含了一条对民用核电站致人损害的规定：民用核设施发生核事故造成他人损害的，民用核设施的经营者应承担侵权责任，其明确责任主体为民用核设施的经营人。因此，核设施经营人当然是损害赔偿的责任主体。

（二）国家

1. 国家是否能够作为赔偿主体

国家作为国际法主体，在未参加有关的民事活动时，原则上是不需要对原子能损害这类民事行为承担责任的。因为国家并未对核设施的日常管理进行经营性活动。所以，国家并不是侵权行为的直接责任人。但是民用核设施的设立需要国家以许可方式才可设立，并将其置于自己的监管之下。[1] 因此国家有义务对核设施的安全性问题进行监督，并在核事故发生时承担赔偿责任。这样解释也许有些牵强，一国范围内许多领域都是由国家许可并且处于国家的监督之下，但国家并未对其他领域内的事故承担赔偿责任。原子能和外空探索一样，不仅是人类科技领域的巨大进步，而且存在巨大的未知风险，并且此类风险可能会造成严重的法律后果。例如在切尔诺贝利核电站事故中，根据官方统计，

---

〔1〕 林灿铃：《国际法上的跨界损害之国家责任》，华文出版社 2000 年版，第 180 页。

死亡人数达 9.3 万人，27 万人在此事故中致癌，直接损失达到 180 亿卢布。如此严重的灾难背后，国家应尽的不仅仅是不同的监管义务，亦有必要竭尽所能来防止危险的发生。国家作为核事故的责任主体，可以增加损害赔偿的履行能力，对于维护社会秩序、保证公平正义有着积极的作用。因此在核电损害发生时，有必要追究国家的责任。

在《1962 年核动力船舶经营人责任公约》（简称《布鲁塞尔公约》）第 3 条第 3 款和《关于核损害的民事责任的维也纳公约》（简称《维也纳公约》）第 7 条中，都规定了国家以其财政对核设施管理人承担担保责任的规定。虽然这两个公约适用于跨境损害责任，而非适用于一国的国内核事故造成的损害，并且我国没有加入和批准这两个公约，也不是这两个公约的缔约国，但是这两个公约对于我国原子能立法很不健全的这个阶段，很有借鉴意义。因此从这两个公约的规定中可以看出，国家有必要作为原子能事故的责任主体。

2. 哪个国家应作为责任主体

从我国目前的战略中可以看出，中国的核电"走出去"战略是我国对外投资的重要组成部分。现在面临的问题是，如果我国在外国投资建设的核电装置产生损害，我国是否要承担赔偿责任？还是单纯地由核电经营人和投资东道国承担？

如前所述，国家承担原子能损害赔偿责任的主要来源就是因为国家有对于这种国际不禁止的高度危险行为进行监管的义务。在我国核电"走出去"的过程中，首先面临的是投资东道国的市场准入。因此，在核电装置进入东道国之前，东道国有义务对我国的核电装置和安全措施进行必要的审查。在东道国确认核电装置不会或者在没有特殊情况下不会对东道国的环境、人身、财产等造成损害时，才能许可核电设施的建立。因此，投资东道国有义务对我国投资建设的原子能损害承担责任。

对于我国来说，当核设施进入投资东道国，我国就不再有监管的义务。因为如果我国对处于他国管辖范围内的核设施继续监督、管理的话，可能会干涉他国内政而违反国际法的基本原则。因此，当我国不再承担监管核设施的义务时，也就不再需要承担对于核能损害造成的赔偿责任。

综上所述，原子能损害赔偿的责任主体为核设施经营人，国家对其管辖范围内的原子能事故承担补充责任。

二、归责原则

在侵权责任领域，过失责任原则是侵权责任法的基本归责原则。过失责任原则的基本原理就是侵权人对于无法预料到的损害后果不承担责任。其根本目的就是保证行为人从事一系列活动的自由，不会因为无法预料到的事实而承担法律上的责任。但是随着科技的发展，在一些高度危险的领域中，单纯因为无过失而免责已经无法适应时代的发展，如果继续适用过失责任，将导致事实上的不公平。在原子能领域，由于原子能的高度科学性，让普通的受害人对原子能事故造成的侵权行为存在过失进行举证是不现实的，也是几乎不可能实现的。同时，由于原子能具有的高风险和发生事故产生的巨大破坏力，并且在原子能技术尚且不能达到绝对完善的今天，如果继续适用过失责任原则，将是对社会秩序的一种影响甚至是破坏。

我国《侵权责任法》第 70 条规定：民用核设施发生核事故造成他人损害的，民用核设施的经营者应当承担侵权责任，但能够证明损害是因战争等情形或受害人故意造成的，不承担责任。从这个法条可以看出，目前我国对于核设施事故造成的损害就是适用严格责任，即无过失责任。1963 年的《关于核损害的民事责任的维也纳公约》第 4 条也规定核装置管理人对核损害的责任是绝对的，即核装置管理人应当承担严格责任。

三、责任限制

责任限制是对于赔偿责任设置的上限，即规定责任主体的最高赔偿额。如果实际造成的损失低于责任限制，则责任主体按照实际造成的损失进行赔偿；如果实际造成的损失高于责任限制，则责任主体只需要按照责任限制的数额进行赔付。原子能损害是否要在国内设置责任限制，是一个十分值得讨论的问题。

（一）限制责任规定的必要性

从国际公约的角度来看，《布鲁塞尔公约》规定了核事故经营人的赔偿责任限制为 15 亿法郎。维也纳公约也规定管理人的赔偿责任可以由东道国限制为每一核事件不少于 500 万美元。这两个公约都规定了当核损害发生时对其他遭受损害国家要承担的赔偿责任限额。但是，在一国管辖范围内的损害是否也要和公约一样承担限制责任？笔者认为，对于本国内的核能事故造成的损害也应当承担限制责任。其一，我国《国务院关于处理第三方核责任问题给核工业部、国家核安全局、国务院核电领导小组的批复》第 3 条："对于一次核事故所造成的核损害，营运人对全体受害人的最高赔偿额合计为人民币 1800 万元。对核损害的应赔总额如果超过前款规定的最高赔偿额，中华人民共和国政府将提供必要的、有限的财政补偿，其最高限额为人民币 3 亿元。"这表明，从我国最高行政机关的立场上是支持我国原子能损害赔偿使用赔偿限制的规定。其二，核能作为一种新型的能源，有着传统能源无法替代的价值。在保护环境、减少温室气体排放等方面有着独特的优势。虽然核能事故的危害巨大，但是作为一种不断发展的新型能源，有必要对其发展从立法上进行必要的保护。如果单纯因为其破坏性巨大而放弃研究和创新，会对将来社会经济的发展造成巨大的阻碍。如果没有责任限制制度，在原子能损害的巨大影响之下，将存在导致原子能的经营人直接破产的风险，这将会严重阻碍原子能事业的发展。其三，国家作为责任主体同样承担着巨大的责任，如果放弃责任限制，同样会对国家造成巨大的财政危机，从而影响国家的宏观调控。综上，笔者认为有必要对原子能损害赔偿实行责任限制。

（二）赔偿责任限制数额的确定

上文提到的在 1986 年国务院的批复中规定的 1800 万人民币和 3 亿人民币的赔偿限额，已经明显不足以满足现阶段我国的经济发展需要。尤其随着我国人口的增加，任何核能事故都会对大范围的群众造成人身财产的损害，因此有必要把赔偿责任限制提高到合理的金额。

在确定具体的责任限制金额时，应考虑到相关企业的规模大小和可以承受的赔偿范围、国家的财政状况和赔偿可能对国家产生的影响。同时，不仅要考虑责任主体的情况，更重要的是考虑可能受到事故影响的居民的情况，必须以人为本，尽可能地保障利益相关者的权利，否则会造成不公正的现象，破坏社会秩序，影响国家的公信力。

（三）责任限制对权利救济的影响

2012 年修改的《中华人民共和国民事诉讼法》（简称《民诉法》）第 54 条第 1 款规定：诉讼标的是同一种类、当事人一方人数众多在起诉时人数尚未确定的，人民法院可以发出公告，说明案件情况和诉讼请求，通知权利人在一定期间向人民法院登记。原子能损害是一个范围性的伤害，因此在诉讼程序过程中，必然需要用本条有关普通共同诉讼的规定，因为原子能造成损害的人数必然是无法确定的。但是在本条第 4 款中规定：人民法院作出的判决、裁定，对参加登记的全体权利人发生效力。未参加登记的权利人在诉讼时效期间提起诉讼的，适用该判决、裁定。那么就会出现一个与责任赔偿限制相冲突的问题，假设原子能损害事故影响的范围太大，在有些权利人还未向法院主张权利时，责任主体的赔偿限额已经达到责任限制，在此种情况下，尚未参加登记的权利人如何实现自己的合法权益。如果单纯为了防止尚未登记的权利人得不到损害赔偿，同样会使得已经参与登记或诉讼的权利人无法得到满意的赔偿，这对于解决纠纷、维护社会秩序会产生极大的负面作用。因此，在立法过程中也得把相关的情况考虑进去。

四、免责事由

我国现有的规范性文件中的免责事由包括：自然灾害、战争、受害人故意等。但是，侵权责任法并未规定自然灾害的免责事由。同样，布鲁塞尔公约和维也纳公约也都对战争免责作出了相应的规定，但是布鲁塞尔公约也没有关于自然灾害免责的规定。

战争免责条款很容易理解，即无论是国家间的战争还是国内的战乱，都不是责任主体可以控制的。在发生战争的同时，对战争负责的国家或者叛乱组织依然可以成为承担责任的主体。但是，在发生自然灾害的时候原子能经营者和相应的有监督义务的国家能否免责？自然灾害由于具有不可预测性和破坏性，因此成为许多侵权责任的免责事由。但是，我们可以设想，原子能事故的后果可能比自然灾害产生的后果大得多，那么在这种情况下，让生活在核设施附近的人民不仅承受着可能遇到自然灾害的风险，还得承受着因自然灾害而可能引发原子能事故所产生的严重数倍的后果，并且在遭受双重风险之后却得不到除保险以外的任何赔偿，似乎对这些核设施附近的人极度不公平。因此笔者认为在发生自然灾害而导致核事故发生的情况下，有必要使得责任主体承担赔偿责任。但毕竟自然灾害是由于人意志以外的原因产生的，因此对于自然灾害造成的原子能事故的赔偿责任限制可以适当降低，与普通核事故的责任限制进行区别对待。

其次，国家发展原子能是为了将来能源结构的改善和环境的保护，既然想要得到回报，必然需要付出些成本。虽然原子能事故并非必然发生，但是假设在未来出现原子能事故的情况下，让原子能技术发展的这些成本全部由一部分的群众来承担而国家坐享其成显然是不合理的。所以，笔者认为有必要把自然灾害排除在免责事由之外。

五、诉讼时效

由于原子能导致的损害尤其是人身损害往往不是短时间内就能发现的，因为此种损害往往不是表面的损害，常会引发癌变。因此，有学者提出《民法通则》第 137 条不足以照顾到核损害的特殊情况，建议在未来制定核损害方面的立法时应对诉讼时效进行修改。[1] 我们可以看《民法通则》第 137 条的规定：

---

〔1〕 赵威：《原子能立法研究》，载《法学杂志》2011 年第 10 期。

诉讼时效期间从知道或者应当知道权利被侵害时起计算。但是，从权利被侵害之日起超过 20 年的，人民法院不予保护。有特殊情况的，人民法院可以延长诉讼时效期间。从条文中可以看出，普通诉讼时效的起算点是知道或应当知道权利被侵害之日起，即使原子能损害在几年或者十几年后才能显现出来，或者即使受害人遭受的损害已经显现出来，但并没有确定是否是原子能损害导致的，在这种情况下，受害人依然不知晓自己的权利受到侵害，因此诉讼时效并未起算，所以受害人也不会因为这种原因而导致权利得不到救济。同样，如果最长诉讼时效已过，在这种情况下人民法院同样可以依据特殊情况延长诉讼时效。因此，没必要单独立法来规定诉讼时效的问题。

如今我国民法典的制定已提上议程，我国诉讼时效过短已经为各位民法领域学者所诉病。相比于德日的民法典，我国民法通则中诉讼时效的规定确实不利于保护债权人。但是随着民法典的修改，我相信诉讼时效的问题必然会得到改善，因此，笔者认为对于诉讼时效的问题适用民事一般法足矣。

在我国原子能立法不够健全的今天，笔者希望提出一些自己的建议，对与原子能有关的赔偿责任问题提供一些参考。

核污染民事责任国际立法趋向

梁茜琪*　陈鸿基**

一、背景

在日本福岛核电厂辐射污染事故发生前，核能界对核电厂再一次蓬勃发展以达至世界减低碳排放量的环保目标充满憧憬。有些国家正在大力发展新核电厂计划，以提高核能发电占国内电力供应之比率。其中包括：

（一）亚洲

中国正在建设的核机电组有 28 个，根据国家发改委《电力产业发展政策》的指示，核电方针已由"适度发展"转为"积极推进"，目前可以说是中国核电发展的关键时期。日本已建核电反应堆 55 座，计划增加核能的使用使之占全国发电份额从 2006 年的 30% 增加至 2020 年的 40% 以上。韩国现有 20 个核能发电站，另有 3 座在建。印度是当前新建核电厂工程的带头国家，共有 6 座在建，计划使核能发电从现有的 35% 的份额提升至 2050 年的 60%。

（二）欧洲

瑞典是欧洲其中一个发展核电的国家，但态度比较保守。

＊　梁茜琪，中国政法大学全球化法律问题研究中心法学博士研究生。
＊＊　陈鸿基，中国政法大学全球化法律问题研究中心法学博士研究生。

1980 年曾下令禁止新核电厂的建造。这条法律现已废止，代之的是计划对现时国内的 10 座核电厂进行重建，使该国依赖核能供电不少于 50%。英国是老牌核电国之一，有 19 座核电厂正在运行，大部分比较老，多年来不鼓励核电之发展。至 2008 年 1 月，其政府态度开始改变，批准了投资者应该有权在英国领土上新建核电厂的方案。无论从技术研究还是批量生产来看，法国都是世界上核电发展最具领导地位的国家，2005 年设计出 160 万千瓦的第三代核电机组 EPR（European Pressurized Water Reactor）在芬兰开始建造，这是自 1991 年以来西欧新建的第一座核电厂。

（三）美洲

美国有 104 座反应堆，提供该国电力 19% 的份额。美国政府过去三十多年皆没有批准建造新核电厂，直至 2007 年其核能管理委员会才首次发放新建核电厂场址许可证，估计申请新建核电厂的数目将会逐渐增多。加拿大有 18 座反应堆，提供该国电力 16% 的份额。也是在 2007 年，加拿大一家能源公司成功申请了场址许可证，准备建造一座新核电厂。

（四）其他地区

俄罗斯有 31 座反应堆，在建的有 7 座。俄罗斯的核电工业正在扩展中，准备向世界各国提供包括出租燃料、出租反应堆及后处理核燃料的综合服务。2010 年，俄罗斯与土耳其签署协议，由俄罗斯一家公司为土耳其建造第一座核电厂。

1997 年以前，有两大国际公约为国家间就核事故向公众承担民事责任的管理制度提供了架构，同时亦提供了一些核心原则，为国家间达成共识提供了基础。它们是 1960 年 OECD 的《巴黎公约》（Paris Convention on Third Party Liability in the Field of Nuclear Energy）和 1963 年 IAEA 的《维也纳公约》（Vienna Convention on Civil Liability for Nuclear Damage）。1988 年的一份联合议定书（Joint Protocol），把两大公约联合在一起。其后于 1997 年及 2004 年，分别公布修正的议定书。自 1960 年至今五十年期间，这两套法律文件亦伴随着核电工业的发展不断地演变和成长。虽然两个公约的缔约国数目很少，但无可否认其对国内立法和跨国民事责任的管理有很大的指导作用。

本文将探讨这两个公约的核心原则、缔约国的遵循程度、非缔约国的借鉴程度，以及一些改革意见和立法趋向。最后的结论是，只要国际公约逐渐完善和国内立法到位，核污染意外事故不应妨碍核电工业的发展。

二、核心原则

该两大公约的内容反映了下列的法律概念和核心原则：

（一）承担责任者

任何在核电厂或来往核电厂运输放射性物质途中发生意外导致死亡、受伤或财产损坏的，皆由核电厂经营者独自承担责任，不管经营者本身是否犯错或是否疏忽，赔偿责任仍会追溯至核电厂经营者身上。2004 年修订的《巴黎公约》将赔偿类别扩大，增加的类别有：①因死亡、受伤或财产破坏带来之经济损失；②环境遭破坏后进行修复的费用；③环境遭破坏后直接引起的经济损失；④预防措施的费用。

（二）赔偿金额

核电厂经营者的赔偿责任设有上限。根据 2004 年修订的《巴黎公约》（包括其辅助的《布鲁塞尔公约》），如果赔偿额超过该上限，余额由该国政府及公约所有缔约国联合分担。

（三）索偿期限

索偿期是有限制的。一般来说是 10 年，即有权要求赔偿者如果在意外发生后 10 年内不提起诉讼的话，其索偿权就消失。不过，个别国家可自行立法延长索偿期，尤其是人身受伤的索偿期限。

（四）强制性财保

核电厂经营者必须按其国家的规定购买保险。如有保额不足的情况，个别国家可决定由政府从公共财政中拨款填补，日后可以向该经营者追讨。

（五）法庭审判权

索赔者只能在核事故发生的国家的法庭提起诉讼。修订的《巴黎公约》索赔者身份扩大至非缔约国人士，但先要满足下列其中一个条件：①诉讼者的国家是《维也纳公约》和《联合议定书》的缔约国；②诉讼者的国家国内没有核电厂；③诉讼者国家的国内立法所根据的原则与《巴黎公约》相似。

三、遵循程度

1997 年修订后的《维也纳公约》要求核电厂经营者的最高赔偿金额为不少于 3 亿特别提款权 SDRs（Special Drawing Rights）（相当于 3 亿 6000 万欧元）。其缔约国之一的斯洛文尼亚于 1998 年 4 月通过自己的和平使用核能法案，其中将经营者最高赔偿额定为 20 亿斯洛文尼亚克朗，该货币现在已非官方货币。另一缔约国乌克兰于 1996 年参加《维也纳公约》，当时它所订立的经营者赔偿金额的上限只有 1 亿 5000 万特别提款权（SDRs）（相当于 1 亿 8000 万欧元）。

2004 年修订后的《巴黎公约》大幅提高了最高赔偿金额，合计共 15 亿欧元。其中分为三个层次：

第一层次：由核电厂经营者负担，最高赔偿额为 7 亿欧元；

第二层次：由核电厂所在的缔约国政府负担，最高赔偿额为 5 亿欧元；

第三层次：由所有缔约国按各自拥有核电厂数目和发电量的比例集资成立赔偿金库，从该金库拨款的最高赔偿额为 3000 万欧元。

《巴黎公约》缔约国中的德国和瑞典将第一层次经营者的上限撤除，即没有最高赔偿额，经营者面对的是无限赔偿责任。另一缔约国英国在遵循中亦对赔偿方式提出了更改。英国政府于 2011 年 1 月的公众咨询文件中建议将英国核电厂经营者的赔偿上限定为 12 亿欧元，这是针对标准模式的核电厂的上限，对低危险度的核电厂和运输公司所设的上限会较低。英国政府认为公共财政不应用来承担第二层次的赔偿责任，所以应由核电厂经营者包揽第一层次（7 亿欧元）和第二层次（5 亿欧元）的赔偿金额，合计共 12 亿欧元。

四、借鉴程度

奥地利没有参加两大公约，它与丹麦、爱尔兰等国家一直反对发展核电工业。1986 年切尔诺贝利核电站灾难发生后，奥地利发觉原来 1964 年立法所提供的保障远远不够，于 1998 年通过了新法案，名为《辐射破坏民事责任联邦法》（Federal Law on Civil Liability for Damage Caused by Radioactivity）。除了核电厂经营者需对核事故引致的破坏负上无限责任之外，另一突破点是对"经营者"真实身份的界定。基本上经营者就是持许可证的公司，但是为了不让控股公司逃避责任，该法案的第 2 条规定，任何有权控制核电厂及实际上或合法地能从核电厂谋取利益者皆算"经营者"，因而需要负上赔偿责任。此举是为了刺穿公司面纱，令一些大公司不能利用子公司的低保额来逃避责任。此外，该法例亦借鉴了两大公约的指引，将核电厂安全的保险责任大幅度地移向核工业而非国家。该法案的第 6 条规定，核电厂经营者最少要买 56 亿奥地利先令（相当于 4 亿欧元）保险，比《维也纳公约》规定的 3 亿 6000 万欧元还要高。奥地利国会表示并非永远不参加国际公约，而是要看国际立法的演变，如果改良程度足以为核事故提供足够保障，奥地利亦会参加公约。因此该国准备积极参与国际有关核电厂安全及赔偿责任的讨论，借以支持尽快建立完善的跨国管理制度。

美国是最早就核事故立法的国家。1957 年，美国建造了世界上第一座压水堆核电站，也是当时世界最大的核电站。同年它又通过了世界上第一套核能责任法律——《普莱斯—安德森法案》。美国一直靠这套法律来解决在国内发生核泄漏意外事件的索偿问题，从来没有加入任何国际上相关的公约。这套法律于 2005 年被更新，可能亦曾借鉴国际公约中要求行业自负的趋向。更新的内容包含了经营者需购买两层保险的要求。第一层是每个核电厂经营者需向商业保险公司购买至少 3 亿美元的保险，第二层是所有美国核电厂经营者联手摊分可能发生的赔偿责任，每反应堆负责的摊分额为 0.96 亿美元，可分期缴付，每年付 0.15 亿美元。以美国现有 104 个反应堆计，累积的准备保险金额高达 USMYM10bn，即 100 亿美元。

五、改革意见和立法趋向

两大公约的缔约国数目不多，1988 年联合议定书的成员国更少，这反映出公约内容确实有很多不完善之处。改革意见中，主要围绕着以下五个要点：

第一，经营者承担无限责任：赔偿金额不应有上限，而且经营者应负上绝对责任（Strict Liability），即不管他人是否有错，经营者都责任难逃。

第二，核意外事故重新定义：核意外不单指发生在核电厂和放射性物质运输途中的意外，还应包含核电厂功能解体过程和核材料、后处理工厂中可能发生的意外事故。

第三，扩大核破坏之赔偿类别：增加的类别包括赔偿经济损失、赔偿环境遭破坏的修复费用、赔偿设立预防性措施的费用。

第四，延长索偿期的期限：10 年期限太短，应予以适当延长，尤其是身体受伤的索偿者。有些辐射引致的疾病可能在很长一段时间后才显现，因此索偿期限延长至 30 年也不为过。

第五，审判权保持中立：应设立中立法庭，索偿者可用自己国家的法律来指控经营者，要求索偿者承担举证责任的规定要公正，并且应放宽诉讼人身份和资格的条件，令更多人有权提起诉讼。

上述的改革要点与两大公约的基础内容比较接近，不足为奇。近年来出现了一个有别于这些基础内容的新改革焦点，更为引人注目，即核能科技人员严重缺乏，这将直接影响核电厂之安全操作，是必须为立法者所正视的迫切问题。数天前，日本福岛核电站经营者东京电力公司的副董事长公开承认这次事件是人为错误，日本国内评论亦直指造成如此严重损害的一个重大原因是事故刚开始时估计不足。整体看来，该核电厂的科研和工程人员之能力不足应该为此事故负上责任。不过这个问题已不单是在日本，而是在多个国家都有出现，就连法国这个核电大国亦面临着这方面科技人员缺乏的危险。2008 年，一份以法国核电为题的报告书中指出法国电力公司（EDF）中负责设计、建造和操作核电厂的科学家、工程师和技术人员已垂垂老矣，他们当中的40%于2015年将会退休，但是新一代人员却补充不上。自2008年起，EDF想每年招聘500个工程师。问题是获聘人士之中很少有真正受过核能科技训练的，因为法国原子能委员会（CEA）附属的工程学院每年只有50个核能专科毕业生，其他工程院校培养的毕业生不能达到他们的要求。法国共有58个反应堆，有些核电厂反映招聘情况令人失望，他们的招聘广告刊登后，竟然无一人来应聘。

面对这种困境，欧盟于2009年6月发出一个新指令（Council Directive 2009/71/Euratom），其中特别强调成员国国内核电厂持牌人需维持足够的人力资源来履行有关保证核电厂安全的义务（第6条）。此外，针对核能安全的专门知识和技术水平问题，欧盟要求成员国国内监管当局对各方参与核能设施的机构就教育和培训方面有所安排，以保证有关核安全的知识和技能得以进一步吸收和发展（第7条）。因此，尚未立法的国家应在发牌制度上特别注意科技人员配备的问题。过去比较侧重的是持牌人财力的评核，假如赔偿金额越来越获得商业保险公司承保的话，财力问题其实是比较容易评定的，反而人力资源是否足够、科研和技术水平是否达标这类问题更应深刻地反映在发牌审核制度之上，受到法律之严格监管。

在科技进步和经济效益的带动下，核电生产过程之分工亦变得复杂化，核电厂只是整个核电生产过程中的一个环节，在这过程中其他含有放射性物质的设施和装置皆有发生意外的可能，因此法律应给予"核电厂"一个新概念。此外，在今日咨讯发达、媒体影响力巨大的年代，公众的知情权比过去大得多，核能发电的操作是否安全不单只看意外发生率，亦要看预防意外和善后处理的能力。法律若能对履行这些核能安全义务给予清楚的界定，在媒体分秒必争、实时监察之下，公众会感到受保障程度随着透明度增加而提高，对核意外的疑虑亦会减轻。上述欧盟的2009年指令对"核设置"（nuclear installation）和"核安全"（nuclear safety）这两个词组注入了一个较全面的定义，笔者认为它们的清楚界定能起到减轻公众疑虑的作用，非常值得国际和国内立法参考。其中的第3条第1款规定"核装置"是指改进厂、核燃料制造厂（enrichment plant）、核电厂、再处理厂、研究反应堆设施、乏燃料储存设施和所有放射性废物的厂内外处理设施。第3条第2款规定"核安全"是指能做到操作情况恰当，意外发生得以防止，意外造成的破坏得以减轻，使工人和公众在核设置发生辐射污染的危险中受到保护。

六、总结

2011 年是切尔诺贝利核电厂发生灾难性事故的 25 周年，乌克兰政府较早前公布该厂的防护罩需要立即维修，否则仍有泄漏辐射的危险。再加上新近发生的日本福岛核电厂事故，令多个国家宣布暂停原来积极发展的核电厂计划或予以重新考虑。笔者认为，在 21 世纪的今天，面对环境污染和能源短缺等日趋严重的问题，作为清洁能源之一的核电的发展势头不应因有意外发生而掣停，否则人口不断膨胀的人类很难在这个资源有限的地球继续生存下去。其实，过去50 年的核历史可证明公众对核电厂意外的担忧似乎是有些过虑。首先是意外发生率十分低，其次是核能科技越来越进步，可以说现时的技术已无需有巨大突破就能满足核电厂大规模发展和安全保证的需求，这是人类为应付艰难生活发展智慧过程中的一种进步，放弃核能发电就等于是人类发展历史上的一种倒退。法律要发挥其平衡社会各方面利益的功能，所以核电的立法必须要找到一个平衡点。数十年前核电工业在起步阶段时，获得政府财务政策支持和国家包底赔偿之类的立法已显得过时。随着核电工业发展成熟，核电厂经营获利，甚至是巨额盈利，在这种情况下，立法上应向公众的利益倾斜，即需要提高对经营者安全保证的标准并对赔偿责任的承担提出更高的要求，令公众感到保障程度获得提高，这样才会对政府发展核电作为长期使用之计划予以支持。

中国至目前为止，虽然没有加入任何与核能发电相关的国际公约，但国内立法的呼声越来越迫切。原因除了国内核电厂数目越来越多、规模越来越大，需要立法监管之外，更要考虑到在经济全球化的形势之下，越来越多中国企业在外国发展，一旦外国发生核意外令中国企业利益遭受损害，国内立法将对他们提供一定的保障。以《巴黎公约》提出的扩大索赔者资格为例，假如中国国内有关核电厂安全和民事赔偿责任的立法能与国际立法接轨，中国企业亦有资格在当地提出赔偿的要求。所以本文的结论是：只要国际公约和国内立法能逐渐完善，核污染意外事故的发生就不应妨碍核电工业的发展。

浅析核损害民事责任制度

潘 婧*

一、核损害及其民事责任制度

世界上找不到没有风险的能源，在石油、煤等化石能源逐渐减少的大背景下，核能源仍然是目前最具潜力的清洁能源。但是，核安全始终是人类社会无法回避的问题。1986 年 4 月 26 日，当时世界上规模最大的核电站——切尔诺贝利核电站的 4 号反应堆发生爆炸，导致 8 吨多强辐射核燃料泄露，产生的放射污染相当于日本广岛原子弹爆炸产生的放射污染的 100 倍。核电站周围 6 万多平方公里的面积遭受直接污染，7000 多人死亡，320 多万人受到辐射（另有说法认为此事故造成 20 多万人伤亡，500 万人遭受核辐射，20 亿人口受到影响），[1] 酿成了人类历史上最严重的核泄漏事故。根据国际原子能机构（IAEA）的国际核事件分级表（INES）的规定，国际核安全和辐射事件等级共分 7 个等级，切尔诺贝利核事故为 7 级核事故，即最严重的核事故。此次核事故除给苏联国民造成了极其严重的不利影响

---

* 潘婧，华北科技学院讲师。

[1] 绿色和平组织称切尔诺贝利核泄漏危害被低估 10 倍，白俄罗斯国家科学院研究报告称全球共有 20 亿人口受切尔诺贝利事故影响。

外，事故产生的放射性尘埃回降也影响到大部分欧洲国家，造成了重大的跨界损害，包括因污染的食物和动物所产生的巨额经济损失以及欧洲各国政府采取疏散居民等预防措施的费用等。时隔 25 年，2011 年 3 月 11 日，日本福岛发生了里氏 9.0 级的强烈地震并引发海啸，造成了重大人员伤亡和财产损失，福岛第一核电站也在地震中受损并引发核事故。[1] 福岛核事故不仅给本国民众带来了严重灾难，对本国有深远影响，泄漏的放射性物质还随风跨海，把欧美亚多国变成了"辐射区"。更令人担忧的是，核事故对大气、海洋、食物链、生态环境的影响也许未来数年都不会根除。福岛核危机又一次告诉世人：核损害带来的后果远比人类所能想象的危险，核安全永远是人类和平利用核能过程中的最重要一环。

（一）核损害及其危害

1. 核损害的定义

核损害是环境侵权行为的一种。根据 1963 年《关于核损害民事责任的维也纳公约》和 1997 年《核损害补充赔偿公约》的规定，"核损害"系指："生命丧失或人身伤害；财产的损失或损害；经济损失，条件是有资格对所述损失或损害提出索赔的人员遭受了此种损失；受损害环境（轻微者除外）的恢复措施费用；由于环境的明显损害所引起的收入损失，而这种收入来自环境的任何利用或享用方面的经济利益；预防措施费用以及由此类措施引起的进一步损失或损害；环境损害所造成的损失以外的任何其他经济损失。[2] 广义上的核损害，是指人类在和平或非和平开发利用核能的活动中，由于辐射源或核材料的放射性，或由放射性与毒性、爆炸性或其他危险性相结合所造成的人身伤害、财产损失以及环境污染和破坏。"国际核责任公约对核损害界定的范围呈现逐步扩张和细化的趋势，尤其注重对环境的保护，这同时也充分反映了国际社会在环境保护领域的利益一致性以及加强环境保护合作的时代潮流。本文所指的核损害是指人类和平利用核能时，核设施在运行中发生核事故，从而对人体、财产和环境等所造成的损害。

2. 核损害的危害

核损害是一种严重危害，与其他损害相比，具有危害更大、范围更广、后

---

〔1〕 起初，日本政府将此次核泄漏事故定为国际核事件分级表中的 4 级，即造成"局部性危害"，随着事态的发展，经过两次调整，将福岛第一核电站事故等级最终定为最高级 7 级，与苏联切尔诺贝利核事故等级相同。

〔2〕 Article I (1) of the 1963/1997 Vienna Convention.

果更为严重的特点。在核活动中，核设施中存在的辐射源，包括核燃料、核材料、放射性产物或废物发射出能量极高的电离辐射。高剂量率、大剂量的全身照射或局部组织照射，可对人体和生物体引起确定性效应，导致急性死亡；低剂量率、小剂量的长期照射则可能诱发癌，或造成受照者生殖细胞损伤而产生某些遗传效应。[1] 核设施的极度危险性还在于一旦操作者失控，将导致放射性事故与爆炸性事故的叠加，严重时可能造成整个地区的人类、生物和生态环境的重大损害。核损害具有典型的"长尾特征"，损害后果可长达几十甚至几百年，切尔诺贝利核电站事故后为防止核辐射所修筑的石棺，近期开始泄漏辐射，各国已经出资进行修建，有专家称消除切尔诺贝利核泄漏事故后遗症需800年。核损害导致的经济损失巨大，切尔诺贝利核事故的善后处理费用超过30亿美元，福岛核电站事故赔偿额将以万亿日元计（约百亿美元）。

正因为核损害具有如此严重的危害，核损害民事责任制度始终是国际社会高度关注的问题。"在可能对环境和人类健康造成最严重损害的两个领域：原子能生产与海洋石油运输，国际社会已经制定了赔偿规则。"

（二）核损害民事责任制度

核损害民事责任，又称核损害赔偿责任、核损害责任，是指核设施发生核事故造成核损害时，核设施经营人所应承担的赔偿责任。由于这种责任主要是针对核设施经营人以外的第三人，故又称第三方核责任或核损害第三方责任，这个表述来源于保险业的第三方责任保险。从国际和国内法律的完备性角度看，建立健全核损害民事责任制度对核工业的健康发展无疑具有非常重要的意义。

1. 责任主体

在核损害这种侵权行为中，加害人是核设施的营运人，受害人是指遭受了核损害的"人员"。包括自然人、合伙人、法人、非法人组织或团体、依据装置国的法律享有法人资格的国际组织以及国家或国家部门。在核损害造成的民事责任中，责任主体是特定的，实行唯一责任或责任集中的原则，将核事件的责任全部归结于核营运人，其他任何人包括制造商或供应商等都不承担责任。另外，核设施营运人只承担核损害民事责任公约所规定的责任，而不承担核损害民事责任公约未规定的责任；或者营运人对于与核损害民事责任公约相一致的

---

〔1〕 范天吉：《中华人民共和国放射性污染防治法实施手册》，吉林电子出版社2004年版，第213页。

国家法律规定外的核事件造成的损害不承担任何责任。[1] 在有关核损害责任的国际公约以及各国的核损害责任立法中，均采用这一法律制度。也有学者认为唯一原则过分减轻了供应商的责任。只有少数国家不采用此种原则，如美国（经济归责制度）、奥地利等。

2. 归责原则

由于核能开发利用是一种极端危险的活动，一旦发生核事件将会带来严重后果，因此，核损害责任法律制度实行严格责任原则，对责任人适用无过错责任。即核设施营运人不论有无过错，只要发生核事故并造成核损害，就要承担民事责任。无过错责任又可分为绝对无过错责任和相对无过错责任。绝对无过错责任是指不论损害因何原因引起，即使是不可抗力或自然灾害，行为人也要承担责任。各国根据自身情况，规定可以全部或部分免除营运人的责任。

3. 责任范围

①生命丧失或人身伤害。与传统民法关于侵权行为的要求一样，核损害责任人侵害公民的生命健康权，造成受害人身体损伤或生命丧失，侵害人应依法承担因此给受害人造成的财产损失的责任。②财产的损失或损害。既包括受害人所失去的利益，也包括受害人所拥有财物受到的损害；既包括实际的损害，又包括可得利益的丧失。③环境权益损害。主要包括受损环境的恢复措施费，由于环境的明显损坏所引起的收入损失，预防措施费用以及由此类措施引起的进一步损失或损害，环境损坏所造成的损失以外的任何其他经济损失。[2]

4. 责任承担方式

根据侵权行为的一般理论，责任人对于损害理应承担全部责任，即实行无限责任原则。由于核能利用的特殊性，为了消除投资者承担无限责任的忧虑，合理分散营运人的风险责任，以达到保护受害人的利益，保护责任人的经济生存，促进核工业的发展平衡的目的。核损害责任法律制度实行责任限制原则，体现在赔偿数额和诉讼时效两个方面，即核设施营运人对一次核事故所造成的损害，只在规定的索赔期内承担规定限额的赔偿责任。

核损害最高赔偿限额的规定主要体现在国际核责任公约中，它的产生具有特殊背景。几乎所有国家在核损害赔偿立法中都确立了责任限制原则，大多数

---

〔1〕 Article II (5) of the 1963/1997 Vienna Convention; Article 6 (b) and Article 6 (c) (ii) of the Paris Convention; Article 10 of Annex to Convention on Supplementary Compensation for Nuclear Damage.

〔2〕 Article I (1) of the 1963/1997 Vienna.

国家实行最高赔偿限额制度，如法国《核责任法》规定营运者的最高责任限额为 10 亿法郎。少数国家不设立最高限额，如德国、[1]日本、俄罗斯等国。之所以有差别，在于各国对无过错责任与最高赔偿限额之间有无本质上关联的看法不同，也即是不是企业负无过错责任就应设立最高赔偿限额。另外，在实行无限责任原则的国家，一般强制要求核设施营运人通过保险或其他财政保证，确保其履行能力。[2] 在诉讼时效方面，核损害诉讼时效比一般诉讼时效要长，一般为 10 - 30 年，同时，国际公约认可缔约国在不违背最低诉讼时效的前提下作出较低的规定。

二、国际公约及各国关于核损害民事责任制度的规定

（一）国际公约关于核损害民事责任制度的规定

20 世纪 60 年代开始，为了规制民用核设施对核能利用过程中可能产生的对人的生命安全和财产安全的巨大威胁，明确核装置的运营者对其所造成核损害的义务与责任，最大限度地减少未保险的潜在责任，为受害者提供充分的赔偿机制，核损害民事责任领域开始制定国际公约。目前，有关损害责任制度的国际公约和条约有：《关于核损害民事责任的维也纳公约》《核动力船舶营运人双重责任公约》《核能领域第三方责任公约》《远程跨界空气污染公约》《核事故及早通报公约》《空间实体造成损害的国际责任公约》等，另外还有相关双边或多边条约。其中，最为重要的是 1960 年《核能领域第三方责任公约》（简称《巴黎公约》）、1963 年《核能领域第三方责任布鲁塞尔补充公约》（简称《布鲁塞尔补充公约》）、1963 年《关于核损害民事责任的维也纳公约》（简称《维也纳公约》）。《巴黎公约》和《维也纳公约》由 1988 年 9 月 21 日通过的《关于适用〈维也纳公约〉和〈巴黎公约〉的联合议定书》（1992 年 4 月 27 日生效）连为一体，构成了现行第三方核责任的两大基本国际机制——OECD 体系和 IAEA 体系。切尔诺贝利事故使国际社会认识到，核事故损害的地理范围不限于一国境内，可能会扩展到其他国家，在严重核事故特别是在发生大面积损害的情况下，现有的责任制度由于适用地区有限、损害的定义较窄、赔偿限额较低，不足以确保公正和快速的赔偿，必须通过在国际层面上建立更为严格的规范，才能保证营运人切实履行核损害民事责任，给予受害者充分的赔偿。缔约各国

---

〔1〕 § 31 von Gesetz über die friedliche Verwendung der Kernenergie und den Schutz gegen ihre Gefahren (Atomgesetz).

〔2〕 § 34 von Gesetz über die friedliche Verwendung der Kernenergie und den Schutz gegen ihre Gefahren (Atomgesetz).

于1997年原子能机构第41届大会上通过了《核损害补充赔偿公约》[1] 该公约是一项保护因核事故而导致核损害的受害者的国际公约，在核损害的定义方面、民事责任归责原则方面、环保权益理念等方面都比以往有了较大进步，但尚未满足该公约生效条款的要求，迄今未生效，由于印度在2010年10月的签署，使公约生效又向前迈出了一步。[2]

1. OECD 体系

在经济合作发展组织的主持下，西欧包括法国、德国和英国等于1960年制定了《核能领域第三方责任公约》（简称《巴黎公约》），有14个缔约国，1963年制定了《核能领域第三方责任布鲁塞尔补充公约》（简称《布鲁塞尔补充公约》），统一了西欧各国对核损害承担的民事责任的规则。适用范围限定在大部分西欧国家，因而带有地域性特点。《布鲁塞尔补充公约》拓展了《巴黎公约》的适用范围。《巴黎公约》和《布鲁塞尔补充公约》分别于1964年、1982年和2004年以附加议定书的形式进行了修正。

《巴黎公约》要求核设施营运人承担绝对责任。对于赔偿问题，《巴黎公约》规定最高责任限额为1500万特别提款权（SDRs）。缔约国可通过立法规定这一责任限额的增减幅度，但无论如何不得低于500万特别提款权。该公约规定了10年的诉讼时效，缔约国有权通过国内立法规定10年以上的诉讼时效；核事件发生时所涉及的核燃料或放射性产物或废物因被盗、丢失或抛弃等而造成损害的，自核事件发生之日起，诉讼时效为20年；国内法律可以规定不少于2年的诉讼时效，自受害人知道或应该知道其遭受损害和营运人责任之日起，但最长不超过10年。《布鲁塞尔补充公约》规定，核损害赔偿的数额高达每一核事件3亿的特别提款权。

2. IAEA 体系

东欧各国于1963年在国际原子能机构的主持下，制定了《核损害民事责任维也纳公约》（简称《维也纳公约》），有14个缔约国。1997通过了《修正〈关于核损害民事责任的维也纳公约〉议定书》（由于尚未满足生效条款的规定，故迄今未生效）。相比较OECD体系的地域性特点，《维也纳公约》是一项有关核损害民事责任的全球性公约，规定核设施的营运人负有绝对的赔偿责任，且损害赔偿额度是有限的。责任限额为每一核事件不得少于500万美元。营运人必

〔1〕 http://www.caea.gov.cn/n16/n83690/83899.html.

〔2〕 http://www.un.org/chinese/News/fullstorynews.asp? newsID = 14347.

须用保险费或其他财政保证金承担其责任，对核损害的应赔总额如果超过最高赔偿额，国家应提供有限的财政补偿。公约规定了 10 年的诉讼时效，缔约国有权通过国内立法规定 10 年以上的诉讼时效；核事件发生时所涉及的核材料因被盗、丢失或抛弃等造成损害的，诉讼时效为 20 年；国内法律可以规定不少于 3 年的诉讼时效，自受害人知道或应该知道其遭受损害和营运人责任之日起，但最长不超过 10 年。关于免责条款，公约规定对核装置本身的核损害或对在核装置地点使用的或拟使用的同核装置有关的任何财产的核损害；对运输工具的核损害，而在核事件发生时，有关的核材料在此运输工具上。

美国、日本、加拿大、韩国等国未加入上述两个国际公约体系，而是制定了自己的核损害责任法律，但其基本原则与两大国际公约体系大体一致。

（二）有关国家核损害民事责任制度的规定

1. 美国

美国作为开发利用核能最早的国家，于 1954 年制定了《原子能法》（即《普莱斯—安德森法》），[1] 也是世界上最先建立核损害民事责任法律制度的国家。《普莱斯—安德森法》对"核事件"进行了若干限制，引入了"特别核事件"的概念。与国际公约和其他国家的法律规定都不同，该法将责任主体的范围扩大到"对核事件所引起的任何法律责任负责的任何人"，并确立了"经济归责"制度。此制度的设计是考虑到核损害的特殊性、复杂性及立法的价值取向，尽管其他人对损害负有法律责任，但是仍由营运者承担全部经济责任。《普莱斯—安德森法》建立了一套独特的赔偿制度：首先，核设施营运人必须进行强制性保险或提供其他财政保证。其次，美国所有核电站实行"统筹"。如果某个核电站发生核事故所造成的核损害超过上述保险赔偿金额，所有其他核电站设施必须按照"相互补偿制度"共同筹资赔偿受害者。最后，如果上述金额还不足以赔偿受害者，则由国会决定如何筹款赔偿。《普莱斯—安德森法》1975 年修正案把诉讼时效延长到 10 - 20 年，1988 年修正案更是排除了最长诉讼时效的规定。受"特别核事件"影响的人可以且必须在发现人身伤害的 3 年内提起人身伤害索赔，而不论自"特别核事件"发生之时起已经过多长时间。

---

〔1〕 美国于 1957 年修正了 1954 年《原子能法》（1954 Atomic Energy Act），颁布了关于核损害责任的《普莱斯—安德森法》（The U S Price - Anderson Act of 1957）。该法曾分别于 1966 年、1975 年、1988 年进行过几次修订。

2. 德国

德国于 1959 年制定了《原子能法》，先后于 2002 年、2010 年进行了修订。就责任人应承担的最高责任限额和诉讼时效作了如下具体规定：核设施营运人的责任应当是无限的，同时要求营运人投保第三方核责任保险（保险额不少于 25 亿欧元），政府提供最高数额为 25 亿欧元的财力补偿。[1] 如果核损害赔偿超过上述保险额或保证金数额，在理论上，营运人应以其全部财产抵偿。[2] 但德国法律规定，受害者从营运人那里获得的赔偿应仅限于核电站的全部资产或其投保额，而不能追索到其股东的财产。赔偿请求权应当自请求权人知道或应该知道该损害及责任人之日起 3 年后，或自核事件导致损害之日起 30 年后，或自核材料被窃、丢失、抛弃、放弃而消灭之日起 20 年后，而归于消灭。[3]

3. 日本

早在建立商用核电站之前，日本于 1961 年就制定了《原子力损害赔偿法》（简称《原赔法》）。该法规定，如果核电站发生事故，在受害人的救济方面，企业负有无限赔偿责任。最近，日本政府初步拟定的福岛第一核电站事故损失赔偿方案浮出水面。根据这一方案，东京电力公司将承担主要赔偿责任，赔偿额将不设上限。政府将通过一个新设赔偿援助机构减轻东电负担。《原赔法》中规定了"异常巨大的天灾地变"、外国侵略造成的"社会动乱"等免责条款。尽管是地震、海啸后出现的核电站事故，但由于地震发生后，核电站立即停止运转，备用电池全部用上，备用发电机全部开动，核电站并没有出现倒塌现象，日本核电方面国家机关发出地震灾区核电站完好的安全报告，因此福岛核电站难以适用此免责条款。

4. 印度

印度从 1960 年代开始发展民用核电，于 1962 年颁布《原子能法》，其中并未涉及任何与核事故责任和赔偿相关的内容。同时，印度也不是《巴黎公约》或《维也纳公约》的缔约国。印度现有核设施的所有权或主要所有权都属于印度中央政府，因此，印度中央政府对核设施的责任问题负责。

---

〔1〕 § 34 und 38 von Gesetz über die friedliche Verwendung der Kernenergie und den Schutz gegen ihre Gefahren（Atomgesetz）.

〔2〕 § 34 von Gesetz über die friedliche Verwendung der Kernenergie und den Schutz gegen ihre Gefahren（Atomgesetz）.

〔3〕 § 32 von Gesetz über die friedliche Verwendung der Kernenergie und den Schutz gegen ihre Gefahren（Atomgesetz）.

印度于 2010 年 10 月通过了《核损害民事责任法案 2010》，作为民事核损害赔偿责任的专门法律，该法案弥补了 1962 年《原子能法》民事赔偿领域的空白。确立了营运人对核事故负有严格责任（重大自然灾害、战争和恐怖事件除外）。赔偿范围包括人员伤害、财产损失、收入损失、环境恢复、预防性措施、其他经济损失。确定单次事故最高赔偿限额为 3 亿特别提款权（约合 4.5 亿美元），且不同类型营运人责任不同。主观诉讼时效为 3 年，对于财产的客观诉讼时效为 10 年，对于生命丧失和人身伤害的客观诉讼时效为 20 年。确立了向产品缺陷或服务缺陷导致事故发生的供应商进行追偿的制度。规定了营运人强制保险制度。[1]

三、我国核损害民事责任制度构想

（一）核能利用与立法现状

我国核电建设始于 1985 年动工的秦山核电站，1987 年，大亚湾核电站也开始建造。进入新世纪，核能行业进入了加速发展阶段，特别是 2005 年以来，我国先后核准了辽宁红沿河等 13 个核电项目。截至 2010 年底，我国的在运机组 13 台，在建机组 28 台，在建规模占全球的 40% 以上，是全球核电在建规模最大的国家。随着日本福岛核事故的进一步发展，我国当前比较紧迫的问题是如何强化核安全、健全核损害民事责任制度。

我国并未加入任何国际核损害赔偿公约。在核工业发展之初，为了解决核损害责任问题，1986 年 3 月，国务院作出了《关于处理第三方核责任问题的批复》，规定核电站或核设施营运人对核事故承担绝对责任和唯一责任，对于一次核事故所造成的核损害，营运人对全体受害人的最高赔偿额为人民币 1800 万元；对核损害的应赔总额如果超过 1800 万元，政府将提供最高限额为人民币 3 亿元的财力补偿。同时，规定了 3 年的诉讼时效，自受害人知道或应该知道其遭受损害和营运人责任之日起，但最长不超过 10 年。[2] 随着核电事业的发展，2007 年 6 月，国务院出台了《关于核事故损害赔偿责任问题的批复》（以下简称《批复》），规定核电站的营运人对一次核事故所造成的核事故损害的最高赔偿额为 3 亿元人民币；应赔总额超过规定最高赔偿额的，国家提供最高限额为 8 亿元人民币的财政补偿。[3] 但是，目前我国仅仅通过国务院《批复》来解决核

---

〔1〕 左惠强、姜萍：《印度〈核损害民事责任法案 2010〉的影响及借鉴意义》，载《中国保险报》2010 年 10 月 13 日，第 6 版。

〔2〕 1986 年国务院《关于核事故损害赔偿责任问题的批复》（国函〔1986〕44）第 3 条、第 6 条。

〔3〕 2007 年国务院《关于核事故损害赔偿责任问题的批复》（国函〔2007〕64）第 7 条。

损害赔偿，在法律形式和效力上都属于较低层次，且《批复》中所规定的内容过于原则，不够具体，操作性不强。

反观我们的邻国印度，由于采购中涉及外国供应商的第三者责任问题，以国际核损害公约为蓝本，结合本国特点制定了核损害赔偿法，出台背景与我国的两个《批复》类似。虽然其赔偿限额等受到争议，但该法案总体上可以与国际接轨，确立了基本框架。我国也应积极借鉴核损害赔偿国际公约和各国国内法的有益经验，建立健全核损害民事责任制度，弥补法律的空白。

（二）起草中的《原子能法》关于核损害民事责任规定的设想

改革开放至今，我国涉核的法律只有《放射性污染防治法》，以及国务院颁布的法规及法规性文件共十几项。《原子能法》作为原子能法律体系的母法，是原子能领域顶层的法律，统领其他的法律、法规和部门规章。原子能法的长期缺失，不仅使我国的原子能法律体系不完善，也使我国在对外交往中处境尴尬，与我国的核大国地位极不相称。《原子能法》正式列入 2011 年国务院立法计划，目前正在起草过程中，核损害民事责任作为其中的一项基本法律制度将会得到确立，对此，本文仅从以下四个方面阐明自己的观点。

1. 责任主体

实行唯一责任或责任集中原则，将核事件的责任全部归结于核营运人，其他任何人包括制造商或供应商等都不承担责任。这一原则充分体现了保护受害人利益和促进核工业发展的指导思想。受害人只需向营运人索赔，而无需再寻找其他责任人；核设施供应商也可打消顾虑，毕竟其无法承受核事故产生的巨大赔偿责任。核设施营运人只有在合同上有明确约定以及核事故损害是由于他人故意作为或不作为造成的这两种情况下，才享有对有关责任人的追索权。实践中，供应商为了应对这种情况，都会在核供应合同中载明"购买方（即营运人）是第三方核责任的唯一责任人，供应方在任何情况下都不承担核责任"等内容。

2. 归责原则

实行严格责任，即无过错责任原则。核设施营运人不论有无过错，只要发生核事故并造成核损害，就要承担民事责任。同时，根据我国实际情况，规定可以全部或部分免除营运人责任的事由，如核损害是由于特大自然灾害、军事冲突行为、敌对行动、内战或暴乱所引起，则免除营运人的责任等，如核损害是由于受害人的重大疏忽，或是由于此人蓄意要造成损害的行为或不行为所引起，则全部或部分地免除营运人对此人所受损害给予赔偿的义务。

3. 责任范围

①人身伤亡。对于核损害造成受害人身体损伤或生命丧失，责任人应承担因此给受害人造成损失的责任。②财产损失。包括受害人财物损害和利益损失。③环境损害。包括环境损坏引起的收入损失、恢复措施费、预防措施费用以及其他经济损失。

4. 责任限制

核损害赔偿实行责任限制原则可能会剥夺受害人全部或部分赔偿请求权，这也是德国、美国等国家对于是否应该设定最高赔偿限额存有争议的原因。但是，责任限制根源于危险的本质，严格责任应伴有责任限制。国家的保护义务应以人类的认识能力为界限，如果风险超出实践理性的范围则可忽略不计。因此，从我国实际情况出发，考虑到核能利用状况和法制环境，核损害责任应实行责任限制原则，即设立最高赔偿限额和规定较为短期的诉讼时效。具体来说，包括以下三个方面：

首先，参考主要核损害国际公约和其他国家的立法经验，结合我国经济社会发展现状，考虑到最高责任限额的标准是否合乎目的，是否具有现实性，以理性方式在适当范围内确定。

其次，建立核责任强制保险和财务保证制度。由于核损害事故对第三者的人身及财产会造成巨大损害，各国的核损害赔偿立法大多要求运营者必须购买强制性保险或者提供财务保证，特别是实行无限责任的国家。根据 2007 年国务院《批复》，营运者应当作出适当的财务保证安排，以确保发生核事故损害时能够及时、有效地履行核事故损害赔偿责任。在核电站运行之前或者乏燃料贮存、运输、后处理之前，营运者必须购买足以履行其责任限额的保险。[1] 在原子能立法过程中，应建立核责任强制保险制度。由于核损害无法按照常规市场的承保规则予以承保，多数有核国家都建立了核共体以应对核风险。我国的核共体于 1999 年正式挂牌成立，但是存在一些亟待解决的问题，如核共体成员公司不多，承保能力不足；没有建立统一的核巨灾准备金制度；没有建立风险检查制度等，[2] 核共同体需要逐步完善。财务保证是指由国家、金融机构、担保公司、企业等为营运人提供财务上的担保或者由营运人自身通过建立专有损害基金的方式来承担赔偿责任。在我国可以由核设施营运人与保险公司共同出资设立核保险基金，确保事故发生后责任人能够及时有效履行核损害赔偿责任。另外，根据 2007 年《批复》的规定，在一次核事故中国家提供最高限额为 8 亿元人民币的财政补偿。[1] 在原子能立法过程中可以立足于实际，参考国外有益经验，确定财政补偿的数额。

最后，规定较为短期的诉讼时效。相比较国际公约和其他国家 10 - 30 年不等的诉讼时效规定，我国可以规定 3 年的诉讼时效，自受害人知道或应该知道其遭受损害和营运人责任之日起，但最长不超过 10 年。这种规定有利于平衡受害人利益的保护和国家核能工业的发展，也不会对我国今后加入国际公约体系产生障碍。

---

[1] 2007 年国务院《关于核事故损害赔偿责任问题的批复》（国函〔2007〕64）第 7 条。

核损害责任法律问题研究

赵威　丁文良*

一、引言

2011 年 3 月 11 日，日本东北地区宫城县北部发生里氏 9.0 级地震，强震海啸伤亡惨重。2011 年 3 月 12 日下午开始，日本福岛第一核电站机组相继发生事故，并且事态持续扩大,[1] 引发了国际社会的强烈关注。国际救援力量陆续抵达日本，美俄等国际核专家赴日援助，国际原子能机构（IAEA）总干事天野之弥也于 18 日抵达日本协助处理事故。

虽然核工业的发展一直保持着良好的安全记录，但由于

---

* 丁文良，中国政法大学全球化法律问题研究中心研究员。

[1] 2011 年 3 月 18 日晚，由于 1 号至 3 号机组核燃料可能部分熔毁，且放射性物质继续泄漏，日本把第一核电站事故从 4 级提升至 5 级；疏散范围扩大，从原先的疏散核电站周边 20 公里范围内的居民，至 3 月 26 日已开始鼓励那些居住在 20 公里至 30 公里范围内的居民在自愿情况下疏散；原子能安全保安院一名官员表示依照事态发展，不排除把事件等级调高至 6 级的可能。参见 http://news.enorth.com.cn/system/2011/03/26/006248124.shtml，访问日期：2011 年 3 月 26 日。4 月 12 日，日本福岛第一核电站核泄漏事故升至最高级 7 级。……东京电力公司原子能及选址代理总部长松本纯一昨日坦言，由于泄漏尚未停止，释放总量仍在增加，最终有可能超过切尔诺贝利核电站。参见 http://news.xinmin.cn/rollnews/2011/04/13/10223907.html，访问日期：2011 年 4 月 19 日。

核物质蕴含着巨大的能量，又兼具放射性等特点，一旦发生核事故，后果往往是灾难性的。历史上曾发生过的历次核事故，无一不造成了巨大的损害，较为严重的有美国三里岛核电站事故和苏联切尔诺贝利核事故。法国著名的国际环境法学者亚历山大·基斯教授就曾指出，"原子能生产与海洋石油运输是可能对环境和人类健康造成最严重损害的两个领域"。[1] 但核能的和平利用对于各国发展现代科学技术和自然资源的开发利用具有重大意义，并没有理由仅仅因为核物质利用的高风险性和核事故所造成损害的巨大性而否定核能和平利用的重要意义甚至对其弃而不用。因此，从国际和国内法律的完备性角度看，从保障核设施运营者及核能和平利用事业的健康发展来看，从促进国际核能和平利用的交流及处理核损害的协调来看，建立和健全核损害责任法律制度无疑具有非常重要的意义。

二、核损害的定义

本文仅研究核能和平利用所产生的有关问题，而不包括核能的非和平利用情况。本文所指的核损害主要是指以和平为目的而利用核设施及核材料的过程中发生核事故，从而对人身、财产和环境等造成的损害。目前，国际社会中比较广为接受和权威的对于核损害的界定有：

1963 年《关于核损害责任的维也纳公约》（以下简称 1963 年《维也纳公约》）规定："'核损害'系指：①由于来自、产生于一个核装置或运往一个核装置的核材料中的或属于上述核材料的核燃料或放射性产品或废料的放射性能或放射性性能同具有毒性、爆炸性或其他危险性性能的混合而引起或造成的丧失生命、任何人身损害或财产的损失或破坏；②由此而引起或造成的在管辖法院的法律规定范围之内的任何其他损失或破坏；③如装置国法律有此规定，由核装置内任何其他放射源所发出的其他电离放射所引起或造成的丧失生命、任何人身损害或财产的损失或破坏。"

1997 年《修正〈关于核损害责任的维也纳公约〉的议定书》（以下简称《1997 年维也纳公约议定书》）、1997 年《核损害补充赔偿公约》（以下简称《补充赔偿公约》）和 1960 年《核能方面第三者责任公约》（以下简称《巴黎公约》），2004 年附加议定书均扩大了"核损害"的定义，以便在其中包括：①人身伤害或财产损坏引起的经济损失；②恢复受破坏环境的措施的费用；③由于环境受到重大破坏，致使无论以任何方式使用和享用环境而带来的经济

---

〔1〕 ［法］亚历山大·基斯：《国际环境法》，张若思编译，法律出版社 2000 年版，第 379 页。

利益所产生收入蒙受的损失；预防性措施的费用。[1]

由上可见，有关公约对"核损害"界定的范围呈现逐步扩张和细化的趋势，尤其注重对环境的保护，而这种扩大的趋势是十分合理、必要且顺应时代发展的。因为在核事故发生后，防止或最大限度地减少损害后果是极其必要且重要的，所以将"预防措施"的费用计算在核损害的范围内是准确的，而"恢复措施"与"合理措施"的费用也是同样。

三、核损害的特点

以史上最为著名也最为严重的切尔诺贝利核电站事故为例，探讨核损害的特点。1986 年 4 月 26 日，乌克兰基辅市以北 130 公里的切尔诺贝利核电站的灾难性大火造成大量放射性物质外泄，导致环境严重污染，当即造成 31 人死亡，二百多人受严重放射性伤害，数万人受到放射性影响，直接经济损失达 120 亿卢布，核污染飘尘扩散至周围国家，西欧各国乃至世界大部分地区都检测到了核电站泄漏的放射性物质。事故发生多年后，放射性污染带来的危害还在继续，不断有报道该地区受放射性伤害的人群死亡或患病的消息，伤亡人数不断扩大，该地区的生态环境也遭到严重的破坏。涉及核污染伤害的人数超过百万，并延续到代际的健康。[2]

从中可以看出，核损害具有如下特点：

第一，损害的高度破坏性。核损害大多具有高度放射性，能够产生长久的核辐射危害，会对环境造成不可估量的危害；其还可能引起细胞内遗传信息的突变，给人体造成严重疾病；伴随放射性核损害产生的还有爆炸和高度的毒性，这些都对动植物有着极强的破坏作用。[3]

第二，其危害作用的持续性和长效性。核损害产生之后，其造成的损害后果并不止于当下的情况，由于核物质会持续不断地发出射线，对人体和环境的损害也会延续很长一段时间。

第三，传播迅速且覆盖范围广。核损害发生后，会以极快的速度传播，在短时间内覆盖广阔的地域，且往往会超出核损害发生国的领土范围，往往造成跨界损害，对其他国家的居民、财产或环境造成损害，因此核损害范围的广度也是其他种类的损害所不及的。

---

〔1〕 参见《卡塔赫纳生物安全议定书》政府间委员会第二次会议文件，第5页。

〔2〕 江伟钰：《论 21 世纪核使用和全球和平与安全的国际法责任确定——暨〈不扩散核武器公约〉35 周年确定》，载《华东理工大学学报》2005 年第2期。

〔3〕 王蓓：《浅析核损害中的民事责任分配》，载《中国商界》2008 年第1期。

四、核损害责任的国际法基础

核损害发生之后，必然需要去厘清责任承担的问题，由于仅限于一国范围内的核损害责任承担问题相对比较简单，本文在此着重检视核损害侵及核事故发生国之外的其他国家时的责任承担问题。从前述核损害的三个特点，尤其是其第三个特点可以看出，核损害的地理范围往往不限于一国境内，可能会扩展到其他国家，对其他国家的居民、财产、环境等造成损害，因此必须在国际层面通过法律来规制核损害责任，而这又有必要首先探讨一下核损害责任的国际法基础。

随着科学技术日新月异的发展，各国在工业生产、原子能利用、外太空探索及海底开发等活动中常常给别国带来损害或损害威胁。但这些可能对本国社会，对他国居民、财产和环境造成危害的活动，在发展现代科学技术和自然资源的开发与利用等社会经济发展领域却又是必不可少的，所以有别于"国际不当行为"而不为国际法所禁止。[1] 核能的和平利用，属于"国际法不加禁止的行为"。

当核损害波及核事故发生地外的其他国家的时候，便形成了"跨界损害"问题。根据1996年国际法委员会（International Law Commission – ILC）第48届会议专题工作组向联合国大会提交的《关于国际法不加禁止的行为所引起的损害性后果的国际责任条款草案》，其对跨界损害所作的定义是："'跨界损害'是指在起源国以外的一国领土内或其管辖或控制下的其他地方造成的损害，不论有关各国是否有共同边界。"[2]

国际法的一项普遍原则是：一方面，各国有义务在本国领土内保护他国的领土完整和不受侵犯的权利；另一方面，各国均有免受域外活动造成损害及不受影响地使用本国领土的权利。"依照《联合国宪章》和国际法原则，各国具有可以自由地使用本国环境和自由开发本国资源的主权权利，同时亦负有责任，确保在它管辖或控制范围内的活动，不致对其他国家的环境或本国管辖范围外地区的环境引起损坏。"[3]

从事国际法不加禁止的活动造成跨界损害应承担责任的规则已被广泛接受，

---

〔1〕 林灿铃：《国际环境法》，人民出版社2004年版，第235页。

〔2〕 联合国大会第51届会议补编第10号（A/51/10）《国际法委员会第48届会议工作报告》第211页：《关于国际法不加禁止的行为所产生的损害性后果的国际责任条款草案》第3条b项。转引自林灿铃：《国际环境法》，人民出版社2004年版，第230页。

〔3〕 林灿铃：《环境问题的国际法律调整》，载《政法论坛》2001年第5期。

并且多年来通过国家做法和司法裁决逐渐确立为一些公约或条约的一项法律原则。在 1938－1941 年的"特雷尔冶炼厂仲裁案"[1] 中，仲裁庭确认，"根据国际法原则，以及根据美国法律，任何国家均无权使用或允许使用其领土对另一国家或该国境内的财产或个人造成烟气引起的损害"；国际法院在 1949 年的科孚海峡案[2] 中重申了这个国家责任原则，指出在国际法中存在着"普遍性和公认的原则"，规定"每个国家均有义务不有意地允许使用其领土来采取有害于他国利益的行为"，仲裁法庭在 1956 年的拉努湖（Lac Lanoux）仲裁案[3] 中也重申了该原则；最近，国际法院于 1996 年在关于"以核武器相威胁或使用核武器的合法性"问题的咨询意见中申明："各国有普遍性的义务保证，在其管辖和控制范围内的活动将尊重他国环境或本国控制以外地区的环境，这项义务现在已经是国际环境法的一部分。"[4] 因此，核能的和平利用作为一项"国际法不加禁止的行为"，在造成核跨界损害的时候需要承担责任，应当说是确定无疑的。

五、核损害责任的国际法律框架

当前国际社会存在着关于核损害责任的两大基本机制，即由经合组织核能机构（OECD/NEA）主持修订的《巴黎公约》和由国际原子能机构主持修订的 1963 年《维也纳公约》及其他相互关联的条约、议定书等。

《巴黎公约》为 1963 年《关于核能方面第三者责任的布鲁塞尔补充公约》（以下简称《布鲁塞尔补充公约》）所补充，后又分别在 1964 年、1982 年、2004 年以附加议定书的形式修订。

1963 年《维也纳公约》为《1997 年维也纳公约议定书》所修正，并为《补充赔偿公约》所补充。

在原子能机构、经合组织和国际海事组织（IMO）的主持下，于 1971 年 12 月 17 日通过了《有关海上核材料运输的民事责任公约》，从该公约正文前的各项考虑可以看出，其主要适用于《巴黎公约》和 1963 年《维也纳公约》所适用的海上核材料运输过程中出现的核事故造成核损害时的有关情况，因此也是属于之前所提到的当前国际社会关于核损害责任的两大基本机制。

---

〔1〕 联合国《国际仲裁裁决汇编》第 3 卷，1906－1982 年，载《卡塔赫纳生物安全议定书》政府间委员会第二次会议文件，第 3 页。

〔2〕 1949 ICJ Rep 4，载《卡塔赫纳生物安全议定书》政府间委员会第二次会议文件，第 3 页。

〔3〕 1957 I. L. R. 101，载《卡塔赫纳生物安全议定书》政府间委员会第二次会议文件，第 3 页。

〔4〕 Advisory Opinion of 8 July 1996，(1996) 35 ILM 809，载《卡塔赫纳生物安全议定书》政府间委员会第二次会议文件，第 3 页。

　　1988 年，在原子能机构和经合组织核能机构的倡议下通过了《关于适用维也纳公约和巴黎公约的共同议定书》（以下简称《共同议定书》），该议定书于 1992 年 4 月 27 日生效。在此之前，《巴黎公约》和 1963 年《维也纳公约》相互独立运作，由于同时适用这两项公约可能会导致冲突，没有任何国家同时是两项公约的缔约方。《共同议定书》在《巴黎公约》和 1963 年《维也纳公约》之间建立了联系，从而也建立了一个扩大了范围的赔偿责任制度。[1]

　　从以上可以看出，有关核损害责任的国际法律框架已经较为完善地建立起来，对于核损害的相关内容也较为系统、全面、科学、先进，但从各项公约的缔约情况和效力状况来看，又能发现其中的显著不足。首先，《巴黎公约》的缔约国包括比利时、丹麦、芬兰、法国、德国、希腊、意大利、荷兰、挪威、葡萄牙、斯洛文尼亚、西班牙、瑞典、土耳其、英国 15 个国家，奥地利、卢森堡在《巴黎公约》一通过时就签署了，但一直未获批准。瑞士于 2009 年 3 月 9 日批准了经 1964 年附加议定书及 1982 年附加议定书修正过的《巴黎公约》及其 2004 年附加议定书，当 2004 年附加议定书生效时，《巴黎公约》及其三个附加议定书将同时对瑞士生效。目前批准《巴黎公约》2004 年附加议定书的只有瑞士和挪威两个国家，还未生效，[2] 批准《布鲁塞尔补充公约》2004 年附加议定书的目前只有瑞士和西班牙两个国家，也尚未生效。[3] 其次，《1997 年维也纳公约议定书》的缔约方包括阿根廷、白俄罗斯、捷克、匈牙利、印度尼西亚、意大利、拉脱维亚、黎巴嫩、立陶宛、摩洛哥、秘鲁、菲律宾、波兰、罗马尼亚、乌克兰 15 个国家，于 2003 年 10 月 4 日生效，批准该议定书的有阿根廷、白俄罗斯、拉脱维亚、摩洛哥、波兰、罗马尼亚 6 个国家。[4] 而同时，《共同议定书》于 1992 年 4 月 27 日生效，目前为止包括原来属于《巴黎公约》和 1963

---

　　〔1〕　载《卡塔赫纳生物安全议定书》政府间委员会第二次会议文件，第 5 页。

　　〔2〕　See status of ratifications or accessions of 1960 Paris Convention on Third Party Liability in the Field of Nuclear Energy, available at http: //www. nea. fr/html/law/paris – convention – ratification. html, viewed on March 21th, 2011.

　　〔3〕　Available at http: //www. oecd – nea. org/law/brussels – convention – ratification. html, viewed on March 21th, 2011.

　　〔4〕　See status of ratifications or accessions of Protocol to Amend the Vienna Convention on Civil Liability for Nuclear Damage, available at http: //www. iaea. org/Publications/Documents/Infcircs/1998/infcirc-566. shtml, viewed on March 21th, 2011.

年《维也纳公约》的成员方共 26 个,[1] 在一定程度上扩大了两个公约的范围,但从上述缔约情况来看,《巴黎公约》和 1963 年《维也纳公约》及其议定书的涵盖范围主要还是集中于欧洲地区,区域性比较明显。虽然国际核损害责任制度的发展从未停止过,但迄今为止世界上所有的主要核电国家,如俄罗斯、美国、日本、中国等均未加入任何国际核责任公约,而是采用自己的核责任法律体系,这就使有关国际核损害责任领域的相关公约的效力和影响力大打折扣,也意味着要形成全球性的核损害民事责任法律体系还有很长的路要走。

六、核损害责任制度主要内容

(一)严格责任

所谓严格责任,指的是当核事故发生造成核损害之后,只要证明核损害和核事故之间具有因果关系,核设施的运营者即需对此承担责任,而不要求证明运营者有过错。这一规则便于核损害的受害人寻求救济,因为在发生核事故造成核损害的情况下,身为普通民众的受害人是很难证明运营者过错的,更不用说还存在运营者本身并无过错的情况。因此,在核能的和平利用这一风险巨大的高科技领域实行严格责任,是合理且应当的。严格责任的实行,一方面,便利了核损害受害人;而另一方面,核设施的运营者则拥有有限责任和诉讼时效这两方面的责任限制。

(二)责任人

在核损害责任领域,实行的是确定一个单一责任人的方法,即确定核设施的运营者为唯一的责任人。这意味着即使是由所供设备故障而造成核事故或者是在运输核材料的过程中发生核事故,供应方或承运人也不必承担核损害责任,而由运营者负责。[2] 将核损害责任统一地归到核设施的运营者身上,或许显得过于苛责。但试想,如果要求运营者之外的其他人如设备供应商或承运人承担责任,一边是有限的运费或者是设备价款,另一边则是巨大的风险及可能的巨额赔偿,将导致其不敢承运或提供核设施与核材料,或将这种风险转移到他人身上;同时这也方便了受害人,其在受到核损害之后只需向运营者问责,而不用考虑应该起诉谁的问题,便利了其寻求救济。

---

〔1〕 See status of ratifications or accessions of Joint Protocol Relating to the Application of the Vienna Convention and Paris Convention, available at http://www.oecd-nea.org/law/joint-protocol.html, viewed on March 21th, 2011.

〔2〕 参见《巴黎公约》第 3 条,以及 1963 年《维也纳公约》第 2 条。

(三) 有限责任

有限责任，指的是运营者对于某次核事故造成的核损害，只需在一定的赔偿总额下和一定的诉讼时效期限内承担责任。有限责任的确立，可以使运营者免于一旦发生核事故造成巨大损害而径直陷于破产的境地，诉讼时效的确立也有这样的效果，这可以理解为对运营者承担严格责任和作为核损害的唯一责任承担人的一种补偿，对于保障运营者和促进核能和平利用事业的发展均具有重要意义。

1. 赔偿限额

《巴黎公约》规定，营运者赔偿责任的上限为 1500 万特别提款权（SDR）。如果根据公约第 10 条的要求提供了保险或其他财政保证，有关立法可规定这一责任限额的增减幅度，但无论如何不得低于 500 万特别提款权。[1]

《布鲁塞尔补充公约》改进了《巴黎公约》的赔偿规定，建立了一个分三个层次的赔偿结构：第一层次，要求各缔约方通过本国法律把营运者赔偿责任的下限确定为 500 万特别提款权，该项款额将由保险或其他财务保证金提供和担保；第二个层次，将由造成破坏的核设施位于其领土上的缔约方提供总额最高可达 1.75 亿特别提款权的补充公共资金；第三层次，如果损失数额超过了第二层次提供的数额，将再提供数额为 1.25 亿特别提款权的公共资金，这笔资金由所有缔约方根据一个事先确定的公式分摊。[2]

《巴黎公约》2004 年附加议定书提高了现行的损害赔偿额度（最低责任限额），把核设施运营者的最低责任限额提高到 7 亿欧元，把低风险设施和运输事故的最低责任赔偿额分别提高到 7000 万欧元和 8000 万欧元。[3]

《布鲁塞尔补充公约》2004 年附加议定书也提高了由运营者赔偿、国家赔偿、国际赔偿这三项内容构成的赔偿体系的最低责任限额。由核设施运营者的核损害赔偿保险支付的赔偿额提高到 7 亿欧元（若保险金不足，则由国家补偿）；由核设施所属国（或运输者所属国）官方支付的国家赔偿额提高到 5 亿欧元；由《巴黎公约》缔约国援助的损害赔偿共同基金支付的国际赔偿额提高到 3 亿欧元。该议定书的签署使核损害赔偿额由原来的 3 亿特别提款权（3.5 亿欧

---

〔1〕 参见《巴黎公约》第 7 条。

〔2〕 载《卡塔赫纳生物安全议定书》政府间委员会第二次会议文件，第 6 页。

〔3〕 Available at http：//www. oecd - nea. org/law/paris - convention - protocol. html, viewed on March 21th, 2011.

元）提高到 15 亿欧元，增加了 3 倍多。[1]

1963 年《维也纳公约》规定，设施所在国可以对营运者的赔偿责任规定下限，使任何一次核事故的赔偿数额不少于 500 万美元。[2] 同时，为了确保受害人获得充分的赔偿，公约进一步规定了能满足事故责任的最低财政保证，要求营运人提供保险和其他财政保证。如果营运人提供的保险和其他财政保证不足以清偿索赔数额，装置国必须补足其差额，以达到其规定的任意性限额。[3]

1997 年《维也纳附加议定书》为营运者的赔偿总额规定了新的下限，为 3 亿特别提款权，即 500 万特别提款权加一笔用公共资金提供的"追加"数额。这笔数额来自发生核事故的营运者所属缔约方，总额可达 3 亿特别提款权。[4] 对 1963 年《维也纳公约》所做的改进体现在：提高了责任额，运营者的责任额从原定的不少于 500 万美元，提高到不少于 3 亿特别提款权，或不少于 1.5 亿特别提款权，但若损害超过此数额，则装置国应提供达到 3 亿特别提款权之间的差额。

《补充赔偿公约》也增加了可以为核损害提供的赔偿数额，建立了一个包括两个层次的赔偿制度，其主要内容为：第一层次的赔偿包括 3 亿特别提款权或在此之前说明的一个更大数额；第二层次的赔偿由所有缔约国规定方案筹措的国际公共资金提供。[5]

可见，随着国际核损害责任制度的发展，单就赔偿限额方面的规定来看，为核损害赔偿设定一个最高赔偿限额的做法已逐渐为国际社会通行做法所不采。自《巴黎公约》规定营运者赔偿责任的上限之后，各项核损害责任公约及其附加议定书，包括《巴黎公约》自身之后的议定书，均采取了为营运者的赔偿责任规定一个下限，且这个下限的数额有逐渐提高的趋势。可以得出的结论是，现行国际核损害责任法律体系的目标和重点在于，在确保核能和平利用事业能够持续健康发展的前提下，更加重视核损害受害人利益的保护。

---

〔1〕 李韦华译、黄厚坤校：《第三方核责任公约的核损害赔偿额提高了 3 倍多》，载《国外核新闻》2004 年 3 月刊，第 9 页。

〔2〕 参见 1963 年《维也纳公约》第 5 条第（1）项。

〔3〕 参见 1963 年《维也纳公约》第 5 条和第 7 条，转引自蔡先凤：《核损害民事责任研究》，武汉大学 2004 年博士学位论文，第 74 页。

〔4〕 载《卡塔赫纳生物安全议定书》政府间委员会第二次会议文件，第 6 页。

〔5〕 蔡先凤：《核损害民事责任研究》，原子能出版社 2005 年版，第 89 页。

2. 诉讼时效

《巴黎公约》和 1963 年《维也纳公约》规定，赔偿诉讼必须在核事故发生之日起 10 年内提出。此外，各缔约方可以把营运者的赔偿责任限制在从损害发生之日起，或从遭受损害的人获悉或根据常理应该获悉应负赔偿责任的营运者之日起 2 年（《巴黎公约》）或 3 年（1963 年《维也纳公约》）之内。

1997 年《维也纳附加议定书》延长了上述时限，有关人身伤亡的时限延长至 30 年，任何其他损害的时限延长为 10 年（第 8 条）。[1] 并且规定，自遭受核损害者知道或应当知道该损害或应负责的营运人之日起 3 年内不提起诉讼，其依据公约要求赔偿的权利应服从管辖法院法律规定的时效或时效的消灭，但不得超过前两款规定的 10 年或 30 年。

（四）责任保险和财政保证

强制性的财务保证，是指要求运营者应通过保险或其他财务保证，以确保其能履行其所承担的赔偿责任。此原则既为保护受害人利益，也为保护运营者免予破产。[2] 主要形式有核设施运营者投保的第三者责任保险和由政府财政、政府或国际社会公共基金提供的保障。

《巴黎公约》和 1963 年《维也纳公约》要求各缔约方保证使营运者购买保险或提供其他财务担保，保险或担保数额应该与在这两项文书下所负赔偿责任相符。[3]

《布鲁塞尔补充公约》和《补充赔偿公约》分别建立了政府和国际互助的原则，主要是考虑到一旦发生核事故，将会造成非常严重的核损害，仅仅依靠核运营者的第三方核责任保险尚不足以完全解决损害赔偿问题。两个公约都规定，缔约国必须提供三个层次的赔偿：第一层次为运营者赔偿；第二层次为运营者所在国的政府赔偿；第三层次为国际补充基金，缔约国之间进行国际互助。很显然，公约的这种规定充分体现了保护受害人利益与促进核工业发展两者相结合的指导思想。通过政府与国际互助，受害人在遭受核事故损害时能够获得及时和充分的赔偿，核设施运营者依然可以保持其生存和发展的地位。[4]

---

〔1〕 载《卡塔赫纳生物安全议定书》政府间委员会第二次会议文件，第 7 页。
〔2〕 郭志锋：《世界核损害责任制度的发展现状》，载《国外核新闻》2007 年 1 月刊。
〔3〕 载《卡塔赫纳生物安全议定书》政府间委员会第二次会议文件，第 6 页。
〔4〕 蔡先凤：《核损害责任的国际法基础》，载《郑州大学学报（哲学社会科学版）》第 41 卷第 3 期。

（五）管辖法院

在核损害责任领域，一般实行单一法院管辖原则，指的是有关核损害赔偿的诉讼，由单一法院受理。这是有限责任原则引申出来的必然要求，因为只有这样，才能保证有限的赔偿金得到公平合理的分配，[1] 同时确保司法权的统一，以防止不同法院裁定的赔偿额超出运营者责任限额，并有利于对不同索赔请求权作出公正裁决。

《巴黎公约》和 1963 年《维也纳公约》均规定了统一的管辖权，在两项公约下提出的诉讼都应该由核事故在其领土上发生的缔约方的法庭审理；如果核事故发生在任何缔约方的管辖范围之外，或无把握确定事故地点，则应该由营运者的设施所在国的法庭进行管辖。[2]

七、日本核损害责任法律问题研究

此次福岛第一核电站核事故发生之后，日本政府对福岛第一核电站周边进行疏散，疏散半径达 20 公里，超过 17 万人从附近区域疏散，遭受核辐射人数达 190 人，[3] 但目前为止还没有因受核辐射而有人员伤亡的报道。从目前来看，福岛第一核电站核事故基本未造成对其他国家的损害，仅见的报道是在日本救灾的美军舰队上有 17 人遭到核泄漏辐射，并未造成多大损害。但由于核损害的高损害性和扩散性，以及基于事态的持续发展，日后对他国造成损害也或未可知，如冰岛官员 2011 年 3 月 22 日称，在首都雷克雅未克已检测出"微量的核放射物"，不过由于含量较低，对于身体健康暂时没有影响。这是第一个宣布检测出了福岛核电站核放射物的欧洲国家。[4] 一位英国原子能机构专家表示，从福岛第一核电站泄漏的放射性物质随着洋流向东流向了太平洋，随后进入北冰洋，并最终扩散到了欧洲。据新华网北京 3 月 30 日电，在我国 18 个省份部分地区监测到来自日本核事故释放出的极微量放射性物质，但不会对我国环境和公众健康造成危害。[5] 因此，对日本的核损害责任制度进行研究同样也十分重要，可为今后处理问题提供法律支持。

---

〔1〕 郭志锋：《世界核损害责任制度的发展现状》，载《国外核新闻》2007 年 1 月刊。

〔2〕 载《卡塔赫纳生物安全议定书》政府间委员会第二次会议文件，第 7 页。

〔3〕 Available at http://news. 163. com/photoview/4JC70001/13551. html # p = 6V24CUPD4JC70001, viewed on March 23th,2011.

〔4〕 Available at http://news. longhoo. net/2011 – 03/24/content_5243201_2. htm, viewed on March 24th, 2011.

〔5〕 Available at http://news. xinhuanet. com/2011 – 03/30/c_121249953. htm, viewed on March 30th, 2011.

日本尚未加入任何国际核责任公约，在处理核损害责任问题的时候将依据其国内有关立法，其国内核损害责任立法主要有：①1961 年 6 月 17 日颁布的《核损害赔偿法》（1961 年 6 月 17 日第 147 号法令），其后分别于 1971 年、1979 年、1989 年、1999 年对其进行了修订；②1961 年 6 月 17 日颁布的《核损害赔偿补偿协议法》，又于 1971 年、1988 年对其进行了修订；③1962 年 3 月 6 日颁布的《〈核损害赔偿法〉执行条例》，建立了核损害赔偿的国家法律制度，旨在赔偿因核设施运营者从事的反应堆运行、燃料制造、再加工、核燃料材料利用、乏燃料贮存、核燃料材料及其污染的其他材料的处置等引起的核损害。日本核损害责任法律体系确立的赔偿制度规定，核设施运营者应当承担严格责任、唯一责任，必须采取措施以承担起责任，包括签订责任保险合同和与政府订立补偿合同。[1] 在管辖法院方面，日本也实行单一法院管辖的制度。

具体的有关规定有：

（一）核损害的定义

日本《核损害赔偿法》第 2 条第 2 款规定："本法律中'核损害'是指由于核燃料的核裂变过程的作用，或核燃料或被核燃料污染的物品的辐射作用或毒性作用（指人体摄入或吸入而引起中毒及并发症）而造成的损害。"[2] 可见日本关于核损害的定义与当今主要国际核损害公约有较大不同，其范围要狭窄得多，主要限于造成人身伤亡的核损害。由于日本尚未加入任何国际核责任公约，又实行单一法院管辖原则，在此次福岛第一核电站事故后，处理核损害责任问题的时候可能将依据《核损害赔偿法》及其他国内有关立法的规定，这将会导致由核事故引致的对财产和环境等造成损害的赔偿要求难以获得法律支持，更勿论由 1997 年《维也纳公约议定书》《补充赔偿公约》及《巴黎公约》2004 年附加议定书所扩大规定的人身伤害或财产损坏引起的经济损失，恢复受破坏环境的措施的费用。由于环境受到重大破坏，致使无论以任何方式使用和享用环境而带来的经济利益所产生收入蒙受的损失，预防性措施的费用等，而这些损失又会是现实存在的，对于其他国家而言，只能通过谈判和协商等政治途径来解决。

以 1999 年 10 月 30 日发生的日本茨县东海村核燃料加工厂临界事故（以下

---

〔1〕 蔡先凤：《核损害民事责任研究》，武汉大学 2004 年博士学位论文，第 66 页。
〔2〕 国家能源局政策法规司编：《中外核电相关法律法规选编》（下册），法律出版社 2009 年版，第 233 页。

简称 JOC 事故）及其损害赔偿处理为例——JOC 事故也是日本适用其《核损害赔偿法》的第一个案例——有利于更好地把握日本对于"核损害"的定义及范围的界定。在 JOC 事故的实际理赔中，日本科技厅"核损害调查研究组"在其提交的最终报告内，对 JOC 事故中哪些属于《核损害赔偿法》第 2 条第 2 款规定所定义并应予以赔偿的"核损害"做了界定。一方面，对 8 种损害予以认定并提出了判定标准，具体包括：人身伤害、医药检查费、疏散费用、财产检查费用、受污染的财产损失、收入损失、因实际影响或因谣言所致的营业损失、精神伤害。[1] 另一方面，值得注意的是，在各大核损害公约中均没有明确对精神损害的赔偿，但在 JOC 事故核损害赔偿的实际理赔中，日本科技厅"核损害调查研究组"明确界定，精神损害包含在核损害范围之内。

（二）唯一责任人和严格责任制

日本《核损害赔偿法》第 3 条规定："在反应堆运行过程中导致核损害，从事反应堆运行的核营运人应对损害负责，……如果损害是由于核营运人之间的核燃料材料运输而引起，作为发货人（托运人）的核营运人应对损害负责，除非核营运人之间存在特殊约定"；第 4 条第 1 款规定，对于本法第 3 条所规定的核损害，除核营运人之外，其他任何人均不负责任。[2]

唯一责任人和严格责任制也不是绝对的。其《核损害赔偿法》第 3 条第 1 款规定，"在第 3 条情况下，该损害是由第三者故意造成时，按同条规定，赔偿损害的核营运人，对该第三者有要求偿还权"，[3] 即在第三者故意造成核损害时，最终真正承担责任的是该第三者。

（三）责任保险和财政保证

日本也实行强制性的财务保证，《核损害赔偿法》规定了三种财务保证制度，即核损害赔偿责任保险、核损害赔偿补偿合同和提交保证金。《核损害赔偿法》第 6 条规定："核营运人如不采取赔偿核损害的措施，不得进行反应堆运行等事业。"结合第 7 条的规定："损害赔偿措施，……是指核损害赔偿责任保险

---

〔1〕 蔡先凤：《核损害民事责任研究》，原子能出版社 2005 年版，第 240 - 241 页。

〔2〕 See Section 3 (1) - (2) and 4 (1) of The Law on Compensation for Nuclear Damage (Law No. 147 of June 17th, 1961, as last amended on Marc h 31st, 1989), in: Supplement to NLB 45, p. 5. 转引自蔡先凤：《核损害民事责任研究》，武汉大学 2004 年博士学位论文，第 179、183 页。

〔3〕 国家能源局政策法规司编：《中外核电相关法律法规选编》（下册），法律出版社 2009 年版，第 234 页。

合同和核损害赔偿补偿合同的签订或委托。……"[1] 其中的核损害赔偿补偿合同即日本核损害责任制度中政府财政保证所采取的形式。日本核运营人也可以按照法律规定的限额向政府提存等值的保证金，当核事故发生后，受到伤害的人可以从这个基金中获得赔偿。[2]

（四）赔偿限额

一般认为日本在核损害赔偿限额方面实行的是无限责任制，日本《核损害赔偿法》对运营者没有最高责任限额的规定，但要求核设施运营者必须有覆盖核损害责任的保险或其他财政保证。这种财政保证可以通过核损害责任保险合同或与政府签订赔偿保障协议或提交保证金的方式实现。[3] 如要求每个核设施必须投保规定的数额，此数额目前是 600 亿日元（约 5.4 亿美元或 3 亿 SDR），[4] 如果损害赔偿数额超过这个金额，政府将依据与核运营者签订的核损害赔偿补偿合同为其提供帮助。以此次福岛核电站事故所面临的赔偿为例，日本政府明确表示东电的赔偿责任没有上限。但由于面临的赔偿数额巨大——据估计赔偿总额或超 10 兆日元（约合 1200 亿美元），依靠核损害赔偿责任保险合同和核损害赔偿补偿合同显然难以应付，而东电对于日本国民经济的重要性又使得日本政府不得不实施介入。据称，东电赔偿所需资金将通过"核电站赔偿机构"（暂定名）向东电贷款和注资，由东电用每年的利润分期进行返还。但考虑到对东电未来经营的担忧，日本政府又拟设立一个"例外规定"，当赔偿金额多到威胁东电生存时，由政府承担部分资金。[5]

但与此同时我们也应注意到，从《核损害赔偿法》《核损害赔偿补偿协议法》及其他有关法律的规定中可以看出，日本在赔偿限额方面的做法与各主张有限责任制的主要国际核损害责任公约的做法又很相似，即通过核损害赔偿责任保险合同的形式确保一个最低的赔偿限额（目前是 600 亿日元）；通过核损害赔偿责任保险合同仍不足的部分，则由政府依据与核运营者签订的核损害赔偿补偿合同进行补偿，补偿金额与运营者责任保险数额相同，且不超过国会批准

---

[1] 国家能源局政策法规司编：《中外核电相关法律法规选编》（下册），法律出版社 2009 年版，第 234 页。

[2] 圣国龙：《核损害民事责任制度研究》，厦门大学 2006 年硕士学位论文，第 34 页。

[3] 李雅云：《核损害责任法律制度研究》，载《环球法律评论》2002 年秋季号。

[4] 1999 年 4 月 28 日通过的《核损害赔偿法》修正案进行修改，原先数额为 300 亿日元。

[5] Available at http://news.eastday.com/w/20110424/ula5856123.html, viewed on April 25th, 2011.

的数额。[1] 从以上事实来看，日本采取的做法也是在核运营者和核损害受害人之间进行平衡，既保障核能和平利用事业可以持续健康发展，也确保对核损害受害者的保护。

（五）诉讼时效

索赔一般应在造成损害的事故发生之日起10年内提出，从受害人知道损害和损害责任人之日起算，但无论如何从事故发生之日起20年内不提出起诉则丧失索赔权。[2] 但受害人仍可以向政府提请赔偿，不论时间长短。[3]

（六）责任豁免

考虑到日本是地震多发国家，由于地震等造成的损害运营者可以免责，日本《核损害赔偿法》第3条第1款规定："……但当该损害是由特大天灾地祸或者社会动乱而造成时则不在此限。"[4] 此次福岛第一核电站是否由于3月11日的里氏9.0级地震造成，目前虽没有结论，但存在由地震造成的可能性。若确定由地震引致此次核事故，则显然属于法条中所述的"特大天灾地祸引起的损害"而可以免责的情形，在此情况下的有关赔偿问题，通过运营者与政府达成的《保险核损害赔偿补偿合同》解决。[5]

八、结语

本文主要对核损害责任的国际法律框架进行了简要的介绍，梳理了以《巴黎公约》、1963年《维也纳公约》及其有关条约和议定书为代表的两大机制的立法历程和主要内容。在看到核损害责任国际立法相对完备和科学方面的同时，又不免遗憾地发现，尽管如日本等各国使其国内核责任立法的内容与各大公约保持一致，但有关核损害责任的各大公约并没有得到世界上主要核能大国的支持与加入，因而影响了其进一步扩大影响、发挥作用，未免让人遗憾。笔者认

---

〔1〕 参见《核损害赔偿补偿协议法》第4条第1款："与前条第1项至第3项和第5项所列核损害补偿合同有关的合同金额相当于签订补偿合同中损害赔偿补偿措施的赔偿金额"；《核损害赔偿法》第16条第2款："前款援助应经国会表决，并在政府所属的权限范围内进行。"转引自国家能源局政策法规司编：《中外核电相关法律法规选编》（下册），法律出版社2009年版，第236、240页。

〔2〕 李雅云：《核损害责任法律制度研究》，载《环球法律评论》2002年秋季号。

〔3〕 圣国龙：《核损害民事责任制度研究》，厦门大学2006年硕士学位论文，第21页。

〔4〕 国家能源局政策法规司编：《中外核电相关法律法规选编》（下册），法律出版社2009年版，第234页。

〔5〕 《核损害赔偿补偿协议法》第3条规定："政府按前条合同（补偿合同）补偿的损失，是指核事业经营者赔偿下述各项所列核损害而造成的损失。（一）由于地震或火山爆发造成的核损害。……"转引自国家能源局政策法规司编：《中外核电相关法律法规选编》（下册），法律出版社2009年版，第240页。

为应更进一步促进各国政界、法律界人士的沟通与协商，以在核损害责任甚至其他更多方面取得更为广泛的共识，促进各大核损害责任公约适用范围的扩大，进而对国际核能和平利用事业的发展起到推动作用。

核安全篇

国际核出口控制机制概述

王黎明　傅秉一

一、引言

国际核出口控制机制是指世界上有核出口能力的国家，基于国际核扩散和核恐怖主义威胁形势、国家安全战略的考虑以及相关国际承诺，就其核出口政策与条件采取的一套国际协调一致的措施与办法。

国际核出口机制的目标是：为和平目的有条件地出口核材料、核设备或核技术，以防止有核武计划的国家发展核武器，或者极端情况下国际恐怖组织制造"粗糙核弹"。

国际核出口控制机制的法律基础可溯源到《不扩散核武器条约》、地区无核武器条约、政府间核能合作协定、国际原子能机构保障协定及其附加议定书等国际文书。这些文书直接间接地载有规制国际核贸易的原则或义务，例如：《不扩散核武器条约》规定缔约国向无核武器国家核出口时，接受国须接受国际保障监督；地区无核武器条约规定缔约国的一切核活动须接受国际保障；政府间核能合作协定规定国家间核合作仅用于和平目的并须接受相应的国际监督；国际原子能机构保障协定及其附加议定书，除规定相应保障义务外，还要求其缔约国须向该机构通报其核进出口情况等。

为了践行这些原则或义务，相关缔约国从 20 世纪 70 年代开始，针对与核扩散直接相关的核出口转让活动，建立了某种国际性机制来规制国际核市场，防止无序的国际核贸易造成核武器扩散的风险。桑戈委员会、核供应国集团、核进出口自愿通报、非法贩卖数据库等国际核出口控制机制，由此应运而生。这些机制构成为国际核不扩散条约、协定和国家相关政策得以执行和落地的基础，并成为当今世界实现核不扩散和防止核恐主义行为的一道有力屏障。

本文仅就这些国际机制作些简要介绍与评述。

二、主要控制机制

（一）桑戈委员会

1970 年《不扩散核武器条约》生效。该条约第 3 条第 2 款规定："每一缔约国承诺，不将原材料或特种可裂变材料或为处理、使用或为生产特种可裂变材料专门设计或制造的设备或材料，提供给任何无核武器国家以用于和平目的，除非这种原材料和特种可裂变材料接受本条所要求的各种保障措施（即国际原子能机构的保障）的约束。"为使这项规定能够在没有参加《不扩散核武器条约》的无核武器国家得以执行，《不扩散核武器条约》一些缔约国在维也纳召开了一系列会议商讨办法。由于最初的会议由瑞士常驻国际原子能机构代表桑戈（Zangger）教授主持召开，该会议机制得名"桑戈委员会"。桑戈委员会的工作宗旨是：为履行《不扩散核武器条约》规定的义务，协调和制订该委员会成员国对没有参加《不扩散核武器条约》的无核武器国家的核出口控制条件。经多次协商，该委员会参加国于 1974 年达成了"共同谅解"，即桑戈委员会关于核出口的备忘录。该备忘录规定的核出口条件和触发清单虽然针对没有参加《不扩散核武器条约》的无核武器国家，但这些条件和清单对于后来的核供应国集团的核出口准则及其管制清单的形成起到了前引作用。

桑戈委员会的《核出口准则》的要点是：凡是向未加入《不扩散核武器条约》的无核武器国家出口原材料、特种可裂变材料以及为加工、使用或生产特种可裂变材料专门设计或制造的设备或材料，该进口国必须承诺：

（1）进口的原材料或特种可裂变材料，为加工、使用或生产特种可裂变材料专门设计或制造的设备或材料以及通过使用上述材料、设备生产的特种可裂变材料，不得转用于制造核武器或其他核爆炸装置；

（2）根据该国与国际原子能机构签订的保障协定，由国际原子能机构对其进口的原材料或特种可裂变材料实施保障监督；

（3）接受国不将进口的这类材料再出口给未加入《不扩散核武器条约》的无核武器国家，除非这类再出口的接受国接受上述同样条件。

桑戈委员会在制定《核出口准则》时还商定了一份所谓《触发清单》，该清单界定了须适用上述《核出口准则》的材料与设备。该清单是：

（1）核材料（原材料和特种可裂变材料）；

（2）核反应堆及其设备；

（3）核反应堆用非核材料；

（4）辐照核元件后处理厂及专门为其设计和制造的设备；

（5）核燃料元件制造厂及专门为其设计和制造的设备；

（6）铀同位素分离厂及专门为其设计或制造的设备；

（7）重水、氘和氘化物生产厂以及专门为其设计或制造的设备。

解读上述规定不难发现其中核心的出口条件，即出口核物项应接受国际原子能机构的保障核查，对于接受国（如未参加《不扩散核武器条约》的无核武器国家）来说是较为宽松的，即仅对于进口物项实施"单项保障"而非《不扩散核武器条约》缔约国所要接受的"全面保障"。这表现了桑戈委员会机制在适用范围方面的局限性。1976年，为全面贯彻和协调执行《不扩散核武器条约》第3条第1款的义务，建立了"核供应国集团"，并制定了较桑戈委员会准则严格得多的《该集团的核出口准则》及相应清单。此后，桑戈委员会的多数成员国也随之加入了"核供应国集团"，这些国家对于没有参加《不扩散核武器条约》的无核武器国家的核出口政策也由只要求"单项保障"改为"全面保障"。由于"全面保障"涵盖了"单项保障"，此后桑戈委员会的作用便日趋弱化。

（二）核供应国集团

桑戈委员会曾在协调《不扩散核武器条约》缔约国实施统一的核出口政策和清单方面发挥了积极作用。然而，1974年印度的核试验暴露了国际防核扩散体系存在的缺陷和桑戈委员会机制的不足，促使一些核出口国重新审查和协调核出口政策。特别是，《不扩散核武器条约》虽明确要求无核武器缔约国接受国际原子能机构的"全面保障监督"，但它约束不了未加入《不扩散核武器条约》的国家。尽管桑戈委员会要求《不扩散核武器条约》缔约国向无核武器国家进行核出口时要以接受国将进口的物项置于国际原子能机构的保障之下为条件，但这种保障可以解释为只对于进口物项实施"单项保障"而不涉及本国制造的或从其他国家进口的核材料或核设备。如此的单项保障，显然不足以防止接受国消化和复制进口设备与技术后建立核设施，避开了国际保障监督而用于核武器研发。有专家称，印度 1974 年的核爆炸，正是由于借鉴了从别国进口的设备和技术，建立了核设施生产了易裂变材料才得以进行的。这一事态使一些有核出口能力的国家认定，需要建立一个比桑戈委员会更为严格的核出口控制机制以应对严峻的核扩散挑战。核供应国集团便应运而生。

1974 年，加拿大、法国、德国、日本、英国、美国和苏联 7 个主要核出口国开始举行会议，磋商采取统一政策，以进一步加强核出口管制，防止核武器的扩散。由于这种磋商最初只是为数不多国家在伦敦以秘密方式进行，故被媒体称为"伦敦核俱乐部"。不久，参加国增加到 15 个，并在多次协商后于 1976 年制订了核供应国集团《核转让准则》和《触发清单》。

核供应国集团的出口控制准则，适用于为和平目的向任何无核武器国家（包括《不扩散核武器条约》的无核武器缔约国和未加入《不扩散核武器条约》的无核武器国家）的核转让。

核供应国集团《核转让准则》的要点是：

（1）不用于核爆炸。核供应方只有在得到接受国政府正式保证，明确说明不将进口的物项用于任何核爆炸目的时，才可批准触发清单所确定物项或相关技术的转让。

（2）实物保护。转让的核材料和核设施均应置于有效的实物保护之下。供应方应考虑国际建议（主要是《核材料实物保护公约》和国际原子能机构制定的核材料实物保护标准），与进口国商定转让的核材料和核设施的实物保护级别。

（3）全面保障。无核武器进口国必须同国际原子能机构缔结生效全面保障协定；此协定要规定，国际原子能机构对该国目前和未来和平核活动中的一切原材料和特种可裂变材料实施保障监督。供应方只应在接受方作出下述正式的政府承诺时，才批准核转让：

如果上述"全面保障协定"不再有效，则接受方将与国际原子能机构签订针对特定进口物项的"单项保障协定"并使其生效，以便对供应方转让的或与这类转让有关而加工、生产或使用的所有触发清单物项或相关技术实施保障。

如果国际原子能机构认定，国际原子能机构的保障监督已不再可能适用，供应方和接受方应制订适当的双边核查措施。如果接受方不接受这些措施，则应在供应方要求时，归还所转让的和所衍生的触发清单物项。

（4）敏感出口特别控制。供应方在转让敏感设施、技术和可用于核武器或其他核爆炸装置的材料时应谨慎，例如转让浓缩或后处理设施、设备或技术，供应方应鼓励接受方同意供应国参与或其他多国适当地参与转让所得设施的工作，以此来替代仅由该国独自管辖和运行的此设施。供应方还应推动与地区性多国燃料循环中心有关的国际活动。

（5）铀浓缩设施、设备和技术出口特别控制。在转让铀浓缩设施或其所用技术时，接受国应当同意：未经供应国认可，既不能用转让的设施生产浓缩度高于20%的浓缩铀，也不以转让的技术为基础的任何设施来生产浓缩度高于20%的浓缩铀，并应将此承诺通知国际原子能机构。

（6）核武器可用材料控制。为了推进准则的目标和提供进一步减少核扩散的危险，在任何适当和实际可行的情况下，供应方均应将要求与接受方进行商定，对所涉及的任何可用于核武器或其他核爆炸装置的材料的后处理、贮存、转化、使用、转让或再转让作出安排，并列入相关的协定。

（7）再转让控制。供应方只应在接受方作出下述保证时，才转让触发清单物项或相关技术：如果再转让这类物项或相关技术、转让通过供应方转让的设施得到的、在供应方转让的设备或技术的帮助下得到的触发清单物项，再转让或转让的接受方必须提供与原转让供应方所要求的保证相同的保证。

接受方必须征得供应方同意，才能进行准则中有规定的再转让。

对准则中有规定的物项，要求接受方政府向供应方政府就任何有关初始转让提供担保。

如果接受国没有国家出口和再转让控制相关制度，存在某种再转让风险，供应方应在转让时考虑限制措施。

（8）实行防扩散原则。供应国在批准核转让时应确信，此种转让不会有助于核武器扩散或其他核爆炸装置的扩散，或者被转用于核恐怖主义行为。

（9）立法实施。供应国确保具备有效实施《核转让准则》的法律措施，包括出口许可证审批条例、强制性措施和违约处罚。

除了以上"约束性或强制性"条件外，核供应国集团在《核转让准则》中还有若干"支助活动"，这些活动的规定对当事国应具有指导意义。

核供应国集团在制定《核转让准则》时还商定了一份《触发清单》（清单是准则的附件，即作为准则不可分割的一部分由当事国与准则一起确认和执行）。制定该清单旨在规定核供应国集团参加国在核出口转让时应按该准则行事的核材料、核设施、核设备及相关技术的范围，清单内容包括核材料、核设备、反应堆用非核材料等九类：

（1）原材料；

（2）特种可裂变材料；

（3）核反应堆以及专门为其设计和制造的设备和部件；

（4）核反应堆用非核材料；

（5）辐照燃料元件后处理厂以及专门为其设计和制造的设备；

（6）铀同位素分离厂以及专门为其设计和制造的设备；

（7）核反应堆燃料元件制造厂以及专门为其设计和制造的设备；

（8）生产或提浓重水、氚或氚化物的工厂，以及专门为其设计或制造的设备；

（9）可用于制造燃料元件或铀同位分离的铀和钚的转化厂，以及专门为其设计或制造的设备。

为适应国际防核扩散形势的发展，核供应国集团于 1992 年又制订了《核两用品及相关技术转让准则》和《核两用品及相关技术清单》。该清单中的物项及相关技术被认为可能有助于制作核爆炸装置或未受保障监督的核燃料循环活动，因此必须在出口中加以特定的限制。《核两用品及相关技术转让准则》规定，供应国在考虑两用品的转让时，不得授权转让两用物项"用于无核武器国家的核爆炸活动或未受保障的核燃料循环活动，或在总体上有令人无法接受的转用于此类活动的风险"。该准则还规定，供应国在考虑两用品的转让时，应注意接受国是否具有有效全面保障协定。核两用品及相关技术出口控制，是核出口控制机制的必要扩展和补充。

核供应国集团机制是防核扩散的出口控制相关机制中最全面最核心的机制，目前已有 46 个成员国，包括了除印、巴、以等以外的所有有核出口能力的国家。核供应国集团的《核转让准则》及其《触发清单》和《核两用品及相关技术转让准则》及其《核两用品及相关技术清单》，已被世界上大多数核出口国用作制订国家核出口管制条例和核两用品出口管制条例及其管制清单的基础。

（三）核进出口报告机制

随着世界上核扩散和核恐怖主义形势的发展，在推进与实施国际核出口管制机制的过程中，国际上先后推出了一些与核进出口相关的国际报告机制。这些机制为各国履行核出口承诺和维护国际核出口秩序提供了有力的支撑和补充。

1. 核进出口自愿通报

核进出口通报是 20 世纪 90 年代初国际原子能机构建立的关于向无核武国家

核进出口信息的通报机制。该机制的参加国承诺"在连续的基础上向国际原子能机构通报向无核武器国家出口或从无核武器国家进口总量超过一有效千克的核原料和特种可裂变材料的情况"。1993 年，国际原子能机构把通报范围扩大到包括：核材料进出口、非核材料及为核用途专门设计和制造的设备的出口。核进出口通报为国际原子能机构了解和掌握可能有的无核武器国家未申报的核活动提供了线索或依据，也有助于加强国际出口控制的有效性。

2. 国际原子能机构 INF/540 文件

1996 年国际原子能机构推出了一个旨在加强其保障有效性和提高保障效率的新的保障制度性文件（INF/540）。该文件的第一项内容是要求其签署国向该机构报告其核进出口及其他对外核合作等情况，其中与核出口相关的具体内容有：①本国年进口或出口 10 吨以上的铀或 20 吨以上钍的出口资料；②核设备和反应堆用非核材料的出口；③作为进口国向机构确认由另一国家向机构提供的向该国出口的设备或相关材料的资料等。由于实践中当事国以其同机构以"保障协定附加议定书"形式正式签署该 540 文件，且目前已有一百多个国家签署并生效了此种附加议定书，因而这种通过 540 机制的进出口报告机制较上述直接向机构的自愿通报机制，更具有广泛性和更强的约束力。

3. 非法贩卖数据库

防止非法贩卖数据库是国际原子能机构 1995 年建立的，旨在机构掌握和促进成员国之间交流有关涉及核材料和其他放射性物质的非法贩卖及其他未授权活动的官方信息，以帮助国际社会加强全球防核扩散和防核恐怖威胁，目前已有一百多个国家参加。该数据库除了收集经成员国确认的信息外，还从其他渠道收集非法贩卖事件信息，为总体趋势分析和向有关成员国求证尚未得到证实的事件提供参考。非法贩卖数据库秘书处通过国家联络点来保持同参加国的联系。非法贩卖数据库对于防止非传统意义上的核扩散及恐怖主义威胁更具针对性。

（四）政府承诺

政府承诺是国际核出口控制中的一种少有专门国际文书规制的特别机制，是指国际核出口活动中，一些非商务条件（例如国际监督）的履行须有接受方政府以书面文书形式作出的正式承诺。这种机制，在法律上可溯源于一些国际条约、协议或相关机制。例如在《不扩散核武器条约》中，缔约国承诺"不以任何方式协助无核武器国家制造、取得核武器或其他核爆炸装置"；在政府间核能合作协定中，接受国政府承诺所有核进出口仅用于和平和非爆炸目的，接受国际原子能机构的相关保障，对于进口的核物项实行实物保护；在《核供应国核转让准则》中，有接收方政府要承诺核进口不导致用于核爆炸使用、接受机构保障等规定。在实践上，政府承诺也可被认为是政府对于敏感性贸易国际惯例在核出口活动中的援用。

政府承诺的实施程序一般包括：①核进出口当事国政府主管部门在双方政府间核能合作协定框架下，协商定立关于两国间核进出口贸易政府承诺的协议或安排，此协议或安排规定实施政府承诺的程序和内容；②供应商向其政府主管部门提出核出口许可申请时，要说明接受国、进口公司、进口用途和最终用户等；③供应国政府主管部门依据政府间协议或安排，经外交途径（如驻进口国使馆）向进口国政府主管部门提出"政府承诺"要求；④进口国政府主管部门向进口公司核实情况后向供应国提供相关"政府承诺"书面文书。

政府承诺书面文书的内容一般为：①进口物项或技术只用于和平和非爆炸目的；②依据同国际原子能机构的保障协定及其附加议定书接受该机构的相应的保障；③向第三方再转让时需经原供应国同意；④对进口物项进行适当的实物保护。

政府承诺虽然不是必须经由缔结多边国际文书专门构建的机制，但目前它已被世界主要核供应国所认真执行。政府承诺在法律上表明对其所保证的内容正式承担责任，它可极大地加强当事国进出口商遵守各自国家对核进出口活动的管控，进而有效地防止国际黑市的核走私活动。

三、机制的特点和成绩

（1）国际核出口控制机制有相当的约束力。核供应国集团及桑戈委员会是世界上已经得到多数有核供应能力国家承认和参加的核出口控制的集体控制机制。当然，由于它们没有正式的签约形式，参加国违约也没有相应的处罚措施，因此与国际条约、协定相比较，桑戈委员会和核供应国集团这样的机制的约束性会弱一些，就此有专家对于它们的法律地位有所质疑，甚至把它们称为非约束性国际文书一类。笔者不持这种看法，因为一个国家参加这种机制，一要在当事国提出正式申请后经过同已有成员国磋商、谈判，然后在一年一度的全体成员会议上以协商一致方式同意接纳；二要由申请国的外交代表致函国际原子能机构总干事，说明其国家接受桑戈委员会或核供应国集团的"核出口准则"，并请总干事将其信函向该机构的所有成员国通报公布。这应该被视为是国家的一种严肃承诺，因而该机制对于任何负责任的参加国应该具有一定的约束力。至于有的国家出于本国利益采取双重标准或灵活做法，则另当别论。

（2）机制在网络化。核供应国集团并不是对国际核出口控制在孤立地发挥作用。它自 1975 年建立以来，已经同国际上核相关的法律文书或机制相链接，形成一种多角度、多层次的网络化核出口控制的关联机制。目前，这一网络化链接的机制除了桑戈委员会与核供应国集团以外至少有：①《不扩散核武器条约》；②《拉丁美洲禁止核武器条约》等地区性无核武器条约；③政府间核能合作协定；④ 各国政府同国际原子能机构之间的保障协定及其附加议定书；⑤ 国际原子能机构核进出口通报制度；⑥ 国际原子能机构的非法贩卖数据库等。这些条约、协定、议定书、制度，分别规定了各缔约国或参加国要承诺向国际原子能机构通报其核进出口情况以及在其境内发现的非法核贩卖活动。这种相互链接而成的网络，涵括有核出口控制机制的法律基础和可用来操作执行的具体措施与办法，对于以核扩散和核恐怖主义为目的的非法核交易活动形成一种全方位的围攻堵截之势。

（3）机制中的准则和清单紧紧以距离三种核武器可用材料铀－235、钚－239 和铀－233 的远近为依据制订安排：① 将铀－235、钚－239 和铀－233 三种核武器可用材料以及能直接生产它们的铀浓缩和乏燃料后处理设施、设备和技术规定为"敏感项目"并实施特别出口控制，其他物项和技术作为一般项目实行出口控制；② 按照对于铀－235、钚－239 和铀－233 生产贡献的大小设定清单门槛：专用设备、材料、技术分别入围核出口管制清单，可两用的相关设备、材料、技术入围核两用品清单，核设施中的通用的一般设备、材料、技术以及铀矿石等不入清单。

（4）机制中的准则和清单规定得明确具体，有很强的可操作性：① 明确规定核转让不得用于任何核爆炸目的和无核武器接受国必须接受国际原子能机构的全面保障；② 明确规定接受国向第三方再转让须经原供应国同意并要接受国际原子能机构全面保障等同样条件；③ 清单中所载核材料、材料、设备、部件等有相关性能参数或控制数量限制标准；④ 规定"核不扩散原则"和"全面控制原则"作为审批核出口许可证申请政治控制的基础。

（5）国际核出口控制机制是 20 世纪 70 年代开始由核出口国家推动和在无核国家支持下顺势形成的一些控制国际核出口的规则。这些规则包含着一系列、相互联系而又相对独立的并行措施与办法，其源头也并不是简单地完全归结于某个国际条约或国际组织，而是出自有核出口能力国家和多数核进口国的核不扩散政策。这些措施与办法，如今客观上业已构成了一个内容丰满、衔接密切的国际核出口控制体系，规制着核出口控制的几乎所有方方面面：①针对国际原子能机构全面保障国家的核供应国集团《核转让准则》；②针对接受国际原子能机构单项保障国家的"桑戈委员会《核出口准则》";③针对进口核两用品国家的保障规定;④用于核实无核武器国家核进出口实情的"核进出口自愿通报"和"保障协定附加议定书规定的核进出口补充报告";⑤向国际原子能机构通报国家查知核走私情况的"非法贩运数据库";⑥采取既符合国际惯例又有法律依据的政府承诺措施。国际核出口控制体系是世界各国在核不扩散领域有效合作的一项重要成果;因而或许可以说,这个事实上的体系应该算是比较完善的。

四、执行中的困难与应对措施

(1)国际核出口控制机制是目前国际上已被多数核出口国接受且得到较好执行的一个重要机制,但存在一些明显的缺陷:①代表性不足,仍有一些核工业比较发达、有核材料和核设备出口能力的国家没有参加;②平衡性不够,只规定了向无核国家的出口条件,未规定核武器国家成为接受国时的相关义务;③现有政府间核能合作协定中规定的核进出口条件与现有国际机制中的核转让准则有着不小的差别,这些差别反映着各当事国的战略利益、国家关系,甚至是意识形态考量等多种因素,这给机制参加国不按国际机制的转让准则行事留下了空间。

(2)由于接受国相关的国家核立法和管理方面的差别,机制要求的执行力度有很大不同。部分国家有极严格的核出口管制立法又有比较完善的执行管理体系;有的国家有相关的立法但缺少成熟的管理体系;有的国家可能既没有可适用的立法又缺少必要的管理体系。在后两者的情况下,参加国对于国际核出口机制的承诺会因为实践中无法落到实处而使机制成为一纸空文。

(3)核贸易双方有时不按机制的游戏规则出牌。尽管清单规定得具体而严密,数据控制界限也有相应的安全余量,但供应商,尤其是寻购者为了自己的特定目的有时会采取多渠道采购、零购整拼、假报用途、利用出口控制门槛"打擦边球"等谋略手段,获得重要采购物项。因此,国家核出口审批部门与海关监控部门要配备训练有素的工作人员才能够准确识别和克服违法者的种种计谋,实施有效控制。

(4)核出口物项和技术并非简单地由专门设计和制造的设备所构成,它涉及大量的通用设备、部件和材料,更有许多属于核与非核的两用物项和技术,实践中常常会遭遇"灰色地带"难于划界的纠结;与此同时,由于控制对象专业种类繁杂、相关生产厂家和出口商众多,执法难度大,要实现全面有效控制的成本较高,管理部门常常"心有余而力不足"。这些已成为世界上主要核出口国家公认的难题。

（5）企业自律与遵纪意识有待培育。企业自律是有效实施核出口控制的基础，更是法规边界模糊或监管不到位情况下的一种特别需要。自律时常要企业在国家利益与企业利益之间作出选择。许可证持有者和办事人对于国际国家相关法律法规的学习了解和遵纪守法意识，是实现企业自律的必要条件。国家、企业、当事人都有义务推崇和培养企业自律意识与素养。

（6）机制能否发挥效力，说到底取决于接受国对待发展核武器的政策与态度——拥核、无核或弃核。以此，政府主管在受理核出口许可申请时，注意把握接受国的核不扩散立场和态度十分重要。首先要按照准则中的"不扩散原则"对于接受国的国情作出评价，并在确信对该国核出口将不会导致核扩散的情况下才能批准，不可以简单比照清单放行。国别政策或黑名单制度也是应对核扩散的一种办法，西方国家喜欢采用。只是，这种做法一是不够外交，二是可能会掺杂某种不便说出来的歧视性。

国际核安保机制概述

仇春华[*]　傅秉一　何斯琪^{**}

一、引　言

　　20 世纪发现核能之时，由于战争的原因，有关核能研究和应用的安保问题成为当事国首要关注的问题。当时的核安保主要围绕对核能研究和应用的所有活动及相关信息保密，以及对核武器研制所用材料、设施和人员的保护。二战中美国"曼哈顿工程"的安保活动十分成功，直到原子弹在广岛上空爆炸，世人尚不知原子弹是为何物。可见，核安保的最初概念是指核知识的封锁与核军事应用的保密。后来，随着核科学、核技术发展及国际核扩散形势的严峻，尤其是恐怖主义活动的猖獗，核安保的概念也有相应发展变化，所涉领域也愈深愈广，定义亦越来越严谨细腻。有文件把核安保归纳为"预防和探知涉及核材料、其他放射性物质或其相关设施的盗窃、破坏、擅自利用、非法转移或其他恶意行为，以及对它们作出的响应"，相应的安保机制与相关国际文件也日渐繁多。它们当中既有以核安保主题下《制止核恐怖主义行为国际公约》为代表的国际核安保的

---

　　* 仇春华，博士，国家核安保技术中心高级工程师。
　　** 何斯琪，国家核安保技术中心工程师。

主体机制，也有更多的核保障或核安全而又与核安保密不可分的核安保相关机制。例如，核供应国集团核出口控制机制、放射源安全运输管理机制，还有核安保与核保障或者核安保与核安全并重的国际机制与相关文件，例如《放射源安全和安保行为准则》。当然由这些文件所构成的国际核安保机制的约束力和可执行性不尽相同，有的具有一定约束力，有的具有政治舆论意义，有的只起某种指导或建议作用。本文仅从核安保的适用角度，分别对核材料和核设施实物保护、放射源安保、核相关社会安保、防止核走私等方面的国际核安保机制及相关文件作一简要概述。

二、核材料和核设施的实物安保

核材料实物保护概念于 20 世纪 70 年代提出，目前已形成一个对核安全保卫和防止核武器扩散都具重要意义的国际核材料和核设施实物保护的完整机制。构成这一机制的国际文件主要有：《核材料实物保护建议》（简称"实物保护建议"）、《核材料实物保护公约》（简称"实物保护公约"）、"核材料和核设施实物保护的目标和基本原则"（简称"实物保护原则"）三个基本文件。

"实物保护建议"是最早出现的与核相关的实物保护文件，它是国际原子能机构组织一些国家的相关专家和该机构秘书处共同拟订、由国际原子能机构以 INFCIRC/225 文件公布于世的。该文件的最初版本仅针对核材料，故名为《核材料实物保护建议》，后来的修订中增加了防止核设施破坏等内容，则被称为《核材料和核设施实物保护的安保建议》。它的主要内容有：①国家实物保护制度的目的；②国家核材料和核设施实物保护的基本要求；③核材料的分类保护；④防止非法转移、使用和储存核材料的措施；⑤防止核设施及使用、储存核材料设备免遭破坏的措施；⑥防止核材料运输中非法转移和遭受破坏的要求等。这些建议内容既有实物保护原则又有实物保护的具体措施。它不仅为"实物保护公约"的拟订奠定了基础，对各国核材料及核设施实物保护方面的立法和制度建设也有重要的参考意义。目前，"实物保护建议"已被许多与核材料实物保护有关的双边、多边国际法律文件，以及许多国家的相关立法所采用。当然，该文件本身对于各国仍是指导性的，并不具法定约束力。

"实物保护公约"经联大提出，由国际原子能机构主持签订。该公约于 1987 年生效，2005 年进行了全面修订。修订后的"实物保护公约"更名为《核材料和核设施实物保护公约》，其主要内容有：①其目的是为世界各地用于实现和维护和平目的的核材料和核设施实行有效保护，并在防止和打击涉及这类材料和设施的犯罪行为，以及为缔约国实现上述目的开展的合作提供便利；②缔约国应建立、实施和维护国家实物保护制度；③对于缔约国管辖下的核材料和核设施实行保护；④缔约国对核材料相关国际运输应负有责任；⑤在出现核材料被盗、被抢劫或被其他方式获取及受到此类威胁情况时，缔约国应尽快通知相关国家、国际原子能机构及相关国际组织，相关国家及组织在收到请求时应提供相应合作和帮助；⑥在出现核材料或核设施受到蓄意破坏或蓄意破坏威胁情况时，缔约国应提供合作；⑦缔约国采取适当措施，保护在执行"实物保护公约"的活动中所得到的机密信息；⑧缔约国将该公约中所规定的故意实施的相关行为定为违法犯罪行为予以惩处，并就公约相关犯罪行为而提出刑事诉讼时，彼此提供包括罪行证据在内的最大程度的帮助；⑨该公约所涉犯罪行为应属于缔约国之间现有引渡条约中的可引渡的犯罪行为；⑩以附件形式划分了核材料实物保护类别，并规定国际运输期间或在该期间临时需要储存时的各类核材料的实物保护级别。

"实物保护原则"是 2001 年国际原子能机构秘书处在成员国的协助下，以INFCIRC/225/Rev. 4 为基础总结概括，并经理事会和大会认可的一份名为"实物保护的目标和基本原则"的文件。该文件为《核材料实物保护公约》的修改进行了前期工作，文件中提出的 4 项目标和 12 项基本原则被"实物保护公约"的修订版全部采纳。该文件在各缔约国核材料实物保护的立法方面也起到了一定的指导作用。

以上文件对于各国因缔约状况不同具有一定的指导或约束作用。它们体现了目前国际实物保护机制的下列特点：①强调实物保护是各国政府自己的责任；②该公约的执行或实施不发生国际报告和检查等所谓"涉主权"行为；③所涉国际合作强调在该公约框架下通过双边渠道协商进行；④国际原子能机构是该公约的保存人，仅限于召集会议、提出建议、通报情况、辅助修约等工作，对各国履约并无监督之权，履约或接受建议都取决于当事国自己。

三、放射源及其他放射性物质安保

放射源及其他放射性物质安保是核安保的又一重要方面，它应包括放射源及其他放射性物质的生产、运输、储存和使用等安全保卫。当前，尤其应当关注和防范个人或恐怖主义组织通过非正常手段获取、掌握、利用疏于管控的放射源或其他放射性物质，制造能够大量散布放射性物质造成人员伤害、财产损毁、环境污染或社会恐慌的放射性散布装置即所谓的"脏弹"。此类安保之所以需要特别关注，是因为它既涉及工业、农业、医学、运输等众多部门，又常有疏于或难于管控的分散或转移环节。放射源及其他放射性物质安保的国际机制中目前尚无具有直接约束性的公约条例，而仅有一些具有指导性的国际文件，其中最具代表性的是《关于放射性物质、核相关设施的核安保建议》。该建议所涉范围较广，其主旨是放射源和核材料以外的放射性物质的安保。建议中载有关于适用于放射性物质、相关设施和相关活动的国家核安保制度的目标、要素和建议等内容。其文件的目标、要素和建议如下。

目标：①防止相关设施和相关活动中使用的放射性物质擅自转移；②防止其他放射性物质、相关设施和相关活动遭到蓄意破坏；③确保采取迅速和全面措施，查找和在适当时追回丢失、失踪或被盗的放射性物质并重新实施监管控制。

要素：①国家的全面责任；②政府主管部门职责划分和部门间合作与信息共享；③立法和监管框架；④措施的执行者；⑤国际合作和援助；⑥威胁评定；⑦安保系统和措施；⑧安保系统衔接；⑨安保制度的持久保持；⑩放射性物质的进出口；⑪规划、准备和响应；⑫事件探测。

一般建议：①安保措施的设计应旨在遏制恶意行为、探知和延迟擅自接触和转移、迅速评定安保事件，便于展开后续行动、对相关行动和企图迅速响应；②进行威胁评定；③针对不同情况采取分类分级安保方案和分级监管方案。

使用和贮存放射性物质的安保建议：①国家应制订关于放射性物质的相关安保规定；②对超出国家规定阈值的放射性物质应当采取相应级别的安保措施；③安保措施应该包括探测、延迟、响应、防蓄意破坏、安保管理、出入控制、相关人员可靠性、资料保护、安保计划、培训和资格认证、源存量衡算、事件报告等内容。

运输过程中放射性物质的安保建议：①国家应制订关于运输过程中放射性物质相关安保规章制度；②运输安保系统的设计应满足纵深防御的要求；③空运应按《国际民用航空公约》和国际民用航空组织《空中安全运输危险货物技术手册》中适用的安保规定执行；④海运应按《国际船舶和港口设施安保规则》和《国际海上人命安全公约》的要求，及按《国际海运危险货物规则》和《联合国危险货物运输建议示范条例》中对于运输危险货物适用的安保规定执行；⑤安保系统的设计应考虑放射性物质的数量、物理/化学形态、运输方式、所用包装等因素；⑥安保措施应基于放射性物质分类，并按照基本的和加强的运输安保级别进行构建；⑦运输作业应考虑运输时间、运输路线和信息的安全；⑧基本级别的安保措施应包括要求发货人、承运人、收货人和从事运输的其他人员执行分级安保制度或其他安排；⑨加强的安保措施应包括要求发货人、承运人、收货人和从事运输的其他人员，在必要时制订、通过、执行、定期审查运输安保计划并遵守其中的规定；⑩某些情况下，根据对运输中物质的重要程度或吸引力所作的评定，除上述安保措施外，还应采取一些安保的补充措施。

四、防止核走私

防止核材料和其他放射性物质的走私活动与防止核武器扩散及核恐怖主义破坏直接相关，国际社会对此一贯关注。1995 年，国际原子能机构建立了一个关于非法贩卖事件信息的可靠的数据库，名为"非法贩卖核材料和其他放射性物质数据库"，简称"非法贩卖数据库"（ITDB）。2002 年，该数据库被正式确认为"国际原子能机构防止核恐怖主义行动计划"的组成部分。目前的工作是扩大该计划的参加国，并通过参加国的互动，使所报告的信息更加准确和全面，使分析工作和分析方法得以改进和加强。如今已有近一百个国家参加了该数据库活动，参加国已报告或确认了约两千起相关事件，其中包括数百起涉及截获核材料或放射源非授权拥有、犯法、盗窃、丢失及其他等多种事件。

防止非法贩卖数据库信息的范围是：国家联络点或国家确定的其他单位报告的"非授权"获取、提供、拥有、使用、运输或处置核材料和其他放射性物质，不论是有意或无意，也不论其是否跨过国界，同时还包括未成功的或被拒绝的上述行为，以及核材料的丢失和被找回的信息。该数据库覆盖的所谓放射性物质包括：所有类型的铀、钍、钚核材料；所有的天然和人工生产的放射性同位素；放射性污染物。而且，没有数量、放射性水平及其他技术特性限制。非法贩卖数据库规定有严格的信息分类保密制度和分发导则。

防止非法贩卖数据库信息的目的是：①帮助参加国交换有关核材料和其他放射性物质非法贩卖和其他非法活动的正式信息；②维护和分析所报告的信息，以便确认一般的威胁、动向和预示；③帮助参加国确定为应对具体事件需要采取的行动和制订相关政策；④帮助国际原子能机构的核安保活动。

非法贩卖数据库信息的具体内容主要有：①国际原子能机构从参加国、媒体或其他来源收集到的并由该机构同相关国家核实的第一手信息；② 国际原子能机构收集的信息通常应包括事件发生的日期、地点，所涉物质的类型、数据、物理形态和化学组成，核材料的同位素组成和富集度或放射源的放射性水平等。向参加国通知相关事件方面强调通知的准确性与及时性，以便事件相关国家作出及时响应。国际原子能机构编制了"非法贩卖事件通知表"，作为最初通知以及提供更新信息之用。

国际原子能机构防止非法贩卖数据库信息秘书处的主要工作和作用是：

①从参加国收集它们所报告的非法贩卖事件的可靠信息；②分析事件的相关信息以确定事件的意图和相关合伙者；③向参加国提供收到事件报告的统计表或相关评价报告；④以参加国报告的信息和分析结果，支助国际原子能机构的"核安保计划"活动。

随着核扩散和恐怖主义形势的发展，防止秘密核贸易或打击核走私引起越来越多国家的关注，这些国家在支持国际原子能机构相关活动的同时，也在采取国家间合作形式开展相关活动。例如，美国发起了"防止核走私外联倡议"，旨在通过双边等多种渠道为有关国家提供人员、技术等方面的培训，以提高其防范、探知、制止核材料和其他放射性物质走私活动的能力。乌克兰、哈萨克斯坦、阿富汗、加拿大、英国、法国等参加了合作，日本、韩国、国际原子能机构等以捐助伙伴名义参加。

作为核安保尤其是应对核走私重要手段的核法证学，近年来也开始引起人们的注意。核法证学是以用放射化学分析为基础，结合同位素地质、材料科学领域的一些方法，加上正在迅速发展中的遥控探测技术、微分析技术等所形成的一套核相关司法鉴定学方法。利用核法证学方法对核物质的同位素组成、化学杂质、颗粒形态、物质年龄的分析鉴定，可以为了解和判断截获的非法贩卖的核物质的历史和可能来源地提供有用的线索和证据（别称"核指纹"），因而在威慑、防止和打击核走私方面可发挥重要作用。

五、核相关社会安保

核相关社会安保系指防范、制止社会敌手直接、间接使放射性物质外泄或由核辐射对公众、财产、环境和社会造成严重损毁与伤害。这类损毁与伤害发生的可能性随着核扩散尤其是恐怖主义威胁的加剧而日益凸显，它们可能发生的领域或场所为政府机关、公交服务设施、群众性大型活动及存有大量放射性物质的场所等。目前，国际上有关核相关社会安保的最基本的国际文件是《核材料和核设施实物保护公约》《制止核恐怖主义行为国际公约》。《制止核恐怖主义行为国际公约》的主要内容是：①任何人以致人死亡或致财产和环境严重伤害为目的非法和故意拥有放射性物质或装置，或是以放射性物质外泄方式致人死亡，致财产和环境严重伤害，迫使他人或他方实施上述行动为目的构成犯罪。②缔约国酌情采取国内立法等措施使犯罪行为无辩解地受到相应惩罚。③缔约国应以下列方式开展合作：修改国内法规及执行措施，防止在其境内外实施犯罪活动；交换准确和经核实的情报，采取行政及其他措施，以便探测、防止和制止相关犯罪行为，并对被控实施这些犯罪的人提起刑事诉讼；采取适当措施，快速地将有人实施相关犯罪的情况以及所了解的有关实施这些犯罪的准备活动通报相关国家及国际组织。④缔约国应将本国负责发送和接收相关情报的主管部门和联络点告知联合国秘书长（秘书处转告所有缔约国和国际原子能机构）。⑤缔约国应竭力采取适当措施确保放射性材料受到保护，并需考虑国际原子能机构的相关建议和职能。⑥获悉有人在某一缔约国境内实施了或正在实施有关犯罪，或者实施或被指控实施这种犯罪的人可能在其境内的情报后，有关缔约国应根据其国内法规酌情采取必要措施，调查情报所述事实。⑦罪犯或被指控罪犯在其境内的缔约国，应根据国内法规采取适当措施，确保该人在被起诉或引渡时在场。⑧以订有条约为引渡条件的缔约国，在收到未与其订有引渡条约的另一缔约国的引渡请求时，以本公约相关条款所述犯罪进行引渡的法律依据，被请求国可以自行选择；未以订有条约为引渡条件的缔约国，在符合被请求国法律规定的条件下，应视本公约相关条款所述犯罪为它们之间的可引渡罪行。

上述作为国际核安保领域机制的两公约，主要规定了当事国应采取的日常安保措施和受到国外恐怖行为攻击时的责任和义务。国家用于防止国内外敌手，尤其是国内恐怖主义分子的破坏行为的社会安保措施，主要是利用国际公约机制和参考国际相关核材料和核设施实物保护的指导或建议文件，通过制定和执行本国的相关法律法规解决。

六、各领域核安保机制的特点与联系

核安保所涉领域的活动有其共性也有差别，共性反映着它们之间的联系，差别代表着它们各自的特点。

1. 核材料和核设施实物保护

《核材料实物保护建议》是核材料和核设施方面的最早文件，其主旨由当事国自己采取各种措施来防范或阻止核材料在使用、贮存和运输中被丢失、被盗和防止对核设施的蓄意破坏。《核材料实物保护公约》扩大了实物保护的内涵，使其延伸至"保护核材料在国际运输中的安全，防止未经批准或者授权的集团或个人获取或扩散核材料，在追回和保护丢失或被窃的核材料，惩处或引渡被控罪犯方面加强国际合作"，并增加了国际原子能机构关于实物保护的原则。

2. 放射源和其他放射性物质安保

《关于放射性物质、核相关设施的核安保建议》的内容丰富，就国家的行动和措施而言，除规定有制定法律法规、设立监管机构、完善管控程序等法律与行政措施外，着重提出了为确保包括放射源在内的其他放射性物质安保所要遵循的各项原则和可供执行的一系列具体措施，因而对于各国的相关立法以及生产、使用、贮存、运输放射性物质的众多基层单位的安保措施建设具有相当的参考意义。该文件在编写中吸收了《核材料实物保护建议》《放射源安全和安保行为准则》《放射源安保》《放射源分类》等文件的相关内容，补充了核材料以外的其他放射性物质的核安保要求与安保措施，集成为一项逻辑上全面涵盖了所有放射性物质、相关设施和相关活动的国际文件。在内容上则侧重于对放射源、核材料以外的其他放射性物质的安保措施，填补了《核材料和核设施实物保护的安保建议》所未能涵盖的内容。

3. 防止核走私

防止核走私的主旨是各国通过国际合作，防止核材料和其他放射性物质，特别是核武器可用材料及其生产技术与设备由国际黑市网络非法贩卖给接受国或非国家集团，以避免研发核武器或制造放射性散布装置。防止核走私的环节与措施主要有：①当事国有关核材料和其他放射性物质生产、运输、使用、储存的国际管制立法及相关核出口管制条例，对核相关物项实行严格的出口管控；②在相应国际机制下承担义务，在核材料国际运输，防止丢失、被窃，追回以及罪犯的惩处或引渡方面进行国际合作；③支持与充分利用国际原子能机构的进出口通报机制和非法贩卖数据库资源，加强防核走私效力。防止核走私的责任主要在公安、海关与外交部门，核主管部门仅能配合。防止核走私的责任范围集于边界内外，常见的作案方式是国内外敌手相勾结。防止核走私与国内核材料和核设施实物保护密不可分。

4. 核相关社会安保

核相关社会安保主旨在于防止和减轻人员、财产、环境和社会秩序遭受核恐怖袭击与破坏。它的日常和首要责任由国家公共安全部门和涉外时的外交部门承担，防范的重点主要指社会敌手。核相关社会安保在应对事件时通常采取预防与制止并重的原则，核相关社会安保的责任范围集中在设施发生重要事件时，首先应取得国内相关部门的协助，在涉有外来敌手参与的情况下则与国家安全部门链接。核相关社会安保与核材料和核设施实物保护联系紧密，核设施是恐怖主义分子袭击的重点目标之一。核相关社会安保的实施主要靠当事国自己，相关国际公约重点在需要通过国际合作解决的问题方面。

5. 军用核材料、核设施和相关信息保卫

军用核材料、核设施和相关信息保卫是一种特殊的核安保，主要是保卫核武器、核动力舰艇及相关信息。其内容包括核武器安全存储，防止核设施遭破坏和核材料被盗，防止核武器计划和核武器及核武器所用材料生产、使用、储存等重要信息被敌手窃取和使用。核军用核安保因涉军而超出了一般公共安全的管辖领域，通常由军方和国家安全部门负责，其安保的原则、手段、措施与民用核材料、核设施的相通，但实施措施更为严格有效。军用核相关安保的基础在国内，而防范的终极对手可能在国外，至今未见有关这方面国际合作的报道。除军事同盟国以外，军用核相关安保主要依靠本国的军事等相关当局。

七、评论和展望

核安保源于二战时的核武器秘密研制计划。1970 年《不扩散核武器条约》生效和同一时期核电的快速发展，催生了国际社会对于民用核材料实物保护措施的重视。"9·11"事件以来，国际恐怖主义威胁更加引起国际社会对核安保的严重关切。《防止核恐怖主义行为国际公约》、联合国安理会 1540 号反核恐决议、华盛顿和首尔核安全峰会等一系列核安保举措，把核安保的重要性推到了前所未有的高度。目前，国际社会和广大公众的核安保意识已普遍增强，开始形成必须加强核安保的广泛共识。确保核安保业已成为各国和平利用核能以及国家之间开展核能合作的必要条件。

国际原子能机构早在四十年前便提出了关于核材料的分类实物保护标准，并向各国推荐了详尽而实用的核材料实物保护措施，随后主持签署了《核材料实物保护公约》，建立了核材料和其他放射性物质非法贩卖数据库，制订实施了具有众多成员国参加的国际核安保合作计划。直至近年来制订或发展了核安保基本原则、核安保设计基准威胁、核电厂工程安保、核法证学、核安保文化概念，形成并发表了"核安保法则""实物保护建议""实施导则"和"技术指导"等不同等级的系列文件，有力地帮助了各国的核安保工作，推动着国际核安保合作的开展，国际原子能机构也当之无愧地成为国际核安保合作活动的中心。

进入新世纪以来，世界各国更加关注国际上所面临的核恐怖主义形势。一些核技术发达国家，呼应联合国安理会形成制止核恐怖行为决议，建立了由各国家元首亲自参加的"核安全峰会"形式这种新的国际核安保机制，从政治层面和国家安全战略高度上来推动国际核安保事业的发展。

各种国际核安保机制的创建与发展，正是全面应对核恐怖主义的有力措施，但同时也不难看到其中的缺欠与不足，国际核安保能量中政治舆论多于强力手段；核安保相关文书和技术文件不少，充分反映了该领域的特点和实用价值，但它们一般约束力较弱，囿于提供指导或建议；国际合作范围偏窄，主要在信息通报、人员培训、装置演示等领域；已有机制之间尚缺少链接与互动；执行活动主要靠当事国根据本国法律"单打独斗"式开展。与核保障或核安全相比，国际核安保机制给人们总的感觉是它尚不够成熟，还有较大的发展空间，或者说要把这些机制构建成为一个完整而有效的国际体系还有很长的路要走。

关于我国核安保法规体系建设的几点思考

仇春华　何斯琪

一、引言

近年来，国际恐怖主义活动有不断升级的趋势，反核恐形势也日趋严峻，防止恐怖主义分子非法获取核材料或其他放射性物质以及蓄意破坏核设施的任务相当紧迫，同时经济全球化给打击核材料走私、非法贩卖活动提出了更加严峻的挑战。随着中国核能事业的发展，核材料使用量显著增加，核设施类型和数量也在不断丰富，核安保工作的重要性日趋凸显。建立健全核安保法律法规体系是开展好核安保工作的前提和基础，但由于我国核安保事业起步较晚，核安保法律法规还很不完善，因此，建立健全中国核安保法律法规体系是当前的紧迫任务。

建立健全我国核安保法律法规体系将是一个长期的过程，我们需要充分调研国内外核安保法规建设现状，吸收国际上的一些有益经验，引进国际原子能机构核安保丛书中的先进理念，做好总体规划，按照急者先行的原则，科学合理地推进我国核安保法律法规体系建设。

二、国际核安保法规体系建设发展趋势

近年来，国际社会在核安保法规建设方面加快了步伐，与核安保相关的一些国际法律文书相继出台，一些核能发达

国家制定或修订了一大批核安保相关专门法规。通过对国际社会核安保法规建设情况进行分析，基本上能把握当前核安保法规体系建设的发展现状和趋势。概括起来，主要体现在以下方面：

（一）核安保的内涵不断丰富和完善

从早期的《核材料实物保护公约》主要侧重于核材料的国际运输，到公约修订案将其范围扩展到国内核材料与核设施的相关核活动的实物保护；从《制止恐怖主义爆炸国际公约》中将在公共场所非法或故意使用爆炸物或其他致命装置释放、传播或散布放射性物质的行为定义为犯罪行为，到《制止核恐怖主义行为国际公约》中明确纳入"放射性物质"和"装置"的定义，并规定核恐怖主义犯罪包括有关研制核爆炸装置或放射性散布装置和损坏核设施的行为，核安保的内涵在不断丰富和扩展。现在的核安保已经远不止核材料与核设施的实物保护，还包括其他放射性物质及相关设施以及相关核活动的安保。

（二）建立和维护完善的核安保法规体系是各缔约国的责任和义务

在多个核安保相关国际法律文件中，都提出了缔约国有义务建立相关法律法规体系。如1540号决议责成各国建立和执行禁止任何非国家行为者，尤其是为恐怖主义目的制造、获得、拥有、研发、运送或使用核武器的适当、有效法律。《核材料实物保护公约》修订案明确规定了缔约国有义务建立和维护实物保护的法律法规框架，其确定了实物保护12项基本原则，其中一项重要原则便是法律法规框架。《放射源安全和安保行为准则》也规定各国应当建立一个法律法规框架，包括对在各管理阶段中的放射源的擅自接触或盗窃、丢失或擅自使用或移动采取制止、探知和延迟安保措施的要求和采取适当强制执行行动的能力。

（三）各核能发达国家都根据本国立法特点建立了适合本国国情的较完善的核安保法规体系

近年来，随着核安保国际法律文书的不断更新和完善，各核能发达国家加大了本国在核安保立法方面的工作力度，在修订大批早期发布的核安保法规的同时，推出了一些核安保领域的专门法规，建立了适合本国国情的较完善的核安保法规体系，确保其国内立法满足相关国际核安保法律文书的要求。

美国联邦政府于2013年5月28日发布了美国联邦法规第10号的最新版本，其中第73部分"核电站与核材料的实物保护"于1979年首次发布，后有过多次修订。该部分内容在1998年5月15日的修订版本中首次提出了对辐照过的反应堆燃料和高放射性废物储存的实物保护要求，并于2009年3月27日的修订版本中纳入了核电反应堆安全与安保的接口要求及对计算机数字系统、通信系统和网络加强保护的要求。另外，在最新版本中增加了第37部分"一类和二类放射性物质的实物保护"，该部分内容于2013年3月19日正式生效。

2003年，英国政府根据《反对恐怖主义犯罪及安保法》，发布了《核工业安保条例》；2000年，加拿大政府根据《核安全与控制法》，制订发布了《核安保条例》，并于2006年对其进行了修订；法国政府于2010年先后发布了有关核材料持有者的许可申请程序的命令、学习核材料和核设施保护措施的程序的命令、定义实物保护措施的命令和批准核材料运输方法的条件的命令，并于2011年发布了核材料保护和控制的新的监管框架，在2012年专门成立工作组着手起草有关放射源安保的法规；俄罗斯政府于2007年批准发布了《核材料、核装置、核材料存放室的实物保护条例》，废除了不合时宜的旧办法。

三、我国核安保法规建设现状

我国核安保法规建设，与国际核安保法规建设的发展趋势比较，还存在一定的滞后性。具体来说，主要呈现以下特点：

（一）缺乏对核安保法规体系建设的统一规划

由于核安保是近年逐步发展起来的新领域，我国在核安保法规体系建设方面的工作才刚刚起步，尚未对核安保法规体系建设进行过统一规划。目前，在《刑法》《放射性污染防治法》《治安管理处罚法》和《突发事件应对法》等法律文件中，以及在《核材料管制条例》《放射性废物安全管理条例》《放射性物品运输安全管理条例》《企业事业单位内部治安保卫条例》和《大型群众性活动安全管理条例》等法规文件中，仅零星涉及核安保相关的部分内容，已经发布的少数几个核安保相关的部门规章和导则文件也仅仅涉及核安保领域很少一部分内容，这些法规文件从上到下既没有涵盖核安保领域的全部内容，也缺乏一以贯之的主干和传承。

（二）缺少涵盖核安保全部领域的专门法规

如前所述，目前，我国尚没有涵盖核安保全部领域的专门法规，已经发布的一些国家法律和行政法规文件中只是零星地涉及核安保相关的部分内容。相对涉及核安保较多内容的《核材料管制条例》发布于20世纪80年代，其出发点是我国为了履行防止核扩散的国际义务，加强对核材料的管理，防止核材料被盗、破坏、丢失、非法转让和非法使用。其更多的属于核保障的范畴，主要防范对象是非法获取核材料用于军事目的的国家行为。当前的核安保已经远不止核材料的保护问题，还包括核设施、其他放射性物质和相关设施及相关核活动的安保，其防范的主要对象也不是国家行为，而是非法获取核材料制造粗糙核武器进行核爆炸恐怖袭击，或是非法获取放射性物质制造放射性散布装置进行恐怖袭击，亦或是对核设施、放射性装置或相关核活动进行蓄意破坏造成放射性扩散后果等恐怖主义行为。因此，从立法的目的、防范的对象以及涵盖的内容等各方面分析，《核材料管制条例》都不具备成为支撑我国核安保法规体系的法规基础，只能作为历史的继承将其纳入核安保法规体系成为核安保法规体系的一部分。

《企业事业单位内部治安保卫条例》主要是为了加强企事业单位的内部治安管理，保护公民人身、财产安全和公共财产安全，维护单位正常工作秩序而制订的。其防范的对象是任何可能对人身安全和财产安全造成危害，影响单位正常工作秩序的行为。该条例没有涉及核安保的任何相关内容，没有针对核安保领域的特殊性提出任何解决措施，因此不适合纳入核安保法规体系。

（三）涵盖核安保一些主要领域的部门规章和技术导则文件还比较欠缺

目前，国际普遍认可的核安保的一些主要领域包括核材料与核设施的实物保护、放射性物质及相关设施的安保、核安保从业人员的管理、计算机网络及信息安保、核安保事件应急计划与响应等。这些主要领域都需要出台专门的部门规章进行规范和管理，而我国已经发布的少数几个部门规章并没有涉及这些主要领域。

核安保的各主要领域，都需要开发更具操作性的导则文件对具体工作进行规范和指导。目前我国只发布了为数不多的几个导则文件，比较零散，仅仅涉及核安保的很小一部分领域。

四、我国核安保法规体系建设的几点建议

当前，由于以跨国、跨地区国际恐怖主义为代表的各种非传统安全问题呈现上升趋势，核与辐射恐怖活动成为国际社会最为担忧的恐怖主义形式之一，国际社会高度重视核安保问题。2002年3月，国际原子能机构制定了防止核恐怖主义的第一个"核安保计划"。2004年后，联合国安理会1540号决议、《制止核恐怖主义行为国际公约》相继出台，《核材料实物保护公约》修订案获得通过，2010年和2012年先后两次举行核安保峰会，各国对核安保问题逐渐凝聚共识，建立国家核安保体系，加强核安保法规建设成为各国在核安保领域的首要任务。

我国是《核材料实物保护公约》缔约国。2008年10月，全国人大常委会又批准了《核材料实物保护公约》修订案，此举使我国成为五核国中第一个批约的国家。公约修订案明确规定，缔约国应建立和维护相应的法律和监管框架，但目前我国还没有一项国内法规与之衔接，也尚未建立完整的核安保法规体系。与此同时，近年来我国核能事业得到了快速发展，核材料使用量显著增加，与核电发展相配套的核燃料循环设施的类型和数量也有明显增加，核安保监管任务日益繁重。因此，建立我国完善的核安保法规体系的任务异常紧迫。这既是我国政府履行国际义务、维护负责任大国形象的需要，也对保障国家安全和社会稳定，促进核能事业健康发展具有重要意义。

建立我国的核安保法规体系框架，应该充分吸收美国等核能发达国家在核安保法规建设方面取得的经验，严格按照核安保相关国际法律文书描绘的核安保基本要素，参考国际原子能机构核安保丛书的相关内容，结合我国开展核安保监管工作积累的经验，从促进我国核安保事业健康、长远发展的角度，加快推进我国核安保法规体系建设。下面，笔者对我国核安保法规体系框架建设提出如下建议：

（一）做好核安保法规体系建设的顶层设计

做好核安保法规体系建设的顶层设计，关键是要在相关上位法中对核安保作出原则性要求。当前，我国正在起草制定《原子能法》，该法将成为我国核能领域最权威的法律文件。我们应尽早介入原子能法的起草制定过程，在原子能法中明确核安保概念，体现核安保的基本要素，凸显核安保的重要性，顺应国际潮流。同时，有关部门也在起草制定《核安全法》，我们也应该积极与有关部门联系，在核安全法中处理好核安全与核安保的关系。

（二）加快制定《核安保条例》

如前所述，我国是《核材料实物保护公约》签约国，而且已经批准了公约修订案，但目前尚没有一部国内法规与之对应。国际社会对核安保高度重视，国内的核安保监管任务也日益繁重，亟需一部专门的核安保法规对我国的核安保事业发展进行规范。制定《核安保条例》，树立核安保概念，并在核材料与核设施实物保护、核安保从业人员管理、实物保护关键系统设备管理、核设施计算机网络安保、实物保护工程管理、放射性物质及相关设施安保等方面作出规范，将对我国核安保事业健康发展意义重大。

（三）加快制定一批核安保相关部门规章

部门规章是法规体系中必不可少的一环，具有承上启下的作用。对上它是对国务院行政法规的进一步扩展和具体措施的阐述，对下它是编制指导性的导则文件的基础和依据，具有约束性效力。目前，我国在核安保方面仅有的几个部门规章远远不能满足核安保监管的需要。根据国际社会公认的当前核安保领域所涉及的一些主要方面，结合我国核安保管理工作中积累的实际经验，建议尽快制定以下一些核安保相关部门规章：《核材料与核设施实物保护管理规定》《放射性物质及相关设施安保管理规定》《核材料运输实物保护规定》《设计基准威胁管理规定》《核设施实物保护工程监督管理规定》《核设施实物保护重要系统设备管理规定》《核安保从业人员管理规定》《核安保事件应急响应管理规定》。

（四）尽快出台一批核安保方面的指导性导则文件

法规和部门规章一般只对监管事项做原则性要求，并不会提出太具体的实施措施。指导性导则文件是对法规和部门规章的进一步阐释和具体落实，会对法规和部门规章所规定的事项提出具体的措施，对指导具体工作的开展具有重要意义。目前我国核安保方面的指导性导则文件还比较少，不成体系。从我国核安保法规体系的完整性方面考虑，应针对每一个核安保相关部门规章制定一些对应的导则文件，对各部门规章所规定的事项做进一步的阐述并提出具体的措施。

核领域的"3S"及其相互关系

傅秉一 仇春华

随着核扩散和核恐怖主义形势的日渐严峻以及核事故的后续影响，核领域中的核保障、核安保、核安全问题愈发受到国际社会的关注，并不时成为核论坛中的主题或公众舆论的焦点。由于核保障（Safeguards）、核安保（Security）、核安全（Safety）三个概念内涵上的关联，三个英文词第一个字母恰好又都是"S"，因而核能领域有时便把核保障、核安保、核安全简称为"3S"（或因这三个"S"的含义相近和简化得太过生涩抽象，非核专业人士难于分辨它们的特点或区分它们之间的差别）。由此，就核保障、核安保、核安全的基本含义及其相互关系作些分析讨论，对于消除困惑、避免误解、准确理解和使用这三个概念或有所助益。

一、三个"S"的特点与区别

这里从五个方面分析核保障、核安保、核安全这三个"S"的各自特点，[1] 并以此为基础讨论、判断它们之间究

---

[1] 保障（Safeguards）、安保（Security）、安全（Safety）三术语，由于其内涵上的联系以及它们英文单词第一个字母都是"S"的巧合，在国际核能合作领域时有"3S"的提法。该提法简洁新颖，但常用于说明、讲话之类的文稿，正式文件中并不多用。

竟有哪些区别。

(一) 目标和性质方面的区别

第一，核保障的主旨是保障核材料、核设备、核技术不用于发展核武器或核爆炸装置，从而防止核武器在各国家之间扩散。核保障本质上是一种国家防卫战略上的安全。一个国家选择"拥核"还是"无核"，最终取决于国家最高层领导的政治决断，由此核保障或可被看成是核领域中的一种"政治安全"。核保障防范的主要目标或对象是国家。当然，这样说并不排除把其防范对象延伸到非国家组织甚至恐怖集团搞到核武器或在极端情况下制造"粗糙原子弹"的可能性。

第二，核安保的主旨是保护核材料及其他放射性物质不被盗、不被非法转移和核设施免遭破坏，进而防止核物质被非法拥有、走私、转用和最终被用于核扩散或核恐怖主义目的。传统意义上，安保是指在社会安全领域国家对于个人、集团的犯罪行为的防范，因而在此意义上核安保或可被看成是一种核领域中的"社会安全"。出于核安保的敏感性，或因为核恐怖事件可能会涉及国家核心利益，防范恐怖主义组织可能发起的跨国的核恐怖活动已成为国家核安保活动的重点。就此而论，如今对核安保性质的理解似乎也应超越一般"社会安全"的范围。这就是说，原本以个人、团伙，最多至非国家实体"敌手"为主要防范对象的界定，并不排除在特别情况下涉及可能默许、怂恿或支持恐怖活动的"不友好国家"。

第三，核安全的主旨是使核设施和核活动（涵盖核材料及其他放射性物质安全生产、使用、储存、运输、处置，以及核设施的设计、建造、运行、退役等）受到充分保护，使核设施和核活动不对人和环境造成不适当的核辐射危害。核安全本质上是一种核领域中的"技术安全"，主要针对的对象是"物"（核工程、核设施、核材料及其他放射性物质）。当然，这样说并无只见"物"而不见"人"之意，只是想强调人因核安全事件本质上也是因为"人"没能按照"物"的运动规律办事，防止违规操作历来是核安全工作的一项重要内容。

(二) 法律和机制方面的区别

第一，核保障的国际法律体系是由《不扩散核武器条约》、地区性无核武器条约、桑戈委员会和核供应国集团核出口准则（即核出口国必须遵守的向无核武器国家核出口的条件）、国际原子能机构规约、国际原子能机构保障制度文件（INF/66，INF/153，INF/540）以及诸多相关协定等一系列法律文书所组成。这些文书对核保障义务的发生、保障措施的执行、核转让控制条件等，作出了全面规定。

第二，核安保的国际法律体系是由《制止核恐怖主义行为国际公约》《核材料和核设施实物保护公约》等国际法律文书以及"核物质非法贩卖数据库"、国际原子能机构的自愿通报网络等机制所组成。这些文书和机制对于防止核材料在生产、使用、储存、运输过程中的非法取得、转移及核物质和核设施的安全保卫作出了规定。

第三，核安全的国际法律体系是由《国际核安全公约》《及早通报核事故公约》《核事故和辐射紧急援助公约》《乏燃料管理安全和放射性废物安全管理安全联合公约》《国际核事件分级表》以及关于核损害赔偿的公约等法律文书组成。这些文书对于核安全的概念，事件的定级、通报和援助，放射性相关物质的安全管理，核损害的赔偿等作出了规定。

总之，从国际法律角度来说，核保障、核安保、核安全三者各有自己的体系或机制。这三类体系或机制之间有一定联系，但它们却是各自独立的。

（三）执行程序和方法方面的区别

（1）核保障：有以国际视察员现场视察和补充接触访问、核相关情报分析以及核不扩散相关的国家评估为核心的一整套措施。这套措施主要包括核材料核设施和相关活动的申报、核材料衡算控制系统建立、核材料记录和存量报告、核活动现场视察和补充接触访问、核相关情报分析、核材料数量和成分分析鉴定、环境样品分析、核材料存储场所的封隔监视、远程监控和核不扩散相关的国家评估等。这里，国际视察员进入现场实施补充接触访问有较强的所谓"侵入性"。

（2）核安保：政府相关部门和核设施单位依据国家法律法规开展或实施安全保卫工作，主要措施包括国家核安保相关立法、核安保标准和导则的制定、核安保风险评估和设计基准威胁制定、核设施和相关设施的实物保护系统和警卫措施建立、应急预案和应急响应安排以及发生国际运输事件时进行必要的国际合作（如逃犯引渡）等。核安保责任在各国家自己。可邀请国际原子能机构专家组作咨询服务，其性质属于咨询指导而非法律约束；没有核保障那类国际视察安排，不存在所谓"侵入性"。

（3）核安全：政府主管（监管）部门对核物质、相关设施及相关活动依法实行许可证管理。主要措施包括安全标准和安全导则的制定执行，设计、制造、安装、运行安全评审，安全预案和应急计划的制定与实施等。核安全措施包括技术措施都要在本国政府管控下，由相关许可证持有者采取。核安全责任在各国自己。可邀请国际原子能机构专家组作同行评审,其性质属于咨询指导而非法律约束,不涉及核保障那类所谓"入侵性"。

(四)管控部门和执行主体方面的区别

(1)核保障:国家负责国际原子能机构事务部门主管;执行主体是国际原子能机构、国家核事务主管部门和相关核设施单位。核设施单位通常由核材料管理部门或专门设立的核保障业务组负责。核保障是由国际原子能机构根据它同当事国政府之间的保障协定及其附加议定书主导,由当事国政府及相关设施单位合作执行。

(2)核安保:国家核事务主管部门、国家核安全监管部门、公安部门、国家安全部门、海关等管控,执行重点在相关设施单位。设施单位内部通常由保卫部门牵头,核安全、核材料管理、核保障业务等部门合作执行。

(3)核安全:国家核事务主管部门和核安全主管部门管控,执行重点在各相关设施单位。设施单位内部通常由生产、技术和安全部门负责。

(五)事件应急或后续行动方面的区别

(1)核保障:核保障失效的"应急"或后续工作主要由国际原子能机构承担,国家主管部门和有关核设施合作配合。当对某一国的保障核查不能得出该国受保障的核材料和核活动用于和平和非军事目的的结论时,或者不能得出该国不存在未申报的核材料、核设施或核活动时,国际原子能机构总干事得安排同该国磋商,要求该国澄清疑点或作补充申报和对该国作进一步视察或者补充接触访问;当疑问不能被澄清和最终得出该国有秘密核活动的结论时,得报告联合国安理会,并经安理会讨论决定可对违约国采取包括制裁措施在内的相关行动。

(2)核安保:核安保事件的"应急"或后续工作,根据安保事件的性质、事发地点及严重程度由国家核事务主管部门会同核安全、公安、海关等部门分别或联合承担。执行重点在事发单位和相关地点,工作的重点是保护现场、调查原因、获取犯罪证据、缉拿罪犯、查找并追回核材料或其他放射性物质等。核安保事件也可能引发核安全或辐射安全等继发事故。由于对此继发事故的应急已超出核安保应急的一般范围而进入核事故和辐射应急响应的专门领域,这种应急需要启动由政府相关部门参加的国家核应急机制,应急作业由核事故应急专业队伍负责,核安保队伍参加并配合。

(3)核安全:核安全失效的直接后果是发生核事故以及由此引发的核事故应急,因此核事故应急便可视为核安全活动的某种延续。但仔细说来,核安全事故发生与核事故应急是前后两个阶段的事情，核事故应急也并不简单地等于核安全应急。严格意义上讲，核事故应急应该包括核安全应急与辐射安全应急两部分。核安全应急本质上在于迅速找到事故发生的原因、部位、状况、程度，迅速停止或减缓事故进程，迅速恢复事故损害的设施、程序和操作至非事故状态，阻止放射性物质进一步外泄，切断造成不适当辐射危害的源头，使之不再发生不适当的辐射危害；辐射安全应急则是针对已经出现不适当辐射危害的一种应急，本质上在于迅速查找确定不适当辐射的来源、种类、强度、场所，迅速控制、清理辐射危害区域，削减不适当辐射对人员、财产、环境的损害。核安全应急与辐射安全应急的界限就在"适当的还是不适当的"辐射之间：不产生"不适当辐射"是前者的使命，削减"不适当辐射"是后者的任务。由此，核安全应急人员也常常是辐射安全应急人员进行辐射安全应急服务的一类特别对象。核安全应急与辐射安全应急两种作业，通常由核事故应急中心统一指挥协调。

以上从五个方面对核保障、核安保、核安全三个概念（或领域）各自的特点作些分析和比较，它们之间的区别是明显的或一目了然的。

二、"3S"之间的联系

核保障、核安保、核安全各有自己的属性与特点，同时又有着某种甚至十分密切的联系。正是这些联系使得人们对这三个"S"的理解有时产生混淆；也正是这些联系使人们认识到，在"3S"领域采取措施时有统筹兼顾、协调一致的必要性。

第一，核保障活动是为了防止把和平利用的核材料转用于发展核武器所采取的诸如情报分析、衡算、控制、核查和国家评价等一整套措施。这套措施，尤其是衡算措施恰好也有助于发现和防止核材料丢失、被盗或被非法转移等核安保事件的发生，故在此意义上似乎也可把核材料衡算看作是核安保的一种手段。核保障中为防止核材料转用而对其存在部位所采取的封隔或监视，也有一定的预防或探知"敌手"接近或"入侵"存有核材料部位的安保功能。反之，未受核保障的核材料被丢、被盗、被转移、被滥用的风险更大，从而增加了核安保的难度。严格的保障核查有助于防止、发现和追查核材料丢失、非法转移，从而有助于从源头上消除核破坏隐患，而这与核安保密切相关。

国家核材料衡算和控制系统（SSAC）原本是国际原子能机构核保障制度中为当事国和该机构签订的保障协定所设定的一项义务，它规定缔约国对涉及保障的所有的核材料种类、数量、同位素组成等作分析、测量、记录、平衡结算，并向国际原子能机构提出报告供其核实。由于 SSAC 规定的内容全面细致，且与核材料生产、使用、储存、进出口等有关，因而其一些作法可能被有的国家在建立本国的核材料管理制度时援引使用，其资料或可作为核材料安保活动所需数据的来源。但应明了的是，核安保领域对核材料信息的要求侧重于核材料种类、数量，以及它们在核设施中所在场所和部位（例如是否易被敌手获取或破坏）等宏观数据和信息，以便确定要害部位，实施纵深防御，或利用核材料衡算防止内部敌手作案，而不是 SSAC 所规定的为国际核查设置的核材料账务管理细目。至于其他放射性物质的安保，则更没有衡算方面要求，它所关注的是放射性物质的种类、数量、形态（包装）、处所以及流动状况和最终去向。

第二，核安保的目的是防止核材料及其他放射性物质被盗、被非法转移以及核相关设施遭到破坏。如前节所述，这一目的与防核扩散保障目的所采取的措施有相当程度的一致性，也就是说，通过核安保手段可以减少核材料从非政府渠道（如国际黑市），避开国际监督进入当事国，转用于核扩散目的的危险。相反，如果没有核安保措施或核安保失效，核材料丢失、被盗进而被非法贩卖，则完全有可能被核扩散国家用来制造核武器，甚或在极端情况下被非政府组织或恐怖主义集团用来制造"粗糙原子弹"。严格的核安保也有助于防止核材料非法越境转移，尤其是防止通过国际黑市网络走私，避开国际核查进入当事国而导致核扩散。严格有效的核安保恰好可以堵塞核保障所难以顾及的非政府渠道的核扩散漏洞。正是由于这一原因，核材料实物安保在早期一直作为防止核材料丢失或被盗从而造成核扩散的重要措施，并将该措施与核保障捆绑一起在国际防核扩散的平台上同时出现。国际原子能机构举办的核保障培训班通常也包含两门课：一是国家核材料衡算和控制系统；二是核材料实物保护。核安保与核保障的密切关系可见一斑。

核安保对于核安全的意义更是不言而喻的。核安保事件原本就是可能引发或造成核安全事件的四大诱因（设计制造缺陷、操作管理失当、自然灾害影响、人为恶意破坏）之一。防止人为恶意破坏正是核安保的主要目的。核设施是一个巨大的放射源，一旦遭到破坏可能会引发核安全事故或放射性散布事故而造成严重辐射危害，因而核设施对恐怖主义分子有较大的吸引力，是容易遭受袭击的重点目标之一。核设施、核材料及其他放射性物质的有效安保不仅是在保卫核设施及其所存有的核物质本身的安全存在，也可以看作是防止核安全事故的一种根本手段和必要条件。

如果从逻辑流程或者因果关系角度考查，核安保显然是处于流程的上游，即核安保事件可以是核保障事件和核安全事件的前段或原因；而核保障事件与核安全事件处于流程的下游，或成为核安保事件的后续与结果（核安保的失效是指：如果丢失大量核材料和其他放射性物质，可为秘密研制核武器、拼凑"粗糙原子弹"或制造"脏弹"，进而造成核扩散或为搞恐怖主义活动提供机会；当然还有另一种情形，就是既不丢失核材料也不丢失其他放射性物质，核安保功能未能防范住敌手用常规手段强力袭击核设施，而导致放射性物质直接外泄的核安全事故发生。就此而论，核安保又可称为核保障和核安全的前卫与先锋）。

核材料和其他放射性物质有效安保除了直接关系到存有此种物质的设施、场所的核安全，也间接关系到其他设施、人及环境安全，从而与核安全相关。

核安保与核安全之间的因果关系也决定着它们在执行措施上必然有着密切联系。国际原子能机构的相关文件，尤其是核安全相关的技术标准、导则一类文件中常常会纳入或存有涉及核安保的内容，或者直接把核安全措施与核安保措施考虑在一起。其中的一些措施，例如核设施出入口控制，防止核物质丢失、被盗、擅自转移，防止核设施遭破坏措施，保证放射性物质运输安全措施等，既具安全功能又起安保作用。有的国家在做相关立法（尤其是在早期）时常把核安全与核安保结构在一部法规之中，也反映出两者的密切关系。

第三，核安全、核安保、核保障有着共同的终极目标，即都是要防止对人、环境的辐射损害。核事故应急的核心目的是减少辐射损伤和放射性污染，这与核安保或核保障失败可能发生的"脏弹"甚至是"粗糙原子弹"爆炸所要应对的情况有相同之处。核爆炸的应急任务之一是处理核辐射损伤与放射性污染（当然也要处理冲击波和光辐射损伤等），"脏弹"爆炸和其他方式散布放射性物质的应急任务之一也是处理核辐射损伤与放射性污染（当然也要缉拿罪犯）。应对核辐射损伤与放射性污染是核安全与辐射防护专业的强项，有核电的国家不但制定有核事故的应急管理预案，而且也十分重视并汲取三里岛、切尔诺贝利、福岛等核事故的应急实践经验。这些来自核安全领域的预案和经验，虽然为核安保、核保障领域开展事件应急工作提供了重要参考，但当核安保领域真的发生了恐怖袭击事件，核设施被破坏和大量放射性物质泄漏并引发了核辐射事故时，其应急工作势必要进入核安全与核辐射应急领域，这时的工作绝非是核安保队伍自己所能完成的。

有一个能够说明核安全与核安保区别与联系的实例，这就是压水堆核电站安全壳的功能。安全壳对于反应堆燃料有着安全与安保的双重功能：一方面，它对内发挥的是安全功能（Safety Function），即防止安全壳内事故（如堆芯熔毁）时放射性物质外泄，此时安全壳被称为保护堆芯燃料的第三道屏障，为此目的壳体的设计应该使用（核安全的）"基本安全标准"；另一方面，安全壳也有安保功能（Security Function），即能够防止壳外事件（如飞行物撞击或爆炸物爆炸）破坏反应堆而造成放射性物质外泄，此时安全壳又可被看作是保护堆芯燃料的第一道屏障，壳体的设计又应能满足应对（核安保的）"设计基准威胁"的要求。"9·11"事件以后，美国核管会要求新建核电站的安全壳加装钢衬以减小飞行器穿透的概率正是出于加强安保动能的考虑。这里一个安全壳恰好划出了核安全与核安保的区别，也道出了它们之间的联系，给出的结论是：安全壳的功能各异而目标一致，可谓殊途同归。

再者，核安全事故时也是容易发生核安保事件或核保障事件的时候，所谓"祸不单行"，这时更需要防止敌手"趁火打劫"。

综上所述，从大局来说，核保障、核安保、核安全对于进一步营造与维护国际和平与安全都至关重要。就核能利用而言，它们相互联系又相互助益，近年来核工业界更有不少人士把"3S"视为世界上未来发展核能必不可少的三项基本前提条件。

三、对"3S"定义的解读

被简称为"3S"的核保障、核安保和核安全这组术语，源于国际原子能机构的文书与活动。目前在国际核合作领域的文献也多采用国际原子能机构为它们所下的定义，这就是：

核保障：确保由机构本身或经其请求，或在其监督或控制下提供的特种可裂变材料及其他材料、服务、设备、设施和情报，不至用于推进任何军事目的。

核安保：对涉及核材料和其他放射性物质或其相关设施的盗窃、蓄意破坏、擅自接触、非法转移或其他恶意行为的预防、探知和应对。

核安全：实现正常运行工况，防止发生事故或减轻事故后果，从而保护工作人员、公众和环境免受不当的辐射危害。

上述三个定义所表概念的内涵及其可适用范围见下文所述。

（一）对于核保障

第一，是指机构有责任确保相关物项或技术不用于推进任何军事目的，或对某国的任何核活动实施保障。

第二，保障的对象是指核技术特种可裂变材料核其他材料、服务、设备、设施和情报，这里特种可裂变材料是指铀－235、铀－233、钚－239以及含有它们的材料或制品；其他材料是指核反应堆及核工业中特别使用的一些材料，如重水、锆管、核纯石墨等。

第三，机构实施保障的适用范围或条件是：由机构本身提供的物项或由机构作为中间人请求或在其监督或控制下由其他国家提供的物项或技术，或经某一国或当事国共同请求对相关物项、技术或活动实施保障的。除了这里所述两情况外，机构无权对任何国家实施核相关保障监督，加入国际原子能机构就要接受该机构的核保障监督是对机构保障的一种误读、误解。

（二）对于核安保

第一，是指对与核相关的恶意行为的预防、探知和应对。这里，恶意行为是指盗窃、蓄意破坏、擅自接触、非法转移或其他恶意行为。恶意行为的实施对象是指核设施、当事国、国际社会。

第二，安保的对象是核材料、其他放射性物质、相关设施。这里，核材料是指原子能机构定义的铀化学浓缩物和前述特种可裂变材料，其他放射性物质是指放射源等。

第三，核安保所从事的预防、探知和应对的范围是指敌手团伙或个人所进行的盗窃、蓄意破坏、擅自接触、非法转移或其他恶意行为，不包括由于机械设备坏损或人员非故意错误所引起的核事故工程、技术、管理方面的安全监管活动。

（三）对于核安全

第一，是指维持核设施的正常运行，防止发生事故或一旦发生事故时则减轻其后果。

第二，最终目标是保护人（工作人员和公众）、财产、环境免受不当的辐射危害。

第三，适用范围指所有核活动，特指核设施的核活动。

四、"核安保"术语的译法

"核安保"术语的原产地似乎不在中国，它由国际原子能机构的"Nuclear Security"一词转译而来。对于"Nuclear Security"，目前国内有两种译法：一是"核安全"，主要在社会科学领域流行；二是"核安保"，援引国家原子能机构中文文件的译法，主要在自然科学，特别是核科技领域使用。两种译法各有理由，又各有自己的适用范围。"核安全"译法选取的是"安全"一词的广义概念，因为"安全"二字具有很强的包容性和普适性，并且它早已使用并流行于现实社会生活中与安全有关的许多场合，例如国家安全、战略安全、国土安全，也有核安全。然而，这里的核安全所表述的应该是宏观意义上的一种广义的核安全，这种广义核安全概念似应至少包括以下三个具体的狭义的安全概念：一是国家核战略安全（包括国际核裁军、核禁止、核武器）；二是防止核恐怖袭击（包括非国家行为体的个人或团伙的盗窃、破坏）；三是响应由非敌手恶意动机所致的核安全与核辐射（切尔诺贝利、福岛）。在国际核领域，特别是在国际原子能机构这种核专业的活动平台上，为了明确区分上述三个性质核处置方法各不相同的方面，采用了三个不同的狭义的专业概念，即核保障、核安保、核安全，与它们相对应的英文术语便是"Nuclear Safeguards""Nuclear Security""Nuclear Safety"。按照这样的分析，把"Nuclear Security Summit"译成"核安保峰会"可以较为贴近和精细地表达出来。"Nuclear Security Summit"原本是针对防止核扩散和防止核恐怖主义行为的会议的主旨，也可避免一些非核媒体在"Nuclear Security Summit"时喧宾夺主地反复播发切尔诺贝利、福岛核安全事故的视频和文字，而使观众和读者理解起来不得要领。

准确或最贴近地传达原文的本来含义是翻译的首要标准。要达此标准，需要的是对"Nuclear Security"出现或使用的含义和环境（即所谓语境）作出具体的分析考虑。"Nuclear Security"原本是核领域的一个基本专业术语，该术语在核领域中的含义是防止核材料、其他放射性物质、相关设施遭到内外敌手的盗窃、非法转移或蓄意破坏。由此，国际原子能机构秘书处把"Nuclear Security"规范地译为"核安保"。

在核领域中，与"Nuclear Security"并存的还有一个著名的术语"Nuclear Safety"。这一术语的含义是指防止核工程技术设备事故或操作失当的责任事故而造成的核辐射危害，由此国际原子能机构秘书处把"Nuclear Safety"译为"核安全"，其相关事故被称为"核安全事故"。"核安全事故"防范的主要对象并不是敌手的蓄意破坏，而是工程、技术与管理程序错误或人的非故意失当。所谓"无心非，名为错；有心非，名为恶"讲的就是这个道理。"核安保"和"核安全"两个专业术语目前已在国际核法律文书和国内核行业中广泛使用，代表着不同的内涵。这两个术语是在多年的核活动中产生的，反映的是一种客观需要和现实存在。

最后可以说，如果非要比较一下把"Nuclear Security"译为"核安保"还是译为"核安全"，孰好孰不好，或许可以说"没有不好，只求更好"，因为"安保"与"安全"两概念的内涵中原本就有某种搭接，广义之中有狭义。只是说，核行业把"Nuclear Security"译为"核安保"采用的是一种较为严格的专业性的或较为特性化的译法，甚至是一种行业特定译法，以便同核专业中的另一个基本专业术语"核安全"（Nuclear Safety）作出较好区别。近年来，在国际原子能机构那里，"Nuclear Security"和"Nuclear Safety"时常会在同一文件中出现，此时倘若把"Nuclear Security"和"Nuclear Safety"不加区别地都译为"核安全"，那就会纠结不清，使读者发生误解与困惑。如果我们在核领域的对话平台上坚持把"Nuclear Security"译为"核安全"，那么在国际核合作领域就只有"2S"而没有"3S"了。

当然，如果走出核领域进入广大社会领域，把"Security"翻译为"安全"毫无问题，甚至更显顺理成章。在那些无需细分专业领域、事件主体是人是物、事件原因是"蓄意"或"无意"的场合采取广义的"大安全概念"，把"Nuclear Security"译成"核安全"也不无可取之处。核专业界人士对此也可不必太过纠结。社会上"安保"比"安全"使用的机会要少，"核安保"作为专业术语也较"核安全"出现得晚。要想使公众都十分明了"核安全"与"核安保"的区别，恐需要一些时间。向社会作科普是有意义的，宣传似可从这里开始："核安保（Nuclear Security）"类属社会科学，要学习"核安保"专业，应报考公安警校；"核安全（Nuclear Safety）"类属自然科学，要学习"核安全"专业，当考理工大学。

试论建立我国放射源失控事故信息披露机制

陈刚　刘久

放射源是指采用放射性物质制成的辐射源的通称，以放射源为基础的射线应用技术在工业、农业、医学、资源、环境、军事、科学研究等领域应用广泛，早已进入普通人的日常生活中。[1] 早在 2004 年，环保总局联合卫生、公安部门在全国范围内发起放射源普查，拥有放射源的单位超一万家，放射源超十四万枚，且每年以 5% 到 10% 的速度递增，几乎遍布全国所有省区。[2] 涉放射源的单位包括大学、科研院所、医疗机构、农科机构、工业机构等，这些单位利用放射源从事测量、杀虫、消毒、抗癌、育种、在役检查等工作。[3] 涉及放射源的事故通常是指放射源丢失、被盗、失控，或者放射性同位素和射线装置失控导致人员受到意外

---

〔1〕 http://www.hbzhan.com/Tech_news/Detail/5305.html，访问日期：2016 年 7 月 21 日。

〔2〕 http://view.163.com/14/0513/13/9S4MHPKP00012Q9L.html，访问日期：2016 年 7 月 21 日。

〔3〕 http://view.163.com/special/reviews/radioactivesource0513.html，访问日期：2016 年 7 月 21 日。

的异常照射。[1] 据统计，仅在 1988 至 1998 年间，我国共发生放射性事故 332 起，受照射总人数 966 人，丢失放射源 584 枚，256 枚未找回。[2] 另，根据我国原子能研究院的记载，1954 到 2007 年，中国核军工和核电站未发生一例死亡或放射病例，然而核和辐射技术应用却有 49 人罹患放射病并有 16 人皮肤烧伤，10 人因受放射源辐射而急性死亡。[3] 从上述数据可知，我国放射源管理远不够完善。危险放射源具有高致病性且难以识别，失控放射源危险性体现在：若由人员无意识携带会造成辐射和污染广泛传播，若随意弃置会给附近人群带来辐照损害，最可怕的是被故意窃取则会带来恐怖袭击风险。所以，失控状态下的放射源无论是造成持续伤害，还是对公众的心理威慑上都会产生极为恶劣的影响，而后者更为显著，影响程度远远超过伤害程度本身。究其原因，有学者认为是由于核放射事件，曾造成过大面积污染，并引起持久威胁，比如造成受影响群众患癌或因此产生遗传性疾病，人们对此又知之甚少又防不胜防。[4] 所以，尽管从表面上看放射源失控带来的直接损失并不如其他工业事故大，但由于上述原因，此类事件会引发公众恐慌，危及社会稳定，必须引起重视。

一、放射源失控事故信息公布的立法现状

根据 1986 年 11 月由卫生部、公安部、国家核安全局发布的《放射性同位素及射线事故管理规定》的要求，[5] 发生事故的单位应立即将事故情况报告主管部门和所在地区的卫生、公安部门，地区卫生、公安部门要迅速逐级上报到省、自治区、直辖市卫生、公安厅（局）；重大事故、特大事故要立即报告卫生部和公安部，发生重大事故和特大事故时，省、自治区、直辖市放射卫生防护部门应立即电告卫生部工业卫生实验所。[6] 上述规定于 1995 年 8 月 30 日被卫生部、公安部发布的《放射事故管理规定》所取代。按照 1995 年《放射事故管理规定》的要求，国务院卫生行政部门和公安部门对全国放射事故实施统一监督管理，指导地方卫生、公安部门做好重大放射事故的调查处理工作；省级卫

---

[1] 中华人民共和国国务院令第 449 号《放射性同位素与射线装置安全和防护条例》第 40 条。

[2] 李青松主编：《全国放射事故案例汇编 1988－1998》，中国科学技术出版社 2001 年版，第 47 页。

[3] 冯洁：《辐射源：危险在潜伏》，载《南方周末》2011 年 4 月 5 日，第 6 版。

[4] 崔雷：《辐射事故对公众心理影响及消除方法》，载《吉林农业科技学院学报》2009 年第 18 卷第 3 期，第 46 页。

[5] 本法规已于 1995 年 8 月 30 日被卫生部、公安部发布的《放射事故管理规定》所取代。

[6] 卫生部、公安部、国家核安全局发布的《放射性同位素及射线事故管理规定》第 18 条，于 1986 年 11 月 25 日出台，1995 年 8 月 30 日废止。

生行政部门和公安部门对本辖区的放射事故实施统一管理，组织处理二级以下的放射事故；地方各级卫生行政部门、公安部门在接到事故报告后，要迅速核实事故情况、准确判定事故级别、逐级上报，对初步确认的三级放射事故，必须在 24 小时内报告国务院卫生行政部门和公安部门。[1] 上述规定又在 2001 年 8 月 26 日被卫生部、公安部修改后发布的《放射事故管理规定》所取代。依照此《放射事故管理规定》，卫生部和公安部按照其职责范围，负责监督、管理和指导全国放射事故的调查处理工作；发生或发现放射事故的单位和个人，必须尽快向卫生行政部门、公安机关报告，最迟不得超过 2 小时；卫生行政部门、公安机关在接到严重事故或重大事故报告后，应当在 24 小时内逐级上报至卫生部、公安部。[2] 然而，上述规定都只明确了事故发生后必须依照事故的严重程度逐级上报，对于相关事故发生后是否向社会发布以及如何发布的问题却未曾提及。

2005 年 8 月 31 日，国务院通过并公布了《放射性同位素与射线装置安全和防护条例》，该《条例》指定环境保护主管部门对全国放射性同位素、射线装置的安全和防护工作实施统一监督管理，公安、卫生等部门按照分工协助。[3]《条例》第四章"辐射事故应急处理"规定，发生辐射事故时，生产、销售、使用放射性同位素和射线装置的单位应当立即向当地环境保护主管部门、公安部门、卫生主管部门报告；环境保护主管部门、公安部门、卫生主管部门接到辐射事故报告后，应当立即将辐射事故信息报告本级人民政府和上级人民政府环境保护主管部门、公安部门、卫生主管部门；县级以上地方人民政府及其有关部门接到辐射事故报告后，应当按照事故分级报告的规定及时将辐射事故信息报告上级人民政府及其有关部门；发生特别重大辐射事故和重大辐射事故后，事故发生地省、自治区、直辖市人民政府和国务院有关部门应当在 4 小时内报告国务院；特殊情况下，事故发生地人民政府及其有关部门可以直接向国务院报告，并同时报告上级人民政府及其有关部门；禁止缓报、瞒报、谎报或者漏报辐射事故。[4] 然而，尽管上述《条例》明令禁止缓报、瞒报、谎报或者漏报

---

〔1〕 卫生部、公安部发布的《放射事故管理规定》第 17 条和第 18 条，于 1995 年 8 月 30 日出台，2001 年 8 月 26 日废止。

〔2〕 卫生部、公安部发布的《放射事故管理规定》第 4 条、第 8 条和第 9 条，于 2001 年 8 月 26 日出台。

〔3〕 中华人民共和国国务院令第 449 号《放射性同位素与射线装置安全和防护条例》第 3 条。

〔4〕 中华人民共和国国务院令第 449 号《放射性同位素与射线装置安全和防护条例》第 42 条。

辐射事故，其依然沿用的是"事故发生后，依照事故的严重程度逐级上报"的模式，对于针对社会公众的信息公布依旧只字未提。

2011年5月1日，根据环保部第18号令施行的《放射性同位素与射线装置安全和防护管理办法》依旧规定，发生辐射事故或者发生可能引发辐射事故的运行故障时，生产、销售、使用放射性同位素与射线装置的单位应当立即启动本单位的应急方案，采取应急措施，并在两小时内填写初始报告，向当地人民政府环境保护主管部门报告；发生辐射事故的，生产、销售、使用放射性同位素与射线装置的单位还应当同时向当地人民政府、公安部门和卫生主管部门报告。接到辐射事故报告或者可能发生辐射事故的运行故障报告的环境保护主管部门，应当在两小时内，将辐射事故或者故障信息报告本级人民政府并逐级上报至省级人民政府环境保护主管部门；发生重大或者特别重大辐射事故的，应当同时向环境保护部报告。省级人民政府环境保护主管部门接到辐射事故报告，确认属于特别重大辐射事故或者重大辐射事故的，应当及时通报省级人民政府公安部门和卫生主管部门，并在两小时内上报环境保护部；环境保护部在接到事故报告后，应当立即组织核实，确认事故类型，在两小时内报告国务院，并通报公安部和卫生部。[1] 因此，可知该《管理办法》还是坚持"事故发生后，依照事故的严重程度逐级上报"的模式。至此，有关于放射源失控事件的信息社会公布问题依然无章可循。

二、"逐级上报模式"可能产生的负面效应

首先，"事故发生后，依照事故的严重程度逐级上报"的模式容易妨碍事件的定性。按照辐射污染后果、人员受辐射急性死亡或重伤人数作为等级分类指标，从重到轻将辐射事故分为特别重大辐射事故、重大辐射事故、较大辐射事故和一般辐射事故四个等级。在放射源失控的情形下，往往无法当场判断后果的严重程度，而应急处理单位主观上根据有无发现人员伤亡现象来推测事件的严重程度，为不报和缓报找借口，使民众对潜在的风险茫然无知，可能因定性不当损害人民群众的切身利益。

例如，在发生于2014年5月7日的"南京放射源丢失事件"中，放射源铱－192是在5月7日丢失，5月8日下午19点肇事单位就已发现放射源失踪，却在静悄悄自行搜寻6小时无果后才向南京市公安局报案，公安局于5月9日凌晨1

---

〔1〕 环境保护部：《放射性同位素与射线装置安全和防护管理办法》第六章，2011年5月1日起施行。

时向南京市环保局报案，环保局又向江苏省环保厅和南京市政府报告，之后，由江苏省核安全局和南京市环保局、市公安局、市卫生局等相关部门组成的工作组赶到事发单位进行调查。5 月 10 日 11 时，环境保护部接到报告后再派遣工作组赶赴南京现场。[1] 由上述过程可知，此次放射源失控事件发生后，有关部门都忙于层层报告跟时间赛着跑，但在此期间并未向公众发出预警。环境保护部将上文中提及的"南京放射源丢失事件"定性为重大辐射事故，事后指挥部回应道："对于是否立刻公开信息也一度犹豫。如果没有掌握具体情况，而草率发布信息，可能会引发社会恐慌，适得其反，为减少大范围公众恐核焦虑，对丢失情况有准确的了解后，在采取各项举措后，于 5 月 10 日中午 12 时 16 分通过媒体向社会公布。"[2] 可这时候，网络消息早已满天飞了。

无独有偶，2009 年 6 月 7 日，在河南杞县利民辐照厂钴 60 卡源事件中，因故障迟迟得不到解决，杞县政府对此事采取不通报情况、不接受采访、不允许报道的"三不"政策。理由是该县政府于第一时间通报了上级部门，上级部门认定没有危险，也就不用公布信息了，信息封锁导致一个月后大量民众疯传将发生核爆炸而逃离杞县，中国新闻网因此作出了"信息不公开比谣言可怕"的报道。[3]

其次，逐级上报模式错失了披露的时机。从前文法规上看，事件单位、当地政府有义务向上级有关部门报告，而并无义务对公众披露。然而，恶性的社会冲击恰恰是在失控阶段而不是在损害结果确定时发生。越严重的事件上报环节越多，下层机构越不敢发声，上级部门也不可能在第一时间确切判断事情的严重性或下决心公布，因此就会错失披露的最佳时机。恐怖源于未知，理解始于宣传。受到事故影响的群众只有获得充分的信息，才有可能避免对危害性的盲目夸大和恐慌，减少组织和参与由此引发的公众事件的冲动。[4]

再次，这种模式使事件危险的可能性很难受到重视。目前的制度重在处理事故的损伤后果，对于应急处理阶段事件的后果预判、及早通报以及公众知情权规定含糊不清。表面上是担心公众恐慌，实际上还是处置人员侥幸心理的

---

〔1〕 http://baike.baidu.com/link? url = eY6hz_ oc2ZHD – Q3kDCDwztM6h9rpPEeA7t_ 3sYgAdYUVr ZEnjhAzW0UL57sJvzHfNBrcH6zpD07MvQ4eOvvlS_ ，访问日期：2016 年 7 月 24 日。

〔2〕 http://www.cenews.com.cn/sylm/hjyw/201405/t20140515_ 774248.htm，访问日期：2016 年 7 月 24 日。

〔3〕 http://www.infzm.com/content/33491，访问日期：2016 年 7 月 24 日。

〔4〕 陈晓勤：《邻避问题中的利益失衡及其治理》，载《法学杂志》2016 年第 12 期，第 128 页。

反映。

　　1986 年 4 月，切尔诺贝利核电站的大火造成的放射性物质泄漏，污染了欧洲的大部分地区，然而苏联当局封锁了消息，因此导致在瑞典境内发现放射性物质含量过高后，此严重事故才得以曝光，也使该事故造成了更大的损失与危害。仅从国际原子能机构的角度看，1987 年，国际原子能机构用于核安全方面的预算就增加了 30%。[1] 切尔诺贝利核事故后，各国深知尽早提供有关核事故的情报，使可能的辐射后果减少到最低限度的重要性。因此，1986 年 9 月 24 日在维也纳召开的国际原子能机构特别大会通过了《及早通报核事故公约》，要求缔约国有义务对引起或可能引起放射性物质释放，以及已经造成或可能造成对另一国具有辐射安全重要影响的超越国界的国际性释放的任何事故，向有关国家和机构通报，其中也包括要求放射性同位素相关事故的通报。公约对可能性危险的通报作出了要求，就是要避免在后果尚未确定前核事故国家寻找瞒报的借口，这已成为核事故通报的国际通行准则。

　　最后，在"事故发生后，依照事故的严重程度逐级上报"的模式下，监管部门角色冲突颇为尴尬。环境保护部门作为监管机构，同时也扮演抢险责任部门的角色，事件的提前曝光确实会对抢险人员带来极大的压力，在公布与不公布的时机选择上，监管部门与被监管部门的选择往往是一致的，就是以避免公众恐慌为理由避免消息发散带来的公众聚焦和事后责任追究。

　　综上，由于我国相关法规规章都沿用"事故发生后，依照事故的严重程度逐级上报"的模式，在产生上述问题的同时，公众还会质疑：到底什么才算是掌握具体情况？才能披露相关消息？

三、建立放射源失控事故信息披露相关机制的有关意见

　　第一，在确保预防放射源有关活动的高度安全，防止放射源失控事件发生的同时，建议从立法角度建立放射源事故针对社会公众的信息披露机制，在放射源失控事件发生的第一时间，由负责监督管理的相关机关，如卫生部或公安部向涉事地区社会公众通报事故内容、性质、发生的时间、地点，可能产生的不良效应，并对公众进行有关不同放射源辐射危害程度、如何减少辐射后果等方面的宣传与教育，缓解民众由于无知而引发的恐慌。河南杞县利民辐照厂钴60 卡源事件中，由于信息封锁导致一个月后大量民众疯传将发生核爆炸而逃离杞县，上演了"杞人忧钴"的闹剧，如果对其公布事件的性质，并加强对民众

────────

〔1〕　IAEA：IAEA safety series No. 75，INSAG－7，IAEA，1993.

的相关宣传教育，就会避免此类因放射源引起的群体恐慌事件的发生和蔓延。

对于该问题，英国也规定了"逐级上报"的制度，例如根据英国保健与劳动法（HSUA）组建的健康与安全委员会（HSC）负责向英国环境部汇报辐射防护问题，对于特殊问题，也由健康与安全委员会向其他大臣汇报。[1] 与此同时，英国于 1993 年 1 月开始施行的《放射性紧急事件公众通知规定》（The Public Information for Radiation Emergencies Regulations 1992）规定，当放射性紧急事件发生后，当地政府有义务对受该事故影响的公众披露相关信息并毫不迟延地持续跟进，同时提供相关健康保护措施，并且为了能够准确地披露并跟进信息，当地政府有义务咨询相关部门。[2]

第二，从减少放射源失控事故造成的损失，从而降低造成民众恐慌的可能性的角度出发，建议建立放射源风险转移机制。对于此问题，国际放射源核责任专家组（INLEX）在相关会议上屡次进行讨论。专家组的主流观点认为，各国都应通过其国内法处理此项问题，建议各个国家都将购买相关保险用以应对及处理潜在责任，作为许可从事高活动性放射源业务的必要条件，因此，专家组鼓励秘书处向成员国转达在各国立法中制定有关放射源保险条款的重要性。

借鉴国外先进经验，为了确保事故发生后，能够切实履行并及时落实赔偿，美国国会于 1957 年通过的《普赖斯—安德森法案》就规定了核事故的财务赔偿总额以及核设施公司必须承担的保险额。[3] 日本将核设施运营者分为核反应堆运营者、核材料运输者以及核材料再处理运营者三类，对于作为乏燃料处理厂的核材料再处理运营者，规定其财政保证金额为十亿日元。[4]

实际上，投保很多种类的现有保险都可用于应对放射源所产生的风险。我国也存在相关核电站责任保险、财产保险以及针对核电企业的核共同体保险，然而对于上文所述的放射源所引起的失控等事故，却没有相应的保险等风险转移机制。因此，笔者建议我国应该针对 INLEX 的上述意见，借鉴该机制已经较为成熟的法国、西班牙等国的先进经验，建立相关保险机制，先由国内保险市

---

〔1〕　法国核安全局发布：《英国核安全与辐射防护组织介绍》，卜灵译，原载法国核安全局：《监控》，1995 年 8 月号第 106 期，译文载《辐射防护通讯》1996 年 12 月刊，第 27 页。

〔2〕　1992 No. 2997 Health and Safety：The Public Information for Radiation Emergencies Regulations 1992.

〔3〕　约瑟夫·托梅因、理查德·卡达希：《美国能源法》，万少廷译，法律出版社 2008 年版，第 253 页。

〔4〕　刘玉波、杨尊毅：《核第三者责任保险是管理核损害赔偿的重要手段》，载《中国保险报》2011 年 11 月 22 日。

场直接承保放射源有关风险，再考虑对此类事件提供特殊承保。

四、结论

核安全观的提出不仅仅是一种理念，更应该深入整个核安全管理制度体系的灵魂。因此，应该向公众普及放射源安全知识，更应尊重公众对放射源事件的知情权，这就要求完善放射源事件向公众信息公开的相关法律制度，并建立有关止损机制，从而消除公众恐慌，减少公共服务部门以降低民众恐慌为借口人为隐藏或延误信息发布的可能性，从而维护社会稳定和国家安全。

浅谈"十三五"规划下的中国核应急立法

李世杰 *

核能作为人类现阶段能够掌控的最强大的能源，从1945 年首枚原子弹的使用算起，已经超过 70 年了。随着战争的结束以及《不扩散核武器条约》的签订，核能逐渐在人类的和平使用中展现出了其真正的价值，作为一种高效清洁的强大能源为人类的发展提供了能量上的支持。但是正如核能作为武器在战争中体现出的残酷与恐怖一样，即便对其进行和平使用，也如同在驯服一头狮子，一个不慎就会使其释放出破坏性与毁灭性的威力。从"切尔诺贝利"到"福岛"，核事故一旦出现，其造成的危害毫无疑问是广泛且持久的。这就要求世界各国在对核能进行使用时，不能停止对于核能管控的研究。而对核能的管控既要从自然科学技术上进行提高，同时也要从人为监管上加以完善。而法律制度作为现阶段最具效率且最普遍的规则，是加强人为监管的最好工具。

核能的法律规范既包括国际法上的条约、协议，同时也包括了国内法中的法律、法规、规章、条例等。其调整的内容包括核能组织与设施的建设与管理、核能利用的方式、

---

* 李世杰，中国政法大学硕士研究生。

核能使用的操作方法、核能安全的保障、核事故的处理、核能致损的责任问题等各方各面。而单就我国国内涉及核能的就有约16部法律、30余份法规以及法规性文件和大量地方性法律文件。[1] 这样庞杂巨大的规范体系，难以进行全面细致的研究。想要对核能的一些法律问题作出有价值的讨论，就需要选择其中的一部分项目进行论述。

在"十二五"之前，中国的核能利用发展呈现积极快速上升的趋势，国家对于核能这一新能源的利用十分重视。然而由于日本福岛核电站事故的出现，国家对于核能这一能源的利用又再一次变得谨慎起来。"十二五"之后对《核电发展中长期规划》进行了调整，叫停了新设核项目的审批与建设工作，[2] 国家也开始积极完善对核安全的法律规制。两部系统调整核能规范的法律《原子能法》与《核安全法》随后也终于再次重启，进入了立法程序。这一切都显示出国家对于核安全问题的谨慎态度与对加强核能立法的积极决心。

2016年1月，国务院发布了中国在核领域的第一部白皮书《中国的核应急》，这不仅表现了国家对于核能问题的重视，也为我国现阶段的核能立法指明了方向。核应急问题的法律规制成为"十三五"阶段核领域法制建设的风向标。而"十三五"的核规划重新打开了核设施项目的审批阀门，在核建设重启的新形势下，配套的核应急规范系统的完善更是迫在眉睫。因此，笔者也顺应国家政策与形势，对"十三五"规划下的中国核应急立法问题进行研究与讨论，以期为我国核应急法律规制的进一步建设提出些许建议。

一、我国的核应急现状

（一）核应急的概念

谈到核应急，由于我国还没有专门调整核应急问题的法律法规，因此从我国的法律文件中寻找其定义或概念的描述是比较困难的。研究者对于核应急概念的描述，一般来自国际公约或国外法律。

国际原子能机构（IAEA）是国际处理核问题、世界各国合作进行原子能研究的重要组织，其制定的规约、制度等往往是各个国家国内立法的参考模板，也是各国出现核问题时寻求解决措施的依据。IAEA将核应急的概念描述为："核应急是采取一系列措施来避免紧急事故对于人类安全与健康、生活质量、财

---

〔1〕 赵威：《原子能立法研究》，载《法学杂志》2011年第10期。

〔2〕 佘慧萍：《核电规划调整无碍"十二五"减排 将更加安全》，载 http://tech.southcn.com/t/2011-03/21/content_21581619.htm，访问日期：2016年12月5日。

产与环境造成影响。其同时也为恢复正常社会和经济活动提供基础。"[1] 这里讲到的紧急事故就是一般所说的"核事故"。对于核事故的概念，IAEA 同样作出了解释，"核事故是指缔约国的或其管辖或控制下的人或法律实体的设施或活动，由此而引起或可能引起放射性物质释放，并已经造成或可能造成对另一国具有辐射安全重要影响的超越国界的国际性释放的任何事故"，[2] IAEA 的《国际核和放射性事件指导用户手册》则阐述为："大型核设施（如核燃料生产厂、核反应堆、核电厂、核动力舰船及后处理厂等）发生的意外事件，可能造成人员受到放射损伤和放射性污染。严重时，放射性物质泄漏到厂外，污染周围环境，对公众健康造成危害。"相较而言，前者的表述更多是强调核事故对他国的损害以符合《及早通报核事故》公约的宗旨。而后者的定义则更接近于核事故的本质，却忽略了人为引发核事故的情况。综合而言，核事故的定义应该是：大型核设施因意外事件或人为过错出现或可能出现的放射性损伤与放射线污染，其可能威胁到环境及公众的人身、财产安全。

将核事故的概念套入核应急之中，我们就可以了解到核应急究竟是一种怎样的问题，这将有助于对其进行研究。

（二）国内已有的核应急法律法规

我国政府之所以在"十三五"前后三令五申核应急立法问题，正是因为我国国内核应急的法律规制存在着较大的空白与缺陷，而核能发展的形势又急切地需求配套的核应急法律法规。因此，将散见于各个层级、各个部门的核应急规定进行汇总与完善迫在眉睫、势在必行。上文提到过，我国国内涉及核能的法律法规有约 16 部法律，30 余份法规、规章、地方性法规等。但是，涉及核应急问题的只是其中的一部分。按效力层级，可将现存调整核应急问题的法律法规划分为四个层级：

1. 法律

在 16 部涉核法律中，《中华人民共和国放射性污染防治法》对于核应急问题的叙述属于较多的一部，但是该法对核应急的实质内容也并没有作出明确规定。其仅对核设施运营单位的核应急计划制备作出了要求，此外对国家负责核应急工作的有关部门作出了解释，其 26 条规定："国家建立健全核事故应急制

---

[1] 《核或辐射应急的准备和响应的安全要求》（No. GS-S-2）："Emergency response is the performance of actions to mitigate the consequences of an emergency for human health and safety, quality of life, property and the environment. It may also provide a basis for the resumption of normal social and economic activity."

[2] 《及早通报核事故公约》第 1 条。

度；核设施主管部门、环境保护行政主管部门、卫生行政部门、公安部门以及其他有关部门，在本级人民政府的组织领导下，按照各自的职责依法做好核事故应急工作；中国人民解放军和中国人民武装警察部队按照国务院、中央军事委员会的有关规定在核事故应急中实施有效的支援。"除此之外，在《中华人民共和国固体废物污染环境防治法》《中华人民共和国水污染防治法》中也对特定的核事故问题的损害与责任有一定规定，但并没有对核应急加以阐述。

尽管没有特别提及核应急问题，但我国国内法律中对于事故应急却有着一部专门法，即《中华人民共和国突发事件应对法》。该法对我国应对核事故起到了框架性与原则性的指导作用。其对紧急事故应急程序的规定，覆盖了"预防、预备、检测、预警、处置、恢复重建"的全过程。[1] 这部法律对于紧急事故的处理起到了十分重要的作用，不仅统一了各层级的应急法律规范，还为应急程序设立了全面具体的实质性规定，这对实践中各单位处理紧急事故提供了极为完善且权威的依据。但是尽管有着其科学性与先进性，《突发事件应对法》依然缺少对于核事故这一特定对象的特别应急程序的规定。核事故由于其损害的快速性、广泛性、持久性、重大性，区别于一般的自然灾害或人为事故，一般的应急规范尽管有着一定参考价值，但很难真正对其进行适用，仍然需要专门的核应急程序规范来对其加以规定。

2. 行政法规

相较于效力最高的法律而言，我国颁布的一些行政法规却对核应急有着更加针对性和具体的规定。它们主要包括："国务院于1993年8月4日公布施行的《核电厂核事故应急管理条例》；国防科学技术工业委员会于2001年12月11日公布施行的《核电厂核事故应急报告制度》、2002年4月1日公布施行的《核事故辐射影响越境应急管理规定》、2003年2月28日公布施行的《核电厂核事故应急演习管理规定》；国务院于2006年1月24日发布的法规性文件《国家核应急预案》。"[2] 这些法规对于核应急的管理组织、责任义务、程序起始等种种具体问题都进行了规定。

此外，2013年国务院颁布了新修订的《国家核应急预案》。这一预案尽管并不属于行政法规，但其包括了组织体系、核设施事故应急响应、核设施核事故后恢复行动、其他核事故应急响应等全面的核应急规范内容。并且由于预案

---

〔1〕 廖乃莹：《我国核事故应急法律问题研究》，华北电力大学 2012 年硕士学位论文，第27页。

〔2〕 廖乃莹：《我国核事故应急法律问题研究》，华北电力大学 2012 年硕士学位论文，第28页。

是专门针对核事故进行制定的，要比一般的事故应急程序更具专业性与科学性，更能适应核事故的实际应急工作。

应该说，这一部分法规是我国核应急工作所能够参考和遵循的最权威、最具效力的直接规定。

3. 部门规章

在部门规章方面，对于核应急问题的规定则更为细碎与具体，包括对于核设施的选址、设计、维护等各种各样的核事故预防及处理措施。此外，"十二五"与"十三五"的核规划也对核事故、核安全问题制定了专门规划与目标。尽管这一部分规章对于其调整的问题而言十分专业有效，但是由于过于散乱，难以构成一套完整的、可操作性强的实用程序，一般只能在核应急中的某一方面得到应用。

4. 地方性法规

由于核设施建立地区的不同与各地方地理、经济等条件的差异，各个涉核单位所在的地方政府可能会制定有关本区域核应急的制度与措施，例如北京市、广东省、广东省深圳市等地区都出台了具体的核应急条例或预案。这些地方性法规一般能够很好地适用于当地的核应急程序。但由于其特定性太强，效力位阶又过低，就造成了这些地方性法规对于完善统一的核应急规范起不到太大的参考作用，缺少这类规章的地区也不太可能将其他地方性法规直接适用于本辖区来应对核事故。

二、"十三五"规划对核应急的影响

（一）"十三五"核规划的变化

我国在"十一五"至"十三五"期间，对核电发展的规划一直在变化。最早在"十一五"期间，我国对于核电发展的态度是积极推动的；而"十二五"期间则强调确保安全的基础上求发展；"十三五"的新规划则以沿海核电为基础，着手建设一批重大核电工程，重新对核电建设采取了积极态度。从三个五年规划中对于核电的能源利用地位来看，"十一五"期间对核电的发展优先度在全部能源中排在第四位，而"十二五"规划则将其下降到了第五位，"十三五"规划则又将其上升到了第三位，可见在新的时期我国政府对核电的重视程度。同时，在核电的规模上，已运行的核电容量达5800万千瓦，而规划中在建的核电容量则有3000万千瓦以上，这已经达到了已有核电规模的一半以上。如此大规模的建设项目与"十二五"期间关闭核电新项目审批阀门的政策形成鲜明对比，体现了"十三五"核规划的重要变化。

重启核项目，提高核电能源地位，都说明了国家对于推动核电建设势在必行。"十三五"规划中也提到要"加快能源、生命、地球系统与环境、材料、粒子物理和核物理、空间和天文、工程技术等科学领域和部分多学科交叉领域国家重大科技基础设施建设。"但是建设工作不能缺少法律规范的保障，核应急立法工作则是"十三五"期间国家对于完善核电安全法律保障的一个重要立足点。

（二）"十三五"期间对核应急的规划

2016年1月，国务院发布了我国涉核领域第一部白皮书，即《中国的核应急》。这部白皮书使公众了解了我国核应急的大致状况，同时也对我国继续完善提高核应急准备和规制工作起到了督促作用。其中提到："核安全是核能事业持续健康发展的生命线，核应急是核能事业持续健康发展的重要保障。"将涉核领域首部白皮书用于阐述核应急问题，可见国家在核安全问题中对于核应急的重视程度。

在随后的2016年5月，国家核事故应急协调委员会也在北京召开了五届三次会议，原则通过了《国家核应急工作"十三五"规划》[1] 其中表明，在"十三五"期间，我国将从九个方面来开展工作，健全核应急体系。其中第一点就是"着力推进核应急法律法规制度建设"。毫无疑问，核应急法律法规制度的建设就是"十三五"核应急规划的重中之重。此外，我国政府也在积极寻求国际合作加强对核安全问题的信息、经验、技术分享，从而达到提升国家核安全基础能力的效果。

综上，在"十三五"规划的新时期，我国的核电建设再次被调整为积极发展的政策，而国家对于核电发展的安全高效基础并没有发生变化，因此在新形势下国家对于配套核安全法制建设的工作也变得尤为重视。从核应急白皮书以及"十三五"核应急规划的出台来看，在核安全的工作中，核应急问题是核心与关键，而完善核应急的法律制度则是"十三五"核规划的重中之重。

三、"十三五"期间的核应急立法

（一）现有核应急法律制度的不足

尽管我国现有的涉及核应急的法律法规数量不少，调整的范围相对核应急的整个程序而言也比较全面，但仍然存在着一些不足。

---

〔1〕 中国核工业集团公司：《国家核应急工作"十三五"规划获原则通过》，载中国能源网 http：//www.china5e.com/news/news-945898-1.html，访问日期：2016年12月5日。

1. 效力位阶不足

我国尚未制定专门调整核应急问题的法律,而针对核应急问题的规范散见于行政法规、部门规章或地方性法规等法律文件之中。其中规定最为具体全面的文件应属 2013 年国务院新修订的《国家核应急预案》。然而依照我国《立法法》的规定,这一预案甚至不属于我国法律体系之中具有法效力的文件。[1] 除此之外,对于核应急实践活动具有详细有效规定的文件大多是地方性法规。这类法律文件尽管对当地核事故应急有着非常针对性的安排,但遗憾的是,由于地区之间的地理条件、设施设计等差异,各地的地方性法规也存在很大区别,并不能做到对各个核事故进行统一适用。而且地方性法规的效力层级可以说是基本处于底层,从其本身法效力上讲,也不能及于其他地区,对我国核应急法制体系的统一化与完善化作用微乎其微。

因此,我国的核应急法制规范体系在效力位阶最顶层的部分处于缺失状态,而真正行之有效、针对具体问题的一部分规范效力更是处于底层,中高阶效力位阶的法律规范实际上仍旧十分匮乏。

2. 统一程度不足

除了效力位阶的问题,现有的核应急法律体系还存在着不统一、过于分散的缺陷。从行政法规来看,对于应急管理、应急报告、辐射影响越境应急管理等方面,我国都出台了专门的行政法规。但这些法规所调整的对象都仅仅是核应急中的一个方面,而没有一个统一规定、全面调整核应急问题的法规存在。但由于核应急包含的程序、措施、技术等问题有很多,以一一列举的方式制定行政法规显然是过于繁琐的,甚至是落后的,很可能在事故发生后才会意识到新问题的存在。这就造成了这种行政法规很难在事故真正发生时得到及时有效的适用,失去了应急程序应有的快速响应的效果。

从部门规章来看,调整核应急问题的部门规章更是零零散散。由于核应急问题中涉及的国务院部门数量很多,而每个部门都会对自身管辖范围内的问题制定规章,这就造成在部门规章层面对核应急的规定更加特定。这不仅会造成规范体系的繁杂,还可能使各个部门之间产生冲突,在核应急这种以速度为第一要件的程序中,浪费时间解决规章之间的冲突显然是不明智的,造成的损害也是无法衡量的。

---

〔1〕 林鸿潮:《论应急预案的性质和效力——以国家和省级预案为考察对象》,载《法学家》2009年第 2 期。

因此综合来看，我国现存的各种核应急法规、规章调整的对象太过琐碎，亟需加以整合和统一。唯有建立统一明确的法律规范，才能真正在核事故发生时体现出法律作为安全保障的作用。

（二）"十三五"期间应进行的完善

尽管完善核应急问题的法律规范体系势在必行且至关重要，但是同样不能急于求成。就像国家对核电进行中长期规划一样，对于配套法律规范的完善同样需要有一个规划。冒冒失失地建成体系只会造成更多的漏洞与缺陷，唯有在保证循序渐进的前提下投入更多的时间与精力，才是发展核应急法律规范体系的正确做法。而在"十三五"期间，对核应急的立法工作可以同样从不同的效力位阶着手，同时开展，协调进行。

1. 法律

在法律层面，我们尚无明确调整核应急问题的成文法，甚至在调整核问题的法律上也处于缺失状态。但是基础法律作为效力层级最高的一种法律规范，其对于调整核问题、核应急问题的必要性不言而喻。因此，在法律层面上制定调整核应急问题的法律应该是核应急立法中的一大重点。

世界各国对核问题的立法实践大致可以分为三种模式：核安全法立法模式、原子能法立法模式以及核安全法和原子能法并行的立法模式。[1] 而我国从"十二五"期间就开始将原子能法和核安全法的研究制定工作提上日程。此次公布的核应急白皮书以及"十三五"核应急规划，都重申了原子能法和核安全法的立法工作的重要性。可以看出，我国在核能领域的基本法采取了原子能法与核安全法并行的立法模式。而从一些文件中大致可以看出，两部法律的立法程序基本接近了尾声。有观点表示，我国第一部调整核问题的基本法在 2016 年就可能出台，这无疑对推进核应急规范的法律化有着积极的意义。从国际上的实践来讲，当采取原子能法与核安全法并行的立法模式时，一般将核应急问题归纳于核安全法进行调整比较常见。相较于原子能法，我国的立法日程似乎也将核安全法摆在了比较靠前的位置。有观点认为，"虽然《原子能法》还存在争议，但作为核电领域的另一部大法——《核安全法》已经走在前面"。[2] 在这种立法形势下，"十三五"期间在法律层面的工作重心显然落在将核应急规定纳入核安全法比较合适，在确保对核应急问题全面具体地加以规定后，尽快落实出台

---

〔1〕 汪劲：《论〈核安全法〉与〈原子能法〉的关系》，载《科技与法律》2014 年第 2 期。

〔2〕 欧阳凯：《原子能法等提上日程 核电明年不再裸奔》，载《能源研究与利用》2015 年第 3 期。

核安全法。

2. 法规

在法规层面上,应当着重对《核电厂核事故应急管理条例》加以修订。因为在所有的涉及核应急的行政法规中,这一法规可以说调整的范围最广泛,包含的内容也更加具体。但是现在的《核电厂核事故应急管理条例》也仍然存在着一些不足,例如对核事故的报告制度和对于核辐射后续影响的管控都规定在了其他的法规之中,造成《核电厂核事故应急管理条例》仍不够全面。在这段时期的立法工作中,应当完善该条例,尽量使得该条例综合全部的核应急法规,从而在行政法规的适用上更加快捷和直观。

3. 部门规章

在规章层面上,由于我国调整核应急问题的规章十分繁杂与零散,所以现阶段基于部门规章对核事故进行调整比较困难。因此,在新一段时期的立法工作中,在部门规章层面,应当着重于对其加以整合,并且应当尽量将其中的具体规定容纳到效力层级更高的法律以及法规之中,比如归入《核安全法》或者《核电厂核事故应急管理条例》之中。这样既可以减少部门规章对上位法的抵触,同时也能加强上位法在调整核应急问题时的具体性。

四、结论

本文研究的主要对象是我国现阶段核应急法律规范的状态以及在"十三五"新时期我国有关核能领域包括核应急领域的新形势、新政策,并且对新时期我国在核应急法律规范领域应做的任务提出了一些意见。

我国现阶段核应急法律规范存在的问题主要是法律规范效力位阶不足以及法规、规章、地方性法规的规定过于零散,难以得到有效的适用。而"十三五"的核规划又重启了我国的核电建设日程,并且对于配套核应急法律规范提出了很高要求,这就使得现有的法律规范不足以适应新时期的核电发展。

笔者建议在"十三五"的新的立法阶段中,对核应急法律法规的完善工作应当集中于对核应急基本法,即《核安全法》的制定之上,同时修订完善《核电厂核事故应急管理条例》,将零散的部门规章等规定容纳到这两部效力位阶更高的法律规范之中。

浅析全球化背景下强化我国核安全立法的相关问题研究

董原[*]

核能是人类最具希望的未来能源之一，具有能量大、相对清洁和相对安全的特点。对于资源日益紧缺的世界来讲，核能不失为缓解世界能源危机的一种能源。然而，尽管核能是相对安全的一种能源，然而核能的利用一旦出现失误，可能会造成影响极大的核安全事故，给人民和环境造成不可估量的损失。例如发生于1986年的切尔诺贝利核电站事故，该电站第四发电机组爆炸直接导致核反应堆全部炸毁，大量放射性物质释放，造成的生命财产损失不可估量，被认为是核电时代以来最大的事故，被国际核事件分级表评级为第七级重大事故。[1] 此外，还有与切尔诺贝利核事故同被评为第七级重大事故的福岛核事故，以及若干严

---

* 董原，中国政法大学硕士研究生。

[1] 国际核能事件分级表（International Nuclear Event Scale, INES），是以核电站事故对安全的影响作为分类，由国际原子能机构和经济合作与发展组织的核能机构（NEA）设计，国际原子能总署监察。分级表将核事件分为七个等级，其中1–3级被称为事件，4–7级被称为事故，分别为：单次异常、事件、严重事件、区域性事故、大范围区域事故、严重事故和重大事故。目前，被评为第7级的核事故仅有切尔诺贝利核电站事故和福岛核事故。

重事故、大范围区域事故等。

严重的核事故不仅会造成经济财产的重大损失，还会使公众对核能的利用丧失信心，福岛核事件后由于国内压力，德国政府于 2011 年 6 月 30 日宣布在 2022 年底前逐步放弃德国核能发电。据国际原子能机构 2015 年度报告，截至 2015 年 12 月 31 日在运核动力堆的数量增至 441 个，有 10 座新反应堆并网发电，世界各地在建反应堆达到 67 座。[1] 由此可见，纵观全球，随着对能源需求的日益增加，世界无法完全抵制核能的巨大潜力，即使世界已经遭受了核事故带来的重大损失和伤亡。国际原子能机构旨在追求以安全、可靠和和平的方式向成员国提供核科学技术，协调各国及时应对突发核事故，制定关于核能利用、核安全的公约和一系列安全标准和导则，指导各成员国制定本国的国内法。

一、核安全与核安全法

核设施遍布世界各地，仅通过国际原子能机构是不能保证核设施与核设备的绝对安全的，各国制定的国内法是保证核能安全利用的关键。目前，美国、日本等国家是核安全立法比较成熟的国家，这对于完善我国核安全立法有一定的借鉴意义。了解国际核安全法律制度，首先要明确核安全的定义。

国际原子能机构对于核安全所下的定义是指，在核设施的运行和核活动的进行当中，保持正常安全的运行状况，积极采取各种保护措施，保护工作人员、公众和环境免受不适当的辐射和放射性污染物的危害。以此定义为基础，广义的核安全是指对核设施、核活动、核材料和放射性物质采取必要和充分的监控、保护、预防和缓解等安全措施，防止由于任何技术原因、人为原因或自然灾害造成事故发生，并最大限度减少事故发生情况下的放射性后果，从而保护工作人员、公众和环境免受不当辐射危害；狭义的核安全是指在核设施的设计、建造、运行和退役期间，为保护人员、社会和环境免受可能的放射性危害所采取的技术和组织上的措施的综合，该措施包括：确保核设施的正常运行，预防事故的发生，限制可能的事故后果。保障核安全的法律基础，可以从国际和国内两个方面分别阐述。

（一）国际公约

现存关于核安全的国际公约体系主要包括国际原子能机构通过的《核安全公约》《及早通报核事故公约》《核事故或辐射紧急情况援助公约》《乏燃料管理安全和放射性废物管理安全联合公约》《核材料实物保护公约》及其修订案、

---

〔1〕 国际原子能机构：《国际原子能机构 2015 年年度报告》，第 1 页。

《关于核损害民事责任的维也纳公约》及其适用议定书和修正议定书、《核损害补充赔偿公约》，如下表所示：

表1 有关核安全的主要国际公约

国际公约	开放签署/生效时间	我国批准/ 对我国生效时间	缔约国数量
核安全公约	1994年9月20日	1996年4月9日递交批准书	72
及早通报核事故公约	1986年9月26日和10月6日开放签署，1986年10月27日生效	1986年9月26日签署，1987年9月10日递交批准书	70
核事故或辐射紧急情况援助公约	1986年10月27日	1987年10月11日，对《公约》第13条第2款和第10条第2款部分规定提出保留。	68
核材料实物保护公约（2005年修订）	1980年3月3日开放签署，1987年2月8日生效	1989年1月2日，声明对《公约》第17条第2款所规定的两种争端解决程序提出保留	
关于核损害民事责任的维也纳公约	1963年5月21日开放签署，1977年11月12日生效	我国未加入该公约	31
乏燃料管理安全和放射性废物管理安全联合公约	1997年9月29日	我国未加入该公约	公约尚未生效
核损害补充赔偿公约	1997年12月后	我国未加入该公约	公约尚未生效

以上国际公约具有如下几个特点：其一，具有纲领性。比如《核安全公约》，其宗旨是为了减少和应对核事故，其第二章对各成员国的义务进行了提纲挈领的规定，语言中反复出现"应当"，目的是给各国制定本国国内法提供概括性的标准，但是各国立法的具体标准公约却没有予以明确。其二，强调国际合作。《核安全公约》第1条指出"通过加强本国措施与国际合作，包括适当情况

下与安全有关的技术合作，以在世界范围内实现和维持高水平的核安全"，[1]《核事故和核辐射紧急情况援助公约》通过提供相互援助机制加强应对核事故或放射紧急情况包括恐怖主义行为或其他恶意行为的国际影响，以最大程度减少这种事故或紧急情况的后果，保护生命、财产和环境免受放射性释放的影响。在该协议中，国家与国际原子能机构之间的合作和国与国之间的合作是公约的一种义务，足以体现公约对国际合作的强调，一旦不可避免地发生核事故，国际合作也可以尽可能地减少损失和防止危害进一步扩大。其三，缺乏强制性。尽管公约提出了保护核安全的美好愿景，但是公约仍然缺乏强制性。《核安全公约》在第四章最后条款和其他规定中仅用一个条文提出了分歧的解决："在两个或多个缔约方之间对本公约的解释或适用发生分歧时，缔约方应在缔约方会议的范围内磋商此种分歧。"[2]《核事故或辐射紧急情况援助公约》第 13 条虽然提及了争端提交国际仲裁，[3] 但协议声明缔约国可以对该条款提出保留，我国便是对该条款提出保留的当事国之一。由此可见，一套具有强制执行力的核安全法规产生于各个国家的国内法，由于不同国家的实际情况不同，公约的作用也是具有局限性的。

此外，国际原子能机构制定的《安全标准系列》，为不同的核设施制定了不同的标准，也是各国制定本国安全标准和安全导则的一个参考因素。

（二）简析外国核安全法体系

目前，国际上主要三种核能立法模式：其一，单独原子能立法模式；其二，原子能法与核安全法并行的立法模式；其三，单独核安全立法模式。[4] 美国作为核能大国，关于核能立法采单独原子能立法模式，核安全法并不作为单行法规而是被并入原子能法体系中。单独原子能法模式立法的国家并非没有规定核安全的内容，而是在原子能法框架内进行其他的补充规定或修正案等，关于核安全的法律法规同样可以很完备。加拿大、韩国、澳大利亚、日本等国家，则采用原子能法与核安全法并行的立法模式。其中加拿大先制定了综合性的《原子能控制法》，之后将《原子能控制法》中有关核安全的内容分离出来单独制定了《核安全控制法》，原《原子能控制法》修改之后更名为《核能法》。采用第二种立法模式的国家区分了综合性的原子能法律问题和核安全问题，分别立法

---

[1]《核安全公约》第 1 条（Ⅰ）。
[2]《核安全公约》第 29 条。
[3]《核事故或辐射紧急情况援助公约》第 13 条第 2 款。
[4] 汪劲：《论〈原子能法〉与〈核安全法〉的关系》，载《科技与法律》2014 年第 2 期。

有助于明确部门的职权划分并且对于避免法规内容重复有重要意义。还有部分国家采用单独核安全立法模式，例如法国、西班牙、斯洛文尼亚甚至一些还没有建成核电站的国家。从我国目前的立法倾向推断，尽管并未出台《原子能法》或《核安全法》，但通过送审的法律草案情况看，我们属于原子能法与核安全法并行的立法模式。

二、核安全立法应包含的基本内容

在订立法律规范之前，需要先梳理法律规范的内容，这需要借鉴国际上的一些先进经验。以加拿大为例，加拿大是核能大国，在加拿大一共有22座重水反应堆，2007年所有核设施的装机容量达到126亿瓦特电量，核电设施提供的电力占加拿大总电力供应的14.6%。[1] 如前所述，加拿大所采取的立法模式也是原子能法与核安全法并行的立法模式，这对于我国来说有很大的借鉴意义。

核能的利用分为军用和民用，加拿大属于没有核武器的国家，因此加拿大的核安全立法仅针对民用核能。即使是属于拥有核武器的我国，笔者仍认为核安全立法应针对民用核设施的安全进行规制，因为核能的军用涉及国家的权力，如自卫权，还涉及国家义务以及国际合作，并且核武器是否应被禁止也处于不明朗的状态，需要通过与其他国家订立双边或多边条约来达到规制对核能军事利用的规范和管理以及保障人权的目的。因此，核安全立法不应包括军用核安全的内容。笔者认为，核安全法应遵循以下三个原则：其一，明确性。关于核安全，存在"nuclear safety""nuclear security"以及"nuclear safeguard"等不同英文概念，我们立法首先要明确法规中所指核安全应指前文所述的"nuclear safety"；此外，还要明确相关概念的界定，比如国际原子能机构在《核安全公约》中给出了"核设施""监管机构"以及"许可"的概念界定。其二，详尽性。国内法应在国际条约的基础上进一步细化条约的内容，做到内容详实，覆盖面广，从每一个细节控制核安全，防止核事故的发生。"福岛事件的直接原因是海啸导致外部电网交流电源和核电站应急电源同时丧失，而应急蓄电池电源只支撑了8个小时，堆芯和乏燃料水池冷却系统失效，最终导致灾害性事故。"[2] 从该事件可以看出，应急蓄电池这一构件也要有严格的监管标准和法规。其三，体系性。核安全法应该具有一定的体系，从结构和内容上看形成一

---

〔1〕 Nuclear Legislation in OECD and NEA Countries, Regulatory and Institutional Framework for Nuclear Activities, Canada, p. 3.

〔2〕 郑建超：《美国对福岛核事件的反映和我们的思考》，载《中国三峡》2011年第11期，第69－72页。

个完整的法律规范体系，这不仅要求内容的详实，还要求前后衔接，不能因内容广泛全面而出现前后矛盾的情形。因此，核安全法的基本内容应主要包括以下几个部分：其一，立法目的和相关概念的界定，对核安全、核设施、核反应堆等专业术语的界定；其二，涉核许可制度；其三，核材料安全管理；其四，核设施安全管理；其五，辐射防护制度；其六，应急处理办法；其七，核事故损害赔偿责任。

三、我国目前关于核安全的立法及存在的问题

一套完整的核安全法应涉及以上内容，然而我国目前并没有制定核安全法。我国的核安全法规体系由法律、行政法规、部门规章、导则以及技术文件组成。其中核安全导则由国家核安全局制定并发布，属于推荐性文件；核安全技术文件由国家核安全局制定并发布，作为技术参考。

（一）我国核安全立法概况

现行的核与辐射安全法规共126项，其中法律1项，行政法规7项，部门规章29项，导则89项。《核安全与放射性污染防治"十二五"规划及2020年远景目标》中提到，我国已基本建立了覆盖各类核设施和核活动的核安全法规标准体系，但这并不是说我们不需要一部完善统一的核安全法。其中，法律法规的情况如下表所示：

表2　我国核安全有关的法律、行政法规

法律、法规	发布、实施时间
中华人民共和国放射性污染防治法	2003年6月28日发布，2003年10月1日施行
中华人民共和国民用核设施安全监督管理条例	1986年10月29日发布施行
核电厂核事故应急管理条例	1993年8月4日发布施行
中华人民共和国核材料管制条例	1987年6月15日发布施行
民用核安全设备监督管理条例	2007年7月11日发布，2008年1月1日施行
放射性物品运输安全管理条例	2009年9月14日发布，2010年1月1日施行
放射性同位素与射线装置安全和防护条例	2005年9月14日发布，2005年12月1日施行
放射性废物安全管理条例	2011年12月20日发布，2012年3月1日施行

除了现行的法律、法规、规章、导则外，每年都有新的法律草案或送审稿，《核与辐射安全法规体系（五年计划）》提出需要制、修订的法规共 183 项，除已发布的 12 项外，已进入审查程序但尚未发布的五年计划内的法规共 46 项，尚有 125 项法规未进入审查程序。进入审查但尚未发布的五年计划内的 46 项法规包括：法律 1 项，部门规章 7 项，导则 38 项。[1] 这其中包括《中华人民共和国核安全法》。

（二）存在的问题

尽管我国关于核安全的立法处于不断更新中，并且在数量上十分丰富，但是多数法律文件效力层级低，在实际适用中会出现很多问题。

第一，法规条文数量繁多散乱，实际适用时容易出现混乱，而且适用不同的标准，若没有统一的体系，不利于查阅、了解核安全法律法规。

第二，核安全的监管机构地位不明确。目前，国家原子能机构研究制定我国和平利用原子能事业的发展规划、计划和行业标准，研究和拟定我国和平利用原子能事业的政策和法规，负责研究制定我国和平利用原子能事业的发展规划、计划和行业标准。国家核安全局主管核与辐射安全，但国家核安全局是国家环保总局的司级内设机构，出于行政管理上的考量，核安全立法有被划入与环保有关立法统一战线之嫌，然而核安全立法针对的是对核设施、核设备、核材料等的监管、审批等一系列专业化的工作流程，与环境保护法的内容并不具有统一性，并且《放射性污染防治法》的出台在一定程度上阻碍了核安全法的发展。

第三，核安全法的内容仍有待完善。核安全监管部门、行政主管部门的职责划分在现存的法律文件中分工不清楚，并有重叠。此外，现有的核安全管理条例及实施细则对监管对象缺少准确的定义，对于违反规定的惩罚性规定不够详细，出现行为违法而惩罚跟不上的局面。

第四，公众对于核安全信息的了解程度不够。这与核能自身性质有关，公众出于对核能利用的不了解，如果没有适当地引导，可能导致公众盲目抵制核设施的建设，进而阻碍核能立法的发展。由于核能的高危险性，使其与一般的环境信息公开不同，而且现有的环境信息公开也存在一定问题，核安全的信息公开建设并不到位。

---

〔1〕 国家核安全局：《核与辐射安全法规状态报告》，2014 年 12 月。

四、推动我国核安全立法的几点建议

通过对国内外核安全相关立法的分析，并结合以上我国立法中存在的问题，笔者欲提出以下几点关于我国核安全立法的建议：

（一）确立明确的核安全监管机关

核安全法应保证核监管机关的独立性，核安全监管机构不受其他部门干涉能够独立作出决定[1]。即使目前我国核安全监管机构国家核安全局下属于国家环境保护部门，但核安全法也要授权国家核安全局在核安全监管方面的独立的职权。这也是国际原子能机构关于核安全的一条基本原则，《核安全公约》第8条第1款指出："每一缔约方应建立或指定一个监管机构，委托其实施第7条中所述的立法和监督管理框架，并给予履行其规定责任所需的适当的权力、职能和财政与人力资源。"[2] 由此可见，核安全法应当对核安全监管机构的地位予以明确，建立核安全监管机构与国家最高权力机关对接机制。

（二）完善核安全信息公开

《核安全与放射性污染防治"十二五"规划及2020年远景目标》中提出："构建公开透明的信息交流平台，增加行业透明度。制定核设施信息公开制度，明确政府部门和营运单位信息发布的范围、责任和程序。提高公众在核设施选址、建造、运行和退役等过程中的参与程度。"[3] 应当在核安全法中纳入规制信息公开的内容，明确核安全信息公开的特殊性，对核安全保密主体和不予公开的例外情形进行严格的限制。

（三）统一适用标准

在制定核安全法过程中，应当严格审核现存法律文件是否存在矛盾或不符点，对过时的法律文件进行清理，保证整个核安全法的体系严密而具有逻辑性。对比可以参照加拿大、韩国等国家的核安全立法体系。

五、结语

就核能事业飞速发展的我国而言，尽快通过核安全法是十分必要的。通过核安全法，首先，可以健全我国核安全立法体系、完善核安全立法内容，实现核安全的独立监管，减少核事故发生的概率；其次，可以为我国早日实现能源

---

[1] 汪劲、耿保江：《核能快速发展背景下加速〈核安全法〉制定的思考与建议》，载《环境保护》2015年第7期。

[2] 《核安全公约》第8条"监管机构之1"。

[3] 《核安全与放射性污染防治"十二五"规划及2020年远景目标》之"五、保障措施之（七）深化公众参与，增强社会信心"。

自给自足、调整目前能源结构提供法律保障。此外，核安全法中严格的核安全标准可以鼓励创新，使我国核能建设不断完善，从根本上杜绝核安全事故的发生，保障我国人民乃至全世界人民的幸福与安全。

浅析核安全与核设施营运人

方芳*

　　民众的生活、社会的运行、国家的发展都离不开能源。但传统能源（亦称"常规能源"，如煤炭、石油、天然气等）大多是不可再生能源，且在使用过程中，因燃烧产生不同的气体、烟尘等对环境造成污染，也损害人们的身体健康。因此，在世界从"以环境为代价换取经济利益"简单粗暴的发展阶段转型至"追求绿色环保、经济环境双丰收"的绿色经济时代，作为新兴能源的核能[1]备受青睐与推崇。

　　1942年，美国科学家费米等建成了世界上第一座人工核反应堆。而十二年后的1954年，世界第一座核电站——奥布宁斯克核电站在苏联建成，装机容量为电功率0.5万千瓦，被称为第一核电站，成为人类和平利用原子能的典范。这个苏联的最高机密工程，直至1954年6月27日才在俄语广播台播报的新闻中向全世界揭晓："在科学家和工程师的共同努力下，苏联建成了世界上第一座5000千瓦发电量

---

　　* 方芳，中国政法大学硕士研究生。
　　〔1〕 相较于传统能源，核能可持续发展的特性不容忽视。其特点有：资源丰富、燃料成本低、发电效率高等。

的核电站，该核电站已为苏联农业生产项目提供所需电力。"[1] 自此，核能成为世界各国能源利用的选择之一，并逐渐发展成为主力军。到1960年，有5个国家建成20座核电站，装机容量127.9万千瓦。[2]

一、世界核能的发展

国际原子能机构《2015年年度报告》显示：截至2015年底，全球在运营核动力堆共有441座（是自1993年以来的最高值），全球的核能发电总容量已经达到了382.9兆瓦（电）。与此同时，全球在建核反应堆共有67座。[3] 据国际原子能机构估计，综合考量各种核能政策、许可证更新、核反应堆的关闭以及未来的核反应堆建设等情况，到2030年，全球核能发电总能量能提高2% - 68%。但是，在核能发电改善人们生活的同时，对于核能可能导致的、极具灾难性以及毁灭性的后果也一直让民众心有余悸。

早在1979年，美国宾夕法尼亚州的三里岛核电站发生部分熔断事故就暴露了核能的危险性。而1986年的一声巨响也打碎了曾经对苏联的切尔诺贝利（Чорнобиль，Chernobyl）核电站"最安全、最可靠的核电站"的期待。其第四号核反应堆在进行半烘烤实验中突然失火，引起了爆炸；而爆炸导致的辐射量相当于400颗美国当年投在日本的原子弹。[4] 而这一场爆炸的受害方除了苏联之外，"含有高度放射性的物质随风飘到芬兰、丹麦和波兰等一些北欧、东欧国家，除了人身和财产之外，还造成了重大的环境污染"。[5] 与切尔诺贝利事故是由人工疏忽而导致灾难发生的原因不同，2011年的日本福岛核电站（Fukushinia Nuclear Power Plant）事故则是受地震影响，而使得放射性物质泄漏到了外部。而在事故发生的5年后，处理工作仍然在继续。据报道，日本经济产业省估计，这起核事故全部处理费用预计将超过20万亿日元（约合1.23万亿元人民币），几乎是先前预估的两倍。经产省正在考虑通过提高电价让消费者间接承

---

[1] 《奥布宁斯克核电站——世界第一座核电站》，载 http://mt.sohu.com/20160506/n447977311.shtml，访问日期：2016年11月15日。

[2] 陈刚：《国际原子能法》，原子能出版社2012年版，第17页。

[3] 国际原子能机构：*IAEA ANNUAL REPORT*，2015，p.1.

[4] 1945年，美国先后在日本的广岛与长崎两地投放原子弹，迫使日本投降。原子弹爆炸释放出的强烈光波致使上千万人失明，此外，其散发出的高温也使得周遭的一切化为灰烬。此外，强辐射带给当地环境及人类身体健康的伤痛，几十年来都持续着。

[5] 刘风景、郑建保：《核损害赔偿的基本原则》，载《科技与法律》2014年第2期，第206页。

担一部分超额费用。[1] 日本福岛核电站事故使得核能安全问题再次受到关注。

无论是有核国家还是无核国家，在巨大的核事故、核损害面前，都不得不正视"核能"这把双刃剑。规范有核国家国内的核能运作、协调各方利益，尤其是对核事故的预防及灾后处理等相关问题进行法律规制、构建完善的核能法律规制体系，是近年来各国核能事业发展中的重要一环。但笔者发现，在诸多关于核能自身以及相关法律体系构建的讨论中，学者们的关注点较多地落在了核事故对环境造成的巨大损害、损害赔偿责任制度的架构以及赔偿限额的多少，却鲜有关于"核设施运营者"的讨论。但是，"核设施运营者"不仅仅是核能利用过程中的重要主体，也是在核事故发生后的主要责任承担者以及相关事宜的善后主体，将牵涉法律关于运行资质的衡量与制定、许可证的授予、责任原则的选择、责任限额的制定等重点问题的规定。因此，不容小觑。

二、国际法体系下的"运营者"

在 1994 年 6 月 17 日于维也纳签订、1996 年 9 月 24 日生效的《核安全公约》（我国已于 1996 年加入该公约）文本中，并没有出现"核设施运营者""核设施运营单位"或"运营单位""运营者"等相关概念。《核安全公约》的目标是对各国国内的核电站以及相关设施维持高水平的核安全，以保护个人、社会和环境免于有害放射性物质的侵害，并且阻止事故的发生。它通过提高国内措施水平和促进国际合作来达到这些目标，而不是通过对核工业的管制和监督的全面国际化来达到目标。[2] 在《核安全公约》中，对"核设施"[3]"许可证"[4] 以及"许可证持有者的责任"[5] 等概念下了定义，但因公约的主要目的是使各核能利用国家采取加强核安全的措施，其更为强调对核设施的选址、设计、建造、调试、运行或退役等方面进行安全方面的立法与监管，因此"许

---

〔1〕《福岛核事故处理费用翻倍 日本民众恐买单》，载 http://world. huanqiu. com/hot/2016 - 11/9749419. html，访问日期：2015 年 11 月 16 日。

〔2〕［英］帕特莎·波尼、埃伦·波义尔、Patricia Birnie 等：《国际法与环境》，高等教育出版社 2007 年版，第 440 - 441 页。

〔3〕《核安全公约》第 2 条 "核设施"：对每一缔约方而言，系指在其管辖下的任何陆基民用核动力厂，包括设在同一场址并与该核动力厂的运行直接有关的设施，如贮存、装卸和处理放射性材料的设施。当按照批准的程序永久地从堆芯卸出所有核燃料元件和安全贮存以及其退役计划经主管机构同意后，该厂即不再为核设施。

〔4〕《核安全公约》第 2 条 "许可证"系指，由监管机构颁发给申请者，使其对核设施的选址、设计、建造、调试、运行或退役承担责任的任何批准文件。

〔5〕《核安全公约》第 9 条 "许可证持有者的责任"：每一缔约方应确保核设施安全的首要责任由有关许可证的持有者承担，并应采取适当步骤确保此种许可证的每一持有者履行其责任。

可证"以及"许可证持有者的责任"被明确列在公约条款中。在此，其强调的是：相关许可证的持有者应当确保核设施的安全，并且政府应当采取必要的步骤与手段保证许可证的持有者履行其相应责任。简而言之，公约将核设施安全划分为了几个板块并以许可证制度作为保障，强调相关许可证的持有者应当承担责任，而缔约方需要采取措施确保责任的履行。可以明确的是，许可证制度与安全责任相关，且其主要涉及的是"对核设施的选址、设计、制造、调试、运行或退役承担责任"等相关内容。

而在1968年4月1日生效的《关于核能领域中第三方责任的公约》（简称《巴黎公约》）则出现了"营运人"的定义：就核装置[1]而言，是指由政府主管当局指派或认可的管理该装置的人。该定义与1977年11月12日生效的《关于核损害民事责任的维也纳公约》（简称《维也纳公约》）中关于"营运者"的定义相类似，后者的定义为："运营者"就核装置[2]而言，系指由装置国指派或认可的管理该装置的人。与上述《核安全公约》强调"许可证""许可证持有人责任"不同，在《巴黎公约》以及《维也纳公约》中，其所讨论的责任主体是"运营者"，运营者的身份主要来源于其"经过装置国许可"而享有的"管理"核装置的权利。其更为强调的是"运营者"对核设施的管理权能，也是"营运人"承担核损害责任的重要因素之一。

除此之外，《1962年核动力船舶营运人责任公约》中也出现了"营运人"的概念：是指经签发许可证的国家授权经营核动力船舶的人员；或者，在由某一缔约国经营核动力船舶的情况下，是指该国。在该定义中，其不仅指明了经营核动力船舶需要进行许可证的申请，同时也指明"国家"作为核动力船舶营运人的可能性。

在现有的国际法体系中，基于对核安全的考虑，对核设施的正常运作以及核事故发生后的责任承担都作出了相关的规定。只不过前者更多地落脚于许可

---

[1] 《关于核能领域中第三方责任的公约》第1条"核装置"是指：除组成任何运输工具的反应堆以外的任何反应堆、核物质的生产或加工工厂、核燃料的同位素分离工厂、辐照过的核燃料的后处理工厂、除因运输而贮存核物质的仓库以外的任何贮存该物质的设施，以及欧洲核能机构指导委员会（以下简称"指导委员会"）随时确定的有核燃料、放射性产物或放射性废物的其他装置。

[2] 《关于核损害民事责任的维也纳公约》第1条"核装置"系指：①除用作一种动力源供推进或为其他目的而装置在海空运输工具上的核反应堆以外的任何核反应堆；②用核燃料生产核材料的任何工厂，或加工核材料的任何工厂，包括辐照过该核燃料后处理的任何工厂；③除因运输而贮存核材料的仓库以外的任何贮存核材料的设施。但装置国可以决定：同一地点的数个核装置若在同一名运营者的操作下，应视为一个单一的核装置。

证制度的设立与实行，讨论的主体被称为"许可证持有者"；而后者则落脚于损害后果的责任承担，责任承担主体是为"核设施营运者"。需要注意的是，虽然同为核设施安全领域的主体，但因阶段及侧重点不同，二者的内涵外延并非一一对应。关于核损害责任的条约为分担受害者的损失创立了一套方案，把责任集中在核设施的运营者身上。[1] "责任由核设施或核船舶的运营者承担，其他可能的被告都受到保护。然而在某些情况下，核材料的运输者或经手人可能被视为运营者。"[2] 这种责任分担模式的方案，"意图保护核工业，使其不受以供应方、建设方、设计方、运输方、运营方及国家作为潜在被告的无限制的、不可预测的责任的影响"。[3] 而在责任承担的法律架构内，选择运营者作为责任的主承担者，而不是将其他可能的被告作为承担者，是建立在这样一个主张上的，核设施或核船舶的运营者通常所处地位最有利于其有效地履行责任并提供适当的保险。[4] 不过，这个主张也并非为所有国家一致赞同，也有国家[5]对这样的主张提出了保留。

而在《1962 年核动力船舶营运人责任公约》条款规定中所暴露的"国家成为营运人"的可能性也值得重视，尤其是在讨论到"国有企业"作为核设施营运人等相关问题的时候。如何辨别国家以及国家财产在相关核设施运营过程中的角色和投入，以及在核事故、核损害发生时责任承担的诉讼途径以及赔偿限额等方面的制度架构都离不开关于"国家"以及"国有资产"是否介入以及介入后如何分担相关损害、承担责任的讨论。

三、我国核法体系下的"核设施营运单位"及实践现状

2012 年 10 月，国务院通过《核安全与放射性污染防治"十二五"规划及 2020 年远景目标》（简称《核安全规划》）提出要抓紧研究制订核安全法；2013 年 10 月 30 日，全国人大常委会发布了《二届全国人大常委立法规划（共 68 件）》将核安全法列为"需要抓紧工作、条件成熟时提请审议的法草案"的第二

---

〔1〕 ［英］帕特莎·波尼、埃伦·波义尔、Patricia Birnie 等：《国际法与环境》，高等教育出版社 2007 年版，第 454 页。

〔2〕 ［英］帕特莎·波尼、埃伦·波义尔、Patricia Birnie 等：《国际法与环境》，高等教育出版社 2007 年版，第 454 页。

〔3〕 ［英］帕特莎·波尼、埃伦·波义尔、Patricia Birnie 等：《国际法与环境》，高等教育出版社 2007 年版，第 454 页。

〔4〕 ［英］帕特莎·波尼、埃伦·波义尔、Patricia Birnie 等：《国际法与环境》，高等教育出版社 2007 年版，第 456 页。

〔5〕 例如，德国、希腊和奥地利允许运营者以外的人承担补充责任。

类项目。[1] 经过第十二届全国人民代表大会常务委员会第二十四次会议对《中华人民共和国核安全法（草案）》（以下简称《核安全法（草案）》）的审议，2016 年 11 月 14 日，《核安全法（草案）》在全国人民代表大会官网公开征求意见。征求意见的截止日期为：2016 年 12 月 13 日。

此次的《核安全法（草案）》共有七章，除第一章总则以及第七章附则之外，另外五章分别是：核设施、核材料安全、核事故应急准备与响应、信息公开与公众参与、监督检查以及法律责任。草案第 2 条对"核设施"[2] 的范围进行了规定，并在此基础上定义了"核设施营运单位"：在中华人民共和国境内，申请或者持有核设施安全许可证可以经营和运行核设施的单位。而关于民用核设施的安全许可制度，早在 1986 年 10 月 29 日由国务院发布的《中华人民共和国民用核设施安全监督管理条例》中就有所规定。在第六章附则第 24 条关于《条例》用语的含义规定中，"核设施安全许可证件"是指为了进行与核设施有关的选址定点、建造、调试、运行和退役等特定活动，由国家核安全局颁发的书面批准文件。而依据《条例》第 8 条[3] 的规定，由国家核安全局负责制定和批准颁发的核设施安全许可证包括：核设施建造许可证、核设施运行许可证、核设施操纵员执照以及其他需要批准的文件。与此同时，核设施运营单位还需要在核设施建造、运行前，分别向国家核安全局提交《核设施建造申请书》与《初步安全分析报告》以及《核设施运行申请书》与《最终安全分析报告》以及有关资料。在此《条例》的附则中，也提出了"营运单位"的概念，"营运单位"是指申请或持有核设施安全许可证，可以经营和运行核设施的组织。

---

〔1〕 胡帮达：《中国核安全法制度构建的定位》，载《重庆大学学报（社会科学版）》2014 年第 20 期，第 129 页。

〔2〕《中华人民共和国核安全法（草案）》第 2 条"核设施"是指：下列设施及其场址区域内与其配套的运行保障系统，放射性废物处理、贮存系统及构筑物，核材料的贮存、装卸和处理系统及构筑物：

（一）核动力厂（核电厂、核热电厂、核供汽供热厂、核动力装置等）；

（二）其他反应堆（研究堆、实验堆、临界装置、工业或者医用反应堆等）；

（三）核燃料循环设施（核燃料生产、加工、贮存和后处理设施等）；

（四）放射性废物处置设施。

专门设立的从事放射性废物处理、贮存的设施，按照核设施进行管理。

〔3〕《中华人民共和国民用核设施安全监督管理条例》第 8 条中，国家实行核设施安全许可制度，由国家核安全局负责制定和批准颁发核设施安全许可证，许可证件包括：

（一）核设施建造许可证；

（二）核设施运行许可证；

（三）核设施操纵员执照；

（四）其他需要批准的文件。

虽然已有上述的规定对"核设施""核设施安全许可制度""核设施运营单位"等概念进行界定，但综合现有的法律文本以及《核安全法（草案）》的条款规定，对于"核设施营运单位"这个概念的内涵与外延依旧不甚清晰。《核安全法（草案）》以及《条例》对于"核设施营运单位"的概念，除了在范围上前者明确限定"在中华人民共和国境内"之外，其都想表明"核设施营运单位"应当是非自然人的法律实体。而在具体界定与"核设施"的相关事宜时，采用的是"申请或持有核设施安全许可证"标准，即只有申请或者持有了相关的安全许可证的组织或单位，才能符合"核设施营运单位/组织"的标准要求。但是，依据《条例》条款的规定，核设施安全许可证不仅包括核设施建造许可证与核设施运行许可证，也包括核设施操纵员执照以及其他需要批准的文件。从条款规定来看，是否"核设施操纵员执照"也是"核设施营运单位/组织"可以经营或运行核设施的标准之一？但是，"核设施操纵员执照"的持有人是个人，是个人具备了操纵核设施的相关知识与技能的资质证明，而非单位或组织。虽然"核设施营运单位/组织"在实际运行中需要雇佣一定数量的相关技术人员（这也是《核安全法（草案）》第18条[1]的规定），但技术人员为单位或组织所雇佣，也不等同于单位或组织因此而具有了技术人员获得的相关技术证明；换言之，即便如此，也不能说"核设施营运单位"因为雇用了相关技术人员从而拥有了"核设施操纵员执照"。由此可见，核设施的安全运行所需要的安全许可证明体系与"核设施运营单位/组织"经营、运行核设施需要达到的安全标准体系并不一一对应，二者有着较大的差异；以"核设施安全许可证"的申请或持有来界定"核设施运营单位/组织"并不是理想的选择。

除了许可证制度以外，关于"核设施营运单位/组织"还有一个关键问题，就在于"单位/组织"的性质。例如：核安全许可证制度是适用于整个集团企业或某个单独的企业；而在损害赔偿事宜的讨论中，是由子公司独立承担相关赔

---

[1]《中华人民共和国民用核设施安全监督管理条例》第18条中，核设施营运单位应具备下列条件：

（一）具有满足核安全要求的组织管理体系和质量保证、安全管理、岗位责任制度；

（二）具有规定数量、合格的专业技术人员和管理人员；

（三）具有保障核设施安全运行的能力；

（四）具有与核设施安全相适应的安全评价、技术保障、资源配置和财务能力；

（五）具有应急响应能力及核损害赔偿的财务保障能力；

（六）具有必要的核安全技术支撑和持续改进安全技术的能力；

（七）法律、法规规定的其他条件。

偿事宜还是应当由整个集团企业作为核损害事故的责任承担者；国家是否可以成为核设施的营运者；国有资产的介入是否会影响核损害责任制度的架构以及责任限额的制定。以中国广核集团（简称"中广核"）为例：中国广核集团，原中国广东核电集团，是伴随我国改革开放和核电事业发展逐步成长壮大起来的中央企业，是由核心企业中国广核集团有限公司及 40 多家主要成员公司组成的国家特大型企业集团。[1] 这是中国唯一以核电为主业、由国务院国有资产监督管理委员会监管的中央企业，其股权关系为：国资委持股 82%、广东省持股 10%、中国核工业集团持股 8%。而在其成员公司的架构中，核能领域的成员公司就有 28 个。那么，在责任承担以及赔偿领域，作为核设施运营单位承担责任的应当是下属的这些子公司，抑或母公司与子公司一起承担？而作为由国资委持股监管的集团企业，国家是否是"营运人"？在责任承担方面是否需要有特殊规定？毕竟，当年印度博帕尔毒气泄露案，[2] 4.7 亿美元的赔偿金与几十万生命的巨大落差，仍然让世界警醒着。

四、结语

核能的广泛应用是对 20 世纪 70 年代石油危机作出的回应。作为清洁、可再生能源，核能的出现的确为各国的能源问题提供了一个极佳的解决方案。但是，发生概率低却能带来极具毁灭性、灾难性后果的核事故让人们对核能的运用心有余悸。关于"核安全"的讨论与期待，未曾休止。

2010 年，时任国家主席的胡锦涛在核安全峰会上发表了《携手应对核安全挑战 共同促进和平与发展》的重要讲话，提到"核能是清洁的，也必须是安全的。只要我们进一步凝聚共识，本着互利共赢的精神，普遍参与，密切合作，就一定能够有效应对核安全挑战，全面促进可持续发展，为世界和平、共同繁荣作出贡献"。我国的原子能立法于 1984 年启动，如今 32 年已过，这部业界呼声极高的法律仍未诞生。但欣慰的是，《核安全法》的相关立法进程已经大踏步迈进，而今《核安全法（草案）》的征集意见正在进行。

---

〔1〕 http://www.cgnpc.com.cn/n471041/n471076/n471091/index.html，访问日期：2016 年 11 月 17 日。

〔2〕 http://news.ifeng.com/opinion/special/bhopaldisaster。1984 年 12 月 3 日凌晨，印度中央邦首府博帕尔市北郊，美国联合碳化物公司印度公司农药厂装有 45 吨液态剧毒异氰酸甲酯的储气罐阀门失灵，罐内剧毒化学物质泄漏，迅速向外扩散。博帕尔市到处是人和牲畜的尸体，好端端的城市变成了一座恐怖之城。该事故直接致使 3150 人死亡，印度医学研究委员会的独立数据显示：死亡人数在前三天其实已达到 8000 至 10 000 之间，另有五万多人失明，两万多人受到严重毒害，近八万人终身残疾，十五万人接受治疗，受这起事件影响的人口多达一百五十余万，约占博帕尔市总人口的一半。

　　无论是我国正在进行的《核安全法（草案）》的意见征集，抑或日后关于《原子能法》文本的出台，甚或我国原子能法体系、核法体系的确立，关于"核设施营运者"的讨论都是其中的重要一环：究竟何为"核设施营运者"？是否要以"许可证的持有"作为衡量标准？还是以事故发生时是否具有管理权能、对风险的掌控与把握作为尺标？如何定位国有企业、国有资产在其中的作用以及责任承担范围？……

　　已发生的核事故不会成为禁止使用核能的理由，"国际社会通过国际原子能机构已经在总体上接受核能发电的合法性，只要核能发电受到高水平的控制，受到独立的国内管理当局以及国际原子能机构成员国的足够监控，并在发生事故时遵守能够为跨界受害者的救济提供担保的责任制度，这些实际上是核国家对国际社会造成的风险获得接受的条件"[1]。同理，我国开展核能发电的初衷也是为了解决能源问题，改善人们的生活环境，促进经济的进一步发展。因此，核能发展过程中不可忽视的安全问题必须提上日程，建立相关的法律规制以期从运行初期就能规避风险，且在事故发生后能妥善解决责任承担以及补偿分配事宜。正确认识"核设施运营者"在整个法律体系架构中的意义与重要性，并调整现有的、与其相关的条款规定，对我国日后的原子能法体系、核法体系的建立与完善也大有裨益。

---

　　[1]［英］帕特莎·波尼、埃伦·波义尔、Patricia Birnie 等：《国际法与环境》，高等教育出版社2007年版，第462页。

核电发展进程中核安全监管的
立法问题之反思

赵 俐[*]

　　持续一个多月仍聚集了全世界目光的福岛核泄漏事故，成为引发多国重估核能建设安全性的重要契机，各核工业发展大国重新审视自身的核电战略，审慎评估核电安全问题。同样，福岛核危机也在警示中国，核能安全问题也引起国人的关注，不少民众对我国核安全的质疑声不断涌现，引发专家学者反思长期以来快速发展的核电事业背后被忽视的核安全隐患。2011 年 3 月 16 日召开的国务院常务会议也明确，要立即对我国的核设施进行全面安全检查，同时将严格审批新上核电项目。据有关报道称，本次日本核泄漏后，中国进一步重新审视遍布全国的核电计划，所有已经运营、在建和筹建的核电项目均将迎来一次彻底的安全检查。目前 13 个运营核电机组，近三十个在建机组和九十多个筹建机组即将面临环保部（国家核安全局）的安全检查，这将涉及数千亿人民币的核电投资。中国核安全监管部门——环保部核安全司副司长俞军表示："环保部和国家

　　* 赵俐，新疆财经大学法学院副院长，教授。

核安全局，正在紧锣密鼓的制订方案，马上启动为期数月的核电大检查。"近几年，我国核技术在工业、农业、医疗卫生、公共安全等领域的应用越来越广泛，随着核能和核技术的广泛开发和利用，涉及核安全和放射性污染防治的问题越来越突出，但国内核电法律法规体系却不健全，尤其是缺乏核领域的基本法。核安全监管立法的缺失，必会影响到我国核电事业的发展和公众的生命健康和财产安全。

一、核能广泛应用的必要性思考

核能应该是 20 世纪人类的一项伟大发现，并已取得了十分重要的应用成果。1942 年 12 月 2 日，著名科学家费米领导几十位科学家，在美国芝加哥大学成功启动了世界上第一座核反应堆，标志着人类从此进入了核能时代。当核能进入人们的生产和生活后，一种通过原子核变化而产生的新能源从此诞生。20 世纪的"石油危机"使人们广泛地意识到能源短缺与利用问题，基于对短缺能源使用的危机意识，世界各国都在研发寻找替代新能源，当前世界上的主要能源是煤、石油、天然气这些化石燃料。化石燃料属不可再生能源，并且燃烧化石燃料向大气排放大量的"温室气体"二氧化碳、形成酸雨的二氧化硫和氮氧化物，并排放大量的烟尘，这些有害物质对环境造成了严重的破坏。而核能不产生这些有害物质。[1] 目前，核能是达到工业应用、可以大规模替代化石燃料的能源之一，核能给人们带来的效益是各方面的，核能是地球上储量最丰富的能源，又是高度浓集的能源。以核燃料代替煤和石油，有利于资源的合理利用，所以，核能以其他能源无法取代的优点受到世界各国的青睐。现代电力工业的发展状况是一个国家是否发达的重要标志之一，而核电技术的发展程度则在一定意义上反映了该国高新技术水平的高低。科学家认为核电是清洁的能源，有利于保护环境，与传统的火力发电相比，核能发电有如下优点：一是核电比火电安全经济效益高。随着核能技术的不断进步，其安全性大大提高。核电的事故率远远低于火电。二是核电比火电经济效益高。一座 100 万千瓦的核电站，每年补充 30 吨核材料，但同功率的火电站每年需消耗 300 万吨煤或 200 万吨石油。煤炭、石油都是不可再生的一次性能源。核电虽然一次性投资大、建设周期长，但从长远看，经济效益还是优于火电。三是核电比火电清洁，对环境污染小。据测算，全世界的核电站同燃煤电厂相比，每年可为地球大气层减少 1.5 亿吨二氧化碳、190 万吨氮氧化物和 300 万吨硫化物。核电站不排放任何有害气

---

[1] 马翊泉、耿庆云：《核能：不可或缺的替代能源》，载《中国环境报》2003 年 7 月。

体和其他金属废料，放射性物质对周围居民影响也比煤电少，以核发电最发达的法国为例，1980 年核电比是 20%，1986 年上升到 70%，在此期间发电总量增加了 40%，而排放的二氧化硫减少了 56%，氮氧化物减少了 9%，尘埃减少了36%。[1] 所以，核电以其安全性、运行稳定、对环境的影响小等优点成为重要的能源支柱之一。

当前，世界各国均在积极制定本国的核电发展战略，据国际原子能机构2011 年 1 月公布的最新数据，目前全球正在运行的核电机组已经达到 442 个，还有正在建设的核电机组 65 个，核电发电量约占全球发电总量的 16%。至 2010年底，全球已有六十多个国家提出了发展核电的计划，中国也早已发布了核电发展长期规划。自从 2007 年国家发改委发布《核电中长期发展规划（2005 - 2020）》以来，我国核电事业进入了较快发展阶段。按照这一规划，到 2020 年，我国核电运行装机容量争取达到 4000 万千瓦；核电年发电量达到 2600 亿至2800 亿千瓦时。这就意味着，在目前在建和运行核电容量 1696.8 万千瓦的基础上，新投产核电装机容量约 2300 万千瓦。迫于全球温室气体减排的压力，2009年 10 月，发改委副主任、国家能源局局长张国宝将 4000 万千瓦这一数据再次做了刷新，他表示："在全球关注减少温室气体排放的背景下，国家目前正在研讨是否需要修订原定 2020 年达到 4000 万千瓦的目标。"因此，有专家透露，2020年，我国核电装机容量有望突破 7000 万千瓦，几乎要翻一倍。[2] 正因为核能发电只需消耗很少的核燃料，就可以产生大量的电能，而且核能发电是干净、无污染、几乎是零排放的优势，对于既要增强能源安全，提高应对低能能源危机的能力，同时又要增强参与核能国际市场竞争的能力，保障国民经济的可持续发展的中国，核能是最为理想的选择，战略地位十分重要。因而核电成为我们必需的选择。

二、福岛核泄漏的警示——核安全的反思

日本福岛核泄漏事故发生后，全世界对于核电安全性的关注度越来越高，例如德国已经宣布放弃核电的发展。核电的安全性到底有多大，这是未来全球产业发展中需要考虑的。此前认为核电是最具安全性和经济性的清洁能源，可以替代传统能源，但是经历此次事件后，人们不得不重新思考这个问题，未来

---

〔1〕《中国科普博览》，载能源馆，http://www.kepo.net.cn.
〔2〕 详细参见 2010 年 8 月 5 日，法制日报对北京大学核科学与技术研究院核政策与法律研究中心主任的著名环境法专家，以及北京大学法学院教授汪劲的采访内容。

是否应继续将核电作为清洁能源来大力发展。

1988 年切尔诺贝利核泄漏事故是迄今为止最为严重的核灾难，该事故造成欧洲受核污染的区域超过 20 万平方公里，大量的放射性核素碘 – 131 和衰变期很长的铯 – 137 通过空气的流动扩散，严重污染了空气、土壤和河流，破坏了自然环境以及生态系统。尽管事故直接造成的死亡数量只有 28 人，但该事故的最终受害者总计达 900 万人。人们通常认为切尔诺贝利事故是由设计问题引起的，但它确实表明了核事故的严重性。化石能源的影响属于常规性影响，其影响具有可预见性和可控性，而放射性物质对人体与整个生态系统的影响具有不可预见性，既可以致残、致癌，也可能造成基因突变甚至是新物种的产生。[1] 核能的巨大杀伤力使人们质疑自身对其的控制能力，这种阴影在核能民用过程中仍然挥之不去。无论是核利用过程中的核辐射，还是后期的废料处理，核能利用留给人们的第一印象总是核辐射带来的灾难。但任何能源利用都存在风险和问题，我们需要做的是预防风险、发展技术，进一步提高和平使用核能的安全性，从全面的角度认识核能的清洁特性，同时也绝不应回避其潜在的危险。学者们分析说，不管是美国的三里岛事件、苏联的切尔诺贝利核泄漏事故，还是此次的福岛核事件，每一次核泄漏事故对全球的核电发展都是一把双刃剑。一方面，放射性废物的处置和核电站自身的安全问题，被核电反对者提出的最多；另一方面，支持核电发展的专家也在加紧研究如何提高核电站的安全性，以及核废料的处理问题，随着各类技术的进步，核电站的寿命也从过去的 40 年提高到现在的 60 年。[2] 近日，国家环境保护总局核环境与辐射环境管理司原司长赵亚民在接受中国青年报记者采访时说，我国目前运行的 13 台核电机组都很年轻，当时是经过严格审批的。从最新监测数据来看，运行状况都正常。人们现在担心的恐怕还是以下几点：一是我国目前仍在运行的核电厂和其他核设施的潜在风险始终存在，一旦发生泄漏或事故，造成放射性污染，将危及周边广大范围内的生态环境安全和公众健康；二是因放射源丢失导致的放射性污染事故时有发生，造成人员伤亡和局部环境受到放射性污染；三是铀（钍）矿和伴生放射性矿开发利用污染问题仍然严重，因为媒体报道无良商人使用伴生放射性矿渣和含放射性物质的石材做建筑和装修材料的事例频频见报，日益引起公众的关注；四是放射性废物大量增加对环境构成潜在威胁，有学者分析，尽管国家制定了

---

〔1〕 张永胜：《关于发展我国核能的现实思考》，载《人民论坛》2010 年第 23 期。
〔2〕 核安全专家：《发展核电：安全性被优先关注》，载《中国青年报》2011 年第 3 期，第 5 版。

《放射性污染防治法》这一废物处置政策，但是缺乏强制性的法律和措施，致使放射性废物处置监管不力，对环境和公众健康仍构成潜在的威胁。同时，日本福岛核电泄漏事件也在提醒我们，有很多意外因素是当初设计时考虑不到的，现在运行和在建的核电站都有必要重新对影响核电站的各种不利因素进行审视，不能抱有任何的侥幸心理。理论上说10万年才发生一次的事故，其实几十年间大小事件就已发生十多起。对待核能存在的问题，盲目乐观固然不可取，但因噎废食则属不智。

因此，中国核电加快发展是必要的，也是可能的，但前提一定是确保安全。在今后的发展中，一定要对自然灾害的预防级别、抗震水平、应急措施等的设置采取更为谨慎而苛刻的安全保障。核电设施也要作出更加安全周到的考虑，建设施工单位要严格遵守规章制度，严格遵守操作流程，确保核电工程质量安全。核电运营单位也要确保定期对核设施进行全面细致的检查，核电设施经过常年运行之后，一些核反应堆以外的构件的可靠性更值得格外关注，只有这样才能保证核电站平稳安全运行。

三、核安全监管立法的缺失是核电事业发展的隐患

法的本质属性并不在于其作为形式上的一种规范本身，而在于法律的实施效果。伯尔曼认为："法律不只是一整套规则，它是人们进行立法、裁判、执法和谈判的活动。它是分配权利与义务并据以解决纷争、创造合作关系的活生生的程序。"[1] 对应我国的实际也就是说，在一个行业发展之初，就应该有一部基本法来对其发展进行规范和指导。中国作为国际原子能机构的成员国，已是世界上核电在建规模最大的国家，但政府在监管核安全方面的基本法律却长期缺位。这将难以保证在利用核能造福人类的同时，能够把其危害性降到最低。核安全是安全的一个特定领域，对象是核能的利用，目标是使得放射性释放的潜在风险可控，核电由于其本身带有的潜在放射性向外释放的风险，其安全问题备受关注，所以安全必须排在第一位。重大核事故一旦发生，其影响范围之广和持续时间之长以及可能造成的人财损失之大，远非其他工业事故所能比拟。一般的工业安全事故，影响的范围通常是较小的、可及时控制的。而核事故影响的地域范围却以几公里、几十公里计，动辄涉及上万人，甚至会跨越国界，造成国际影响，持续的时间甚至会长达几十年、上百年。正是由于核事故潜在的风险非同小可，决定了世界各国的民用核设施无一例外地把保证核安全放在

高于一切的位置，无一例外地把法治保障放在首位。国际上所有发达国家、绝大多数发展中国家都有《原子能法》《核安全法》和类似于《核安全法》的法律。哈耶克曾指出："法治就是指政府在其一切行动中都受到事前规定并宣布的规则的约束——这种规则使得一个人有可能十分肯定地预见到当局在某一情况中会怎么样使用它的强制权力，和根据对此的了解计划他自己的个人事务。"[1] 当前核电安全的压力和挑战越来越强烈，这意味着政府部门必须加强对核电的有效监管。把核电安全的技术、管理和监督工作放到首位，制定有效并具有强制力的核电营运规则。而政府介入社会生活必须具有合理性和正当性，这个合理性和正当性获得的路径是法治。我国核安全监管立法的缺失，在某种程度上制约了我国核电事业管理体制的建立，致使政府各部门的职责分工不明、政府与企业单位责权利不清，影响到核设施安全监管的有效性。

目前，我国有关核能的法律只有一部，即《放射性污染防治法》，另外还有《民用核设施安全监督管理条例》《放射事故管理规定》《放射性同位素与射线装置安全许可管理办法》《核电厂核事故应急管理条例》等 8 部行政法规。关于核能安全规定、管理条例细则、技术性标准等具体问题都是以部门规章的形式规定的，而这些更多只是有推荐性质的指导文件和参考文件，层级太低，并且是就某一方面亟需的管理内容而制定的。[2] 虽然我国核技术不比发达国家差，但在核能法律体系建设方面却非常薄弱。就整个核安全立法体系而言，由于基本法律的缺失，尽管我们立了很多行政法规和部门规章，但基本问题并没有得到切实解决。基本原则没有明确，这与我们的核电发展规模和势头是不相符的。基于可持续发展理念理性地看核安全，我们不但需要制定基本法，也需要修改或者增设配套的法律。未来十年是中国核电事业快速发展时期，[3] 在核领域基本法处于空白的状态下，政府对核电监管必然是无法可依，影响未来我国核能发展，并会成为未来核电事业的隐患。

四、结论

科技的发展改变了人类的生活。它使人们在更好地享受美好生活的同时，也给人类带来了噩梦。新能源的利用如若处理不当，会给人类自身和自然环境

---

〔1〕　［英］哈耶克：《通往奴役之路》，王明毅等译，中国社会科学出版社 1997 年版，第 73 页。

〔2〕　参见《原子能法背后的利益博弈》，4 月 7 日，在深圳举行的 2011 年中国核能行业协会年会上，专业人士和业内人士如是说。

〔3〕　中投顾问能源行业研究员周修杰接受记者采访时表示，未来 10 年将是中国核电快速发展的黄金期，要在 10 年内完成 50 年发展总和的 8 倍。

带来巨大的伤害和污染，这是可预测的。但人类又不能因有风险就停滞不前、不求发展，因而回归饮血茹毛。因此，"在未来相当长的时间内，无论是世界还是中国，都存在着可再生能源的比重难以决定性地替代传统能源的问题，这被称为当前的能源转换鸿沟"[1]。核能发展充满了各种已知的和未知的风险，应对这些问题需要我们的知识储备和人才储备。从国家战略而言，在发展核能问题上不能急躁冒进，而应稳步推进。

（一）制定基本法，明确监管主体的责任

通过立法确立核事业在我国经济社会发展中的战略地位，明确核事业的管理体制和监管主体的责任，确保和平利用核电，强化核电经济性向安全性转变的基本原则，牢固树立安全第一的理念。当前的核安全立法体系中，已有的责任条款基本都是针对核设施营运人及其工作人员，而对监管机构自身应负的责任没有规定或规定较少。监管部门权力过大，也是行业发展的隐患，必须立法明确监管主体的责任。同时，要完善相关管理法规，确保核电站的安全运行，确保核废料的安全处置。

（二）通过立法统一核电监督管理机关

尽管我国有好几个涉及核电监管的部门，但因权力分散，部门与行业的条块管理，在核电与原子能法缺失的状况下将直接影响国家统一、规范地对核电发展实行全方位监管，不利于工作开展。在多头管理、职能交叉的管理体制下，存在的潜在危险是会出现有利益时争着管，一旦发生核污染时又相互推诿的情况，责任追究无法实现。应该通过立法确定由一个独立于其他各类主体的国家统一机构来进行安全监管。

（三）加强科普宣传和人才培养

核电是高科技产业，自主发展核电是一个国家综合实力的体现。核电要越来越安全，越来越经济，科学技术是保证。现在最值得关注和加强的，就是培养大批专业人才的问题，要避免由于人员经验不足导致事故发生的情形。中国是以煤炭为主的能源消费大国，也是世界上最大的发展中国家，中国不仅需要核能，为占世界近五分之一的人口生存发展提供清洁的电力，也需要核能帮助推动科技创新、产业升级与经济发展方式的转变，这是我们必需的选择。问题是我们应该怎样普及这样的知识，帮助大众解决最基本的疑惑，消除人们对核电存在的畏惧心理，避免因无知而引起的群众性恐慌，并且能够在事故发生之

---

[1] 诸大建：《大都市低碳发展的战略思考》，载《新闻晚报》2010年9月5日，第9版。

前就做好应急准备。

　　总之，在当前形势下，不管有多大的困难，都应尽快出台《原子能法》或相关法律，以改变核领域基本法处于空白的状态，解决政府对核电监管的无法可依、应急方案及措施不得力、责任不明确、救济方式单一等事由，防止因此影响未来我国核能事业的发展。

试论民用核设施管制中的信息公开

——以民用核能企业信息公开为研究对象

侯登华*　刘阳**

一、引言

2011 年的日本大地震导致东京电力所经营的福岛核电站发生严重核泄漏事故，影响已波及全球。究其原因，首先，东京电力没有在第一时间采取"停机、冷却、封闭"的对策，耽误了时间；其次，在核危机爆发之初的数小时内，因担心可能让花费巨大建起的核电站毁于一旦，东京电力还在犹豫是否使用海水冷却反应堆，导致"控制核电站危机的关键措施被延误，是因为有关方面担心损坏值钱的电力资产"。早在 3 月 12 日上午，即地震过后的第二天，东京电力公司就曾考虑从附近海岸取水，用于冷却 6 个反应堆当中的一个，但直到当天晚上核电站发生爆炸并且首相菅直人下令过后才这样做。直到 13 日，东京电力才开始用海水冷却其他反应堆。而核电站堆芯备用冷却系统失灵，却是很早之前就发现过的问题，而那时候，核电站用作假的方法骗过了安全检查部门。事实上，东京电力公司在此次

---

　*　侯登华，北京科技大学法律系副教授。
**　刘阳，北京科技大学法律系硕士研究生。

震灾中的表现，并非偶然。翻看东京电力公司的历史，其之前已有多宗"数据造假、隐瞒安全隐患"的"案底"。而在某种意义上，这些"案底"为此次核电事故埋下了伏笔。

根据目前我国政府公布的核电中长期发展规划，我国核电装机总规模将在 2020 年达到 3600 万－4000 万千瓦，[1] 核电建设在我国将达到前所未有的规模，这对我国核能法律制度的完善提出了更加迫切的要求。包括核电厂在内的核设施的管制是原子能法律体系规范主要调整的内容之一，[2] 同时基于原子能利用本身的特殊性及在国家能源发展中的重要地位，探究核设施管制中的信息公开问题具有十分深刻的重要性。尽管核设施管制是一个动态的行政管理过程，信息公开主体当然包括政府部门，然而，企业作为信息公开的主体，尤其是在企业环境信息公开方面，国内外立法中均已列及。作为涉及能源、环境、安全等领域的核设施利用产业，在行政管制下进行商业运营的过程中，核设施工业企业公开自身信息，承担社会责任，对于核能的持续发展具有更深层次的意义。原子能其他方面管制中的企业信息公开，可以参照核设施管制中的做法。

二、核设施管制中企业信息公开的价值基础

核设施是指核动力厂（核电厂、核热电厂、核供汽供热厂等）和其他反应堆（研究堆、实验堆、临界装置等），核燃料生产、加工、贮存和后处理设施，放射性废物的处理和处置设施等。[3] 对于核设施的管理，主要包括营运、进口、规划限制区、安全管理与核事故措施等方面，[4] 具体而言，营运包括核设施的建造、装料、运行、退役等活动，[5] 因此，核设施管制中的企业信息是指贯穿核设施选址（拟建造）、建造、装料、运行、退役、安全防范、事故处理等整个过程中的信息。核设施管制中的信息，分为政府信息和企业信息，[6] 前者的公开属于政府信息公开的范畴，本文不予论及，而仅限以企业为主体的信息公开。

---

〔1〕 秦志军、郭伟：《建立核损害赔偿机制，促进核电发展》，载《中国电力企业管理》2004 年第 11 期。

〔2〕 邱正文：《原子能法律制度若干问题研究》，载《资源节约、环境友好型社会建设与环境资源法的热点问题研究——2006 年全国环境资源法学研讨会论文集（二）》。

〔3〕 《放射性污染防治法》第 62 条。

〔4〕 汪劲：《环境法学》，北京大学出版社 2006 年版，第 404 页。

〔5〕 《放射性污染防治法》第 19 条。

〔6〕 我国《环境信息公开办法（试行）》将环境信息区分为政府环境信息和企业环境信息。第 2 条规定："本办法所称环境信息，包括政府环境信息和企业环境信息：政府环境信息，是指环保部门在履行环境保护职责中制作或者获取的，以一定形式记录、保存的信息；企业环境信息，是指企业以一定形式记录、保存的，与企业经营活动产生的环境影响和企业环境行为有关的信息。"

另外，需要指出的是，基于核军事利用对国家安全的重要战略意义，本文所称核设施管制中的企业信息公开，仅限定在民用核设施企业的范畴内。

以企业为主体进行核设施管制中的信息公开，在政府有效监管、公众环境知情权保护、企业自身利益维护、社会秩序稳定方面均具有重要价值。

（一）核设施管制中企业信息公开有利于政府的有效监管

由于政府监测精力、人员配置的限制，不可能对核设施营运单位进行全面实时的监管，而且"越位"的监管则有干涉商主体自主经营之嫌。因此，一方面，核设施管制部门在除了履行监管职责过程中获得信息的途径外，通过核设施营运单位自主向政府公开企业信息，可以更有效地实施监管。另一方面，核设施营运单位向公众公开企业信息，可以促使公众实施更充分的监督，转而从另一方向有利于政府的有效监管。

（二）核设施管制中的企业信息公开有利于公众环境知情权的保护

之所以对核设施的利用加以管制，是因为一旦发生核事故，产生放射性污染，会引发重大的环境问题，造成国家和人民生命、健康、财产及社会公益遭受严重的损害。故而，从环境保护的角度上说，核设施管制中的企业信息公开有利于保护公民的环境知情权。不仅公众的生命、健康权以及财产权的维护依赖于环境知情权，而且环境知情权的确立和行使对于环境公共利益的维护也有极大影响。[1] 保障公众的环境知情权，有助于公众及早采取防范性措施、免受正在进行的环境污染事故的侵害、遭受环境污染侵害后的法律救济，[2] 同时也有助于环境行政决策中的公众参与。

（三）核设施管制中的企业信息公开有利于企业自身利益的维护

尽管，企业进行信息公开会产生一定的成本，按照成本效益原则进行衡量，在公开与不公开、真实公开与虚假公开的博弈之间可能引发信息公开的"道德风险"，但是，企业信息公开在树立企业形象、得到公众认可等隐性收益上的确具有重要的作用。例如，在环境保护方面成绩卓著的企业可以获得"国家环境友好企业"称号的奖励，或者通过 ISO14001 环境管理体系认证，隐性收益将可以显性的利益方式表现出来。另外，信息公开有助于降低企业的资本成本；[3]

---

〔1〕 朱谦：《论环境知情权的价值基础》，载《政法论丛》2004 年第 5 期。

〔2〕 朱谦：《企业环境信息强制公开的法律问题》，载《法治论丛》2007 年第 4 期。

〔3〕 资本成本由无风险报酬率、经济风险溢酬和信息风险溢酬三部分组成。在某一段时间里，经济风险溢酬和无风险报酬率是固定的，而信息风险溢酬则随着公开的程度而降低。参见黄先蓉、吴楣：《基于成本效益原则的我国企业信息公开模式探讨》，载《图书情报知识》2008 年第 5 期。

有助于企业取信于外部资源，增加赢得外部资源投入的机会；有助于企业间相互的协调合作，提高企业的合作效益。[1] 这些，对于核能领域的进出口与国际合作而言非常重要。

（四）核设施管制中的企业信息公开有利于社会秩序的稳定

这主要是从对核设施利用发生核事故的应对来说的。一方面，面对核事故这类严重的突发公共事件，公众如果没有获得及时、有效、全面的信息公开，会形成一种"神秘感"，从而可能在猜测、疑虑中引发大范围的恐慌及一系列非理智行为。另一方面，随着网络时代的到来，受众研究中的"使用与满足理论"[2] 揭开了公众使用网络这种新型媒介的动机和目的。现代使用与满足的分析认为，媒介使用者在处理媒介消息时，有时是理性的，有时纯粹是消遣性或随意性的，取决于满足何种需要。因此，当某种信息，尤其是严重的突发公共事件类信息如果起初没有做到真实、有效的公开，公众获知事实真相的心理得不到满足，就极易发生误导和扭曲。"切尔诺贝利阴影"[3] 的历史教训已经告诫我们信息封锁的愚蠢性和代价性；在 2011 年 3 月 11 日的日本本州岛海域地震中，日本东京电力公司因处理核电站核泄漏事故不力、表现糟糕，而广受各方争议。

通过借鉴各行业关于企业信息公开的现有立法，[4] 总结出企业信息公开的立法主要包括总则、公开方式、公开内容、监督管理、附则五部分内容。对核设施管制中企业信息公开的研究则主要参照这四个方面，从公开的对象、公开的方式、公开的内容及公开的监督管理进行论述。

三、核设施管制中企业信息公开的对象

根据利益相关者理论，企业可以被定义为一个利益相关者系统，主要的利益相关者包括投资者、债权人、企业员工、顾客、供应商、政府部门和社会公

---

〔1〕 黄先蓉、吴楣：《基于成本效益原则的我国企业信息公开模式探讨》，载《图书情报知识》2008 年第 5 期。

〔2〕 梁玉峰：《从网民反应看瓮安事件：信息公开才能取得信任》，载《中国新技术新产品》2010 年第 5 期。

〔3〕 赵鸣：《"切尔诺贝利阴影"与地方核应急心理环境的构建》，载《辐射防护通讯》2006 年第 4 期。

〔4〕 主要参照的行业信息公开立法有：《上市公司信息披露管理办法》《电力企业信息披露规定》《供电企业信息公开实施办法（试行）》《证券公司定向发行债券信息披露准则》《商业银行信息披露办法》《保险公司信息披露管理办法》《产业损害调查信息查阅与信息披露规定》等。

众等。[1] 这些利益相关者均为企业信息公开的对象，不同的对象对信息公开的需求不同。从商业经营的环节讲，投资者、债权人、供应商、顾客是企业的信息公开对象，这些对象主要关注的是在与企业发生直接关联时自身行为的安全性。就投资者而言，主要关注投资的安全性、收益性，在上市公司中信息披露尤其重要。我国核工业企业中亦有上市公司，在上市公司信息披露中的义务应遵照《上市公司信息披露管理办法》等相关规定。而本文所称的企业信息公开主要是指核设施营运单位在核设施管制过程中，在不同阶段对企业相关信息的公开，主要的公开对象是政府和公众，另外包括企业员工。

（一）政府部门

在核设施管制过程中，政府主管部门当然是核设施营运单位的信息公开对象。对于核工业企业这类重污染企业，政府需要了解污染控制与治理的信息、排污量信息、废物回收与处理信息、参与治理周边环境的信息、保护自然资源的信息等，这些信息是政府制定法律法规，采取措施保护环境的依据。[2] 为有效发挥企业信息公开的效用，企业信息公开的对象应从单一的政府转向其他利益相关者。

（二）企业员工

企业的生存发展直接关乎员工的长远利益和前途，更重要的是企业员工亲身参与企业生产经营过程，尤其在核设施营运这类高度危险的作业中，工作场所的环境安全直接影响其身体健康和生命安全。企业员工必然成为核设施利用企业信息公开的重要对象。

（三）社会公众

核设施利用产生的巨大能量既能给人类生活带来福祉，也存在着令人恐惧的潜在风险。原子能利用的主要风险在于核设施、核材料发生放射性辐射或污染的事件或事故，进而可能对工作人员、公众、财产、环境造成不同程度的影响。[3] 核设施利用的特殊性，决定了社会公众是核设施利用企业信息公开的当然对象。需要指出的是，社会公众中包含特殊部分的对象，即核企业附近的居民，他们承担的风险大于一般公众，所以在信息的获取上应当更迅捷、更及时。

---

〔1〕 房巧玲：《西方国家环境信息披露的起因与现状分析》，载《世界环境》2006 年第 3 期。

〔2〕 曲冬梅：《环境信息披露中的矛盾与选择》，载《法学杂志》2005 年第 6 期。

〔3〕 徐原：《世界原子能法律解析与编译》，法律出版社 2011 年版，第 97 页。

四、核设施管制中企业信息公开的方式

核设施管制中企业信息公开的方式，存在两个层面的问题：一是自愿与强制的选择，二是具体的公开方式。

（一）强制公开为主，自愿公开为辅

《环境信息公开办法（试行）》第 4 条第 2 款规定："企业应当按照自愿公开与强制性公开相结合的原则，及时、准确地公开企业环境信息。"核设施管制过程中的企业信息很大一部分是环境信息，理应按照自愿与强制相结合的公开原则，然而核设施利用企业对环境的影响远大于一般企业，且对社会的影响不囿于环境方面，因此，核设施管制中企业信息公开的强制性程度应当更高。我国当前证券市场的信息披露以强制披露为主、自愿披露为辅，可以此为鉴，即核设施管制中企业信息公开奉行"强制公开为主，自愿公开为辅"的原则。下文探讨信息公开的内容，亦即强制公开的信息内容。对于特定公众能否申请核设施利用企业公开特定的核信息问题，本文认为应当存在可行性，但是其强制性弱于政府部门在依申请公开信息时的义务。

（二）具体信息公开方式

信息公开的方式可以非常广泛，一些主要的公开方式包括：在环保机构政府网站上公布、在企业网站上公布、在报纸和其他媒体公布、在年度环境报告书中公布等。[1] 随着网络时代的到来，信息公开网络化逐渐成为一种趋势和重要的公开途径。我国核设施利用企业等核工业企业基本为大型国有企业，进一步完善国有企业新闻发言人制度[2] 亦不失为一种有效的信息公开方式。

（三）环境报告制度

公布环境报告书目前来说是运用得最多的一种方式，其中一个著名的案例就是美国的《应急计划和公众知情权法》（EPCPA）中关于此种途径的规定。至于报告的期限、形式，可以借鉴我国《证券法》中关于上市公司中期报告、年度报告、临时报告的制度。其中，中期报告、年度报告适用于核设施利用企业在正常运营过程中的信息公开，而临时报告适用于核事故应对，即核泄漏等突发事件应急处理过程中的信息公开。当然，环境报告制度不足以完全囊括核设施管制中的企业信息。

---

〔1〕 陶志平：《关于企业环境信息强制公开制度的若干问题》，载《十堰职业技术学院学报》2010 年第 4 期。

〔2〕 冯鸿光：《国有企业信息公开立法初探》，载《中山大学学报论丛》2006 年第 4 期。

目前，我国企业环境报告书的编写存在披露环境信息企业所占比例低、企业环境信息公开内容不足、公开的环境信息不准确等问题。[1] 就此，山东省企业编制环境报告书指导标准——《山东省企业环境报告书编制指南》提出了编制企业环境报告书的原则、基本要点、工作流程、内容框架及指标等级，从企业概况、环境管理、企业环境保护活动等方面建立评价指标体系，以全面阐述企业生产运营过程中的环境信息。[2] 其作为中国首部企业环境报告书指南，值得参考和借鉴。

五、核设施管制中企业信息公开的内容

尽管核设施管制中的各项信息均具有重要意义，但是，不同阶段的信息所发挥的作用并不完全相同，存在分别讨论的必要。笔者认为，应当着重公开的信息包括在环境影响评价阶段、核设施营运阶段，以及核事故应对阶段。以下，将从这三个阶段来具体探讨核设施管制中的企业信息公开问题。

（一）环境影响评价阶段的企业信息公开

在核设施管制过程中，涉及环境影响评价要求的有四处：申请办理核设施选址审批手续前、[3] 申请领取核设施建造许可证之前、申请领取核设施运行许可证前及申请办理核设施退役审批手续前。[4]

要求向公众公开项目环境结果最有效的措施之一，是环境影响评价/报告。美国1969年《国家环境政策法》规定，环境影响报告必须陈述任何将要采取的行动可能产生的环境影响，任何不可避免的负面环境效应、将要采取行动的替代性做法、短期和长期的效果以及任何不可撤销的环境承诺。[5] 需要指出的是，环境影响报告不同于环境报告，在核设施管制过程中，环境影响报告适用于核设施选址阶段、拟营运阶段，而环境报告则适用于核设施营运阶段和核事故应对阶段。

环境影响评价中的环境信息公开是各国环境影响评价法律的重要内容，无论美国、日本还是欧盟，对于企业环境影响评价中的环境信息公开之内容都有

---

〔1〕 王军、翟帆、韩子叻、汤大伟：《企业环境报告书指南对环境信息公开的意义》，载《第十届中国科协年会论文集（四）》2008年，第1845-1846页。

〔2〕 王军、翟帆、韩子叻、汤大伟：《企业环境报告书指南对环境信息公开的意义》，载《第十届中国科协年会论文集（四）》2008年，第1845-1846页。

〔3〕 《放射性污染防治法》第18条。

〔4〕 《放射性污染防治法》第20条。

〔5〕 ［澳］艾德里安·J. 布拉德布鲁克、［美］理查德·L. 奥汀格主编：《能源法与可持续发展》，曹明德、邵方、王圣礼译，法律出版社2005年版，第141页。

具体要求。我国《环境影响评价法》对专项规划与建设项目的环境影响评价分别作出了规定，并制定了较为明确的公众参与条款。《放射性污染防治法》更是将环境影响评价作为行政许可的前置性程序，环境影响评价的重要意义可见一斑。环境影响评价阶段，企业主要需要向政府主管部门和社会公众两类对象公开信息。

1. 对政府主管部门

《环境影响评价法》第 17 条规定："建设项目的环境影响报告书应当包括下列内容：建设项目概况；建设项目周围环境现状；建设项目对环境可能造成影响的分析、预测和评估；建设项目环境保护措施及其技术、经济论证；建设项目对环境影响的经济损益分析；对建设项目实施环境监测的建议；环境影响评价的结论。"具体而言，在核设施管制中，企业主要通过环境影响报告书的形式向主管部门公开其在选址、拟建造、拟运行、拟退役等行为中的信息。

2. 对社会公众

对社会公众公开企业在环境影响评价阶段信息的规定主要体现在《环境影响评价公众参与暂行办法》之中，且内容因环境影响评价阶段不同而有所区别。当核设施营运单位在敏感区域拟建造核设施时，应当在确定承担环境影响评价工作的环境影响评价机构后 7 日内，向公众公告拟建造核设施的名称及概要、建造单位的名称和联系方式、承担评价工作的环境影响评价机构的名称和联系方式、环境影响评价的工作程序和主要工作内容、征求公众意见的主要事项、公众提出意见的主要方式等信息。[1] 在环境影响评价报告书的编制过程中，核设施营运单位向公众公开的信息则要更具体和明确，包括：拟建造核设施情况简述、拟建造核设施对环境可能造成影响的概述、预防或者减轻不良环境影响的对策和措施的要点、环境影响报告书提出的环境影响评价结论的要点、公众查阅环境影响报告书简本的方式和期限，以及公众认为必要时向建造单位或者其委托的环境影响评价机构索取补充信息的方式和期限、征求公众意见的范围和主要事项、征求公众意见的具体形式、公众提出意见的起止时间。[2]

根据目前的立法，可以为核设施拟建造环境影响评价阶段的信息公开提供依据，核设施选址、拟运行、拟退役环境影响评价阶段的信息公开内容可参照核设施拟建造阶段。

---

〔1〕 参见《环境影响评价公众参与暂行办法》第 8 条。

〔2〕 参见《环境影响评价公众参与暂行办法》第 9 条。

另外，对于可能造成重大环境影响并直接涉及公众环境权益的规划和建设项目，应当举行论证会、听证会，或者采取其他形式，征求有关单位、专家和公众对环境影响报告书草案的意见。这部分意见也应属于信息公开的范畴，以使社会公众对环境影响的评价过程可以进行合理的判断。需要指出的是，核设施的利用同一般的规划、建设项目有着很大的差异，在信息公开上应适当考虑其特殊性。

（二）核设施营运阶段的企业信息公开

核设施营运阶段的企业信息公开，主要是指核设施营运单位在正常的经营活动中，阶段性地公开信息，表征企业营运状况的行为。

一方面，许可制是国家监管原子能利用的最重要方式。核设施营运包括核设施的建造、运行、退役等活动，每一环节都需要主管部门的行政许可。行政许可所载内容，公众可以通过向主管部门申请公开的方式获悉，同时，核设施营运单位亦应公开行政许可文件，以利于公众监督。核设施建造许可、运行许可、退役审批文件中应包含的内容，现行法律规范中并无明确规定，应当认为需达到一定的具体、详实程度。例如，建造许可文件中应说明建造工程完成的最早和最迟的日期、运行许可文件中应说明许可中止与撤销的条件、退役审批文件需要按照退役计划的要求来论证等，不限于许可证书所载的信息。

另一方面，核设施营运单位应当以中期环境报告、年度环境报告的形式公开其在营运过程中的环境信息等内容。对此，可以借鉴美国在企业环境信息公开方面内容的规定，主要包括四种格式：其一，环境事项、与环境事项有关的可能支出和负债、环境法规和法律程序、环境法律研究等。其二，与环境事项有关的可能支出和负债、公司产品涉及遵守环保法规情况、是否存在潜在环境负债风险、与环保法规有关的支出和债务情况等。其三，环境事件、遵守法规情况及介绍、是否发生环境治理费用、环保资本性支出金额、环保营运费用（包括设备运行费用）、公司是否存在潜在环境责任及金额、与环保有关的债券情况及金额、涉及公司重要法规介绍及公司产品质量的影响、法规要求企业强制性秩序的内容、有关环境支出对公司垄断性资金及财务状况的运行、关于证券管理部门法规执行情况、是否遵守有关法规、财产是否合规、是否收到起诉、是否有未决财产、环境法律的定义、危险物质的定义及各子公司环境情况等。其四，环境法规及程序、遵守法规情况及与之有关的资本性支出金额、以往环保法规执行对公司收入和支出及竞争地区的影响、具体法规对公司的要求及责任、是否成为潜在责任方及对公司财务状况的影响、有关责任解决措施、补偿费用、已经支出金额和最终支出金额、是否已起诉和或有事项（金额）、环境考虑等[1]。

对于核设施营运单位这类重污染企业，在运行核设施的过程中，必须强制性公开的信息包括：企业环境保护方针、污染物排放总量与强度、企业环境污染治理、环保守法、环境管理。自愿公开的信息包括：企业资源消耗，企业环境的关注程度，下一年度的环境保护目标，当年致力于社区环境改善的主要活动，获得的环境保护荣誉，减少污染物排放并提高资源利用效率的自觉行动和实际效果，对全球气候变暖、臭氧层消耗、生物多样性减少、酸雨和富营养化等方面的潜在环境影响[2]。核设施的选址、建造中的信息公开在该阶段可能披露的空间不大，至于核退役，可以考虑针对其特殊性规定公开特定的信息。

总结而言，在核设施营运阶段，企业需要向公众公开的信息包括：行政许可文件中关于企业资格的信息、环境影响报告书或其他形式中关于企业正常经营过程对环境发生影响行为的信息。对企业员工而言，需要向其公开的信息还应包括辐射防护的内容。核设施营运单位应确保向每位员工发送注明本人年度辐照剂量的书面通知和报告，以及定期体检报告、辐射预防程序、企业环境安全状况等信息。

（三）核事故应对阶段的企业信息公开

我国《环境保护法》第 47 条规定："在发生或者可能发生突发环境事件时，企业事业单位应当立即采取措施处理，及时通报可能受到危害的单位和居民，并向环境保护主管部门和有关部门报告。"该条规定了发生环境事故企业的信息公开义务。《环境保护行政主管部门突发环境事件信息报告办法（试行）》《国家突发公共事件总体应急预案》，则主要是从政府信息公开的角度进行规定。核设施利用过程中发生核事故，营运单位向主管部门进行信息报告是必然的强制性义务，这一点是毫无异议的。因此，核事故应对阶段主要需要讨论的是向公众公开信息的内容问题。

核事故的应对包括防范和处理两个层面，前者是指在未发生核事故时制定应急预案，建造应急设施，防患于未然；后者则指在发生核事故后采取的一系列处理措施和程序。

---

〔1〕 焦若静：《美国、日本两国企业对环境信息的披露》，载《世界环境》2001 年第 3 期。

〔2〕 参见国家环境保护总局《关于企业环境信息公开的公告》（环发〔2003〕156 号）。

1. 核事故防范阶段

《放射性污染防治法》规定国家建立健全核事故应急制度。[1] 核设施营运单位应当按照核设施的规模和性质制定核事故场内应急计划，做好应急准备。[2]《突发事件应对法》规定放射性物品等危险物品的生产、经营、储运、使用单位，应当制定具体应急预案，并对生产经营场所、有危险物品的建筑物、构筑物及周边环境开展隐患排查，及时采取措施消除隐患，防止发生突发事件。[3] 据此，核设施营运单位应公开核事故应急计划的信息，内容包括：核事故应急工作的基本任务，核事故应急响应组织及其职责，烟羽应急计划区和食入应急计划区的范围，干预水平和导出干预水平，核事故应急准备和应急响应的详细方案，应急设施、设备、器材和其他物资，核电厂核事故应急机构同省级人民政府指定的部门之间以及同其他有关方面相互配合、支援的事项及措施。[4] 另外，核设施营运单位需要向公众公开用于核事故应急工作的设施、设备和通讯联络系统、辐射监测系统以及防护器材、药械等情况，以督促企业保障相应设施处于良好状态。

2. 核事故处理阶段

一旦发生核事故，核设施营运企业需要第一时间向附近居民单位公开事故信息，以保障公众及时采取防护措施。2001 年，英国卫生与安全执委会（HSE）一项名为《放射物管理条例（应急准备和公共信息）》的实施指南中规定，一旦被划定为辐射紧急区，这个区域内的运营者有责任通知该区域内的公众，而不论是否被要求提供信息。[5]《国家核应急预案》对核设施应急状态作出了规定。核设施营运企业应向公众公开核事故应急状态等级、事故现状等信息，并需要启动临时环境报告，随时向公众公开最新的动态信息，包括核事故的起因、辐射范围、强度、已经采取的措施及拟采取的措施、已经发生的影响及可能产生的影响、已取得的实效、下一步处理措施、公众可以采取的措施、企业对公众保护的安排等信息。

---

〔1〕《放射性污染防治法》第 26 条。

〔2〕《放射性污染防治法》第 25 条。

〔3〕《突发事件应对法》第 23 条。

〔4〕《核电厂核事故应急管理条例》第 13 条。

〔5〕 HSE：A guide to the Radiation（Emergency Preparedness and Public Information）Regulations 2001，Regulation 16 Prior information to the public，Article 400.

六、核设施管制中企业信息公开的监督管理

（一）西方及我国企业环境信息公开监督管理现状

就企业环境信息的公开而言，尽管西方国家的环境信息披露起步较早，但仍处于不断探索、完善的过程中，还远远没有达到成熟阶段。问题主要体现在缺乏成熟的环境信息公开模式以及公开信息的真实性、及时性、全面性程度不高等方面。我国在企业环境信息公开方面较西方还有不小差距，更需要注意暴露出的问题的解决。

一项对 2006 年中国 500 强企业于公司网站公开环境信息的调研结果，反映出企业环境信息公开工作尚处于初级阶段，公开信息企业数量少、公开程度低，内容缺乏完整性、实用性，行业类型、企业所处区位以及企业规模对企业环境信息公开有着较大影响力。[1] 另一项由绿色和平组织中国分部发布于 2009 年 10 月 13 日的《企业污染物信息公开状况调查》显示：位列世界 500 强、中国 100 强的 18 家行业领先企业的 25 家工厂，因存在向水体中排放污染物超标的情况而被环保部门在网上公开，然而没有一家企业按照《环境信息公开办法（试行）》第 21 条规定的 30 天时限公布污染物排放信息，[2] 企业环境信息公开现状令人堪忧。

通观西方和我国企业环境信息公开的现状，完善企业环境信息公开制度还需要更加有效的引导和监督管理。不同行业的信息公开水平不同，公开对象对不同行业的企业信息需求也不同，鉴于此，类似核设施利用等的核工业企业应当成为企业环境信息公开的重点和领头军。当然，核设施利用企业需要公开的信息不限于环境信息。

（二）核设施管制中企业信息公开监督管理的主要内容

根据现有的关于行业信息披露的立法，在监督管理部分主要规定的内容大致包括监督机构、管理制度、奖励与责任等。

1. 监督机构

目前我国核能利用由多部门监管，在职能划分与协调上还需要进一步厘定。通观世界各主要核国家，大都亦是多部门综合监管的情况，关键在于职能的明确。以法国为例，其成立了核电信息透明委员会，向公众提供透明的核电信息

〔1〕 吴玫玫、张振华、林逢春：《基于 Internet 的企业环境信息公开评价及实证研究——对 2006 年中国 500 强企业环境信息公开度的分析》，载《中国人口·资源与环境》2008 年第 4 期。

〔2〕《"沉默"的大多数——企业污染物信息公开状况调查（摘选）》，载《中国新时代》2010 年第 1 期。

是其专项职责。另外，法国颁布了核信息公开的专项法律《核透明和安全法》（2006 – 686 号法），在信息公开的监管体制上是十分为人称道的。作为法国最大的电力营运商——法国电力公司多年来在公众沟通方面投入巨资，这与法国有效的监督管理体制是分不开的。因此，我国应当明确核信息公开的监督管理机构，保障执法的有效性。

2. 管理制度

核设施利用企业建立信息公开管理制度，并报核信息监管部门批准。核设施利用企业的信息公开管理制度应当包括：信息披露的内容和基本格式；信息的审核和发布流程；信息披露事务的职责分工、承办部门和评价制度；责任追究制度等。核设施利用企业信息公开管理制度的建立，有赖于相关核信息立法的完善。

3. 奖励与责任

只有建立奖惩相结合的制度，才能促使作为商主体的企业在运用成本收益原则权衡时作出更利于社会公益的理性商行为。当核设施利用企业在核信息的公开方面出现不公开信息、公开瑕疵信息、公开缺陷信息、欺诈公开信息等情形时，应当承担相应的责任。对于责任形式，应以行政责任为主，包括责令限期公开、代为公开并予以行政处罚等。民事责任方面，应采用特别法定责任，[1] 即明确规定一种独立的责任形式，当信息公开对象受到企业的违法公开信息行为侵害时，可直接援引法律规定要求被告承担民事责任。出现依法需要承担刑事责任的情形，则应依据相应法律处理。

七、结语

通过以上的论述可以发现，对于核设施管制中的企业信息公开问题，在抽象理论和具体法律上均可找到支撑点，这对进一步完善原子能领域的法律规范具有重要的理论和实践价值。但是，必须看到，现有的法律依据大都是环境法范围内的总括性规定，尚无针对原子能利用的专项规定。而且，原子能利用并不仅是环境领域的问题，其涉及内容十分广泛，仅凭环境法律规范并不能全面调整原子能的利用活动。就核设施管制的信息公开而言，环境影响评价阶段、核设施营运阶段以及核事故应对阶段的信息公开可以依据的法律规范分散在法律、行政法规、部门规章中，在整体性、效力层级等方面的问题还亟待解决。

---

〔1〕 李玉梅、孙可兴：《我国企业信息公开法定民事责任制度的构建》，载《郑州大学学报》2010 年第 1 期。

在原子能立法方面，可以考虑将核利用的信息公开问题在原子能基本法中加以原则性规定（包括政府信息和企业信息），此外订立专项信息公开的行政法规或者部门规章；或者在《环境信息公开办法（试行）》修订或在制定为法律时加以特别规定。

有关核设施管制中信息公开的规定，参照适用于核技术利用、铀（钍）矿和伴生放射性矿开发利用、放射性废物管理等核管制活动中。

当然，企业信息公开同政府信息公开一样，并不是绝对的，需加以一定程度的限制，不得公开涉及国家秘密、商业秘密、个人隐私的信息，[1] 不得危及国家安全、公共安全、经济安全和社会稳定。[2]

---

〔1〕 参见《政府信息公开条例》第 14 条第 4 款。

〔2〕 参见《政府信息公开条例》第 8 条。

国际核紧急情况应对体系的建立和运行

张文瑞*

2011 年 3 月 11 日下午，日本地震引发大规模海啸，截至当地时间 4 月 24 日 18 时，地震造成至少 14 300 人死亡、11 999 人失踪、伤者（轻、重伤）5314 人，遭受破坏的房屋 296 538 栋，为日本二战后伤亡最惨重的自然灾害。与此同时，海啸造成福岛核电站水冷却系统瘫痪，核反应堆内冷却水水位下降、压力升高，之后接连发生氢气爆炸。截至 4 月 12 日，日本原子力安全保安院将本次事故由原先的第 4 级升至国际核事件分级表中的第 7 级，亦是最高级别。

国际原子能组织对地震海啸及其引起的核电站事故从地震发生当天（世界协调时间 8 点 30 分[1]）就予以全面跟踪，在网站上及时公布经日本官方证实的关于核事故的消息，为成员国和其他国家以及平民提供了可靠的消息。对于可能造成跨境影响的核紧急事件的快速反应，依赖于自切尔诺贝利核电站事故以来国际社会的共同努力，特别是

---

* 张文瑞，中国政法大学国际法学院硕士研究生。

[1] "Fukushima Nuclear Accident Update Log"，http：//www. iaea. org/newscenter/news/2011/fukushima110311. html.

世界协调时间：又称世界统一时间、世界标准时间、国际协调时间、简称 UTC，从英文 "Coordinated Universal Time" 而来。

国际原子能组织发挥的领导和协调作用，尤其是自有关国际条约签署以来建立的"国际应对体系"发挥的无法取代的作用。

一、背景

国际原子能组织的成立始于《国际原子能机构规约》（以下简称《规约》）的生效。1956 年 10 月 26 日，国际原子能组织规约大会在联合国总部举行，会议就组织的重要机构和事项进行了讨论，如理事会的组成、大会和理事会的职权及相互关系等，经过与会各国的商讨，规约草案获得一致通过。自 1956 年 10 月 26 日起供联合国或任何专门机构各成员国签字，根据《规约》第 21 条"签署、接受与生效"E 款[1]的规定，规约自 1957 年 7 月 29 日生效，国际原子能组织也于当日成立。

如《规约》所述，国际原子能组织的目标是扩大原子能对世界和平健康及繁荣的贡献，防止其被用于任何军事目的。[2] 该组织成立四十余年来，在其带头下签署了一系列促进核能和平利用和应对核事故的公约和条约，其中的《核安全公约》《及早通报核事故公约》《核事故或辐射紧急情况援助公约》是目前国际上共同应对核事故的法律基础。

国际社会对核事故的关注起始于三里岛核事故和切尔诺贝利核事故，这些核灾难的发生使人们认识到在核安全领域进行国际合作的重要性。[3] 为了应对可能发生的世界性核事故，《及早通报核事故公约》《核事故或辐射紧急情况援助公约》应运而生。这两个公约于 1986 年 9 月 26 日通过，并于同年 10 月 27 日生效，我国于 1986 年 9 月 26 日签署了两份公约，并同时提出对公约规定的争端解决程序作出保留。[4] 截至 2010 年 10 月 6 日，《及早通报核事故公约》的成员国已经有 109 个，[5] 而到同年 3 月 10 日，《核事故或辐射紧急情况援助公约》的

---

〔1〕 本规约，除附件外，一俟18 国依本条 B 款（"签署国于交存批准书后成为本规约当事国"）交存批准书即生效。18 国至少应包括下列国家中的 3 个：加拿大、法国、苏维埃社会主义共和国联盟、大不列颠及北爱尔兰联合王国及美利坚合众国。此后，交存的批准书及接受书自收到之日起生效。

〔2〕 第二条目标，机构应谋求加速和扩大原子能对全世界和平、健康及繁荣的贡献。机构应尽其所能，确保由其本身，或经其请求，或在其监督或管制下提供的援助不至用于推进任何军事目的。

〔3〕 高宁：《国际原子能机构与核能利用的国际法律控制》，中国政法大学出版社 2009 年版，第 77 页。

〔4〕 刘惠荣：《国际环境法》，中国法制出版社 2006 年版，第 194 页。

〔5〕 Latest status of "Convention on Early Notification of a Nuclear Accident", http：//www. iaea. org/Publications/Documents/Conventions/cenna_ status. pdf.

成员国也已经达到 105 个。[1] 作为国际社会应对跨界核事故的基础，两个公约建立了在核或放射性紧急事态下便于信息交流和及时提供帮助的国际体系，因此也被称作"应急公约"（Emergency Conventions）。[2]

"应急公约"中明确赋予了国际原子能组织对于引起和可能引起放射性物质释放，并已经造成或可能造成对另一国具有辐射安全重要影响的超越国界的国际性释放的任何事故中通知各缔约国、成员国和可能受影响的其他国家和政府间国际组织，并向上述各方提供公约中相关条款规定的情报的职责；[3] 同时在核事故或辐射紧急情况发生时，协助缔约国或成员国履行应对的责任。[4]

为了完成公约赋予的职责、协调国家间的力量有效应对核事故，尽可能地减少核或放射性事故对环境、健康和财产的影响，国际原子能组织作出了不懈的努力，二十余年间其成立了相关机构并通过了相关决议，目前已经形成了以国际原子能组织为中枢、成员国为基点、同时协调其他国际组织共同有效应对跨国核事

---

〔1〕 Latest status of "Convention on Assistance in the Case of a Nuclear Accident or Radiological Emergency", http：//www. iaea. org/Publications/Documents/Conventions/cacnare_ status. pdf.

〔2〕 "Legal basis", http：//www－ns. iaea. org/conventions/emergency. asp？s＝6.

〔3〕 《及早通报核事故公约》第4条，机构的职责机构应：

A. 立即将依据第2条a项所收到的情报通知各缔约国、成员国、第1条所规定的实际受影响或可能会实际受影响的其他国家和有关政府间国际组织（以下简称"国际组织"）；并——

B. 根据请求迅速向任何缔约国、成员国或有关国际组织提供依据第2条b项收到的情报。

http：//www. iaea. org/Publications/Documents/Infcircs/Others/Chinese/infcirc335_ ch. pdf.

〔4〕 《核事故或辐射紧急情况援助公约》第5条，机构的职责：

缔约国请求机构按照第1条第3款和在不妨碍本公约其他条款的情况下做到：

（a） 向各缔约国和成员国收集并传播有关下列情报：

（i） 在发生核事故或辐射紧急情况时可以动用的专家、设备和物资；

（ii） 关于核事故或辐射紧急情况应急的方法、技术和可供使用的研究成果；

（b） 当任一缔约国或成员国在下列任何事项或其他有关事项上提出请求时，协助其：

（i） 制定有关核事故和辐射紧急情况的应急计划和有关法律；

（ii） 制定适当的培训计划，培训处理核事故和辐射紧急情况的人员；

（iii） 在发生核事故或辐射紧急情况时传递援助请求和有关情报；

（iv） 制定适当的辐射监测计划、程序与标准；

（v） 进行关于建立适当的辐射监测系统的可行性调查；

（c） 在发生核事故或辐射紧急情况时，向请求援助的缔约国或成员国提供用于对此事故或紧急情况进行初步评价目的的适当资源；

（d） 在发生核事故或辐射紧急情况时，于各缔约国和成员国之间起中介作用；

（e） 与有关国际组织建立并保持联络，以便获取和交换有关情报和资料，并向各缔约国、成员国以及前述各组织提供这类组织的名单。

http：//www. iaea. org/Publications/Documents/Infcircs/Others/Chinese/infcirc336_ ch. pdf.

故的有力的"国际应对体系"（International Response System）。[1]

二、国际原子能机构应对跨界核事故的国际体系的基础

基于"应急公约"的规定，"国际应对体系"针对的情况包括：放射性物质释放，以及已经造成或可能造成对另一国具有辐射安全重要影响的超越国界的国际性释放的任何事故。其中涉及的设施和活动包括：①不论在何处的任何核反应堆；②任何核燃料循环设施；③任何放射性废物管理设施；④核燃料或放射性废物的运输和贮存；⑤用于农业、工业、医学和有关科研目的的放射性同位素的生产、使用、贮存、处置和运输；⑥用放射性同位素作空间物体的动力源。[2]

为了统一应对核事故的标准、协调不同成员国的应对措施，从而便于在地区和国际层面上共同应对跨界核事故，国际原子能组织大会以 GC（46）/RES/9 决议的形式通过了《核或放射性紧急情况的准备与应对》（Preparedness and Response for a Nuclear or Radiological Emergency）。[3] 作为国际原子能组织"国际应对体系"的法律基础（legal basis[4]）之一，文件中包括了紧急情况的应对和准备要求，综合并详细论述了国际原子能其他文件中的相关内容，为成员国和其他组织提供了参照标准。其中的第 4 章"功能性准备"对紧急情况的应对作了系统的规定，从事故发生初期的"建立紧急情况管理和执行部门""识别、通知和启动程序"，到中期的"采取移民措施""保护抢险工作人员"，一直到最后阶段的"农业和防止摄入措施，以及长期防护行动"，贯穿了核或放射性事故应对的整个过程，在每个阶段又分为"应对"（response）和"准备"（preparedness），希望以此更好地达到应对要求。[5]

两个"应急公约"和《核或放射性紧急情况的准备与应对》共同构成了国际原子能机构应对跨界核事故的"国际应对体系"的基础，特别是后者在公约授权的基础上将义务进一步细化，为各成员国和有关的政府间国际组织提供了指引。在此基础上，国际原子能组织建立了内部应对系统，以便更好地应对核紧急事态。

---

〔1〕 "International Response System", http：//www - ns. iaea. org/tech - areas/emergency/international - response - system. asp？s = 1&l = 4#2.

〔2〕 参见《及早通报核事故公约》第 1 条。

〔3〕 Legal Basis > Requirements No. GS - R - 2, http：//www - ns. iaea. org/conventions/emergency. asp？s = 6#3.

〔4〕 "Legal Basis", http：//www - ns. iaea. org/conventions/emergency. asp？s = 6.

〔5〕 "Preparedness and Response for a Nuclear or Radiological Emergency", FUNCTIONAL REQ-URIRE-MENTS, http：//www - pub. iaea. org/MTCD/publications/PDF/Pub1133_ scr. pdf.

三、国际原子能组织的应对系统（IAEA's Response System）及其中枢作用

为了完成"应急公约"和《核或放射性紧急情况的准备与应对》提出的要求，应对日益增多的核物质的扩散和使用，尽可能地减少跨境核紧急事件造成的影响，国际原子能组织成立了"突发事件中心"（IEC：Incident and Emergency Center），作为全球核紧急事件应对系统的重点机构。其职能主要有：①保持每周7天每天24小时的警戒状态，时刻准备协调并提供针对核紧急事件的请求；②通过已经建立的与成员国间的网络，使对紧急事件的应对更加快速及时，且可以应对各种核设施设备造成的事故；[1] ③为加强成员国应对核紧急情况的能力制定标准和指引；④组织成员国参加应对核事故的演习和训练；⑤便利成员国之间和相关国际组织间信息的有效交流，及时回馈求助，同时建立应对程序。[2]

在上述职能中，最值得一提的是"突发事件中心"出台的一系列指导手册和指南，为明晰国际原子能组织本身、成员国以及相关政府间国际组织在应对核紧急事件中各自应尽的义务提供了指引，这其中最具代表性的是《紧急情况通知和应对技术操作手册》（ENATOM：Emergency Notification and Assistance Technical Operations Manual）（以下简称《手册》）。《手册》首次出版于1989年1月18日，在此之后一直随着技术的发展、标准的改变、相关指南的更新以及成员国的期望而改变，最近更新的《手册》出版于2006年12月1日，[3] 其中详细说明了：由"突发事件中心"管理核紧急事件系统的结构、目标、职能，其中职能包括官方信息的交流、提供援助和公共信息、终结以及后续行动；《应急公约》的签署国家和国际组织为应对紧急情况应该作出的准备包括：报警点（warning point）的建立、其所应该具备的功能和完成的任务、与"突发事件中心"的联系、应对紧急情况的演习，其中的规定非常细致甚至可以具体到"突发事件中心"对公约签署国递交联系方式的检查和确认；核紧急情况的准备工作，此部分《手册》按照事故分类从国际原子能组织和公约签署国双方的角度

---

〔1〕 ENATOM 2007（Emergency Notification and Assistance Technical Operations Manual 2007），2 THE IAEA INCIDENT AND EMERGENCY SYSTEM，Page 9，http：//www – pub. iaea. org/MTCD/publications/PDF/ENATOM2007_ web. pdf.

〔2〕 "Incident and Emergency Center"，http：//www – ns. iaea. org/tech – areas/emergency/incident – emergency – centre. asp.

〔3〕 ENATOM 2007（Emergency Notification and Assistance Technical Operations Manual 2007），Foreword，http：//www – pub. iaea. org/MTCD/publications/PDF/ENATOM2007_ web. pdf.

对准备工作进行了说明。[1] 通过《手册》的指引，相关各方可以将公约施加的义务具体地转化成可以执行的标准进行统一的准备，同时细致地了解整个系统的运作过程，这些可以使核事故的应对更加有效。

除了上述的准备性工作之外，国际原子能组织建立了"反应与援助网络"（RANET：Response Assistance Network），以便在核紧急情况出现时为需要帮助的国家提供及时有效的援助。"反应与援助网络"的前身是成立于 2000 年的"紧急状况反映网络"（ERNET：Emergency Response Network），其旨在对地区层面有效地应对核紧急情况并提供援助。为了让更多的成员国加入，2005 年 7 月举行的"主管当局第三次会议"通过了新的草案，对原先的网络进行了全新的定义，解决了之前阻碍成员加入的问题，同时被更名为现在的"反应与援助网络"。[2] 现有网络旨在当核紧急事态发生时为求助的国家提供及时有效的国际援助，协调各国提供的援助；在平时管理统一各国的援助能力，鼓励所有国际原子能组织的成员国加入援助网络。通过网络，求助国家可以在核紧急情况发生时获得：国际原子能组织提供的官方信息；国际原子能组织和其他国家提供的准备和应对的技术建议；在可能或已经发生辐射照射时获得的医疗建议和援助；放射性检查和现场验证方面的技术性支持。[3]

综上所述，国际原子能组织成立了管理核紧急事态的专门机构——"突发事件中心"，统一协调处理全球范围内的跨境核紧急事件，为及时有效应对提供了组织上的保障；出台了《紧急情况通知和应对技术操作手册》，使公约施加的义务更具操作性，无论是在紧急情况尚未发生时的准备还是已经发生时的应对都明确具体；建立了全球援助网络，使条约具有现实意义上的效力，使亟需援助国家得到及时有效的帮助。国际原子能组织发挥了中枢纽带的作用，将"应急条约"转化为现实的应对能力，使包括组织、条约签署国以及组织成员国在内的各方具有现实的应对能力，使全球核紧急事态的有效及时应对成为可能。

四、协调其他相关政府间国际组织共同应对跨境核紧急事件

为了有效应对跨境核紧急事件，将其影响减至最小，国际原子能组织需要

---

〔1〕 ENATOM 2007 (Emergency Notification and Assistance Technical Operations Manual 2007)，http：//www - pub. iaea. org/MTCD/publications/PDF/ENATOM2007_ web. pdf.

〔2〕 Response and Assistance Network 2010, Foreword, http：//www - pub. iaea. org/MTCD/publications/PDF/Ranet2010_ web. pdf.

〔3〕 Response and Assistance Network 2010, 2 Response and Assistance Network，http：//www - pub. iaea. org/MTCD/publications/PDF/Ranet2010_ web. pdf.

借助其他政府间国际组织的援助，通过它们在各自领域内的专业技术来共同完成公约赋予的职责。例如，在制定共同应对核紧急事件的标准方面，联合国粮农组织、国际劳工组织、世界卫生组织、经合组织核能机构等国际组织就共同参与制定了《核或放射性紧急情况的准备与应对》，发挥其在专业领域的特长，为国际应对系统的法律基础文件提供了权威性的标准。

在这些公约组织中，有的本身就是"应急公约"的缔约方，如欧洲原子能共同体（EURATOM）、联合国粮食与农业组织（FAO）、世界卫生组织（WHO）、世界气象组织（WMO）；有的因其专业领域和本身的性质与核紧急事件的应对与援助有关，如国际民航组织（ICAO）、国际海事组织（IMO）等；有的区域性组织因为其本身出台的规定与此领域相关，如欧盟（EC）、美洲健康组织（PAHO）；还有的是因为国际组织间双边条约的签署，而负有共同应对跨境核紧急事件的责任。[1]

因为公约明确赋予的职责，[2] 国际原子能组织组建了"应对核及放射性事故机构间委员会"（IACRNE：Inter – Agency Committee on the Response to Nuclear and Radiological Accidents）并且担任主席，以组织和协调政府间国际组织共同应对跨境核事故。其主要工作是：共同应对跨境核事故、协调统一跨境核或者放射性紧急事件的准备和应对的国际标准、在组织间交换相关的信息等。[3] 目前，该委员会已经有 15 个成员。[4]

同时，在"良好的准备工作可以在很大程度上提高核紧急事件的应对效果"

---

〔1〕 Inter – Agency matters, International organizations in emergency preparedness and response, http：// www – ns. iaea. org/tech – areas/emergency/inter – agency – matters. asp？s = 1&l = 4#4.

〔2〕《核事故或辐射紧急情况援助公约》第 5 条，机构的职责：

（e）与有关国际组织建立并保持联络，以便获取和交换有关情报和资料，并向各缔约国、成员国以及前述各组织提供这类组织的名单。

〔3〕 Inter – Agency matters, International organizations in emergency preparedness and response, Inter – Agency Committee on Radiological and Nuclear Emergencies – IACRNE, http：//www – ns. iaea. org/tech – areas/e-mergency/inter – agency – matters. asp？s = 1&l = 4#4.

〔4〕 European Commission (EC), the European Police Office (EUROPOL), the Food and Agriculture Organization of the United Nations (FAO), the International Atomic Energy Agency (IAEA), International Civil Aviation Organization (ICAO), the International Maritime Organization (IMO), the United Nations Scientific Committee on the Effects of Atomic Radiation (UNSCEAR), the International Criminal Police Organization (INTERPOL), the Nuclear Energy Agency of the Organisation for Economic Co – operation and Development (OECD/NEA), the Pan American Health Organization (PAHO), the United Nations Environment Programme (UNEP), the United Nations Office for the Co – ordination of Humanitarian Affairs (UN/OCHA), the United Nations Office for Outer Space Affairs (UN/OOSA), the World Health Organization (WHO), and the World Meteorological Organization (WMO).

的共识下，委员会制定了《国际组织放射性紧急事件共同处理计划》（JPLAN：Joint Radiation Emergency Management Plan of the International Organizations），以保证国际组织共同应对核紧急事件取得良好的效果。《计划》并未特意为各国际组织施加义务，而是记录了各组织对核紧急事件的准备和应对工作的共同认识，共分为介绍、计划基础（Planning Basis）、紧急事件的准备工作（Emergency Preparedness）、紧急事件的应对（Emergency Response）四个部分。其中，详细介绍了成立"委员会"的目的：为有关国际组织明确关于核紧急事件应对扮演角色、目标、义务及准备工作的共同认识；便利有关国际组织在实际问题上达成一致；提醒缔约国和国际组织注意发展相互兼容的准备工作等。[1]

　　同样值得注意的是，无论"委员会"还是"国际紧急情况应对演习"（International Emergency Response Exercise）的协调点（coordination point），为使演习更加有效地计划、执行，并且在结束后能够得到客观正确的分析总结，"委员会"专门成立了"共同国际演习工作组"（Working Group on Joint International Exercises）。[2] "国际紧急情况应对演习"已于2005年5月11日至12日和2008年7月9日至10日进行了两次，2012年的演习还在计划之中。以2005年的演习为例，其以罗马尼亚的Cernavoda核电站发生核事故为脚本，并且详细预设了在其后30个小时之内泄漏的核物质种类和数量，以及泄漏发生过程中的气象条件，以此为核物质的扩散速度提供参考，演习的目的是测量和评估核事故发生后参与演习的各国和国际组织之间信息交换的及时性以及提供援助的协调性。[3] 在演习结束后发布的报告Exercise Report of ConvEx - 3（2005）中，"工作组"对参与演习的62个国家和8个国际组织从管理（Management area）、沟通（Communications area）、技术（Technical area）、为公众提供相关信息（Public Information area）四个方面进行了评估，最后的得分有优秀（Excellent）、合格（Satisfactory）、不合格（Unsatisfactory）三个等级，对于演习中暴露的问题也分为危险（Critical）、严重（Major）、轻微（Minor）三个等级。这种国际性演习为各缔约国和国际组织提供了检验缺陷和改进的机会，及时地分析和总结演习中发生的问题也使改进目前国际应对体系中存在的问题成为可能，具有非凡的现实

---

〔1〕 "Joint Radiation Emergency Management Plan of the International Organizations", Introduction, http：//www - pub. iaea. org/MTCD/publications/PDF/EPR - JPLAN_ 2010_ web. pdf.

〔2〕 "Inter - Agency matters, International Exercises", http：//www - ns. iaea. org/tech - areas/emergency/inter - agency - matters. asp? s = 1&l = 4.

〔3〕 Exercise Report of ConvEx - 3 （2005）, http://www - ns. iaea. org/downloads/iec/convex - 3. pdf.

意义。

通过上述机构的建立和文件的出台，国际原子能组织成功地协调组织了相关政府间国际组织的力量来共同应对可能发生的核紧急事件，并且防患于未然地积极组织相互兼容的准备工作，以此达到事故发生时更加有效应对的效果。与此同时，协调各缔约国和国际组织参与国际性演习，对各成员方的表现进行评估和总结，使及时改进现存系统中的问题成为可能。

五、联系主管当局（competent authority）充分发挥其能量

主管当局（competent authority）被"应急公约"明确赋予了核或放射性紧急事件发生时发出和接受信息的权利，[1] 为加强各主管当局间的合作，在紧急情况发生时更好地协作，国际原子能组织从 2001 年开始每两年举行一次主管当局会议，目前已经举办了五届。[2] 为协调和便利各主管当局为国际准备和应对体系做出贡献，第二届主管当局会议以决定的形式成立了"国家主管当局协调工作组"（NCACG：National Competent Authorities' Co-ordinating Group），工作组由区域性代表组成，共分为非洲、亚洲、东欧、西欧、南美、北美六个区域，每个区域的代表由各自区域内的与会缔约国推举，之后由会议表决通过，为防止推举的代表不能得到会议支持而不能产生区域性代表的情况发生，还要同时推举两个替补代表。经过会议表决担任区域代表的国家分别是：尼日利亚、中国、加拿大、荷兰、斯洛文尼亚和巴西。[3] "工作组"的成立和区域性代表的产生为更加有效地沟通和更好地协调提供了保证，在核紧急情况的应对中，各主管当局会更加有效地协调应对和执行国家原子能组织的援助计划。

为了充分发挥缔约国和主管当局的作用，加强国际紧急情况准备和应对系统，"工作组"成立后不久就同国际原子能组织秘书处共同制定了旨在改进现存系统问题，提高各主管当局应对能力的《旨在加强世界核和放射性紧急情况准备响应系统的国际行动计划》（International Action Plan for Strengthening the International Preparedness and Response System for Nuclear and Radiological Emergencies），计划草案在 2004 年 4 月秘书处举行的技术性会议上，由 37 个成员国、1

---

〔1〕《及早通报核事故公约》第 7 条和《核事故或辐射紧急情况援助公约》第 4 条。

〔2〕 "Member States' Competent Authorities"，http：//www - ns. iaea. org/tech - areas/emergency/member - states - competent - authorities. asp？s = 1.

〔3〕 "Meeting of the Representatives of Competent Authorities，Report of the Second Meeting"，http：// www - ns. iaea. org/downloads/iec/comp - auth - 2003 - final - meeting - report. pdf.

个国际组织以及 49 个高级专家审议确定,[1] 并在同年 6 月的国际原子能组织理事会上获得批准。[2]

《计划》主要分为国际交流(international communication)、国际援助(international assistance)、可持续使用的基础设施(sustainable infrastructure)三个部分。每个部分都分为目标(GOAL)、问题(ISSUES)、采取的行动(ACTIONS)三个部分,而采取的行动部分又会在列明行动内容后分为期望结果(DISERED OUTCOME)和时间安排(TIMING)两部分。以"国际交流部分"为例:目标是建立世界一致的有效交流系统;问题是现有交流系统因国而异,包括电话、传真、调制解调器、互联网以及点对点的视频通信,同时对交流信息的内容也缺乏统一的规定;采取的行动包括在明确现有交流方式的基础上,定义对交流的一致性要求,制定强化交流的策略;时间安排为从 2004 年开始进行,到 2005 年 6 月的第三次主管当局会议后发布形成共识的文件。[3]

作为应对跨境核事故的基点和最小单位,各主管当局在国际原子能组织的统一规划之下,在"国家主管当局协调工作组"的统一协调和《旨在加强世界核和放射性紧急情况准备应对体系的国际行动计划》的规范下,正在为国际紧急情况准备和应对体系作出不可替代的贡献。

六、总结

国际原子能组织在应急条约的授权之下,对核或放射性紧急事件进行了系统有效的应对,在二十余年的时间里,形成了以其为核心、协调各政府间国际组织力量、组织各缔约国内的主管当局共同应对可能发生的跨境核紧急事件的"国际应对体系"。

其对于国际共同应对紧急事件的探索和形成的模式值得国际社会的关注。首先,在国际公约的授权下发布相关文件(如《核或放射性紧急情况的准备与应对》),以此充实应对核紧急事件的法律基础、统一标准、明晰各方责任,在

---

〔1〕 "International Action Plan for Strengthening the International Preparedness and Response System for Nuclear and Radiological Emergencies", Preamble, http://www - ns. iaea. org/downloads/rw/action - plans/ers - action - plan. pdf.

〔2〕 "Member States' Competent Authorities, International Action Plan for Strengthening the International Preparedness and Response System for Nuclear and Radiological Emergencies", http://www - ns. ia-ea. org/tech - areas/emergency/member - states - competent - authorities. asp? s = 1.

〔3〕 "International Action Plan for Strengthening the International Preparedness and Response System for Nuclear and Radiological Emergencies", http://www - ns. iaea. org/downloads/rw/action - plans/ers - action - plan. pdf.

使框架性的"应急公约"更加具体和可执行的同时也使各方统一了认识，明确了自己应尽的义务和职责。其次，在明晰各方义务和确立统一标准的基础上，成立机构（如突发事件中心）统一负责有关事务，使工作的开展更加有效。再次，发布手册和指导性质的文件（如《紧急情况通知和应对技术操作手册》），为具体工作的展开进一步明确方向和要求。最后，在之前所有准备的基础上开展工作，例如建立"反应与援助网络"，举行"国际紧急情况应对演习"等。这种"具体义务—建立机构—确定标准—完成任务"的成功模式的建立，保证了"国际原子能机构"成功将"应急公约"的框架性规定转化成现实存在、具体可行的"国际应对体系"，使全球统一应对核紧急情况成为可能。

在此次日本核事故中，国际原子能机构凭借其成功建立和运作的体系，在地震发生2小时44分后就在其官方网站上通报了其"突发事件中心"获得的离震中最近的4个日本核电站的消息，并且已经向日本发出了是否需要援助的问询。[1] 在其后的更新中，国际原子能组织通过日本官方的"核与工业安全机构"（ NISA：Nuclear and Industrial Safety Agency）不断获得和发布已经证实的官方消息，为全球其他国家应对核泄漏事故提供及时准确的信息，充分证明了"国际原子能机构应对系统"应对可能发生的跨境核事故的高效和有力。

此次日本核事故是自切尔诺贝利核电站事故以来危害最重、影响最广的核事故，其在对现有国际应对体系提出挑战的同时也将催生新的公约、双边及多边条约，这在丰富现有的国际核安全法律框架的同时，也会为现有体系的继续有效运行提出挑战，国际原子能组织能否成功解决这些即将面对的问题还需要进一步的跟踪分析。

---

[1] "Fukushima Nuclear Accident Update Log", http：//www. iaea. org/newscenter/news/2011/fukushima110311. html.

区域性核安全法律制度的新发展

——对欧盟《为核设施安全建立共同体框架指令》的实证研究

李伯轩*

一、导言

据国际原子能机构（International Atomic Energy Agency，简称 IAEA）的数据统计，2009 年全球的核电供应量已达 2558.08 亿千瓦时。[1] 核能作为一种新型能源，具有高效、环保和清洁等特点，但其所伴有的潜在危险性也是巨大的。1979 年的美国三里岛核电站事故和 1986 年的苏联切尔诺贝利核电站事故为全世界敲响了警钟。而日本福岛第一核电站放射性物质泄露事件，再次使核安全问题成为国际社会关注的焦点。

时至今日，国际社会已从禁止和限制核武器、核设施的建造和运行、核废料的处理、核事故的应急措施、核损害

* 李伯轩，加拿大蒙特利尔大学法学博士，中国政法大学国际法学院教师。

〔1〕 See IAEA, "Nuclear Power Reactors in the World", available at website: http://www.iaea.org/NuclearPower.

责任等方面建立起了一个国际核安全法律体系。[1] 尽管该体系还存在着诸多不足，但其积极意义不容抹杀。就区域性核安全立法而言，现有成果还主要集中在建立无核区的区域性条约。[2] 欧盟委员会于 2009 年 6 月 25 日通过了世界上第一个具有法律拘束力的共同体范围内的核安全规则[3]——《关于建立核设施安全的共同体框架的指令》(Council Directive 2009/71/Euratom of 25 June 2009 establishing a community framework for the nuclear safety of nuclear installations，简称《指令》)，[4] 从而为区域性核安全法律制度的发展翻开了新的一页。

二、对《指令》的评介

(一)《指令》产生的背景

据统计，欧盟现有 144 座核电站，分布在 15 个成员国内，其核电站数量已居世界之首，核电占欧盟电力供给的 1/3，占能源消耗总量的 15%。[5] 核能在欧盟的蓬勃发展主要可归于以下四个方面的原因：①欧盟对电力的需求与日俱增，传统的能源供给已难以满足需要；②欧盟委员会在第二次战略审查（second strategic review）中将核能认定为确保欧盟供给安全的具有潜在重要性的因素；[6] ③欧盟提出了截至 2020 年将温室气体排放量减少 20% 的目标，为了完成这一目标以应对气候变化，核能是一个很好的选择；④近年来，欧盟民众逐渐从切尔诺贝利核事故的阴霾中走出，重新燃起了对核能的信心。

尽管欧洲原子能共同体（European Atomic Energy Community，简称 EAEC）自 1957 年起就已经存在，但核安全问题此前并未在整个欧盟层面上得到统一规制。《建立欧洲原子能共同体条约》（Treaty Establishing the European Atomic Ener-

---

〔1〕 参见高宁：《国际核安全合作法律机制研究》，载《河北法学》2009 年第 27 卷第 1 期。

〔2〕 主要包括：1967 年《拉丁美洲禁止核武器条约》、1985 年《南太平洋无核区条约》、1995 年《东南亚无核武器区条约》、1996 年《非洲无核武器条约》。参见王晓丹：《浅谈国际核安全立法现状》，载《中国核工业》2003 年第 4 期。

〔3〕 Ana Stanic, "EU Law on Nuclear Safety", 28 *NO. 1 J. Energy & Nat. Resources L.* 145, p. 157.

〔4〕 Council Directive 2009/71/Euratom of 25 June 2009 establishing a Community framework for the nuclear safety of nuclear installations, OJ 2009 L 172/18, available at http：// eur‑lex. europa. eu/LexUriServ/LexUriServ. do？ uri = CELEX：32009L0071：EN：HTML.

〔5〕 Ana Stanic, "EU Law on Nuclear Safety", 28 *NO. 1 J. Energy & Nat. Resources L.* 145, p. 145.

〔6〕 See European Commission, "Second Strategic Review", November 2008, available at http：// ec. europa. eu/energy/strategies/2008/2008_ 11_ ser2_ en. htm.

gy Community，简称《条约》)[1] 的目的是为成员国创造条件以建立和发展核工业。[2] 根据《条约》，EAEC 的具体任务包括：①促进研究并确保技术信息的传播；②订立统一的安全标准以保护工人和大众的健康并确保这些标准得到适用；③方便投资以及保证为发展共同体核能所必需的基础设施建设；④确保共同体的所有用户都能得到持久和公平的矿石和核燃料供应；⑤通过适当的监管措施确保核材料不被挪作他用；⑥对特殊的裂变材料行使被赋予的所有权；⑦通过在特殊材料和设备领域创立共同市场，通过促进对核能领域投资资金的自由流动，以及通过在共同体内自由聘用专家来确保广泛的商业渠道和对最优技术设施的获取；⑧和其他国家以及国际组织建立联系以促进核能的和平利用。[3]

《条约》并未明确规定保证核设施的安全是共同体的职责。《条约》的第 2 条（b）提到共同体要为保护工人和大众的健康订立统一的安全标准。《条约》的第 30 条对"基本标准"一词作出了阐释，此种标准应以共同体保护工人和大众安全免受离子辐射危险为目的加以规定，其具体内容包括：①与充分保证安全目的相符的最大限度的辐射剂量；②最大限度地暴露核污染程度；③对工人进行安全监督的根本原则。[4] 根据第 30 条的表述，共同体似乎只被授予在保护工人和大众免受核辐射方面的权限。这种狭义的理解一直持续到 2002 年，欧洲法院在 29/99 号案中阐明共同体在核安全和辐射保护方面也享有权限。[5]

然而，欧盟的核安全标准迟迟无法出台。欧盟委员会曾指出，各成员国在核安全领域的国内立法以及国内监管者所采取的措施还是远远不够的。EAEC 为协调各国之间差异付出了许多努力，但不同国家间的核安全措施仍然差别很大。欧盟委员会寻求核安全标准统一的努力受到了一些成员国的阻挠，因为它们担心委员会所希望的统一会减损国内监管者在核问题上的权力。[6]

2004 年，欧盟委员会针对核安全、放射性废物和乏燃料的管理开展了一次

---

〔1〕 "Treaty establishing the European Atomic Energy Community（Euratom Treaty)", available at http：// eur – lex. europa. eu/en/treaties/dat/12006A/12006A. html.

〔2〕 See Art 1 of Euratom Treaty.

〔3〕 See Art 2 of Euratom Treaty.

〔4〕 See Art 30 of Euratom Treaty.

〔5〕 Ana Stanic, "EU Law on Nuclear Safety", 28 *NO. 1 J. Energy & Nat. Resources L.* 145, p. 151.

〔6〕 Regina S. Axelrod, "The European Commission and Member States：Conflict Over Nuclear Safety", *Perspectives. Review of International Affairs 5*, 26（2006），5, available at http：//www. ceeol. com/aspx/issue-details. aspx? issueid = fd7ad0b0 – 801d – 4486 – 84cb – 3f5610970e7e&articleId = b60ccb80 – f2c1 – 483b – 9ead – a2dec0786dc2.

大范围的磋商。这次磋商的结果是建立了欧洲核安全监管组（European Nuclear Safety Regulators Group，以下简称 ENSREG）。[1] ENSREG 是一个独立的专家机构，由来自各成员国核安全监管当局的首脑和高级官员以及来自委员会的高级代表组成。2007 年，ENSREG 再次考虑是否需要在欧盟层面上对核安全问题制定一个具有法律约束力的制度。各国对此的态度不尽相同，但最终达成一项协议，即成立一个专家组对欧盟统一立法的利弊加以分析。2008 年 11 月，委员会根据分析结果通过了一份针对建立共同体核安全框架的建议。这份建议回应了欧盟居民对欧盟范围内核安全立法的担忧，并对欧盟核设施安全的基本义务和普遍原则给出了定义，同时强化了国内监管机构的角色。[2]正是此文件为《指令》的诞生铺平了道路。在这样的背景下，欧盟议会于 2009 年 6 月 25 日一致通过了《指令》。

（二）《指令》的立法蓝本

欧盟内部所有采用核电的成员国均是《核安全公约》（Convention on Nuclear Safety，简称《公约》）[3] 以及其他一些有关燃料和废物管理的多边协议[4]的缔约国。此外，作为 IAEA 的成员，他们还须遵守 IAEA 的安全标准，尤其是"根本安全原则"（fundamental safety principles，简称"原则"）。[5] 鉴于《指令》的某些条款是根据《公约》以及"原则"来加以制定的，因而有必要对两者加以简单说明。

1. 《公约》

为实现世界范围内的核安全，IAEA 于 1991 年开始着手起草《公约》。经过

---

〔1〕 Commission Decision 2007/530 Euratom of 17 July 2007 on establishing the European High Level Group on Nuclear Safety and Waste Management, OJ 2007 L 195/44, available at http：//eur - lex. europa. eu/JOHtml. do? uri = OJ：L：2007：195：SOM：EN：HTML.

〔2〕 "European Commission, Nuclear Safety：Commission Moves Ahead", available at http：//europa. eu/rapid/pressReleasesAction. do? reference = IP/08/1776&format = HTML.

〔3〕 "Convention on Nuclear Safety", available at http：//www. iaea. org/Publications/Documents/Infcircs/Others/inf449. shtml.

〔4〕 如《乏燃料管理安全和放射性废物管理安全联合公约》（Joint Convention on the Safety of Spent Fuel Management and on the Safety of Radioactive Waste Management, available at www. iaea. org/Publications/Documents/Infcircs/1997/infcirc546. pdf），《及早通报核事故公约》（Convention on Early Notification of a Nuclear Accident, available at www. iaea. org/Publications/Documents/Infcircs/Others/infcirc-335. shtml）以及《核事故及辐射紧急情况援助公约》（Convention on Assistance in the Case of a Nuclear Accident or Radiological Emergency, available at www. iaea. org/Publications/Documents/Infcircs/Others/infcirc336. shtml）。

〔5〕 IAEA, "Fundamental Safety Principles", available at www - pub. iaea. org/MTCD/publications/PDF/Pub1273_ web. pdf.

专家组两年多的努力,《公约》草案于 1994 年完成,并于同年 6 月 17 日在维也纳外交大会上获得通过,之后于 1996 年生效。许多国家,尤其是在切尔诺贝利核电站事故后被查出有辐射性尘埃的国家对《公约》的通过表现出了极大的热情,G7 集团(Group of Seven)[1] 在 1992 年的东京峰会上曾一致提出制定这样一个公约的必要性,并表达了未来通过《公约》的迫切愿望。[2]

《公约》共 4 章 35 条,其目的旨在:①通过加强本国措施与国际合作,包括适当情况下与安全有关的技术合作,以在世界范围内实现和维持高水平的核安全;②在核设施内建立和维持防止潜在辐射危害的有效防御措施,以保护个人、社会和环境免受来自此类设施的电离辐射的有害影响;③防止带有放射性后果的事故发生和一旦发生事故时减轻此种后果。[3] 缔约方的义务涉及核设施的选址、设计、建造和运行,核安全立法和管理框架的建立,监管机构与其他组织和机构的有效分离,充足的资金和人力资源的可得性,安全评估,辐射保护,应急准备等多个方面。[4]

然而,《公约》主要是一种激励机制,并没有为确保世界核安全建立一个国际制度。[5]《公约》并未包含对违反其规定的执行和制裁机制,它所依靠的是一种缔约方之间相互审查的机制,有学者称之为"Peer Review"。[6] 该机制的运行过程如下:每一缔约方应在审议会议召开之前,就它为履行本公约的每项义务已采取的措施提出报告,以供审议;[7] 缔约方在审议会议上相互审议提交的报告,每一缔约方有合理的机会讨论其他缔约方提交的报告和要求解释这些报告;[8] 第一次审议会议须在《公约》生效之日后 30 个月内举行,缔约方在每次审议会议上应确定下次审议会议的日期,两次审议会议的间隔不得超过 3 年。[9] 该机制实际是由缔约方相互施行他方提出的意见和建议来维护核安全,

---

〔1〕 G7 集团是由 7 个具有影响力的工业化国家组成的国家集团,包括加拿大、英国、法国、德国、意大利、日本和美国。

〔2〕 Brian McGill, "Developments in Nuclear Safety and Waste Disposal", 7 Geo. Intl Envtl. L. Rev. 889, pp. 889 – 890.

〔3〕 See Art 1 of the Convention.

〔4〕 See Chapter 2 of the Convention.

〔5〕 [法] 亚历山大·基斯:《国际环境法》,张若思译,法律出版社 2000 年版,第 338 页。

〔6〕 Monica J. Washington, "The Practice of Peer Review in the International Nuclear Safety Regime", 72 N. Y. U. L. Rev. 430, pp. 452 – 459.

〔7〕 See Art 5 of the Convention.

〔8〕 See Art 20 of the Convention.

〔9〕 See Art 21 of the Convention.

可这毕竟没有法律约束力的保障。

2. "原则"

"原则"于2006年获得通过，它旨在借由发展指导性的国际标准来建立和强化国际核安全制度。"原则"涉及核设施、放射源、放射性物质的运输、放射性废物等多个方面，具体内容如下：①保障安全的首要责任依赖于对有辐射危险的设施和活动负责的个人或组织；②必须建立和维持一个有效的法律和政府框架，包括一个独立的监管机构；③在与有辐射危险的设施和活动有关的组织内，必须建立和维持有效的领导和管理；④带有辐射风险的设施和活动必须能够在整体上产生收益；⑤保护措施必须得到优化，以提供所能合理达到的最高程度的安全性；⑥控制辐射风险的措施必须保证无人承担不可接受的损害风险；⑦人身和环境，无论是现在的还是将来的，都必须加以保护以抵御辐射风险；⑧必须尽一切努力来预防和减轻核事故或辐射事故；⑨做好应急准备，及时对核事故和辐射事故做出反应；⑩减少现存的或未受规制的辐射风险的保护措施是合理的并应得到优化。[1] 但是与《公约》一样，上述"原则"对成员国并不具有法律约束力，因为它们只是一些非强制性的建议。[2]

（三）对《指令》主要内容的分析

《指令》吸收了《公约》和"原则"的某些条款。既然欧盟的成员国是《公约》的缔约方，所以《指令》的多数内容对它们而言并非是全新的。《指令》的创新之处在于为成员国在核安全方面创设了强行性的义务，如果成员国没有遵守这些义务，将依据欧盟法受到制裁。

1. 适用范围

《指令》规制的是民用核设施的核安全问题。[3] 其所指称的"核设施"包括：①浓缩厂、核燃料生产厂、核电站、回收厂、研究反应堆设施；②核废物的存储设施，如果这些设施与①中所列的核设施处于相同的场所并与其直接相关。[4] 而《公约》所适用的"核设施"具体是指其管辖下的任何陆基民用核动力厂，包括设在同一场址并与该核动力厂的运行直接有关的设施，如贮存、装卸和处理放射性材料的设施。[5] 相比而言，《指令》的适用范围较《公约》更

---

[1] IAEA, "Fundamental Safety Principles", paras. 3.3 – 3.40.

[2] IAEA, "Fundamental Safety Principles", para. 1.5.

[3] See Art 2 (1) of the Directive.

[4] See Art 3 (1) of the Directive.

[5] See Art 2 (1) of the Convention.

宽泛一些。

2. 权限分配

根据《指令》，保障核安全是每个成员国的责任，成员国有权根据本国的政策决定能源的混合比例。[1] 欧盟的职责乃是通过统一的共同体范围的安全标准，以及确保成员国遵守《指令》的规定。具体的核安全标准将由委员会提出，并经欧盟议会以有效多数通过。[2] 成员国对《指令》的实施将由《条约》的执行机制来加以保证，具体而言，当一个成员国没有遵守《指令》或安全标准时，委员会或其他成员国有权将该事项提交至欧盟法院。[3] 如果法院认为该成员国确实没有遵守义务，该成员国将被要求采取措施遵守法院的判决，若该成员国没有遵守判决将被处以罚金。[4]

值得注意的是，《指令》并不禁止成员国采取比《指令》更加严格的措施，只要与共同体的法律相符即可。[5]《指令》还指出，在发展国内适当的核安全框架时，成员国的国内情况是应当加以考虑的。[6] 可见，《指令》并未为成员国设定一个整齐划一的标准，实际上它提供的是在欧盟内部所要达到的一种最低限度的核安全水平。

3. 建立框架的义务

成员国应该为核设施的安全建立和维持一个国内的立法、监管和组织框架，该框架需在相关的国家机构间分配责任和促进协调。[7] 这一国内框架应确立以下四项职责：①通过国内的安全要求；②规定许可证制度，禁止在无许可证的情况下运行核设施；③规定核安全监督制度；④执行措施，包括中止运行以及修改或吊销许可证。[8] 该规定是在吸收《公约》第7条并反映第2项"原则"的基础上产生的。

4. 成员国的自主性

《指令》要求成员国通过国内的核安全标准，但对于此种标准如何通过以及

---

〔1〕　See paras 8, 9 in the Preamble of the Directive.

〔2〕　See Arts 31, 32 of Euratom Treaty.

〔3〕　See Arts 141, 142 of Euratom Treaty.

〔4〕　See Art 143 of Euratom Treaty.

〔5〕　See Art 2 (2) of the Directive.

〔6〕　See para 10 in the Preamble of the Directive.

〔7〕　See Art 4 (1) of the Directive.

〔8〕　See Art 4 (1) of the Directive.

以何种形式加以适用,《指令》将这一权力留给了各成员国。[1]《指令》的第4条第2项还要求成员国根据操作经验、技术进步、安全分析结果和安全研究的结果对国内框架加以维护和改善。鉴于《指令》的要求与《公约》是基本一致的,已经拥有核技术的成员国国内其实已经存在一个按《公约》要求建立的框架。所以,《指令》的推出并不会对这类成员国的国内法产生重大的影响。而对于那些还未拥有核技术的成员国,《指令》为他们未来建立核设施提供了一个法律基础。

5. 监管机构的独立性

根据《指令》,成员国要确保监管机构能够在功能上与涉及促进或利用核能的任何其他机构或组织实现分离,以此来确保这些监管机构在决策时不会受到不必要的影响。[2] 其实,《公约》中也有对于监管机构独立性的要求,即每一缔约方应采取适当步骤确保将监管机构的职能与参与促进或利用核能的任何其他机构或组织的职能有效分开。[3]《指令》采用了"effective independence"的表述,而《公约》中采用的是"effective separation",但两者在实质上并无差别。

6. 许可证持有者的义务

《指令》明确指出许可证持有者应对核设施的安全承担首要的责任,且此种责任不可替代。[4] 具体而言,成员国要确保许可证持有者经常性地评估、核实并不断改进核设施的安全,许可证持有者的上述行为要在国内监管机构的监督下进行,并要采取系统的且可核实的方式。[5] 若许可证持有者没有履行其义务,成员国必须采取适当的措施,包括吊销许可证等。[6] 许可证持有者还需提供和维持足够的资金和人力,[7] 并为肩负核设施安全责任的职工安排必要的教育和培训。[8]

7. 报告义务

《指令》在欧盟内部确立了一个统一的报告制度。截至2014年7月22日,

---

[1] See Art 4 (1) (a) of the Directive.
[2] See Art 5 (2) of the Directive.
[3] See Art 8 (2) of the Convention.
[4] See Art 6 (1) of the Directive.
[5] See Art 6 (2) of the Directive.
[6] See Art 4 (1) of the Directive.
[7] See Art 6 (5) of the Directive.
[8] See Art 7 of the Directive.

成员国需就《指令》的实施情况向委员会第一次提交报告，此后每三年提交一次报告。[1] 以成员国的报告为基础，委员会要向议会提交报告，说明《指令》执行的进展情况。[2]

《指令》下的报告制度与《公约》有所不同。根据《公约》的规定，缔约方应在审议会议上提交报告，两次审议会议之间不得超过 3 年。[3] 但是，《公约》并没有规定当缔约方违反报告要求或不执行他国建议时的强制执行或制裁机制。《公约》所依靠的是一种诸国之间相互审查、相互施压的制度模式。而《指令》中的报告义务则可以经由委员会和成员国依据《条约》第 141 条和第 142 条诉至欧盟法院而得到强制执行。

此外，成员国至少每十年要组织一次对国内框架和监管机构的阶段性自我评估，并邀请国际上的其他国家对该成员国的国内框架和（或）当局的有关部分进行审议，目的在于不断提高核安全水平。[4] 这点与《公约》的规定类似，但《指令》中此种不同国家间的审查从本质上来说是强制性的而不是自愿性的。

（四）对《指令》的评价

《指令》在统一共同体范围内的核安全标准方面迈出了第一步。《指令》共 12 条，涉及核设施的设计、运行和废弃等多个方面。最重要的是，《公约》和 IAEA 的"原则"只是非强制性的建议，而《指令》所确立的共同体安全标准基于《条约》第 30 条至第 32 条的规定便具有了法律上的约束力。

但是，《指令》还是存在着一定的不足之处。它主要的缺陷在于其未规定对核电站的突击检查，而且所谓的独立核查仍然是由国内的监管者来负责而不是共同体的机构。这可能会使《指令》推进欧盟核安全水平的实际效果大打折扣。此外，《指令》并未要求成员国提交的报告必须公开，这也不利于增强民众对核能的信心。

三、结语

现如今，国际社会已经建立起了基本完整的核安全国际法律框架，框架内的各个法律之间相互联系又相互补充。很多国家借助 IAEA 的平台建立了良好的国际合作关系。但在国际核安全法律体系中仍存在着一定的问题，如公约和标

---

〔1〕 See Art 9 (1) of the Directive.
〔2〕 See Art 9 (2) of the Directive.
〔3〕 See Arts 20, 21 of the Convention.
〔4〕 See Art 9 (3) of the Directive.

准的强制性不够、法律文件的用语过于原则、体系内部还不够协调和统一、发达国家和发展中国家之间的合作有限等。总之，国际核安全问题还有很长的一段路要走。

欧盟作为全球最具影响力的区域一体化组织，于 2009 年 6 月 25 日通过了世界上第一个具有法律拘束力的共同体范围内的核安全规则，这无疑为区域性核安全法律制度的发展注入了新的活力，同时也为世界上其他区域性组织提供了可资借鉴的立法蓝本。

我国的核工业发展至今已有五十多年的历史，经过多年的探索和实践，中国现已跻身世界核大国的行列。如何规范本国的核工业、如何保障本国的核安全、如何加强本国与他国间就核安全问题的交流和合作自然而然地成为我们必须思考的问题。就目前的情况而言，中国虽然已经加入了一系列重要的国际条约，〔1〕但国内法尚不完善。针对一些薄弱的环节和存在的问题，我们绝不能掉以轻心，还要不断发展和完善。防患于未然是我们的目标，切莫让历史的悲剧再次上演。

---

〔1〕 如中国于 1980 年 3 月 4 日加入《国际原子能机构规约》，于 1980 年 3 月 5 日加入《不扩散核武器条约》，于 1986 年 9 月 26 日加入《及早通报核事故公约》，于 1986 年 9 月 26 日加入《核事故及辐射紧急情况援助公约》，于 1987 年 2 月 8 日加入《核材料实物保护公约》，于 1994 年 6 月 17 日加入《核安全公约》，于 1997 年 9 月 12 日加入《关于核损害民事责任的 1997 年维也纳公约》，于 1998 年 11 月 1 日加入《核材料和核设施的实物保护条约》，于 2004 年 4 月 7 日加入《国际原子能机构特权和豁免协定》，于 2004 年 5 月 26 日加入《核损害补充赔偿公约》等。

核能开发篇

Research on the risk prevention of Uranium resources investment and exploitation in countries along the Belt and Road

LIU Jiu   HOU WanChen *

Introduction

On September 7, 2013, President Xi Jinping made a speech entitled "Carrying forward friendship and creating a bright future" at the Nazarbayev University in Kazakhstan, and put forward the proposal of establishing the "Silk Road Economic Belt" together. Since then, "the Belt and Road" has become Chinese new pattern of international cooperation. In the meantime, Chinese nuclear energy enterprises have already made a positive attempt to exploit and invest the natural uranium resource in Central Asia and African countries along "the Belt and Road", which has helped related enterprises accumulate rich experience, and made more enterprises join in the exploitation and investment.

---

* Hou WanChen, master student of China University of Political Science and Law, Beijing, China.

Natural uranium, coal and oil are the most important components of world's fossil energy, which are the precious energy asset from nature for human beings. Natural uranium was used for producing and developing nuclear weapon from the 1940s, and has turned into a significant fuel sources for nuclear power since late 1950s, which is providing the world's 16% electricity supply (Buzan, Hansen, 2009).

Australia, Kazakhstan Satan, Canada, South Africa, the United States, Russia, Namibia, Niger, Brazil, Uzbekistan, Ukraine, Mongolia are the top twelve countries which owns world's most natural uranium reserves (Wirtz, Larsen, 2005). Most of them are located in Oceania, North America, South America, Africa and Central Asia, many of them are far away from China, while others are neared to China. The top seven countries occupy 80% of the world's total natural uranium reserves. Countries that are developing nuclear power often have insufficient uranium resources, while uranium – rich countries are mostly counting on uranium exports. In 2007, China's Commission of science, technology and industry for national defence issued the "Nuclear Industry 'Eleventh Five – Year' Development Plan", in which it was the first time announced that China would speed up the establishment of a strategic reserve of natural uranium and enterprise commercial reserve system. According to the "Medium and long – term development plan for nuclear power (2011 – 2020)" issued by the State Council in 2012, by 2020, China's annual consumption of uranium will be over 10 000 tons. However, the domestic proven natural uranium reserves is only 171 400 tons, far away from sufficient to support the development of nuclear power demand in China. The supply of natural uranium resources will become a key factor for the healthy development of nuclear power industry. It is also an important national strategy, and seeking out uranium resources oversea, especially in the countries along "the Belt and Road", is an important means to achieve nuclear power development.

The process of uranium resources investment and exploitation in countries along the Belt and Road for China's enterprises

From the year of 2008, China's uranium resources development companies managed by nuclear power enterprises have acquired or participated in the local uranium resources development companies in many countries, such as Kazakhstan, Uzbekistan, Australia, Niger, Namibia, Canada, and has taken a solid step in the investment and exploitation of overseas uranium resources.

Kazakhstan, Uzbekistan, Mongolia and other countries play an important role in the land Silk Road of China. Kazakhstan, which stretches across Central Asia and the southeastern part of Eastern Europe, is the first country for Chinese investment. According to the Uranium RedBook of 2011: Resources, Production and Demand issued by the Nuclear Energy Agency (NEA) of the Organization for Economic Cooperation and Development (OECD) and the International Atomic Energy Agency (IAEA), Kazakhstan has proven uranium resources totaled 629 100 tons, which accounts for 12% of the total global level of resources, ranking second in the world. And the cost of mining this kind of uranium resource is less than $ 130 per kilogram. And of the world's top fifteen uranium mines, Kazakhstan has six of them. By 2009, Kazakhstan became the world's largest natural uranium – producing country. The production in 2013 had been reached 22 600 tons, accounting for 38% of global output. Kazakhstan plays a decisive role in the global nuclear fuel order, which is inseparable from the development of China's nuclear fuel demand and investment, the close cooperation with China's enterprises.

In April 2007, with the permission of Commission of Science, Technology and Industry for National Defence, China General Nuclear Power Group (CGNPC) and Kazakhstan Atomic Energy Industry Corporation signed an agreement named "Framework Agreement on Expanding and Deepening Strategic Cooperation between the Two Parties" to exploit and invest a natural uranium ore together. On August 18, President Hu Jintao held a meeting with President Nazarbayev and reiterated China government's support for the cooperation agreement between China General Nuclear Power Group and Kazakhstan Atomic Energy Industry Corporation. President Hu Jintao indicated that it was a major cooperation project between the two countries in the field of peaceful use of energy and nuclear energy. And it was also a pioneering cooperation. In October 2008, CGNPC acquired a 49% interest from Semyonbay Uranium Limited Liability Partnership. The Irkol Uranium Mine of the Semyonbay uranium Limited Liability Partnership was commissioned in 2009 and achieved strategic breakthroughs and substantial progress in the investment of Kazakhstan uranium resources. It also marks China has made important achievements in exploitation and investment of overseas uranium resources. China's enterprises also have invested in uranium exploitation in Central Asia with domestic enterprises from countries, such as Uzbekistan and Mongolia.

In Africa, South Africa, Namibia and Niger all owned the world's top ten uranium resources, accounting for 15.8% of global uranium resources. Compared with other resource countries, African countries, excluding South Africa, are all least developed countries with poor economic condition (Campbell, 2004). Since then, these countries have no demand on uranium and also have no capacity to process nuclear fuel. Mineral resources are monopolized by these countries. Hence, uranium resources can only be exported. These countries welcome foreign investments and encourage foreign investors to sign long – term underwriting agreement about resources exploitation. According to China government's deployment, investing and exploiting uranium resources market in Africa is a significant part of the strategy that ensure the sufficient supply of fuel for China's enterprises. From the perspective of resource control and access threshold, Africa is a very promising destination for China's enterprises to make investments.

In October 2012, China National Nuclear Corporation (CNNC) Niger Azerlik uranium mine has been undergoing more than four years of construction and trial production to realize its first product sales and commercial operation. This is an overseas investment project of uranium resources which is developed, designed, built and operated all by CNNC.

In May 2012, CGNPC completed the acquisition of 100% equity interest in Namibia Hushan Uranium Project jointly with China – Africa Development Fund. Namibia Hushan uranium ore is located in the western region of the Namib Desert. And it is one of the major discoveries in the field of uranium exploration in nearly 10 years in Africa, even the whole world. Its uranium reserve ranks third in the world, U3O8 amounted to 286 000 tons. The resources of Hushan Mine are large, the depth of ore body is shallow, and the exploitation condition is quite good. So, it has great development value. Namibia Hushan Mine obtained exploitation permission in October 2012, and it provided about 6000 temporary jobs for Namibia during the construction period and 1600 permanent jobs after completion. The annual output of the project has reached about 6500 tons. Namibia would become the world's second largest producer and exporter of natural uranium, which would increase Namibia's exports by 20% and GDP by 5%. After Hushan uranium mine put into operation, Hushan uranium mine have been able to provide 20 million kilowatts of nuclear power units for nearly 40 – year natural uranium demand.

In January 2014, CNNC acquired a 25% stake in the Langer Heinrich uranium mine in Namibia by $ 190 million from Palatine and got favorable product prices and a guaranteed supply share. On December 14, 2014, CGNPC and Kazakhstan Atomic Energy Industry Corporation signed an agreement named "Framework Agreement on Expanding and Deepening Strategic Cooperation between the Two Parties" again. They would carry out more extensive strategic cooperation on uranium resources exploitation, nuclear fuel production, peaceful use of atomic energy and transit uranium products by China – Kazakhstan, and plans to establish a joint venture in Kazakhstan to produce fuel components.

The exploitation and investment of overseas uranium resources is an arduous and complicated task. Over the past 15 years, the global uranium market has experienced a long downturn and undergone a big change. Uranium prices have risen since 2001 and reached a historical high price in 2008, but the Fukushima nuclear accident in 2011 made the natural uranium prices and uranium mining company stock prices fall sharply. Natural uranium prices in 2016 is around $ 30 dollars per pound, long – term price is about $ 40 dollars per pound, which is equivalent to the 2004 price range.

Advantages for China's enterprises investing and exploiting overseas uranium resources

First of all, in order to establish national strategic reserves of uranium resources and enterprise business reserves, achieve China's natural uranium reserves system, and make sure the long – term stability of fuel supply for nuclear power commercial operation, it is necessary for China's enterprises to invest and exploit large overseas uranium resources and ships the resources back to China.

Secondly, by acquisition of overseas uranium resources projects, China's enterprises can directly control or participate in the world's largest uranium mining projects and obtain the experience of large – scale uranium mine construction and operation. China's enterprises can cooperate with companies which have richer experience in mine construction and operation, learn advanced uranium mining technology and mine management experience, and improve their management level and technical and operational capacity.

Meanwhile, it can also coordinate the domestic enterprises in the same overseas region to carry out orderly business competition, experience and overseas resources sharing. External energy investment can maintain China's energy security, and foreign energy investment is an important channel for direct access to external energy supply. Foreign investment in uranium resources will enhance our country's pricing power, and strive to have a certain pricing power in the competition.

The risks of Uranium resources investment and exploitation in countries along the Belt and Road

In August 2008, Areva Corporation of France signed an agreement with the government of Central African Republic. According to the agreement, they would exploit Baku uranium mine which is located in the east of Central African Republic together. They estimated that Baku uranium mine would go into operation in 2010 and produce about 2600 ton per year. In order to achieve this ambitious plan, Areva Corporation began to seek cooperation from China's investors.

By the means of due diligence, the investors form China found that this mine was in the place where the geological conditions was not good for exploitation and always had flood in rainy seasons. Moreover, due to the financial crisis happened in 2007 to 2009 and the Fukushima nuclear accident in 2011, the stock price in mining resources dropped badly. And the political situation of Central African Republic was also unsteady, which made project of Baku uranium mine have been suspended indefinitely in 2013, since the rebels overthrew the ruling authorities. For all these reasons above, Areva's investment of uranium mine on the high price was obvious an impulsive move for Areva. And the investors from China did not suffer loss, for they did rational analysis in the evaluation of investment. Therefore, there are risks and challenges of Uranium resources investment and exploitation for Chinese enterprises in countries along the Belt and Road and due diligence in advance, appropriate legal system and prudent management of investors are quite significant, since the natural, economic and political situations of the host countries might be unadvisable for investment.

As far as the current related laws and regulations, the legislations pertaining to overseas resources investment in China are still not perfect.

Firstly, the domestic laws which specialize in oversea investment and exploitation are insufficient. Compared to the rapid growth of overseas investment from China, the investment insurance legal system of China is less developed. Even though China had already signed bilateral investment treaties with more than one hundred countries and places, there are few specific and systematic domestic laws on overseas investment in China. The existing legislations on overseas investment are mostly the provisions and regulations of the departments in the State Council and often have conflictions with each other, which might reduce the authority of the judges based on this kind of domestic legislations.

Secondly, investment insurance is a policy business that is intended to provide the insured with risk guarantee when they suffer economic losses because of war, currency exchange ban, requisition, or breach of contract by the government in countries where the insured have made investments. China does not establish a specific overseas investment insurance body. Meanwhile, the overseas resource investors would face the political risks from the host countries. When facing the political risks, Chinese resource investors usually seek for assistance and claim from the government of their own country, since there is no overseas investment insurance body which they can ask for claim in China. This would turn the disputes merely between the investors and the host countries into the confrontations between Chinese government and the governments of host countries.

In fact, the China Export & Credit Insurance Corporation, which is designed to support and promote Chinese companies and financial organizations in making overseas investments, and to encourage and advance overseas investors to make investments in the Chinese Mainland, is the only body which is qualified to be the insurer of overseas investment of Chinese investors in China. Although it can accept insurance from some Chinese overseas investors, it is not big and strong enough to accept insurance from all qualified Chinese overseas investment, which is not good for the improvement and development of overseas resource investment form Chinese enterprises actually.

The risk prevention of Uranium resources investment and exploitation in countries along the Belt and Road

It is quite significant to establish the strategy of national natural uranium overseas investment and exploitation in China as for to form natural uranium reserves mechanism for nuclear power enterprises and protect national energy security. And it is also a good practice for our the Belt and Road investment strategy. For China's government, in order to support enterprises to invest overseas, financial assistance will be enough, beneficial policy must be issued and related body should be established.

First of all, enterprises which are willing to invest overseas can not do well without the financial support provided by their own state. Natural uranium trade, strategic storage and overseas investment are all operated by enterprises, which cannot succeed without project approval, financial support, credit guarantee, syndicated loans, commitment, investment protection, sovereign funds equity and other related financial assistance by government (Lamm, 1984). As to the problem of perfecting overseas investment insurance legal system, the systematic and specific laws must be legislated immediately to provide effective protection for the development of overseas investment. Specifically, firstly, it should be appropriate to easy the conditions for investors. Even if some countries have not signed bilateral investment treaties with China, the investors to these countries can also be allowed to insure in specific investment insurance body. Second, lenient and strict examination and approval system should be established. More private enterprises, including enterprises to participate in overseas resource investment should be encouraged. And the specific bod for overseas investment insurance should be set up by our national government. Third, the concept of overseas investment insurance, such as investors, host country, the scope of insurance, underwriting conditions and etc should be defined, so that China's investment insurance rules can be interlinked with the international rules.

Secondly, the assistance of diplomatic and consular missions of China is also the guarantee of overseas natural uranium investment and exploitation. Overseas uranium resources investment need deep understanding about policies in attracting foreign investment, laws and regulations, investment approval procedures, natural and political conditions of the host countries. Therefore, the diplomatic and consular missions of China should coordinate the relationship between the host countries and China, discover the development of uranium resources in the host countries and their national demand for natural uranium, and guide China's enterprises to carry out business in overseas uranium resources investment and exploitation.

Thirdly, now, the exploitation project of natural uranium has gradually shifted from the investment to the deep exploration, mining construction and economic operation, will face new problems and challenges. Therefore, Chinese enterprises which carries out natural uranium exploitation and investment in the countries along the Belt and Road should seriously learn and abide by the overseas investment laws and regulations of the target countries, understand the host country on the investment scope, investment ratio and investment commitments access restrictions, and establish a comprehensive risk management system and risk prevention mechanism to avoid unnecessary violation of local laws and non – compliance issues caused by access to legal risks. At the same time, these Chinese company should strengthen and fulfill the corporate social responsibility, establish a good corporate image in order to obtain the host government and the host country people's support. In addition, the above companies should fully understand and evaluate any potential risks associated with investment before beginning overseas uranium resources investment and make informed judgments on possible regulatory reviews and political risks of the host country, and make the right strategic analysis in choosing the host country's investment industry. In summary, Chinese company which carries out natural uranium exploitation and investment in the countries along the Belt and Road should systematically collect and collate geological data of major uranium metallogenic belt overseas, carry out comprehensive research on the geological background, conditions and discipline, make accurate resource potential and development and utilization of feasibility judgments and identify the cooperating states of priority of uranium resources; by mining policy, legal research, company should master the overseas investment and development environment, make fine decision – making, guard against the legal system and the implementation of risk; by the history, culture, religion, belief, government control means, social stability, foreign relations and other aspects of overseas countries, company should identify the political risks of the destination country; by correctly understanding and handling the economic interests of overseas uranium resources development and strategic resources reserve relationship, enterprise can grasp the fulcrum of the immediate and long – term interests. In addition, the above enterprises' risk not only the external investment environment, but also with their own weak awareness of the risk and imperfect governance structure. At present, most of China's enterprises investing in overseas uranium resources are large state – owned energy enterprises, and these energy enterprises should strengthen their efforts to improve their legal and risk prevention awareness and establish a sound governance structure: first of all, the above – mentioned enterprises should strengthen their awareness of legal risk prevention, in the conduct of overseas uranium resources investment, the risk assessment and financial, legal and other aspects of the work should seek professional third – party's help and cooperation, and enterprises should give careful consideration to the evaluation recommendations issued by professional organizations and minimize the risk of overseas investment as far as possible. Second, Chinese enterprises in ensuring the national energy security under the premise of the market should be oriented to reform the corporate governance structure, and shift the way of resource allocation and business activities of the energy industry to the market mechanism.

Implications and Conclusion

As for to actively respond to President Xi Jinping's "the Belt and Road" ideas, combines with the current situation that uranium resources in China is insufficient for supporting the improvement of nuclear power career, Chinese nuclear energy enterprises initiate the projects of overseas uranium resources exploitation in the countries and places along "the Belt and Road", such as Central Asia, Africa countries whose uranium resource is rich and has already achieved the expected results. This kind of overseas investments is good for establishing national strategic reserves of uranium resources and enterprise business reserves, achieving China's natural uranium reserves system, and making sure the long – term stability of fuel supply for nuclear power commercial operation, and etc. However, the investment and exploitation of overseas uranium resources is affected by many factors and risks, such as the domestic political and economic environment in host countries. With the development of uranium resources investment and exploitation, our government and enterprises should take measures, for example, our government should give policy and legal supports, such as making systematic legislations and establishing specific investment insurance body in order to ensure better achievement of the Chinese enterprises in investing and exploiting uranium resources in countries along "the Belt and Road". And related enterprises must improve the awareness of law and risk prevention, and establish a sound management mechanism.

核电建设的投资激励

——论核电产业投资基金的法制推进

陈 刚

　　国际上产业投资基金虽已形成了规模超过万亿美元的庞大行业，但无论在创始设立产业投资基金的美欧发达国家还是国际金融领域，都没有对产业投资基金形成统一的定义。产业投资基金起源于创业投资、风险投资，也曾命名为风险投资基金和私募股权投资基金，针对具有高增长潜力的未上市企业进行股权或准股权投资，并参与被投资企业的经营管理，以期所投资企业发育成熟后通过股权转让实现资本增值。目前，尽管国内产业投资基金已进入试点阶段，仍无法将这些试点基金完全套用国际上产业投资基金的概念，制度建设明显滞后于形势发展的需要。

　　国内的产业投资主要是创业投资，一种是以风险投资公司为代表的投资主体所关注的高风险、高回报投资；还有一种就是产业投资机构关注的传统产业投资，其目标是风险性较小、收益稳定的基础设施建设等投资。后者因寻求业务的稳健增长和资本的快速积累，使它在相当长的一段时间内被忽视、被忽略，缺少强有力的支持。[1] 当前创建的试点产业投资基金，更多是偏向于后者的投资类型。

国内设立核电产业投资基金已从试点起步。2010 年，核电产业投资基金一期目标募集 70 亿元资金，主要投资于核电等清洁能源及相关产业项目。该基金是国务院批准的第二批 5 家试点国有产业投资基金之一，同时是我国首家由企业发起并经国务院批准设立的主要定向核电领域的产业投资基金。[2] 目前基金已经募集到位，即将发挥资金优势向核电投资领域资金输血的作用。核电产业投资基金性质上是以重大项目投资为目标，追求的是核电项目的长期稳定收益，但同时也存在投资额大、建设周期长、收益期晚的特点。

自 2005 年国务院批准颁布《核电中长期发展规划（2005－2020）》以来，核电投资规模显现，根据规划 15 年内新开工建设和投产的核电规模估算，核电项目建设资金需求总量约为 4500 亿人民币。[3] 根据"国务院关于调整固定资产投资项目资本金比例的通知"（国发〔2009〕27 号），对应核电建设项目资本金占总投资额的 20%，以此计算出 15 年中由企业投入的项目资本金需求量约为900 亿元。而当前趋势是核电建设总规模将翻番，这意味着项目资本金需求也将成倍地增长至 1800 亿元或更多。目前，核电建设资金筹措基本上由核电企业自筹资本金，或由银行提供商业贷款。应该看到，依靠核电企业直接筹集资金的方式难以适应核电建设规模发展的需要，也不利于企业的资本运营。因此，寻找新的投资渠道迫在眉睫，核电产业投资基金应运而生。

为促进核电建设的投资，对投资者形成正向激励，进一步优化当前核电建设融资渠道，必须从法制轨道上的创新着手。

一、加快出台产业投资基金管理办法，指导试点基金的募集和管理

建立产业投资基金是国家对关系到国民经济发展的重要支柱产业投资模式的新尝试，目标是将其发展成为机构投资者不可或缺的资产配置工具，成为国家推动产业布局调整的重要举措。1999 年，自民建中央在全国政协九届一次会议上提出《关于尽快发展我国风险投资事业的提案》后，风险投资的话题在中国形成热点，引起国务院有关部门的重视和社会的广泛关注。政府认为我国应

---

〔1〕 李东军：《解读产业投资基金》，载《新财经》2009 年第 10 期。

〔2〕 高永钰：《首期 70 亿元 中广核产业基金属意清洁能源》，载《第一财经日报》2009 年 4 月 20日。

〔3〕 国家发展和改革委员会：《投资估算》，载《核电中长期发展规划（2005－2020）》。

该发展风险投资，指示有关部门加紧制定《产业投资基金试点管理办法》。[1]十年过去了，相应立法始终没有出台。期间，国务院批复同意将西部水务产业基金等四只基金纳入试点，同时要求国家发改委会同试点工作指导小组抓紧研究制定管理办法，希望通过边试点边总结的方式探索出适合中国国情的管理模式。据悉，国家发改委已将《产业投资基金管理办法》草案征求各方意见，此办法一旦推出，将对中国产业投资基金的设立与规范运作起到巨大的推动作用。

产业投资基金立法并不像想象中的一蹴而就，相反，历经十年的探索，仍然处于尝试阶段。与此同时，国务院批准试点产业投资基金陆续设立，而设立阶段的基金发起人大多面临无法可依，摸着石头过河的情况，在基金公司设立、法律文件起草、投资股东加盟、基金管理人聘请、基金公司运作、资金募集、国家监管指导等方面各自创新，就近类比。法律缺位给管理如此庞大资金的基金公司运作带来很大的不确定性，不利于产业投资基金的健康成长，影响投资者的决策信心，也给基金公司带来经营风险。

核电产业投资基金第一期发起设立的数额还远不能满足产业投资需要。核电建设需要稳定的投资资金来源，对于核电产业投资基金来说，一个健康的核电产业投资基金，既是核电安全管理的稳定因素，也是核电可持续发展的保障。国家制定产业投资基金管理法律制度本身，就是对核电产业发展良好的激励机制。

二、明确核电产业投资基金的投资主体地位，保障投资人利益

长期以来，核电投资主体主要是少数的国资委管理的大型核工业企业和电力企业，其他主体参与核电投资尚无法律依据。为拓展核电项目资金来源，目前，国家能源局正在草拟《核电管理条例》，并有望在该条例中引入投资促进的条文，允许设立核电产业投资基金。但是，为了有效推动核电事业的发展，还应当在投资促进的条文中明确投资主体的多元化，同时明确核电产业投资基金的投资主体地位。

通过法律形式明确核电产业投资基金参与核电项目的投资主体地位，实质上是明确基金可以作为核电项目的直接投资人，依据国家法律法规的规定作为核电项目及相关产业股东，依法享受股东的相关权利，其财产权、收益权等将依法获得保护。更为重要的是，明确了基金的投资方向、参与投资的权利，可以消除基金募集的资金投入核电项目的障碍，基金的预期投资收益明确，从而

---

〔1〕《中国将出台〈产业投资基金试点管理办法〉》，中新社报道1999年4月28日。

有利于提高基金投资人的投资积极性。

除了明确产业投资基金投资主体，对此事项的相应国家监管机构也需要立法规定。目前，国家发改委是产业投资基金的试点发起的审批机关，工商行政管理机关负责基金公司的注册管理，而对基金公司的行业管理、资金控制、运作监管机关则仍然缺位，应当通过立法明确。

三、拓展金融机构加盟和"以核养核"的核电产业投资基金募集渠道

短期内社会闲散资金，特别是追求短期效益的社会资金参与核电产业投资基金的意愿相对较低，核电产业投资基金的募集对象主要是有意投资核电项目、资金雄厚、投资稳健的机构。在较长的时间内，基金主要向社保基金、商业保险公司和银行机构等国有大型机构募集。保监会于 2010 年 8 月 5 日公布了《保险资金运用管理暂行办法》，允许保险资金投资无担保债、不动产、未上市股权等新投资领域，这一规定为保险资金投资核电产业投资基金提供了法律依据，是一个很好的指引。目前社保、银行等机构投资产业投资基金仍受诸多的行业监管法律法规限制或规范不明，使其投资新的行业领域的选择机会受到影响，由于到这类机构追求长期稳定收益的性质与核电产业投资性质相同，互利双赢，风险可控，因此国家立法层面应推动调整这些机构的投资限制规定，鼓励更多机构参与投资核电产业投资基金，为基金的募集创造条件，为金融机构稳定回报出力。

国家发改委和财政部计划设立核燃料保障、乏燃料后处理及核电站退役基金。[1] 2010 年 7 月 12 日，财政部、发改委和工信部已联合发布了《核电站乏燃料处理处置基金征收使用管理暂行办法》，率先启动乏燃料处理基金的征收工作。此外，为保证今后核电站退役的顺利进行提供资金准备，该办法要求核电站在投入商业运行开始时，从核电发电成本中强制提取、积累核电站退役处理费用，在中央财政设立核电站退役专项基金账户。核燃料储备基金的建立方式也已提到议事日程上来。上述基金的设立将从核电企业发电成本中按比例征收，金额庞大，但资金的使用尚不迫切，这笔资金需要寻求稳健增值保值的渠道。

建议通过国家主管部门立法，允许上述国家征收设立的基金能够部分进入核电产业投资基金，参与核电的投资，既实现燃料储备、乏燃料处置和退役资金的保值增值，同时又将从核电征收的资金有效用于核电，国家可以为核电产

---

[1] 国家发展和改革委员会：《核燃料保障、乏燃料后处理及核电站退役基金》，载《核电中长期发展规划（2005－2020）》。

业投资基金的投资人获取长期的投资回报，实现核电自有资金的循环利用，"以核养核"，发挥更大效用。

四、针对行业特点给予财政税收优惠政策激励基金投资人

产业投资基金的投资者性质上是财务投资人，主观动因是追求投资利益的最大化。产业投资基金均有 15 年至 20 年的存续期，到期虽可申请延续，但作为投资基金，投资人大多不寻求在投资后长期持有，以期获得较高较快的投资收益。从新建核电项目特点来看，一个项目需要将近五年没有回报的建设期，还要等待商业运行后约十五年的商业银行贷款还款期，基金在 20 年存续期内可获得项目分红的收益率较低，同时，基金的短期退出也会给公司经营带来影响。虽然核电可观的收益在于基金存续期满后的股权增值，而期望基金投资人坚持到核电项目寿期末是不太现实的。

根据现行的企业所得税法，缴纳股权增值税会大幅降低核电产业投资基金收益率，也会直接影响基金投资人的积极性。希望政府部门充分考虑核电建设特点，在立法中降低或减免核电产业基金投资核电项目缴纳的股权增值企业所得税。同时希望适当时机和适当条件下允许核电产业投资基金公司上市，增加核电产业投资基金投资者的退出通道，给基金投资人更多的商业机会，回归产业投资基金的短期投资本质。

五、核电产业投资基金的管理及其核电项目投资的管理运作

当前，在国家积极推动核电行业发展的政策下，核电项目投资主体的多元化有利于核电项目公司治理结构的完善。同时也需注意到，核电项目专业化程度高、核安全管理要求严格、承担的社会责任重大，不允许片面追求经济效益而忽视核安全和核电厂建设运营的严格技术规范。通过设立核电产业投资基金投资核电项目，可有效避免更多的投资人直接介入核电项目的经营，使核电项目内部涉及核安全管理的决策更为稳妥，遵照国家法律法规要求进行专业化管理。

根据国家发改委的要求，产业投资基金需委托一家产业投资基金管理公司进行专业化管理，由产业投资基金管理公司负责基金资产的管理和投资，并受基金委托在投资项目中履行其股权管理职责，基金投资者作为财务投资人，享受投资收益成果。也就是说，核电产业投资基金应经国家发改委批准设立，通过委托有核电管理经验的投资管理人员控制下的基金管理公司履行其股权管理职责，实现核电安全管理，同时也是在最大程度地保护投资人的利益。

综上，国家对核电产业投资基金这一新生事物的扶持和推动，是对清洁能源发展的激励，也是对大力发展核电政策的有效促进。目前，核电产业投资基金仍处于试水阶段，正在探索前进。无论是尽快出台统一的产业投资基金管理办法，还是针对核电行业特点在各部委起草规章办法时兼顾制定有利于核电投资产业基金的相关条文，将基金投资纳入法治轨道，都关系到基金的长远发展，关系到国家能源结构调整的大局。

"一带一路"国家天然铀开发的回顾与展望

陈 刚

  2013 年 9 月 7 日，习近平主席在哈萨克斯坦纳扎尔巴耶夫大学做了《弘扬人民友谊，共创美好未来》演讲，提出共同建设"丝绸之路经济带"的倡议。从此，"一带一路"的规划和行动成为中国推进国际合作的新模式。在此前后，国家天然铀国际开发已作出积极的尝试，并在"一带一路"上的中亚和非洲国家取得成效，积累了丰富的经验，并坚定地扩大成果。

  天然铀与煤炭和石油一起都是世界矿物能源的重要组成，是大自然赐予人类的宝贵能源财富。天然铀从 20 世纪 40 年代始用于核武器开发，至 50 年代后期转变成核能发电的燃料来源，保障着全球 16% 的电力供应。

  世界上天然铀储量排前 12 位的国家是澳大利亚、哈萨克斯坦、加拿大、南非、美国、俄罗斯、纳米比亚、尼日尔、巴西、乌兹别克斯坦、乌克兰、蒙古。多数分布在远离中国的大洋洲、北美洲、南美洲、非洲，也有毗邻中国的中亚国家，排名前 7 位国家的天然铀储量占到世界总储量的 80%。发展核电的国家往往铀资源稀缺，而铀资源丰富的国家却寄望于铀的输出。2007 年，时国防科工委公布了《核工业"十一五"发展规划》，首次写明将加快建立天然铀国家战略储备和企业商用储备体系。根据 2012 年国务院《核电中长期发展规划 (2011 – 2020 年)》推算，到 2020 年，国内每年大约需耗铀超过 1 万吨，而国内探明的天然铀储量只有 17.14 万吨，远不足以支撑核电发展的需求，铀资源的供应保障将成为核电事业健康发展的关键因素，也是一项重要的国家战略，而"走出去"寻铀则是实现保障的一个重要手段。

一、"一带一路"国家铀资源开发回顾

2008 年以来，中国核电企业管理的铀资源开发公司在哈萨克斯坦、乌兹别克斯坦、澳大利亚、尼日尔、纳米比亚、加拿大等国成功收购或参股当地的铀资源开发公司，已迈出了海外铀资源开发坚实的一步。其中，哈萨克斯坦、乌兹别克斯坦、蒙古等国家，是陆上丝绸之路这一"带"的重要门户，首先取得成果的是横跨中亚北部和东欧东南部的哈萨克斯坦。根据经济合作与发展组织核能署与国际原子能机构联合公布的铀红皮书《2011 年铀：资源、生产和需求》的数据显示，哈萨克斯坦铀开采成本低于 130 美元/公斤，铀的已探明资源总量为 62.91 万吨，占全球同级别资源总量的 12%，居全球第二，在全球前 15 大铀矿中，哈就拥有其中的 6 座。到 2009 年，哈跃居世界第一大天然铀生产国。2013 年产量更是达到空前的 2.26 万吨，占全球总产量的 38%，在全球核燃料秩序中举足轻重，这离不开中国核电发展的燃料需求和联合开发的紧密合作。

2007 年 4 月，在时国防科工委领导见证下，中广核集团与哈萨克斯坦原子能工业公司签订了合作开发天然铀矿的《关于扩大和深化双方战略合作之框架协议》。同年 8 月 18 日，胡锦涛主席和纳扎尔巴耶夫总统会谈，重申中国政府支持中广核与哈原工签订的合作协议，表明这是两国在能源和核能和平利用领域的重大合作项目，也是开创性合作。2008 年 10 月，中广核集团收购谢米兹拜伊铀有限责任合伙企业的 49% 股权，旗下的伊尔科尔铀矿于 2009 年投产，取得了在哈铀资源开发的战略性突破和实质进展，也标志着中国在开发利用海外铀资源方面取得了重要成果。中国企业还在与乌兹别克斯坦、蒙古等中亚国家铀资源勘探方面有着深入的合作。

在非洲，南非、纳米比亚和尼日尔 3 个国家的铀资源排名世界前十位，占全球铀资源总量 15.8%。相比其他资源国，非洲国家除了南非，经济发展相对落后，没有铀的需求，也没有核燃料加工能力，国家垄断矿产资源，产品只能出口。这些国家欢迎外商控股或参股投资，鼓励开发，签订长期包销协议输出。按照国家"两种资源、两个市场"的部署，进入非洲铀资源市场是中国企业控

制资源、保证燃料供应战略的一部分。从资源掌控力度和准入门槛来看，非洲是中国企业走出去的非常有潜力的目的地，但存在相应的海外投资风险。

2012 年 10 月，中核集团尼日尔阿泽里克铀矿历经四年多的建设和试生产，实现首次产品销售并进入商业运营，这是由中核集团主导开发，自主设计、建造、运营管理的铀资源海外开发项目。

2012 年 5 月，中广核集团联手中非发展基金完成了对湖山铀矿项目 100% 股权的收购。纳米比亚湖山铀矿位于该国西部纳米布沙漠地区，为近十年来非洲乃至世界铀资源勘查领域的重大发现之一，其铀资源储量位列世界第三，资源总量达 28.6 万吨八氧化三铀。湖山项目资源量大，矿体埋深较浅，开采条件较好，具有较大的开发价值。湖山矿自 2012 年 10 月获准开工，建设期间可为纳米比亚提供约 6000 个临时就业岗位，生产期间可提供 1600 个长期就业岗位，项目达产后年产量约为 6500 吨八氧化三铀，将使纳米比亚出口增长约 20%，GDP 增长约 5%，也有望使纳米比亚成为世界第二大天然铀生产国和出口国。湖山铀矿达产后，可满足 20 台百万千瓦级核电机组近 40 年的天然铀需求。

然而，对"一带一路"国家的天然铀开发也需要深入开展尽职调查，冷静分析所在国政治法律环境是至关重要的，不能为短期利益所诱惑。

2008 年 8 月，法国阿海珐集团与中非共和国政府签订勘探开采该国东部的巴库玛铀矿的协议，乐观预计该铀矿将于 2010 年开始投产，投产后的年产量为 2600 吨。源自这个雄心勃勃的计划，阿海珐集团寻求与中国投资者的合作。

中国投资者通过谨慎的尽职调查发现，技术上这里到了雨季就洪水泛滥交通不便，且地质条件不利于开采。经济上，继 2009 年西方金融危机，又受到 2011 年日本福岛核事故影响，包括铀矿在内的矿业资源股股价大跌，阿海珐集团此前对非洲铀矿的高价位收购显然是个冲动之举，继续开采已不具经济性。政治上，政局不稳是致命的。2013 年，中非反政府武装攻占了首都，推翻了执政当局，巴库马铀矿的作业被无限期搁置。而中国投资者在投资评估阶段理性分析控制冲动，终止投入，成功避免陷入投资泥潭。

二、"一带一路"铀资源国家开发展望

通过收购海外铀矿项目，可以直接控制或参与世界特大型铀矿项目的开发与生产过程，积累大型铀矿建设和营运经验，获取较大份额的天然铀产品，与具有丰富的矿山建设和生产经验的公司进行合作，学习先进的铀矿技术和矿山管理经验，锻炼队伍，提高自身技术、管理水平和业务能力。

拥有大型海外铀矿资源，通过开采包销方式将天然铀源源不断运回国内，实现国家铀资源战略储备和企业商业储备，才能使国家天然铀储备体系付诸实现，确保核电商业运营燃料供应的长久安定。

与此同时，也需要协调国内企业在同一个海外区域内开展有序的商业竞争，实现经验和海外资源的共享，争取天然铀国际贸易的话语权和定价权。

2014 年 1 月，中核集团以 1.9 亿美元从帕拉丁手中收购了纳米比亚 Langer Heinrich 铀矿 25% 的股权，获得优惠的产品价格和保障供应份额。

2014 年 12 月 14 日，中广核集团与哈原工再次签署了《关于扩大和深化核能领域互利合作的协议》，双方将在铀资源开发、核燃料生产、和平利用原子能及通过中哈领土过境运输铀产品方面开展更广泛的战略合作，并计划在哈建立合资企业生产燃料组件。

海外铀资源开发是一件艰巨复杂的工作。过去十五年间，全球铀市场发生了非常大的变化，在经历了长期低迷之后，从 2001 年开始铀价止跌回升，而且涨幅越来越大，至 2008 年八氧化三铀达到每磅 130 美元的历史高位，但在 2011 年日本福岛核事故以后又引发天然铀价格和铀矿企业股价大幅下滑。2016 年天然铀现货价格徘徊在每磅 30 美元左右，长期价格在每磅 40 美元左右，相当于 2004 年的价格区间。

此外，涉核概念政治上敏感，海外经营难度大，投资金额高，回报期长，跨地域文化磨合需要时间等问题，也是中国企业走出去需要面对的挑战。

三、国家搭台企业唱戏走出去

高度重视建立国家天然铀开发战略，形成国家和核电企业天然铀储备良性机制，有效控制国际资源，是保障国家能源安全的重要举措，是面向"一带一路"国家走出去战略的良好实践。从政府角度来看，支持企业走出去，搭建好政策平台和支持海外推广尤为重要。

企业离不开国家提供财政方面的扶持。以企业为主体的天然铀贸易、战略储存、海外投资离不开国家政府部门在项目核准、财政支持、信用担保、银团贷款、包销承诺、投资保护、主权基金参股等财金相关方面的强大支持。

政府驻外机构的帮助是成功的保障。海外开发铀资源需要对所在国自然与矿产资源管理方面的政策、法律法规和审批程序以及投资环境及政府在吸引外资方面的基本政策有深入的了解，需要协调所在国各政府部门关系，国家驻外机构需要对国内企业海外铀资源开发业务及对国家天然铀的需求有所了解，引导企业在海外开展铀资源开发业务。

眼下，面向"一带一路"国家天然铀开发已经逐渐从项目投资向深度勘探、矿区建设和经济运营方向过渡，还会面临新的问题和挑战，是国家"一带一路"战略能否走稳走妥、成功实现目标的关键期，这需要中国核企业循序渐进，创新奋进。

对核电设施经营者社会责任的法律思考

张帆*

原子能（以下称"核能"）被视作一种高效清洁的替代能源，自 20 世纪 50 年代，苏联、美国相继将核能技术民用化。在长期的发展过程中，核能民用日益普及，原子能发电（以下称"核电"）是核能技术民用化的代表。我国自 20 世纪 80 年代正式核能民用化，在核电设施的数量和核能技术方面发展迅速。根据国务院批准的《核电中长期发展规划（2005 – 2020 年）》，核电产业中长期发展的目标是，到 2020 年核电运行装机容量争取达到 4000 万千瓦，并有 1800 万千瓦在建项目结转到 2020 年以后续建。核电占全部电力装机容量的比重从现在的不到 2% 提高到 4%，核电年发电量达到 2600 亿 – 2800 亿千瓦时。

2011 年 3 月 11 日，日本东北部地区突发强震，引发次生灾害。福岛核电站因地震和海啸发生严重核事故，既给日本国内的经济、民众生活和生命安全造成了巨大危害，也威胁着全球环境和生态安全。核能安全问题带给我们的经验教训，值得深刻借鉴和思考。灾害后，我国暂停了规划

* 张帆，日本新潟大学法学硕士，中国政法大学国际法学院博士，中国政法大学全球化法律问题研究中心研究员。

中新建核电项目的审批工作，全面审查在建核电站。由于核电发展在国家能源和环境发展战略中的重大意义，我国将继续保持"积极推进核电发展"的基调。因此，调整投资节奏，注重核电安全性和经济性，统一核电发展技术成为工作重点。同时，有关部门也加快了相关内容的法制化、体系化工作。

在核能安全法制化方面，我国已经加入《核材料实物保护条约》《不扩散核武器条约》等与核能安全有关的国际条约，也制定了包括《民用核设施安全监督管理条例》《核电厂核事故应急管理条例》等行政法规，具有 20 余年的执行经验，这些经验有利于我国核能立法工作的完善及体系化、科学化。在立法过程中，既要肯定我国核电安全保障的成效，也要从其他国家发生的核电安全事故和问题中吸取教训，借鉴其他国家成熟的制度经验。建议将加强和完善核电经营者（以下称"经营者"）的社会责任的制度体系纳入立法的重点，并从三个方面思考。

一、建立有效机制约束和监督经营者行为

回顾多起核电事故，事故原因可以归纳为：①外部威胁，如日本福岛核事故就是由强震和超级海啸引发的；②老化和技术缺陷，如日本美浜核电站事故、美国三里岛核事故、美国戴维斯—贝斯核事故、捷克斯洛伐克波湖尼斯（Bohu-nice）核电站事故、苏联克什特姆核事故等；③安全文化缺失，如苏联切尔诺贝利核事故、日本东海村核事故。此外，参考日本经济产业省和原子力安全保安院 2007 年进行的大检查总结报告发现，包括东京电力在内的所有电力公司无一例外地存在数据造假、伪造记录，甚至隐瞒事故等安全问题。涉及的电力项目也非常广泛，包括核电、水电、火电项目。虽然，类似的安全问题使经营者形象、声誉、经济利益蒙受损失，损失金额巨大，但是仍然屡禁不止。这与日本人给人以遵守纪律、工作认真负责的印象大相径庭。东京电力公司作为日本第一大民营电力公司，将问题归为：①品质保证制度不完善；②企业道德和企业文化缺失；③安全文化缺失。三个原因都可归结为"未落实安全文化"。

针对检查结果，日本原子力安全保安院主要从完善检查制度和加强日常监管出发，采取了以下具体举措：

（1）独立的监管机构。设立"原子力安全基盘机构"。由该机构独立、统一负责核材料、设备仪器、检查数据等相关技术合规性审查。国家根据审查结果行使行政处罚权，由国家承担相应的责任。

（2）加强原子力安全委员会的职能。要求保安院每季度向该会提交行政许可、检查情况报告，并有权开展调查。

（3）加强品质管理制度完善和维护管理活动。要求经营者依法建立妥善的品质管理和加强维护管理等安保活动制度化。国家实施安保检查、检验制度的执行情况。

（4）定期检查。不再依靠经营者自检，明确进场检查范围，检查制度法律化。由专设机构"原子力安全基盘机构"独立对定期检查结果进行审查和评估。

（5）设备评估。定期检查中，实施设备点检，并依法报国家主管机构。

（6）设备评估标准的制度化。以日本机械学会颁布的《维持规格》（2000年版）（2002年版）为依据，由国家主管部门进行合规检查。

（7）防灾措施。设施发生事故、故障时，经营者履行报告义务时，应该按照明确的既定标准，定量和准确地说明事故或故障情况。

日本核电经营者因为安全文化缺失，频繁出现修改隐瞒数据、隐瞒事故等安全问题，除企业形象声誉、经济利益受损外，使整个社会对核电和核能开发产生不安和信任危机，增加了政府作为监管机构的压力并损害了公信力。因此，建议我国通过法律制度，确保经营者做到信息公开和透明，建立完善的安保环境和安保文化，强化企业内部的检查制度，培养良好的伦理道德观和社会责任意识。同时，加强国家的监督力度，建立二次审查体制。

二、明确经营者的损失赔偿责任

为保护核能事故受害者和维持核能产业的健康发展，日本制订了比较完善的损失赔偿制度，主要由两部法律组成。分别是：《关于核能损害赔偿的法律》（以下称《核能损失赔偿法》）和《关于核能损害赔偿补偿协议的法律》（以下称《核能赔偿补偿协议法》）。该制度的特点是：经营者责任，即设施经营者作为损失赔偿责任的主体，排除了生产者的产品质量责任；减轻受害者举证负担，明确了设施经营者要承担无过错无限责任（《核能损失赔偿法》第3条）；同时，为了保障受害者的损失得到及时、充分、有效的补偿，引入了第三方保险（《核能赔偿补偿协议法》第6条）（注：法律要求设施经营者与商业财产保险机构签署经营者责任保险协议，理赔对象包括免责事由之外的所有损失赔偿责任）和政府援助的制度（《核能赔偿补偿协议法》第16条、第17条）（注：法律要求设施经营者与政府签订补偿协议，政府对以下情形提供援助：①当损失赔偿责任超过保险范围（每座核电厂额度1200亿元），且日本国会认为必要，经国会决议批准时；②损失因地震、火山喷发、海啸引起时；③受害者超过十年提出损失赔偿请求时）。此外，法律规定因重大自然灾害或者社会动乱造成的损害，免除设施经营者的赔偿责任（《核能损失赔偿法》第3条）。上述法律仅对因放射性或毒性伤害和后遗症造成人身损失时（《核能损失赔偿法》第2条）作了规定，将当事人之间的和解和自行解决纠纷的相关指导意见交由日本文部省内设立的"核能损失赔偿纠纷审查会"制订。但是，日本通过实践逐渐确立了核能事故民事赔偿的范围和主要内容。以1999年9月30日日本茨城县那珂郡东海村的核燃料加工厂发生的临界事故为例，实际的损失赔偿范围包括：人身伤害、医学检查费用、避难费用、损失财产的评估费用、动产损失、已签署房屋买卖协议的不动产损失（其他除外）、停业损失、经营损失、精神损失等。[1]

在我国，随着《侵权责任法》的出台，规定了更加有利于环境受害者的救济和补偿的制度。但是，由于环境污染和生态破坏所造成的环境侵权现象频繁，受害者能否得到充分的救济和救助，成为法律制度新的课题。而我国现行有关环境侵权民事责任立法对环境侵权行为认定中的因果关系，环境侵权民事责任的范围和承担方式方面仍然存在不足。而核能事故具有范围广、危害大、潜伏时间长、持续时间长、消除影响成本高、举证难等特殊性，因此建议借鉴包括日本在内的部分国家的立法经验和实践经验，为及时、有效地保护受害者及国家的公共利益，明确经营者的法律责任，探讨第三方保险的保障机制（或由经营者建立环保事故基金），以及建立以政府援助为补充的救济制度体系提供可行性。

三、扩大经营者的社会责任

（一）经营公开透明和民意参加

日本在核电设施的选址和运营管理中，为了加强核电项目的公开、公正、透明，在程序上保证了所在地区社会民意参与的权利。特别是在项目立项和选址的行政许可过程中，不仅要考虑到国家安全和核电发展利用规划和区域经济，还要在程序制度上保证民意表达的权利。经营者需要努力做好信息公开，保证经营活动透明，建立平台加强与区域社会的沟通，增进理解。如日本东京电力就在柏崎和东海村与当地居民共同建立了"保障柏崎刘羽核电厂透明度组织"和"东海村环境与核能安全谏言组织"。

我国在法治化进程中，为了得到社会民意的广泛理解和接受，已经有意识地整合民意，保证地区民众和利害关系方充分表达意见的权利，完善程序制度体系。

外国核设施引发的核事故使人们对核安全产生忧虑和畏惧，如何打消人们

---

〔1〕 关于东海村核临界事故的《核能损失调查研究会最终报告书》。

对事故风险充满的不安和恐惧呢？除政府决策透明、加强监管外，制度上也要求经营者"现身说法"，增加行为的透明度，积极宣传，促进地区民意的有效参与。

（二）鼓励经营者之间的合作

日本主要核能开发主体（包括东京电力、东北电力、北海道电力、中部电力、北陆电力、关西电力、中国电力、四国电力、九州电力、日本核能发电、电源开发、日本核能燃料）签订了《核能事故发生时核能经营者之间的合作协定》。根据协定，各经营者在核能事故（包括核能发电等设施内和核能燃料运输中的灾害）发生时应在周边环境辐射检测、污染检查、污染处理等方面，通过派遣人员和设备展开合作。事先确定区域协调机构，发生灾害时，协调机构可以就近开展协调工作。人员指挥和管理由委派方管理，相关费用由灾害发生的经营者负担。

我国的核能发电产业发展迅猛，因人才大量稀疏导致高端人才不足。因此，建议通过行业组织或者建立经营者联盟的方式，结合我国国情，加强业内的联系与合作，发挥行业协调作用。特别是在危机防范和事故处理过程中，进行信息交互和资源共享，可以有效地缓解人才和设备、知识和经验的不足。

本文从三个方面对核电设施经营者的社会责任进行了思考。日本核事故引发了人们对核安全问题的警醒和反思。我国核电占比低，以安全利用为前提，通过核能利用可以有效缓解能源和环境的压力，符合国家战略。中央政府从国家战略出发，积极推动核电产业，部分地方政府从地方经济、能源结构调整和政绩出发，积极吸引核电产业。但是，在其他行业的发展过程中，环境污染、食品安全、矿山事故等事件时有发生，使民众对企业产生了不信任，甚至影响了国家的公信力。因此笔者认为，为了保证核电产业的持续、健康发展，维护政府的公信力，必须建立管理权、经营权和监督保护权互相分离制衡的管理模式。建议在相关立法中，明确法益和价值标准，重点考虑经营者的科学化、体系化的准入、监管和经营模式。为了实现核电发展，首先应该明确国家、地方政府、经营者的责任，强调经营者的社会责任。其次，应从市场准入，核电设施的选址、施工建设、经营及核废物的管理等环节，明确经营者参与的方式和内容。此外，在安保方面要求经营者建立良好的安全文化和制度及应急措施。同时，结合核事故的特点，应明确经营者的责任范围和内容及归责要件。在应对污染事故发生时，建立以经营者为主、国家救助为辅的受害人合法权益保护机制。此外，针对核燃料、核材料的生产、运输、储存设施的经营者以及核废弃物储存、运输设施的经营者也应制定相应法律法规。

　　核能安全立法是一个跨学科、跨行业、跨部门的、科技与法律相结合的课题，如何吸取核能利用大国的经验和教训，借鉴其他国家的法律制度，充分发挥我国的"后发优势"，需要我们共同努力。